影の美学

日本映画と照明

The Aesthetics of Shadow: Lighting and Japanese Cinema

宮尾大輔 著

笹川慶子・溝渕久美子 訳

名古屋大学出版会

THE AESTHETICS OF SHADOW :
Lighting and Japanese Cinema
by Daisuke Miyao

影の美学

目　次

凡　例　vi

凡　例

一、本書は、Daisuke Miyao, *The Aesthetics of Shadow : Lighting and Japanese Cinema*, Duke University Press, 2013 の日本語訳である。

一、邦文文献からの引用に際しては、その用字や表記法が現在の標準的なものと異なる箇所も多く、また誤植も散見されたが、原文通り引用し、かつ、煩雑さを避けるため、その都度「ママ」等で示すことはしなかった。ただし、引用中の旧字は、原則として新字に改めた。

一、欧文文献からの引用に際しては、原文から邦訳したものが多いが、その場合でも、読者の便宜のために、邦訳書があるものについては、邦訳書の書名と頁数を注に記した。

一、引用文中の、引用者による補足は〔　〕で示した。

序章　影の美学とは何か

「日本人が長い年月をかけて創造してきた「陰翳の美学」は社会の風潮がどうであれ、私達の体質の奥深いところにじっと潜んでいるのに違いない。私たちはその奥深いところから潜んでいる「陰翳の美学」を抽出し、正しく理解、把握して日本映画の創造にとりくんで行きたい」。『映画照明』一九七九年八月号に掲載された、松竹の美術監督・芳野尹孝の言葉である。(1)

映画は光と影のメディアである。映画は、光がなくては存在することができない。プロジェクターからの光線が、セルロイド・フィルムを通り抜け、スクリーンに影を映し出すとき、映画は初めて現れる。(2) フィルムに撮影されたイメージもまた、光と影によって作り出されたものだ。デジタル・カメラでさえ、撮影のために光を必要とする。だから、日本映画の美術監督が照明の重要性を説いても、それはまったく驚くべきことではない。興味深いのは、芳野が影だけを特に強調していることである。「日本映画の創造」のために、彼がとても重要だと信じている「陰翳の美学」とは、一体何なのだろうか。

芳野の言葉は、実は谷崎潤一郎の『陰翳礼讃』(一九三三年一二月から三四年一月にかけて発表された)を忠実に繰り返したものである。谷崎は、日本の建築について、「畢竟それは陰翳の魔法であつて、もし隅々に作られている蔭を追い除けてしまつたら、忽焉としてその床の間は唯の空白に帰するのである。われらの祖先の天才は、虚無の空間を任意に遮蔽して自《おのづか》ら生ずる陰翳の世界に、いかなる壁画や装飾にも優る幽玄味を持たせたのである」と論じている。[3] 発表当時から、『陰翳礼讃』の影響力は大きかった。例えば一九四〇年には、日本映画撮影者協会会長の碧川道夫が、谷崎の議論を引用して、日本の映画カメラマンは、「建築と光りの調和がもたらす品位とも称すべき陰翳の美しさに就いての観察」をし、照明によって「陰翳の美しさ」を生み出さなければならないと主張している。[4] また、日本映画撮影者協会は、一九四一年の最優秀撮影賞（劇映画）に、『川中島合戦』（衣笠貞之助、一九四一年）を選んだが、その理由は、「アトラクシオンとしては、撮影効果の点から云つて、全巻に横溢してをる黒の魅惑がまづ挙げられる」からであった。[5] つまり、「陰翳の美学」は、一九四〇年代の初頭までに、日本の映画カメラマンの間で、広く共有されるようになっていたのである。

しかし面白いのは、谷崎が『陰翳礼讃』を発表する以前には、「陰翳の美しさ」は、日本映画の照明で、特に重要だとは考えられていなかったということである。当初、日本の映画製作のスローガンは、「日本映画の父」マキノ省三が一九一〇年代に言い始めた「一ヌケ、二スジ」であった。[6] 「ヌケ」という言葉があらわすように、初期の映画人たちが強調したのは、暗さの美ではなく、明るさ、すなわち、使い古されて薄暗くなった電球の入ったプロジェクターで、薄汚れたプリントを上映しても、その映像がよく見えるような明るさであった。この見やすさを第一に考えた明るい照明法を引き継いだのが、映画会社の松竹であった。松竹が一九二〇年代に採用したスローガンは、「明るく楽しい松竹映画」であった。

さらに興味深いのは、谷崎が『陰翳礼讃』を執筆し、日本の映画カメラマンたちがそれに影響されていた頃、日本は、世界的なネオンサインの流行の最先端にいたということである。[7] つまり、明るい電気照明の文化が花開いた、そのまっただ中で、陰翳が礼讃されていたのである。ハリウッドの有名監督ジョセフ・フォン・スタンバーグは、一九三六年に日本を訪れたとき、次のように述べている。

日本のさかり場、特に夜が良い。多彩のネオンにいろんな物の線が浮き上つて、その他一切は闇の中に神秘にかくされている。空想は闇の彼方に自由に家や樹や甍を描き上げる。白昼は余りにも現実的な裸像であるものも、夜は悉く美しい。日本の夜景は特にその感が深い、日本の風景は水墨の単彩であるが、さかり場の色彩はあくどい程絢爛だ[8]、

スタンバーグは、日本の風景の中で光と影がいかに共存しているかに、とりわけ感銘を受けている。

スタンバーグは、一九三〇年代に、日本の映画カメラマンたちから、おそらく、最も崇拝されていた映画監督である。日本のカメラマンたちが高く評価していたのは、マレーネ・ディートリッヒをスターにした、彼の撮影テクニックであった。映画の照明とは、クリエイティブに光と影のコントラストをつけること、というのがスタンバーグの持論であった。後に出版された自伝の中で、スタンバーグは次のように述べている。「一つ一つの照明はそれぞれに独自の影を創り出す。影のあるところには、かならず光がある。影は神秘であり、光は鮮明である。影は隠し、光は暴く(何を暴き、何を隠すか、どのくらい、どのように。これらを知ることこそが、芸術を作り上げるということである)。撮影において、影は、光と同様に重要である。一方は、もう一方なしでは存在しえない[9]」。一九三六年に日本の風景を見た時と同じく、スタンバーグはここでも光と影の共存について述べている。

スタンバーグが強調したのが光と影のバランスだったのに対し、日本の映画カメラマンや映画技術の批評家が特に注目したのは――『川中島合戦』のカメラマン三浦光雄によれば――、「技巧的な陰影部の強調」であった[10]。スタンバーグ監督の『上海特急』と『ブロンド・ヴィナス』を、「一九三二年のアメリカ映画で撮影が最も優れた作品」に選んだ批評家・瀧井孝二が賞賛したのも、「自在性をもってする、その雰囲気の醸成と、劇的表現」の「ロウ・キイな調子」の撮影であった[11]。瀧井は、「最も映画に効果的でもあるこのロウ・キイな調子〔中略〕これは併し暗いと云つて何も見えない〔中略〕暗さではない」と述べ、スタンバーグの影の表現を高く評価した[12]。

谷崎や日本の映画カメラマンたちは、日本で電気照明の文化が花開いた一九三〇年代に、なぜ影を強調し始めた

のだろうか。一九一〇年代以来、日本の映画照明で重要とされていたのが明るさであったのならば、なぜ突然影が必要になったのだろうか。影を重視するようになった裏には、どのような社会的、政治的、経済的、あるいは文化的な背景があったのだろうか。また、谷崎や映画カメラマンたちは、影の重要性を強調するときに、なぜそれを日本の文化や伝統と結びつけたのか。もし一九三〇年代まで影が賞賛されることがなかったとすれば、一体どのようにして陰影礼賛は、芳野の言葉が示しているように、日本文化の本質として考えられるようになったのだろうか。

この本では、「私達の体質の奥深いところにじっと潜んでいるのに違いない」と芳野が主張する「陰翳の美学」を「正しく理解」するにはどうすればよいかを考えていきたいと思う。「陰翳の美学」、あるいは「影の美学」は、なぜ、どのように、日本映画の歴史に登場してきたのか。ここでの議論は、日本国内の状況にとどまらず、時に国境を越えて展開されることもある。それは、日本文化の伝統と密接につながっているように見える「影の美学」が、実は、照明の技術についての国際的、あるいはトランスナショナルな議論や葛藤の中で生まれたものだったと考えるからである。つまり、この本では、映画の製作者たち、そして批評家たちの間で国境を越えて繰り広げられた、映画、映画のテクノロジー、そして光と影をめぐる「もつれた歴史」（ミリアム・ハンセン）を繙いていきたいと思う。(13)

また、この本は、光と影から読み直した日本映画史であるとも言える。(14)日本映画とは何か。日本社会における映画の役割とは何か。映画が日本的であるとは一体どういうことか。こうした疑問に答えるため、撮影と照明のテクニックおよびテクノロジーが、どのように作り出され、使われてきたか、またそれらがどのように語られてきたかを検証していく。つまり、この本では、日本映画や日本文化とは何かを考えるためのレンズとして、撮影と照明とを扱っていくということでもある。

ここで一つ断っておきたい。この本は、日本の映画史についてのものであるが、そこに変わることのない日本性とか、日本らしさとかいうものが存在しているとは考えていない。例えば映画理論家ノエル・バーチは、構造主義やポスト構造主義の影響の下で執筆した著書の中で、「平安文学と現代の映画作品の両方における、日本の特異性」を主張した。[15] 日本の文化は、ある特定の「文脈」の中で形作られてきたということを強調しつつも、バーチがその「文脈」として主張するのは、歴史とは無関係に存在する日本の伝統である。バーチは、その伝統を「間テクスト性」であると考える。バーチが考える「間テクスト性」とは、あるテクスト（あるいは作品）が、別のテクストを参照する際に、その関係を隠さないということである。[16] バーチによれば、「間テクスト性」の伝統に基づく日本映画は、「即物的《プレゼンテーショナル》」である。作品と同時に、その製作プロセスも見せられる。これは、西洋映画が「具象的《レプレゼンテーショナル》」なのとは対照的である。バーチによれば、「具象的」とは、まず作品ありきで、作品の製作のプロセスは見せずにおくことである。つまり、ある作品が別の作品を参照しているという「間テクスト性」は、西洋の映画では隠されているというのである。[17]

バーチに倣って言えば、日本映画が「間テクスト性」を重視してきたことは事実である。松竹映画の照明は、「間テクスト性」の一つの例と言えるだろう。例えば松竹は、歌舞伎の照明を基準にして映画の製作を行い、それを隠すこともなかった。だが、それは決して、日本文化の変わらぬ伝統に基づいていたのではなく、歴史のある時点で松竹が社会的、経済的に考えて選択した結果だったのである。別の言い方をすれば、日本の文化が、例えば歌舞伎から映画へと近代化する過程で、松竹が一つの伝統を創り出した、そしてバーチらがそれを日本の伝統と考えるようになったということである。つまり、日本映画の固有性を語るとき、日本の近代の歴史的な文脈を無視するわけにはいかないということである。

また、日本映画に焦点を合わせるとはいえ、この本では、先に少し触れたように、日本映画をより広い、トランスナショナルな映画史の中で考えていきたいと思う。日本映画撮影者協会元会長の高村倉太郎は、映画製作の真髄は、「レンズから入ってくる光をフィルム上に映像として固定するいわゆる撮影から、フィルム上に記録された映像をスクリーンに映し出す映写にいたるまでの広範でかつ多岐にわたる技術的処理を統括」することだと述べたことがある。[18] 光の技術的、芸術的「処理」には、文化的、あるいは国家的な軋轢が入り込む余地はなさそうである。

しかし、日本の現実に目を向けるならば、映画照明は、日本の文化的、国家的なアイデンティティの形成の歴史と密接に絡み合ってきた。[19] 一八九七年、小西六本店（のちの小西六写真工業）がイギリスからバックスター・アンド・レイのカメラを一台購入し、日本最初の映画カメラマン浅野四郎が、そのカメラで浅草や日本橋の風景を撮影した。それ以来、日本の映画会社は、カメラ、照明機材、映写機、生フィルムなどのほとんどをヨーロッパやアメリカから輸入してきた。[20] こうした輸入品は、どれも常に不足していた。一九一九年、映画カメラマンの先駆者・枝正義郎は、「撮影監督としても微弱な光線で良結果を得る能はざる位は万々承知して居るので有る。〔中略〕然し現在は其設備も完全して居らぬ。何所までも太陽の光線に於る外は無いので有る。此人工光線の設備は尤も急務」であると述べている。[21] この輸入の状況に見られるように、日本と西洋が、常に不平等な地政学的関係、もしくは不均等な力関係にあったことは否定できない。例えばハリウッドが日本の照明技術の発展に、重要な役割を果たしたこととは間違いない。デイヴィッド・ボードウェルは、世界の大衆市場向けのすべての映画は、古典的なハリウッド映画が開拓したスタイルを基本にして作られていて、各国の映画製作者が作り出したそれぞれのスタイルは、ハリウッドのスタンダードと絶えず比較して分析されることを余儀なくされる、と主張する。[22] だが、映画の製作および配給に関するアメリカと日本の関係は、必ずしも中心と周縁、文化的支配と抵抗という単純な二項対立ではなかった。ミリアム・ハンセンが示唆するように、世界の大衆市場向け映画のすべてが、ハリウッドの「支配的なスタイルの変形」というわけではない。[23] ハンセンは、「中国や日本で映画の作り手たちがハリウッドの圧倒的な覇権に相対するとき、彼らなりの表現方法を育もうとするその努力は、国際的であるのと同時にローカルでもある、その土地特有《ヴァナキュラー》の大衆レベルのモダニズム文化によって特徴づけられる」と論じている。[24]

トランスナショナルとナショナルの緊張関係から日本映画の歴史を考えるとき、歴史家ハリー・ハルトゥーニアンが言う「同時代的近代性」という考え方は重要である。ハルトゥーニアンは、日本の近代を、西洋の近代との

「同時代性を持ちながら、差異の可能性を有するもの」と考える。[25] その際、ハルトゥーニアンは、「二重化《ダブリング》」という言葉を使う。「おびただしく広がる経済的、文化的な不均衡の認識と、それを解決し、克服し、そして抑圧さえしようとする」のが「二重化」である。[26] この本で私は、ハルトゥーニアンの「二重化」の概念に倣い、日本の近代を、近代主義（西洋をモデルにした近代化および工業化、合理化、科学的進歩というイデオロギー）とモダニズム（日常生活における新しさと消費文化に対する様々な論議）が同時に存在していた状況であったと考える。

影の美学は、日本映画が近代化する過程において、トランスナショナルな「交渉」が進む中で誕生した。スチュアート・ホールは、論文「エンコーディング／デコーディング」の中で、「交渉的な解釈」という考え方を紹介している。[27] ホールは、文学や映画などの文化テクストを解釈するときの三つの可能性を指摘し、「交渉的な解釈」は、受け手の積極的な介入をまったくはさまない「支配的な解釈」、あるいはテクストが提示する枠組みにはまったくとらわれない読解をする「抵抗的な解釈」と比べて、ずっと複雑であるとする。映画研究者ジュディス・メインによれば、「交渉的な解釈」は、「読む者／見る者の行為と、社会を構成する様々な不確定要素の両方を前提」とし、「様々な読みを生み出す」のだが、カルチュラル・スタディーズの研究者には、そうした「行為」や「不確定性」を「支配的なイデオロギーへの抵抗」としかみなさない「傾向」があると示唆する。[28] そうしたカルチュラル・スタディーズの「傾向」は、支配と抵抗という二項対立の構造からしか、ものを考えないという危険性を持っている。だが、「交渉的な解釈」をすれば、こうした二項対立を超えていくことができる。特に興味深いのは、ある社会的集団と他の社会的集団との間の複雑な関係、特にそこに生じる摩擦や軋轢である。例えば、スターと観客の関係だ。観客は、スターが体現する資本主義のイデオロギーに対して、受動的でも、能動的でもありうる。観客は、スターのスクリーン上のイメージを無批判に受け容れ、支配的イデオロギーを強化する手助けをすることもある。しかし同時に観客は、スターのイメージ形成に、受け身ではなく、意識的に参加し、俳優と観客の間の距離を消してしまうこともある。「交渉的な解釈」とは、そうした集団と集団との力関係――グローバルな力関係も含む――や対話をしっかりと捉えることのできる考え方なのである。そのような「交渉」の考え方を念頭に置いて、この本では、日本映画が近代化していく中で、影の美学がどのように現れ、展開し、まるで昔からあった伝統であるかのように思われることになったのか、その歴史を探っていきたい。

日本映画史における照明のテクニックとテクノロジーについて、特に注目していきたいポイントは次の四つである。

1 日本映画産業の近代化の代表たる松竹における、歌舞伎の伝統的スタイルとハリウッドの古典的スタイルとの関係

2 時代劇映画という新ジャンルの形成と、日本映画史上最大のスターであろう林長二郎（のちの長谷川一夫）の誕生、そして新しい映画観客（とりわけ女性観客）との関係

3 視覚を重要視する日本社会の新しい傾向と、新しい視覚メディアとしての映画との関係

4 ハリウッドの革新的な照明に対する日本の映画製作者、批評家たちのあこがれと、日本映画の置かれた物質的、経済的状況についての認識との葛藤

第1章では、ポイントの一つ目、松竹の照明を扱う。言い換えれば、この章では、日本映画産業の形成期、すなわち一九一〇年代から二〇年代にかけての映画製作の状況を、照明の観点から分析する。第一次世界大戦期の好景気で、日本の産業界は発展を遂げ、とりわけ首都東京は、関東大震災から復興する過程で、地方からの労働力を吸収し、工業の中心地、大量消費社会の中心地に成長する。ちょうどこの時期、歌舞伎の劇場を所有し経営していた松竹は、映画産業に参入し、大都市東京の「モダンライフ」の中心でその足場を固める。第1章の主役は、松竹の映画カメラマンだったヘンリー小谷である。小谷は一九一五年頃、ハリウッドで撮影監督としてのキャリアをスタートさせ、二〇年に帰国して松竹蒲田撮影所に入社するが、わずか数年後に松竹を解雇された。照明のテク

ニックをめぐる小谷と松竹の衝突は、日本の資本主義産業が近代化する過程で経験した様々な摩擦や軋轢の一例と考えることができる。松竹と小谷の衝突の原因は、日本の映画の製作者たちや批評家たちが考えていたハリウッド映画の照明のイメージと、日本の演劇界で使われてきた照明法の違いにあったということもできる。キーワードは「見やすさ」と「表現力の豊かさ」である。現存する小谷のハリウッド映画と彼の日本での仕事を、同時代に製作された他の映画についての批評も参照しながら、分析、比較することで、衝突の原因を探っていこうと思う。また、小谷の作品ではないが、スタンバーグが監督した『紐育の波止場』（一九二八年）とその松竹でのリメイクである『上陸第一歩』（島津保次郎、一九三二年）も比較、分析し、日本の映画カメラマンたちがスタンバーグの照明テクニックを高く評価していたにもかかわらず、松竹が採用した照明法は、それとは異なっていたことを論じる。照明の観点から見ると、松竹が「モダンライフ」時代の日本で、映画製作の覇権を握ることができたのは、単にハリウッド映画のテクニックを模倣したからではなく、その映画製作の合理化戦略とスター・システムに、元々持っていた歌舞伎のスタイルをうまく組み合わせたからだった、というのがこの章の議論のポイントである。

第2章は、ジャンル研究、スター研究、観客《スペクテイターシップ》研究のアプローチを、照明と結びつけて論じていく。特に、日本固有のジャンルであり、一九二〇年代後半に爆発的な人気を博した時代劇映画と、二〇年代末から四〇年代にかけて日本で最も人気のあった男性スターの林長二郎に注目する。時代劇映画は、派手な剣劇シーンで観客を魅了し、日本の映画市場を支配するようになっていた松竹の現代劇映画に挑んでいく。革新的な照明のテクニックを使った、刀の一瞬の閃きこそがこの新ジャンルの目玉であった。刀の閃きを表現するため、時代劇映画は、新国劇――歌舞伎より現実的な殺陣でよく知られていた舞台劇――のテクニックに加え、ハリウッドの照明法を取り入れた。ハリウッドを日本でローカル化した映画（松竹映画）は、もう一つ別の、ハリウッドを日本でローカル化した映画（時代劇映画）の挑戦を受けたのである。さらに面白いのは、松竹が、その時代劇映画からの挑戦に、新しいスター林長二郎を作り上げて立ち向かったことである。松竹は、ハリウッドのスリーポイント・ライティング（三点照明）と歌舞伎の照明テクニックを巧妙に混ぜ合わせて考え出した、林長二郎のための独創的な照明テクニック――「動く照明」、「お延ばし」、「流し目」などと呼ばれた――で、巻き返しをはかった。スターの輝き――とりわけ長二郎の顔とその瞳の輝きによって、松竹は時代劇映画の刀の閃きに勝利し、少なくとも一九三〇年代末までは、経済的にも、映画のスタイルの面でも、日本映画産業を支配し続けることになった。さらに、長二郎がスターになるとともに、日本映画界に女性をターゲットとした映画ファン文化が誕生し、資本主義産業が作り上げた商品をただ無批判に受け容れるだけでなく、能動的に消費する、いわば近代的な「見る主体」も現れた。長二郎のファンたちは、自分たちが作られたスター・イメージの消費者であることにも自覚的で、その事実に対して批判的ですらあったのである。

アメリカの都市部における人口統計の分析を通してメロドラマ・ジャンルの観客の研究をした映画史家ベン・シンガーは、労働者階級と下層中流階級（ロウワー・ミドルクラス）に属するホワイトカラーの人々が、舞台や映画のメロドラマのような「ねつ造された刺激」を楽しむ娯楽の主要な観客であったことを明らかにした(29)。時代劇映画の殺陣も、林長二郎のスター・イメージもまた、そうした「ねつ造された刺激」を楽しむ娯楽であった（その意味では、どちらもメロドラマだと言うこともできる）。どちらの場合も、特別な照明のテクニックが重要な役割を果たし、そのような「刺激」を高めている。二〇世紀初頭の日本における映画製作で重視されたのは、撮影されたイメージの見やすさ、鮮明さであり、松竹蒲田映画はそれを基本にしていた。だが、時代劇映画は、そうした鮮明さよりも、特別な照明のテクニックによって刀の一瞬の閃きを強調する。しかし、そうした刀の閃きという「刺激」を時代劇映画から取り上げたのもまた、照明のテクニックであった。林長二郎の主演映画は、また別の照明法によって時代劇映画を、まったく違ったタイプの「刺激」を与える映画に変容させたからである。その新しい「刺激」とは、スターのセックス・アピールであった。

変わって第3章では、時代劇、現代劇という枠組みを超えて批評的な成功を収めた「ストリート映画」とでも呼ぶべき二本の映画の照明テクニックを、社会批判とモダニズムの観点から分析する。その二本の映画とは、衣笠貞之助が一九二八年に監督した時代劇映画『十字路』と、三〇年に小津安二郎が監督した犯罪メロドラマ『その夜の妻』である。

ノエル・バーチは、欧米での日本映画研究の先駆けとなった著書 *To the Distant Observer: Form and Meaning in the Japanese Cinema* で、『その夜の妻』を「アメリカ映画と西洋文化が、小津だけでなく、中流階級や下層中流階級の多くの日本人に衝撃を与えたことを示す」作品として高く評価している。[30] 一方『十字路』は、これまで、ドイツ表現主義映画の模倣でしかないと、やや否定的にみなされることも多かった。

この二本の映画で使われた照明のテクニックを分析することで、この章では、日本と西洋の映画の影響関係を解き明かすというより、批評家トマス・ラマールが「ダイナミック」な「映画的物質性」と呼ぶものについて考えていきたい。[31]『十字路』と『その夜の妻』では、照明が映画の「物質性」を強調する。そのことによって、この二本の映画は、単純な東洋／西洋の二項対立、あるいは地政学的な中心／周縁の覇権構造から脱し、グローバルな規模で展開していた映画テクニックの新しい試みを行うネットワークの中に、位置づけられるようになる。特に、この二本の映画は、同時代に流行した「ストリート映画」(「モダン・ライフ」の中心となる都市と、そこに暮らす人々を主人公とし、近代的なテクノロジーにあふれる世界を視覚的に表現する映画)の代表格である。[32] この章では、物語の構造よりも、光と影の使われ方を細かく分析することにより、一九二〇年代末から三〇年代初頭にかけての、都市空間と視覚との間の政治的、経済的な関係についても考えていく。すなわち、『十字路』と『その夜の妻』は、松竹が金を儲けるために製作した作品であるにもかかわらず、松竹が掲げるスローガン「明るく楽しい松竹映画」と、それに合致する映画のスタイルに、いわば内側から挑戦し、松竹映画に多様性をもたらしたのである。

第4章では、一九三〇年代末から四五年までの映画照明にかかわる様々な議論を、包括的に分析する。映画研究者アーロン・ジェローはその著書で、「映画言説の歴史」を提唱し、次のような問いを投げかけている。[33] 映画について、「誰が話したのか。どのような権限で話したのか。その言葉は、どこで、どのような社会経済的条件の下に、誰に向かって発せられたのか。言葉と言葉との間には、どのような力関係が働いていたのか。その発言は何に対して行われたのか。具体的な政治的意味は何か。その発言が想定しているのは何か、あるいは語っていないことは何か」[34]。この章では、ジェローのこれらの問いを念頭に置きつつ、「影の美学」が、なぜ、どのように一九三〇年代後半から四〇年代に出現し、展開していったのかを考えていく。この時期、日本映画のスタイルが明らかに変化する。その変化は、特に新しい映画会社である東宝が製作した長谷川一夫（かつての林長二郎）の主演映画や、映画雑誌に掲載された照明にかかわる文章にはっきり現れている。

一九三〇年代の中頃、帝国主義的な戦争体制のさなかで、「日本の美」とは何かという議論が起こった。日本の建築や風景の暗さを高く評価する「影の美学」が、西洋文化の明るい電気照明に対抗するものとして現れたのは、この文脈においてであった。だが、映画界での影の美学の議論は、必ずしも当初から「日本の美」についての議論と結びついていたわけではなかった。むしろ、それは、ハリウッド映画への強いあこがれと深い関係があった。当時の映画製作者と批評家たちは、ハリウッド映画のロー・キー・ライティングというスタイルを高く評価したが、物質が欠乏する日本では、そのスタイルを完全に取り入れることは難しかった。すなわち、日本映画に影の美学が生まれた背景には、ある特定の歴史的時点での物質的な状況に対する大きな失望があったのである。そして、影の美学は、その失望を、ドキュメンタリー映画と日本文化の伝統の名のもとに正当化する試みだったのである。

映画史家のマーク・ノーネスは、この時期の日本社会と映画との間の矛盾を指摘する。この時期の日本の「映画文化が漸進的に軍国主義化したことは、否定できない」[35]とする一方、ノーネスは、「[映画雑誌の見開き頁には]第二次世界大戦直前まで、派手な色づかいのハリウッド映画の広告が、戦争ヒーローを賞賛する、恐ろしいほどまじめな広告のとなりに並べられていた。その視点から考察すると、日本の映画製作にとって、日本のいわゆる暗い谷間の時代は、中国大陸での戦争よりむしろ、わくわくする近代性とのかかわりがより深い、刺激的な時代でもあった」と主張している。[36] 影の美学についての議論は、こうした矛盾を解決しようとするものだったのである。影の美学についての議論では、暗さに代表される日本の美と、そこに表現された日本精神が、表向きには高く評価された。だが、実際には、それは、不足する物資や未熟な技術という現実の中で、ハリウッド映画の魅力に匹敵するスペクタクルを必死に模索する議論だったのである。ラマールの言葉を借りれば、影の美学は、「植民地的両義性の形式、すなわち、白さ、性的魅力、勤勉さを基準にする西洋の階層秩序を反復し、再現し、方向転換するという、否認と転位の構造」の一例だと言うこともできる。[37]「黒の魅力」「闇の美しさ」といった言葉は、ハリウッド映画のロー・キー・ライティングという、より魅力的なものへの切望を隠すため、ドキュメンタリー映画やリアリズムについての議論と密接に結びつきながら、創り出されたのである。第1章のキーワードは、照明の「見やすさ」と「表現力の豊かさ」であったが、この章のキーワードは、「見えにくさ」と「表現力の豊かさ」である。

この章の後半では、ハリウッドと日本の複雑な関係を示す例として、映画カメラマンのハリー三村の仕事を分析する。三村はハリウッドでキャリアをスタートさせたとき、オーソン・ウェルズとの仕事で有名になるカメラマンのグレッグ・トーランドの同僚であった。以来、三村は、絶えずトーランドを意識しながら日本で仕事をしていくことになる。

この本は作家主義的な映画分析を行う章で終わるが、ここで言う「作家」とは、黒澤明や溝口健二、小津安二郎などの著名な映画監督ではなく、そうした監督たちとともに仕事をした、映画カメラマンのことである。その意味で、この章は、これまでの、特に欧米での日本映画研究への挑戦であるとも言える。[38] これまでの欧米の日本映画研究では、有名監督の作品を歴史的に研究することが多かった。こうした作家主義的映画研究には、テーマやスタイルのパターンを分析し、その作家の世界観を明らかにしようとするものが多い。しかし、この方法では、映画製作の実際について十分に論じることができない。これまでの欧米の日本映画研究に欠けていたものの一つは、映画を、共同製作の産物とみなす視点である。カメラの裏には、監督だけでなく、多くの技術者が存在している。この本でも、黒澤明や溝口健二、市川崑、増村保造といった有名な監督の映画が扱われているが、それはその監督の世界観や仕事の一貫性を明らかにしたり、あるいはその監督の作品の価値を再確認したりするためではなく、映画が共同製作の産物であること、資本主義的な産業構造の中で生産されるものであることなどを明らかにするためである。

この最終章では、第二次世界大戦後の日本の新しい政治的、経済的状況の中で、影の美学についての議論がどのように展開したのかを論じていく。冒頭でその言葉を引用した芳野のような人たちは、戦後の映画産業の復興のため、映画製作者たちが行ったどのような「交渉」の結果、影の美学が日本文化の本質だと信じるようになったのだろうか。この章の主人公は、『羅生門』(黒澤明、一九五〇年)や『雨月物語』(溝口健二、一九五三年)など、次々に国際映画祭で重要な賞を獲得した映画を撮影した宮川一夫である。宮川の仕事こそが、影の美学に基づいて、戦後日本の美の伝統を創出する原動力の一つだったと考えられるのである。同時に、宮川の仕事——とりわけ、強調された光と影のコントラストや鮮明なディープ・フォーカス——は、日本の美の伝統というくくりにはおさまりきらないことも確かである。すなわち、宮川の撮影は、照明のテクニックの歴史や照明の技術革新の両方に意識的で、なおかつ日本の内と外の双方の映画をめぐる状況に目を配りながら、映画におけるリアリズムの意味を広げていったのである。

第1章　照明と資本主義

——松竹とハリウッド

ハリウッドから来た男

一九二〇年七月一九日、新設されたばかりの映画スタジオに、スタイリッシュなファッションの男が高級車から降り立った。男は、賀古残夢監督が撮影中のセットのそばを通りかかると、ベテラン・カメラマン田泉保直の助手からレフ板を取り上げるや、セットの高い壁を駆け上がり、レフ板を高く掲げた。その瞬間、輝く光線がセットを斜めに走り、主演俳優をくっきりと立体的に照らし出した。その場にいた誰もが驚きを隠せなかった。(1)

ヘンリー小谷倉市が、松竹キネマ合名社の蒲田撮影所に到着した日のエピソードである。(2) レフ板は、日本でも一九一八年から使われていたが、床や地面に置いて、重要な被写体やセットを正面から明るく照らすために使われていたにすぎなかった。(3) このエピソードによれば、小谷は、日本の映画製作の現場に、立体的な照明をハリウッドからもたらした、ということになる。

一九一〇年代、小谷はハリウッドの有名な映画監督セシル・B・デミルのもとで、映画カメラマンとして働いていた。だが、松竹に請われ、デミルの強力な推薦もあって、一九二〇年に帰国する。京都、大阪、東京で劇場を経営していた松竹は、歌舞伎から映画事業へ乗り出そうとしていたのである。一八九五年に松竹を創業し、一九二一年に松竹キネマ社長に就任する大谷竹次郎は、二〇年二月、「我邦の作品の外国の作品に比して劣等であり、非芸術的であり〔中略〕芸術的事業に指を染めるものゝ考へて恥としなければならないことである」と述べている。[4] 経営者としての大谷が念頭に置いていたのは、ハリウッド映画である。ハリウッド映画は、第一次世界大戦でヨーロッパから映画の輸出が困難になったのに乗じ、世界の映画市場を独占しようとしていた。大谷は作家「パウル・ブリユネエ」の言葉を引用し、「アメリカ合衆国における第五の最大の地位を占むる産業、世界の隅に行き渡らぬ隅なき産業、幾億万人の主要なる慰安となれる産業、多数の人々に生活の道を与ふる産業、慰安と教育を兼ねたる機関中最大なるものの一たる運命を有する産業、これ即ち活動写真なり」と記している。[5] そして大谷は、松竹が「芸術的フィルム」を製作し、「日本活動写真の向上に努むると共に、我国民生活の真相を外国に紹介」すると宣言している。[6] つまり松竹は、外国映画のレベルに追いつき、海外に輸出できる日本映画を作り、ハリウッドに対抗することを目指していた。その目標のため、松竹は資本主義的経営、映画製作のテクニック、配給の仕組み、スター・システムなどを、ハリウッド映画産業に学ぼうとしたのである。

週給一五〇〇円という高い給料で小谷をハリウッドから呼び寄せたのも、そのためであった。[7] 松竹は、小谷の他にも、『奇傑ゾロ』（フレッド・ニブロ、一九二〇年）などダグラス・フェアバンクス主演映画のセット・デザインを手掛けていたジョージ・チャップマンや、フェアバンクス映画のスタッフだったエドワード田中こと田中欽之も蒲田に迎えた。また、ハリウッドの最新技術、例えばベル・アンド・ハウエルやミッチェル、エイクリー社のカメラや、アメリカ製の照明器具、イーストマン・コダック社のポジとネガの生フィルムなども買いそろえた。[8] さらに、蒲田の重役だった玉木長之輔と田口桜村をロサンゼルスに派遣してハリウッドの映画製作を視察させ、脚本家たちにはハリウッド映画の脚本を研究させた。また、カメラマンたちには、ハリウッド映画のショット数と長さを記録させたりした。[9] つまり、松竹は、ハリウッドの映画産業を模倣することから、日本の映画製作の近代化を目指したのである。

ハリウッドで修行したヘンリー小谷の仕事が日本の映画カメラマンに与えた影響は大きかった。[10] それは、映画史家ミリアム・ハンセンの言葉を借りれば、ハリウッド映画が持っていた「自由のイメージ」を代表していた。[11] カメラマンの宮島義勇によれば、それまで日本の映画撮影には一種の「封建制度」が存在していたという。レンズやフォーカス、照明、アングル、構図、化学薬品などの知識は、師が自分の弟子にだけ内々に教えるもので、撮影中の助手にもまったく秘密にしていた。[12] 松竹が映画製作を始めてから九年もたった一九二九年になっても、ライバル会社日活のカメラマン青島順一郎は、『摩天楼』(村田実、一九二九年)についての座談会で、「新工夫はたくさんありますが、これは秘密に属しますので只今申し兼ねます」と話している。[13]

小谷は、そうした秘密主義を時代遅れだと考え、自分の持っている知識のすべてを後輩たちに教えようとした。一九二四年には、「一人前の撮影技師になる迄」というエッセイで、一人前のカメラマンは「矢張り染調色、現像、焼付等の内部知識を全部知つておかねばなら」ず、「監督の命のまゝに縦横無尽に如何なる場面でも自由自在にカメラの中へ納めてしまふ」ようでなければならないと説いている。[14] 後輩たちは証言する。カメラマンの三木茂は、大日本映画協会が出版した『映画撮影学読本』に、「アメリカで鳴らしたヘンリー小谷の、その弟子達に伝えた撮影技術は本邦撮影技術にとつて良き意味での影響は大きかつた」と記している。[15] 一九二〇年代から三〇年代の人気監督で、松竹にはカメラマンとして入社した牛原虚彦は、「私の映画修業時代、技術面のことを最も多く教わったのはヘンリィ・小谷(倉市)氏である」「私などヘンリー小谷ゼミナーに足しげく通う常連であり、ハリウッドの新知識を、特に編集の理論と技術を貪欲に吸収した」[16]。牛原は、一九三三年に刊行された『映画評論』の映画技術特集号にも「小谷ヘンリー氏の帰朝に依つて日本映画界が如何に多くの撮影技術者たちの養成、向上を遂げ得たかを想ひ起す」と書いている。[17] 松竹のナンセンスなコメディの名手といわれた斎藤寅次郎監督は、「アメリカ帰りの小谷ヘンリー氏が〔『お父さん』(一九二三年)の〕撮影を担当、我等スタッフ一同にアメリカ式の技術を教えて下された事は、私達がアメリカの撮影所で一年位勉強して帰ったのと同じ効果であった」と回想している。[18] 他にも、松竹の映画カメラマン野村昊は、『島の女』（監督は、木村錦花または松居松葉、一九二〇年）の撮影時に小谷の助手を務めたが、「その斬新な演出・撮影技法」に学ぶところが多かったと証言している。[19] カメラマン持田米彦は、「流石に本物仕込みのカメラは断然光って、いわば日本映画技術の一エポックを作ったものである。ロングからアップまで自由自在なカメラ駆使、レフレクターの巧妙極まる使用法など、当時筆者らは教えられるところ頗る多かった」と述べている。[20]

だが、弟子たちがハリウッド式のテクニックや態度を賞賛したにもかかわらず、小谷は来日からわずか二年後の一九二二年には、松竹蒲田撮影所を去ることになる。そして自身の設立したヘンリー小谷プロダクションで映画を二本製作した後、松竹と再契約し、一九二四年、京都にあった下加茂撮影所に赴任して七本の映画を監督、撮影した（一九二三年の関東大震災で蒲田が大打撃を受けると、東京とならぶ日本の映画製作の中心地であった京都は繁栄を極めた）。しかし、また一年もたたないうちに、下加茂もあとにする。[21]

田口桜村によれば、小谷と松竹の契約はもともと二年だったという。[22] ただし、もし小谷が二年後、他の会社と契約したい場合は、事前に松竹の了承を得なければならないことになっていた。つまり、松竹が小谷との契約の優先権を握っていたのである。この契約形式は、松竹がハリウッドに倣って採用したものだった。小谷は、ハリウッドさながらの資本主義のやり方で、松竹によって雇用され、そしてたった数年で解雇されたことになる。

なぜ小谷は、ほんの数年で解雇されたのだろうか。[23] 大谷竹次郎は、蒲田撮影所の映画カメラマンたちが、小谷がハリウッドから持ち帰った技術のすべてを、その二年間で修得してしまったと述べている。[24] 大谷にとって、技術さえ手に入れてしまえば、小谷の解雇は経済的な必然だったのかもしれない。というのも、小谷は、松竹がまだ十分な利益をあげていなかった時代に、撮影所にいる誰よりもずっと高額な給与を得ていたからである。[25] この意味で、小谷は、アメリカからのお雇い外国人のように扱われたと言えるだろう。映画雑誌も小谷のアメリカナイズされた態度などを、面白可笑しく報じていた。『キネマ旬報』のある記事は、小谷が「磊落であり開放的」な、アメリカ育ちの気質を持っていると言う。例えば、松竹のスター女優・栗島すみ子の足に雪がつかないよう、なんら躊躇せず栗島を抱き上げ、栗島が「大変びっくり」したこともあったらしい[26]。

あるいは、松竹は、小谷の映画が、日本人には不道徳すぎると判断したのかもしれない。一九二一年に小谷が松竹で監督、撮影した二本の映画は、二本とも東京の検閲局で問題とされた[27]。『電工とその妻』は、姦通を描いているのが問題になり、再編集を余儀なくされた[28]。公開日も四月一五日から五月六日に延期されている。もう一本は、やはり小谷が脚本を担当し、古川緑波が「自動車の追駈は、決してお世辞でなく今迄の日本映画では見られない位いゝ」「素敵な喜劇だ」と賞賛した、『トランク』である[29]。この犯罪コメディは「犯罪構成の恐れがある」という理由で、東京での公開は禁止となり、検閲がそれほど厳しくなかった大阪でのみ、六月二一日に公開された。この年、検閲で問題になった映画は三本だけだったが、そのうちの二本が小谷の監督あるいは脚本による映画だったのである[30]。その結果、松竹は、小谷の扱いに注意深くなったとも考えられる。

だが、給料の高さや検閲の問題にもかかわらず、小谷のテクニックは、批評家に高く評価され、彼が蒲田を退社した後の一九二二年から二三年に製作に携わった作品も同様に賞賛された。『キネマ旬報』のある記事は「流石に他の追従し得ぬ技術の閃き」と記し[31]、別の記事は「撮影技師としての彼の技術は、現在の日本の映画界にあつては全く批評を超越して居る」と述べている[32]。もし小谷のテクニックが日本の誰よりも優れていたのならば、なぜ松竹は小谷をそんなに早く手放したのだろうか。

興味深い証言がある。カメラマンの白井茂によれば、小谷が松竹で撮影した映画は、彼がハリウッドで撮影した映画ほど美しくなかったらしい[33]。もし小谷の日本とアメリカでの仕事に違いがあったのなら、それは、松竹がハリウッドから小谷が持ち帰ったテクニックを受け容れることを拒んだということだろうか。それならなぜ松竹は拒んだのか。松竹は、ハリウッドのテクニックや、その映画製作システムに学ぼうとしていたのではなかったか。もしかすると、小谷の松竹からの突然の「解雇」は、日本の映画産業が近代化を進めるうえで直面していた困難を露呈する事件だったのではないだろうか。

松竹蒲田撮影所は、ハンセンの言う、「世界市場で成功したハリウッド」がもたらした「資本主義産業の近代性と近代化という経験の、審美的で公共的な地平」の代表だったと言えるだろうか。[34] 日本の映画製作と興行が、まだ歌舞伎や新派の強い影響下にあった時代に、松竹は、最新のハリウッド映画のテクニック、契約の形式、スターの育成方式などを導入しようとした。[35] 一九〇〇年代の日本の映画は、それまでの娯楽産業の中心だった演劇とはっきりと分かれていない状態にあった。一九〇三年、日本最初の映画常設館・電気館が浅草にできたとはいえ、映画はたいてい歌舞伎や新派を上演する芝居小屋で上映されていたのである。ただ、一九一〇年初頭には、フレーミングやカメラと被写体の距離、編集などで新しい試みが見られるようになっていた。また、映画は演劇とまったく同じように興行されたわけでもなかった。アーロン・ジェローによれば、最初期の観客は、映画の新しさだけでなく、幻燈や生人形などの見世物と同様に、「演劇ではないと分かっているものが、演劇のようになるスリリングな感覚」に魅了されたという。[36] ジェローが指摘するように、最初期の日本映画は、製作の面でも受容の面でも、単に演劇を真似ていたわけではなく、もっと「柔軟」なものだったのだ。[37] 当時の日本映画は、演劇的なものと映画的なものが「結合」して「混合」していたのである。そして日本の知識人たち——映画の批評家や製作者から官僚までの、のちに純映画劇運動にかかわる人々——はこの混合を「日本映画最大の問題点」とみなしていた。[38]

ハリウッドに傾倒した松竹の映画ビジネスへの参入は、ジェローの言う「差異化のモダニズム」の試み、すなわち、映画の製作と興行を近代化し、それによって映画と演劇の新旧エンターテインメントの区別をはっきりさせようとする試みであったと言える。[39] 映画史家エリック・カズディンによれば、日本における資本主義の初期段階に政府が強調したのは、「国内市場の余剰を輸出することで需要の問題を回避しようとし〔中略〕低賃金システムをともなう〔中略〕労働集約的な商品の生産体制」だったという。[40] さらに一九二〇年代末の経済危機以後、日本政府は大がかりな輸出奨励策を推し進め、その政策が急激な円安に支えられて巨大カルテルを生み、日本製品が海外に大量輸出されるようになった。こうして一九三六年までに、日本の輸出はほぼ二倍になった、とカズディンは言う。(41)松竹は、こうした段階の日本の資本主義を体現していたとも言える。日本の映画製作の草創期には、まだ大量生産は実現していなかったが、映画という商品の生産自体は労働集約的であり、多くの場合、低賃金であったことは当時の映画雑誌に掲載された多くの記事からも明らかである。

加えて、日本映画を世界市場に「輸出する夢」が、日本映画を近代化しようとする、いわゆる「純映画劇運動」の「原動力」だったと、ジェローは強調する。社長の大谷によれば、松竹創業時の目標は、国境を越えてビジネスを展開することであった。(42)松竹の当初の試みは失敗に終わるものの、一九三〇年代に日本の映画産業は国外、とりわけ中国、満洲、韓国に市場を求めた。純映画劇運動を担った知識人たちは、「忠義や仇討、自己犠牲、〔『蝶々夫人』風の〕報われない恋の物語」に、芸者、腹切り、桜、富士山といった紋切り型の日本の文化や風景を描いた映画が海外で人気のあることをよく知っていた。(43)しかし、こうした知識人たちは、これらの外国映画における不正確な日本の描写に不満を感じていたというよりも、日本人が日本の風景や文化を題材にした映画を作って利益をあげるべきところを、外国の映画製作者がそれらを盗用していることを問題視していたのだ。(44)

『活動写真雑誌』は、その社説で、「単なる風光の実写映画ですら外国人の手を借らねばならず、現在日本の風俗さへも、現在のままに外国に紹介されず、骨董屋のごとき眼を以つて、カメラマンが見た日本を、之れが本統の日本であると外国へ紹介される有様である。〔中略〕であるから、如何なる事があつても、日本の映画は日本人が作る主義、政治ならば、亜細亜だけで処理して行く、所謂モンロー主義を活動写真の方にもいんようして、之を実現しなければならぬ。〔中略〕之れが進歩すれば、日本映画は世界の市場に販路を拡張され」ていくだろうと主張した。(45)そして大谷も、純映画劇の提唱者たちと同じく、海外市場への参入の野望を抱いていたのである。

演劇的なものと映画的なものの分離、すなわち「ローカルな映画文化に見られる特殊な混合」を排除することが、日本映画「輸出の夢」を実現する鍵であった。(46)純映画劇運動の提唱者たちが主張したのは、日本映画は国際的なレベルでわかりやすい映画を作ることができれば、日本映画市場でハリウッド映画に対抗し、海外市場でも利益をあげることができるようになるだろうということであった[47]。そしてそれを可能にする唯一の具体的な方法は、外国映画の形式とスタイルを模倣し、スポークン・タイトル（セリフ字幕）や多様で複雑なカメラワーク（特にクロースアップと移動カメラ）、人工照明、コンティニュイティ編集、より自然な演技法などのテクニックを採用することであると主張した。その一方で、彼らは「非映画的」な、旧劇や新派劇の舞台を単に再現しただけの日本映画を批判した。

松竹は、当初、純映画劇運動を支援した。一九一九年に日本公開されたD・W・グリフィスの『イントレランス』（一九一六年）の興行的成功を目の当たりにした松竹は、二〇年一〇月、松竹キネマ研究所の指導者として、新劇の先駆者で純映画劇運動の提唱者の一人である小山内薫を採用する。小山内が製作した『路上の霊魂』（村田実、一九二一年）は、『イントレランス』と同様にクロスカッティングのテクニックを用い、また、女性スターの表象もハリウッド映画を真似た。ヒロインの英百合子は、「アメリカの恋人」メアリー・ピックフォードの髪型、衣装、演技のスタイルを模倣している[48]。

これまで、多くの批評家たちが、一九二三年の関東大震災が日本社会に大きな歴史的、経済的、文化的な変化をもたらし、古さと新しさを区別しようとする日本映画産業を後押しすることになったと指摘してきた。映画史家イゾルデ・スタンディッシュによれば、震災後、松竹蒲田撮影所では、特に「新派的なメロドラマ調の映画製作に対する反抗」とも言える「スタイルのシフト」が起こったという[49]。同時代の批評家・大塚恭一も、松竹の人気監督・島津保次郎に関する記事の中で、松竹蒲田映画のスタイルの変化について同様の指摘をしている。大塚は「島津保次郎は、蒲田映画が在来の所謂新派映画から、新しい映画劇を打ち立て得た時代の、代表的監督である」と述べている[50]。

アーロン・ジェローは、もう少し慎重に、どのように「映画」というものが議論されていたかを分析する。そして、必ずしも震災後ではないが、一九一〇年代初頭から二〇年代までの日本の映画文化、特に「物語、観客、解釈、テクスト性、記号過程《セミオーシス》、脚本、批評、興行、製作」の「大きな革新」があったと主張する。(51)

しかし、本当にこうした震災後の大きな変化や、ジェローの言う「大きな革新」は起こったのだろうか。少なくとも、松竹蒲田映画のスタイル、とりわけ照明のテクノロジーとテクニックには、そのような大きな変化は見られない。この章の議論で明らかにしていくように、松竹は、当初の戦略を修正し、演劇的なものと映画的なもの、古さと新しさを区別するのではなく、その混合を推し進めたのである。松竹の映画ビジネス参入により、日本の映画産業が、経済的に安定した段階に入ったことは確かである。だが、それは単純にハリウッドがもたらした「資本主義産業の近代性と近代化の経験」（ハンセン）というわけではなかったのである。

ジェローは、「〔純映画劇〕運動が提唱したことの多くは、一九二〇年代末までに日本映画界の慣例になった〔中略〕改革者たちが主張した映画スタイル――クロースアップやクロスカッティングなど――は、一九二〇年代の松竹で、続いて一九三〇年代の東宝でというように、あたりまえのように実践されるようになっていった」と言う。(52)しかし、その「あたりまえのように実践」されるようになっていった背景には、かなり複雑なプロセスがあった。松竹とヘンリー小谷との間の、撮影と照明をめぐる対立は、その複雑なプロセスの一例なのである。つまり、一九三〇年代にいたるまで、日本における映画製作は、依然として「結合と混合」の状態（それはジェローが純映画劇運動以前とその最中、つまり一九一〇年代と二〇年代初頭の映画製作の特徴としていた状態なのだが）にあったのである。ピエール・ブルデューの文化社会学に言及しながら、ジェローは、一九一〇年代と二〇年代初頭の日本の映画文化は、「葛藤の場」だったと主張している。(53)だが、資本主義的な映画産業の日本における先駆者と目されていた松竹の蒲田撮影所が設立された後でも、そして純映画劇運動が終わった後でも、日本の映画文化は、とうてい「大きな革新」があったとは言えないほど複雑に混乱した「葛藤の場」だったのである。(54)

繰り返しになるが、そのような「葛藤」は、単に日本とアメリカの文化的な支配‐抵抗の関係なのではない。商品としての映画のわかりやすさ、映画のスタイルのモダニズムと古典主義、製作者と興行者と観客との間の権力構造などが複雑にからみ合った「葛藤」なのである。ミリアム・ハンセンは、「映画の作り手が、美学的表現形式をこしらえあげ、社会問題や政治的抑圧に対峙するために、創造的、折衷主義的、修正主義的なやり方で、ハリウッド映画（そしてそれ以外の国の映画や自国の過去の文化）をどのようにして自分のものにしてきたのか」が問題であると述べる。[55] 松竹のスタッフは、松竹独自の映画を製作するため、「創造的、折衷主義的、修正主義的なやり方で、美学的表現形式をこしらえあげ」ようと挑んでいた。一方では、松竹はハリウッドの、特に消費文化の中心である女性観客へのビジネス戦略に倣った。[56] 同時に、ハリウッド映画の物語のスタイルをそのまま模倣するということはなかった。つまり、松竹がとるようになっていった戦略は、単にハリウッドの支配に抵抗するために「昔からの価値観」を強めようとしたものではなかった。[57] 松竹は、日本の大衆向けの映画文化のスタイルとはどういうものか、そしてそれをどう形づくっていくか、苦悩し、苦闘していたのである。事実、松竹は、スター、とりわけ男性俳優のみが演じる歌舞伎では考えられなかった女性スターのプロモーションに取り組み、歌舞伎の視覚的特徴を備えた照明のテクニックをその映画に使った。それは、見やすさと表現の豊かさの結合、すなわちフラット・ライティング（平板な照明）と表現に富む空間演出《ミザンセン》との混合であった。

歌舞伎では、舞台全体を明るく照らし、できるだけ影を排除し、舞台上の演技が観客にはっきり見えるようにするため、ほぼ例外なく正面からのフラット・ライティングが使われる。ノエル・バーチは、一九一〇年代と二〇年代の日本では「歌舞伎の視覚的な特徴」が「絶えずスクリーン上に」現れていたと主張する。[58] 日本映画に歌舞伎のスタイルが継承されたのは、映画の製作者たちが、慣例となっている「表現モード」を好み、「西洋映画」の「リアリズム」を拒絶したからだとバーチは述べる。だが、その「表現モード」は——少なくとも照明に関しては——単に歌舞伎の伝統に基づいていたからというだけではなく、松竹の資本主義的な合理化方針に基づいて選ばれたものでもあった。[59] その意味で、松竹は、映画産業を近代化し、同時に大衆に受ける映画を作るために、いわば「選ばれた伝統」を作ろうとしていたのである。レイモンド・ウィリアムズは、「我々が注目しなければならないのは、ただの「伝統」ではなく、「選ばれた伝統」である。つまり、それは、伝統を形づくる過去と事前に形づくられた現在を意図的に抜粋した解釈のバージョン」であると述べている。[60]

ジェローは、小谷のような名声の長続きしなかった人物のキャリアのみに注目すると、「西洋化された」純映画劇運動が、日本人独特の好みの前に敗れ去ったという議論につながりかねないと注意を促している。しかし、そのキャリアを日本の映画産業の歴史と、それを取り巻く議論の文脈の中で考えるならば、それは、一九二〇年代の日本の映画文化の複雑さを理解する助けになるのではないだろうか。

蒲田調とパラマウント調——ラスキー・ライティングからスリーポイント・ライティングへ

一九二〇年から三六年まで松竹蒲田撮影所で製作された映画のスタイルは、蒲田調と呼ばれる。『オックスフォード英語辞典』によれば、「トーン（調子）」という言葉は、ふつう音楽や声の音質のことだが、思考や感情、行動などの、特別な傾向を意味することもある。また、この言葉は、光と影の効果も意味する。蒲田調とは、明るく楽しい、洗練されたスタイルのコメディを意味し、近代化する大都市東京の日常生活を描き出した。松竹のスローガンは、「明るく楽しい松竹映画」[61]。一九二四年七月に松竹蒲田撮影所の所長に就任した城戸四郎は「ハンカチ持参で、映画館に悲劇を見に行くのもよいが、すべての映画をそういう泣きたい客のために作るのは、面白くない。娯楽とは、明るい健康なものでなければならず、社会の皮肉や矛盾をさがせば、おもしろおかしく笑いながら、人生勉強ができる」と述べた。[62]一九二九年五月には、撮影所が発行する『蒲田週報』に次のように記している。「日本映画界の現代劇、即ちそれを代表すべきは我が蒲田製作の現代劇である。因ってこれを向上発展せしめ世界的ならしむるためには、内容の充実を第一とし、更に「明快さ」を与える事を特に必要とする。鑑賞する者の気分を常に朗らかにし、徒らに沈痛深刻に鑑者を陰鬱ならしめる事は慎まねばならぬ。これは少しく映画を観賞する者の等しく認める処であり、又これを作成する吾々の最も尊き使命である」[63]。

明るく楽しい気分に加えて、批評家の田中敏男は、蒲田調は撮影の「明るさ」も意味していたと言う[64]。松竹が映画に明るさを求めていたことは、小谷が蒲田撮影所に到着した日のエピソードにもあらわれている[65]。小谷は「明るく楽しい」蒲田調の基礎を固めるのに最適な人材と期待されていた。彼がハリウッドで撮影した映画は、「鮮明な撮影」で「常に明るく美しく、いい気分」と、日本で高く評価されていた[66]。松竹で、『新生』（監督および撮影小谷、一九二〇年）と『鉱山の秘密』（監督エドワード田中、撮影小谷、一九二〇年）の脚本を担当した、のちの名監督・伊藤大輔は「日本で最も遅れているのは撮影技術だというのでカメラマンのヘンリー・小谷氏をハリウッドから連れて来たんです。〔中略〕そのヘンリーさんの撮影で、画調の美しさ、明るさに本当に驚きました」と述べている[67]。

しかし小谷と松竹の早すぎる別離は、両者の間に何らかの食い違いがあったことを示している。結局、小谷が蒲田調の基礎を築き上げることはなかった。田中敏男によれば、蒲田調は「パラマウント調」に倣ったものだという[68]。パラマウント調という言葉は、その頃のハリウッドでは使われておらず、蒲田のスタッフや他の撮影所の映画カメラマンたちが、理想とするハリウッド映画の画調を表現するために使ったものだった[69]。マキノ・プロダクションの映画カメラマン長濱慶三が言うには、「当時美しい画面ということで定評があり、また映画技術者の目標としていたものとして、パラマウント映画があった。〔中略〕流麗な画面、光の美しさという点でパラマウント映画は圧倒的であった。〔中略〕主光線に大きな光源を使用して効果を上げているのは判っていたが、その主光線と補助光線のたくみな使いわけ、あるいは、戸外の日中撮影にアークを併用した技術、これは実に素晴らしいものであった」[70]。事実、蒲田のダーク・ステージは、パラマウント社のものを模倣したものだったし[71]、松竹とパラマウント社は東京の主要劇場をいくつか共同で所有するビジネス・パートナーでもあった[72]。だが、当時のパラマウント社の画調は、美しいハイ・キー・ライティングという日本の映画技術者たちが持っていたイメージとは違い、単に明るいだけではなく、芸術的なロー・キー・ライティングも含んでいた。[73] それはむしろ、明暗のコントラストの強い画調であった。特に小谷が働いていた時期はそうであった。[74]

映画史家デイヴィッド・ボードウェルによれば、一九一〇年代に、クリーグ灯をはじめとするカーボン・アーク灯の採用は「アメリカ映画の照明の主流を、それまでの光を拡散させる全体照明から、光を集中させる「効果照明」に変えた」という。[75] とりわけボードウェルは、セシル・B・デミルとカメラマンのアルヴィン・ワイコフが「美術監督ウィルフレッド・バックランドの用意したスポットライトを使って、いくつかの作品をロー・キー効果で演出」する「一九一五年に、アメリカの照明法は大きく変化した」と主張する。[76] 一九一五年から一六年の間、デミルは「より劇的で、なおかつリアルな照明を追求し」、ワイコフは、いわゆる「レンブラント・キアロスクーロ」効果を実現すべく協力した。[77] デミルとワイコフが視覚化した効果は、彼らが働いていたジェシー・L・ラスキー長編劇映画社にちなんでラスキー・ライティングと呼ばれた。映画史家リア・ジェイコブズは、ラスキー・ライティングを「限られた領域を照らし、くっきりした影を作り、光の方向性をはっきり感じとれる」照明法であると定義する。[78] ジェイコブズによれば、ラスキー・ライティングは、デイヴィッド・ベラスコが舞台で使った照明に由来するという。ベラスコは、レンブラントに倣い、「窓やランプ、炎の光源からの光を強調し、暗くて雰囲気のある表情をうまく創り出した」。[79] こうしたラスキー社の映画を配給していたのがパラマウントだった。

ボードウェルは、ラスキー・ライティングのような「光と影の極端な対比」を生む効果照明がハリウッドの「ライティングの基本」になることはなかったと言う。[80] 一九二〇年までにハリウッドの多くの映画製作者は、キー・ライトとフィル・ライト、そして少量のバックライトを加えたスリーポイント・ライティングを採用していた。[81] ジェイコブズは、スリーポイント・ライティングでは、「光は空間（ミザンセン）に自然に溶け込み」、目立たないと言う。[82] 一方、映画史家パトリック・キーティングは、スリーポイント・ライティングとは「ハイ・キーと効果照明の

図 1-1　アルヴィン・ワイコフの隣に座るヘンリー小谷（右）

二つのスタイルの、利点をあわせ持つ、適応性のあるスタイル」だったと論じている。[83] つまり、スリーポイント・ライティングを切り捨てたのではなく、それもまた効果的に取り込んでいたのである。

一九一八年三月まで、小谷は、フェイマス・プレイヤーズ-ラスキー社に所属する四人の「最高の助手のひとり」「カメラマン」の一人であった。小谷はワイコフの「最高の助手のひとり」だった。[84] ラスキー社で撮影された写真の中には、ワイコフと小谷が笑いながら並んで座っているものがある（図1-1）。小谷がいかにワイコフと親密だったかが窺われる。一流カメラマンのワイコフが週給一〇〇ドルだったとき、小谷の週給は三〇ドルであった。[85] そして小谷が最も影響を受けたのは、ワイコフ直伝のラスキー・ライティングだった。

小谷がワイコフ流の照明に傾倒していたことは、バックライトについての小谷の発言からも窺い知ることができる。一九一九年二月、ハリウッドで働いていた小谷は、日本の映画雑誌『活動写真雑誌』のインタビューに答え、次のように述べている。「撮影技師の最も注意し研究すべきは美術的光線の使用法だけだと思う、僕の今研究中のものはバックライトの応用で、従来の映画は技師が太陽を背に負い、俳優と背景が太陽に向かって居るものばかりの為め常に非美術的な、或点に於て不自然な、簡単な、同一な、而も平坦的のものばかりだった、僕の常に撮影しつつある場面は此弊を根本的に破って太陽の直射に反抗し、其光線を応用して美術的で、屈曲に富む画面ばかりを選ぼうとして居る」。[86] ここで小谷が主張しているのは、俳優やセットをはっきり見せず、むしろバックライトをいかに効果的に使うかである。ハリウッドの有名プロデューサーのアドルフ・ズーカーは、俳優の顔の半分を影でおおってしまうようなバックライトに執着する小谷に次のように言ったことがある。「ヘンリー、これ〔逆光線〕はすばらしく芸術的だ。けれど映画館に来る客は俳優の顔を見たい人ばかりだ。君の趣味に反するかもしれないが、これからは俳優の顔が見えるように撮ってくれ[87]」。

ジェラルディン・ファラー主演の『ジャンヌ・ダーク』（セシル・B・デミル、一九一七年、製作開始一九一六年六月一九日）のようなラスキー社の映画には、バックライトが多く使われている。小谷が『ジャンヌ・ダーク』にカメラマンとしてかかわった正式な記録は残されていないが、小谷はこの映画こそ自分がワイコフと一緒にした最初の仕事であると述べている[88]。リア・ジェイコブズが指摘するように、この映画には「ロー・キーでコントラストの強い照明」はそれほど使われていないのだが[89]、使われるのは特に重要な場面である。例えば、映画が始まってすぐ、ジャンヌを演じるファラーが紹介されるショットがある。オープニング・クレジットの前に挿入されるそのショットは、糸車の前で熱心に仕事をするジャンヌをミドル・ロング・ショットでとらえている。正面と横から強い光が当たり、ジャンヌの真っ黒な影が後ろの壁に映し出され、ジャンヌの悲劇的結末を暗示しているように見える。コントラストの強いラスキー・ライティングによって、映画のオープニングから画面内の緊張感が高まっている[90]。

次のショットでは、同一ショット内でライティングが劇的に変化する。『チート』（一九一五年）など、この時期のデミル作品で目立つテクニックである。まずジャンヌの殉教が暗示される。壁の前に立つジャンヌに、強烈な光が正面と斜めから当たり、背後の壁に濃淡の異なる複数の影が映る。やがてジャンヌはゆっくりと両腕を上げ、まるで十字架にかけられたかのような位置でそれを止める。その間に正面からの照明がいくつか消え、ジャンヌの後ろには、フランス王室のシンボルの花形がバックライトでくっきりと浮かび上がる（図1-2）。正面からの微かなライトと、強烈なバックライトにより、ジャンヌはほぼシルエットとなり、まるで意識を失ったかのように首をう

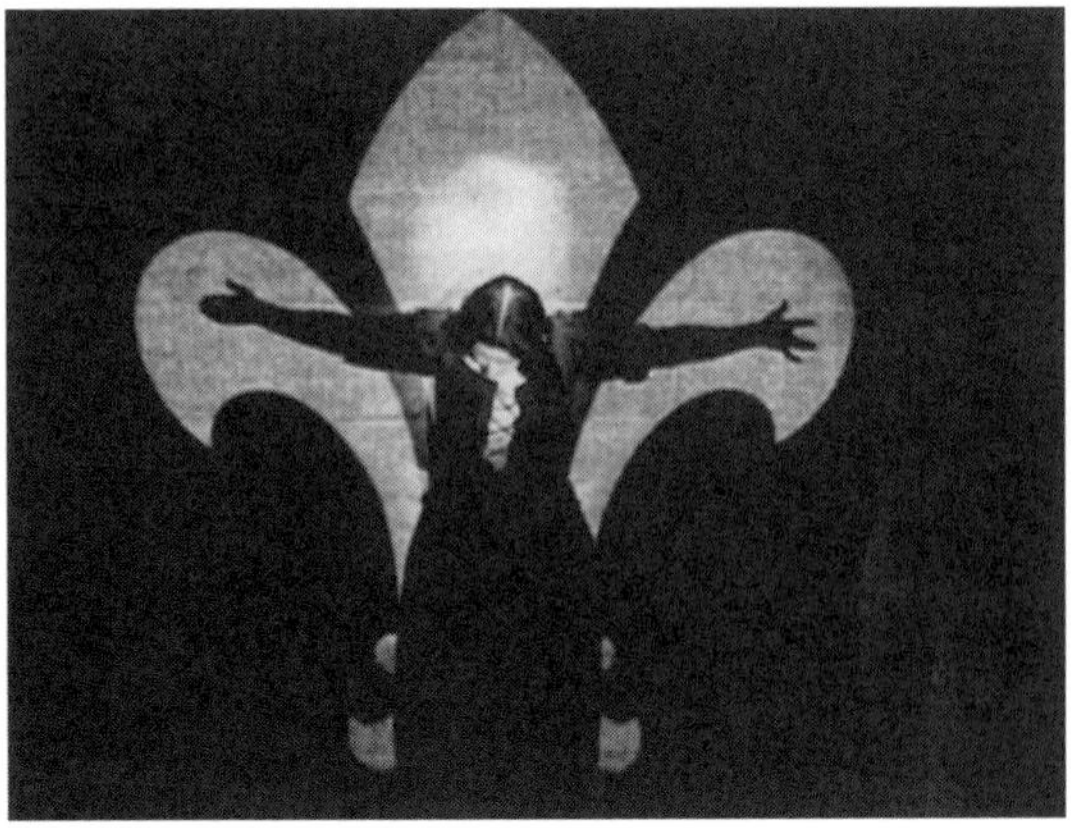

図 1-2　ジャンヌ（ジェラルディン・ファラー）の後ろにフランス王室のシンボルをかたどった花形のバックライト。『ヂャンヌ・ダーク』（1917 年）

なだれている。ジェイコブズは、このようなライティングの変化は、「アクションの大きな転換点」を示すと主張する。[91] この場合、バックライトを効果的に使ったライティングは、ジャンヌが殉教する運命にあることをはっきりと示している。

同じように、ハリウッドの日本人スター早川雪洲が主演した『隠されたる真珠』（ジョージ・メルフォード、一九一八年）でも、コントラストの強いラスキー・ライティングが効果的に使われている。この映画で小谷は、製作中に交通事故にあったカメラマンのポール・ケリーに代わって撮影を担当した。ジョージ・イーストマン・ハウスに所蔵されたプリントに、ハワイ出身のトム（早川）が、故郷に戻る決心をするシーンがある。トムは暗い部屋の鏡の前に立っている（図1-3）。正面からの強い光で、彼の体の輪郭が、真っ暗な背景にくっきりと浮かび上がる。

トムは黒っぽいナイトガウンを身につけている。トムの顔と彼のはだけた胸は真っ白で、まるで内側から白い光を発しているかのようにすら見える。そこに突然、ハワイの民族衣装を着て浜辺で泣いている娘のロング・ショットが挿入される。婚約者を思い出すトムの回想である。そして鏡に映ったトムの姿だけをとらえたミディアム・ショットが続く。鏡のフレームの中で、トムは瞬きもせずに自分自身を見つめている。鏡に映ったトムの白い胸には、黒い魚の刺青がある。その刺青は、トムがハワイ民族の誇りを忘れないよう、無理に彫られたものだった。ラスキー・ライティングが、トムの白い肌と黒い刺青のコントラストを際立たせ、彼の心理的な葛藤——本来の自分と、それとは違うものとして体に刻印された因習との間で揺れ動く彼の思い——を強調している。映画の中で、トムの決意は明らかにされない。彼が選ぶのは、アメリカナイズされた白いアイデンティティなのか。それとも白い胸にくっきりと見える刺青が表す未開のハワイ民族のアイデンティティなのか。ラスキー・ライティングが強調するトムの輝く半裸の体は、刺青のような原始的な慣習を道徳的に批判するアメリカニズムを表す一方、決して完全にはアメリカナイズされない彼の他者性をもはっきりと示す。つまり、ラスキー・ライティングが強調する鏡の中のイメージは、トムのアイデンティティの危機、すなわちアメリカナイズされた自分とハワイ民族としての境遇とのどちらを選ぶべきかという葛藤をはっきりと表現しているのだ。同時に、アジア人の男の半裸の姿を魅力的に描いたこのシーンを見る白人の観客は、道徳的な葛藤——異種族混淆の恐怖と禁断の快楽に引き裂かれることになる。

図 1-3　強烈な光が鏡の前に立つトム（早川雪洲）の体を照らし出す。『隠されたる真珠』（1918 年）

『隠されたる真珠』をホノルルの街路で撮影中の小谷が写った写真がある（図1-4）。俳優の濃い影が地面の上をカメラに向かって伸びている。カメラ後方には真っ白なレフ板が見える。俳優が太陽を背にして逆光で立っていること、レフ板は俳優の顔の影を和らげるフィル・ライトとして使われていることがわかる。この写真も、ハリウッド時代の小谷が、バックライトを効果的に使った光と影の表現を好んだことを示している。[92]

バックライトを効果的に使ったもう一つの例として、マーガレット・ヘリック図書館パラマウント・コレクションに所蔵された、小谷が撮影した『青年の心』（ロバート・G・ヴィニョーラ、一九一九年）の絵画のようなスチール写真をあげることができる

（図1-5）。川や木、山、空を背景にしたロマンティックな場面である。抱き合うカップルがシルエットで、薄明りの風景に溶け込んでいる。(93) ここでは、強いバックライトが、三次元の被写体を背景の風景に二次元的に結びつけるかのように使われている。トーベン・グロダルは、バックライトは「現実を非現実的に見せる」ために使われることもあると主張する。(94)『ジャンヌ・ダーク』と『隠されたる真珠』、『青年の心』の例は、そうした表現かもしれない。

同時に、バックライトは、キーやフィルと一緒に使うことで、前景を背景から引き離し「立体感を生み出す」こ

図1-4 ホノルルの街路にて逆光で撮影するヘンリー小谷。『隠されたる真珠』（1918年）

図1-5 抱き合うカップルのシルエットが，たそがれの風景に溶け込む。『青年の心』（1919年）

ともできる。これは一九一五年頃から二〇年代初頭までにハリウッドのスタンダードになった撮影法である。[95] バックライトはまた、俳優の髪の輝きを強調する。グロダルは、こうしたリム・ライトとしてのバックライトの使い方は、いわば「後光」のような輝きを登場人物に与えると述べる。[96] つまり、ハリウッドでの小谷の仕事は、同時代の日本の批評家が指摘した「美しい明るさ」だけを特徴としていたわけではなかったのである。

残念ながら、小谷が松竹で撮影した映画は一本も残されていない。だが、小谷が日本でも照明を効果的に使ったことは、残された資料から窺える。小谷は、松竹がスターとして売り出そうとしていた栗島すみ子主演の『虞美人

図 1-6　効果的な照明が女優の表情を強調する

図 1-7　小谷が女優をロー・アングルで撮影している

草』（一九二一年）を監督・撮影する際、特別な照明効果のために、三キロワットのアーク灯とスポットライトをダーク・ステージで多用している。[97] ここに二枚の写真がある（図1-6と図1-7）。一枚は小谷が撮影した映画の一ショットである。映画の題名は不明だが、おそらく『恋の密使』（一九二四年）と思われる。もう一枚は、同じシーンを撮影中の照明とカメラの位置を示す写真である。撮影中の写真では、小谷が畳の上に横になり、着物姿の女優をロー・アングルで撮影している。一枚目の写真は、その結果として女優がどう映ったかを示す。撮影現場の写真では、明るいカーボン・アーク灯が女優（とスタッフ）を左側から照らしている。その斜めからの光の効果は一枚目の写真にはっきりと見てとれる。照明の効果により、女優のちょっとずるそうな表情が強調されているのだ。

『情の光』

『情の光』（一九二六年、国立映画アーカイブ所蔵）は、松竹ではなく文部省の指導のもとに製作された映画である。この作品は、犯罪者の父と病気の母を持つ勤勉な少年の物語である。少年はある日、お金持ちの少女とその父親から、高等教育を受ける機会を与えられる。この映画の物語は、政府の教育政策に沿うものだった。この映画を撮影した碧川道夫によれば、監督の小谷と碧川は、この映画で「レンブラント照明と呼ばれる濃淡のある照明」を採用したという。[98] タイトルが表すように、この映画の主要なテーマは光である。強いスポットライトとバックライトによって強調された光と影のコントラストが、階級の違いを強調する。小谷と碧川が採用した照明法によって、情の光が少年に降り注いでいるかのように見える。

この映画のオープニング・タイトルは、蠟燭が真っ暗な部屋に光をさす絵を背景に現れる。本編は、強いトップ・ライトを浴びて輝く小さな植物のショットで始まる。続いて、いくつかのロング・ショット、それからミディアム・ショットが、道を歩く花売りの少年の姿をとらえる。オープニングの植物と同じように、少年の頭上には強い光が当たっている。次のシーンは、早朝の薄暗い部屋である。先ほどの少年が目を覚まし、布団をたたむ様子がロング・ショットでとらえられている。この家の中でさえ、少年には強い光が当てられている。やがて病気の母親が目を覚まし、少年は母に食事を運ぶ。クロースアップでとらえられた母の顔には、右斜め上から光が当たり、母の青白い顔と咳き込む白い息が強調される。そしてここで、道を歩く少年が再び画面に映し出され、その母親のシーンが日々の苦労を思う少年の回想だったことがわかる。

『情の光』には、少年の母親が、投獄された夫を訪ねるシーンがある。夫は金庫破りをして捕えられた。レンブラント風のコントラストの強い照明が、夫の背後の壁に、黒い影を落としている（図1-8）。このシーンは、『チート』のヒロインが、同じく投獄された夫を訪ねるシーンとてもよく似ている（図1-9）。カメラは囚人である夫をミディアム・ショットでとらえ、そのあと右にパンし、その影をフレームにおさめる。続く路上のシーンでは、少年が罪人の子と罵られ、三人の同級生に殴られる。殴られた少年の右頬から血が流れ、服は破れてしまう。強いトップ・ライトが少年の下着の白さを際立たせる。道にひとり立ちつくす少年。その一部始終を見つめる同級生の女の子たち。次のショットは、おそらく女の子たちの視点から見た少年のロング・ショットだろう。このシーンでは、背後から当たる強い光により、少年は真っ黒な影法師のように見える。少年は常に光にさらされ、路上にはいつも彼の黒い影がのび、顔は影で覆われている。上方と後方からの光によって、クロースアップでとらえられた少年の表情も見えにくい。だが、影による表情の見えにくさが、少年と哀れな病気の母親の、経済的にも精神的にも、苦しい境遇を強調することになる。

情は、光とともに、そして光として少年に降りそそぐ。路上のシーンに続くのは、同級生の少女の一人とその父親が、明るい太陽の光が降りそそぐ縁側に座っているシーンである。父親が読む新聞は、陽の光にさらされ白く輝いている。そこに白いシャツを着た教師が訪ねてくる。教師は白い光に満たされた明るい居間に通される。居間に

図 1-8　『チート』（1915 年）のショットと類似，コントラストの強い照明が投獄された男の背後に濃い影を作っている。『情の光』（1926 年）

図 1-9　コントラストの強い照明が投獄された男の背後に濃い影を作っている。『チート』（1915 年）

は白く輝く花が飾ってある。その部屋に家政婦が白いカップに入れたコーヒーを運んでくる。部屋に入ってくる少女も白い光の中に立つ。少女と父親と教師は、強い日差しの中で、車に乗り込み、少年の家を訪ね、教育費の支援を申し出る。少年と少女は家の前の通りに出る。トップ・ライトに加え、明るいハイ・キー・ライトが二人を照らす。そこには光と影の強いコントラストは存在しない。少年は影の存在ではなくなったのだ。最後の字幕は「天は晴れ」。この映画の最後のショットは、オープニングの蠟燭が置かれた暗い部屋の絵とは対照的に、光に満ち溢れた空である。[99]

見やすさと表現の豊かさ――新派とハリウッド

一九二二年六月に松竹の蒲田撮影所を去ることになった小谷は、落胆して次のように述べた。「大体技師の範囲は背景を生かして、写真のヌケをよく、綺麗に、殊に俳優を、うまく美しく写せばいゝので、その他に口を出すべきものではないのです」[100]。小谷の撮影スタイルは、単に画像を「ヌケよく、綺麗に」撮影し、俳優を「美しく」撮影するにとどまらなかったのだ。小谷がハリウッドから持ち帰ったのは、コントラストの強いラスキー・ライティングであり、一九二〇年代にハリウッドのスタンダードになる、立体感を生むバックライトであった。

松竹蒲田での小谷の最初の仕事は、松竹の第一回作品『島の女』（一九二〇年）の撮影だった[101]。撮影所長の城戸四郎によれば、『島の女』は公開当時、ハリウッド式の照明とリズミカルなショット／リバース・ショット編集が観客に「衝撃」を与えたという[102]。伊藤大輔は、『島の女』の「画調の美しさに驚愕」し、小谷の撮影は「それまでの白黒写真の画調とまったく違う、いわゆる「ハーフ・トーン」をもたらした」と述べている[103]。松竹の第二回作品となる『光に立つ女』（村田実、一九二〇年）の撮影は、一九一〇年代の日本映画界をリードしていた日活向島から松竹へ移籍したばかりの水谷文次郎であった。水谷のアシスタントだった碧川道夫も、このとき水谷と一緒に松竹にやってきた。水谷と小谷では撮影のやり方がまったく違うと感じた碧川は、すぐに水谷のもとを去り、小谷に師事するようになる[104]。

だが、たとえ『島の女』の画調が伊藤と碧川に衝撃を与えたとしても、その映画が一九二〇年一一月一日に松竹歌舞伎座で一般公開されたとき、観客がこの映画を楽しんだかというと、そうでもなかった。むしろ画面があまりに「不鮮明」で、俳優の表情がよく見えないと不評であった[105]。これは小谷が好んだバックライトや、空間を豊かに表現するハーフ・トーンが、当時の一般の観客にまだ馴染みが薄かったからだろう。歌舞伎と新派に慣れ親しんでいた日本の観客にとって、照明は俳優の顔を見やすくすることこそが重要であった。小谷の実子である小谷映一氏が所蔵する『島の女』のロケ撮影中のスナップ写真の中に、膝まで水につかった着物姿の俳優を小谷（と思われる人物）が撮影しようとしている二枚の写真がある（図1-10と図1-11）。俳優に太陽の光が後方から当たっているのがはっきりとわかる。小谷はここでもバックライトを利用しようとしているのである。『隠されたる真珠』でも、小谷が同様に、海岸にいる俳優を逆光で撮影している写真が残されている（図1-12）。

松竹が映画カメラマンに求めたのが、小谷の言うように「背景を生かして、写真のヌケをよく、綺麗に、殊に俳

図 1-10　『島の女』（1920 年）

図 1-11　逆光で俳優を撮影するヘンリー小谷。『島の女』（1920 年）

優を、うまく美しく写せばいゝ」だけであったならば、小谷の照明テクニックは明らかにそれ以上のものであった。革新的であることで知られた映画雑誌『キネマ・レコード』の批評家・花房種太は、一九一五年初頭にすでに「ラスキン」（ラスキー）氏によるハリウッドの新しい照明法としてラスキー・ライティングを誌面で紹介していた。花房は「少量の明部を多量の暗部に対照せしめたる時に於て其陽明部は一層美を発揮せしむるものなり」と述べている。[106] また、一九一九年、『活動之世界』に掲載された日本映画の照明についての記事では、映画批評家・森田生が、「日本製フイルムは外国製に比較して著しく劣る点が三つある」として、「ホーカスの不完全なる事、明暗の差に乏しい事、活気のない事」をあげている。二つ目の点について森田は次のように述べる。

図 1-12　逆光で海岸の俳優を撮影するヘンリー小谷。『隠されたる真珠』（1918 年）

> 明暗の差に乏しき事は露出時間の過不足やら、現像の失敗やらにも幾分原因するであらうが元来我国の建築物は大部分が木造である。然るに役者の着する衣装も顔や手足の皮膚の色も建築物の木の色と同じ程な割合でフイルムに感じてから明暗の差の少いのも無理はない。然るに外国の建築物は大抵白色である。俳優も亦白い、而して服装は之に反して黒色だ。極端に思ひ切つて色の配合に注意している。〔中略〕明暗の少い場合には極めて明るい空を入れて其差を引き立てゝ居る。〔中略〕兎に角明暗の差の少ないフイルムは見物に対して不快な陰鬱な感じを起させる。活動に特有の

軽快な点を打消してしまう。(107)

森田の主張には、明らかに文化本質主義の傾向が感じとれるが、一九一九年の時点で森田が、日本にはまだ存在しない、コントラストの強い立体的な照明法を求めていたことは確かである。(108)小谷がもたらしたのは、こうした新しい照明のテクニックであった。しかし『キネマ・レコード』や『活動之世界』といった映画雑誌は、いわゆる「純映画劇」を擁護するエリートの映画批評家による記事を掲載していた。つまり彼らは、一般観客に向けて本当の映画とは何かを教えようとしていたのだが、彼らが書いたものは幅広い読者に読まれていたわけではなかった。『島の女』などの小谷による映画が興行的に失敗したことで、松竹が一般の観客はまだ新しい照明法についていけないと判断したとしても不思議はない。その結果松竹は、照明の効果をうまく物語に取り込んだ、複雑な展開の映画を製作することをあきらめたのである。リア・ジェイコブズは、ラスキー・ライティングの特徴であるロー・キー効果は主に二種類のカーボン・アーク灯から作り出されると述べている。「一つは、黒いレフ板をはった金属製ケースにカーボン二組を入れたアーク灯を二つ使った固定のフラッドライトである。もう一つは、光を集中させるレンズを光源の前にはめたカーボン・アークのスポットライトである」。(109)松竹蒲田で映画カメラマンになった白井茂によれば、松竹には、一九二〇年の時点で少なくとも一五台のカーボン・アーク灯があったという。(110)だが、インタビューで白井は、「ライティングの技術の方でございますが、いわゆるいまみたいにというかいわゆる逆を取るとか、キーだとか、押さえだとか、ああいう思想はあったわけですか」という質問に対し、「それほどはっきりしていなかったけれどもね、あったことは、ありますね」としか答えられなかった。(111)また、批評家の岡田宗太郎が一九二一年一二月と二二年一月に報告した記事にも、松竹の技師たちが新しい照明機材を使おうとせず、使いこなすこともできなかったために、高価な水銀灯、発電機、他の照明機材がほぼ新品の状態で松竹の倉庫に死蔵されている、とある。(112)

雑誌『日本映画』は、松竹が「十年半ばから野村芳亭、賀古残夢等の通俗作家を重用して低俗映画を作」ると決めたと諧謔的に述べている。[113] 関西における松竹映画の市場を開拓するため、蒲田の初代所長を務めた白井信太郎が取締役に就任すると、一九二一年一〇月、野村芳亭が蒲田の新しい所長となる。[114] 野村は「外国の映画を真似たりしたいなどとは考えていないと述べ、「私は私として私自身の有するもののみに於て日本の映画を育ててゆくことより他考えません」と宣言する。[115] その目的のため、新派舞台の演出経験のある監督を起用し、新派の人気演目を映画化する。そうした作品である『金色夜叉』(賀古残夢、一九二二年)、『不如帰』(池田義信、一九二二年)、『乳姉妹』(池田義信、一九二二年)は大ヒットとなった。[116]

松竹は、「新派映画といえば日活」と謳われた時代に、ハリウッド映画のスタイルを武器に、その日活に挑戦するはずだった。だが、野村は、その設立当初、蒲田が目標としていた日本の映画製作革新の歩みを緩め、ライバルの日活のような映画を作り始めたのである。野村のスローガンは「理想は高く、手は低く」であった。それは映画製作における野村の妥協的な姿勢をはっきりとあらわしている。[117]

日本でどんなにハリウッド映画が人気であっても、ハリウッド映画のような日本映画を作ることは、また別の問題だったのである。松竹の考える「明るさ」とは、結局、見やすさを重視した歌舞伎や新派のような平板な照明のことになってしまった。小谷のバックライトの試みにより、松竹は、歌舞伎の明るさとハリウッドの照明には違いがあることに気づくことになったが、結局松竹は小谷がもたらした豊かな表現を必要としなかったのだ。一般の観客がそれをまだ楽しめないという理由で。

とはいえ、野村は、新派映画から完全にハリウッド映画のスタイルを排除したわけでもなかった。例えば、現存する『不如帰』のプリントを見ると、いわゆる一八〇度システムに準じたショット/リバース・ショット、クロスカッティング、重要な場面で人物をクローズアップで映したアイリス・ショットなど、コンティニュイティ編集が使われていることがわかる。一九九六年に発行された松竹の社史によれば、野村の映画は、「内容は古く通俗的でも〔中略〕明るい、スピーディなアメリカ方式を採用し〔中略〕営業部のコマーシャリズムからは絶対の支持」を受けたという。(118)

それでも、撮影所の「芸術派」の人たちは野村の映画に「不満」だった。(119)『不如帰』の照明のみに注目すると、小谷がハリウッドから持ち帰ったラスキー・ライティングやバックライトは、それによってメロドラマ調の内容を強調できそうな場面でも、まったく使われていない。逆に、映画全体を通じて、俳優の表情や身体表現を鮮明に、明るく見せることが最優先されている。例えば、結核にかかった主人公の浪子（栗島すみ子）が意地悪な姑に叱られるシーンと、それに続く、同じ部屋で、浪子が愛する夫・武男とすごすシーン。この二つのシーンは、雰囲気がまったく違うはずなのだが、照明はその雰囲気作りになんの役割も果たしていない。同様に、字幕に「空は蒼々と晴れて雲なく」とある、浪子が病気の不安を武男に告げる海岸のシーンも、武男が必死で生き延びようとする中国戦線の夜のシーンも、同じハイ・キー・ライティングで撮影されている。(120) また、中国戦線のシーンに、暗闇での爆発シーンがあるが、夜の場面にもかかわらず見えやすさを確保するため日中に撮影されている。(121)

明治期を舞台にした現代物とはいえ、新派は通常、歌舞伎の劇場で上演されていた。(122) したがって、多くの場合、新派の照明は歌舞伎の照明スタイルに準じていた。平板な正面からのライティングを主として、セット全体に光を当て、影をできるだけ排除し、観客に舞台上の演技をはっきり見せる。(123) 照明が奥行きを強調することもない。このように、歌舞伎は、屋外ではなく屋内で上演されるようになってからも、平板なライティングがスタンダードであった。(124) 東宝で舞台照明を担当していた遠山静雄の研究によれば、歌舞伎が大衆演劇だった江戸時代、劇場内の日中の明るさは一〇～一〇〇ルクス、つまり現代の劇場の十分の一程度の明るさだったという。それゆえ「こうした状態の下で、江戸時代の劇場では光を舞台が見えるための効用だけに使われたと考えるのが常識である」と遠山は述べる。(125) 電気照明が登場してからも、照明は舞台をよく見えるようにするための補助ツールであった。「歌舞伎の世界では舞台照明の進歩発展に寄与する面は殆ど見出すことが出来ません。ただ夜間興行が自由に出来る、つまり舞台がいつでも明るくなったと云うに過ぎません」と遠山は言う。[126]

『平家女護ケ島』（未公開）を監督した松居松葉は、松竹の歌舞伎劇場で照明のアドバイザーをしていたことがあるが、一九二五年、歌舞伎座で上演された『四谷怪談』の照明法について次のように述べている。「梅幸〔六代目尾上梅幸〕によると、我々が電気照明をあまり頻繁に変えると彼の芸がリアルになりすぎるというのである。したがって、我々は光と影のコントラストができるだけ出ないように努めた。月明かりの下の場面でも、同じ照明を保ったのだ。唯一の例外は、幽霊や細い手が表れる場面であった」。[127] 新派で最も人気のある俳優兼監督だった高田実は、『光明』の夕暮れの場面で、日没から星明りへと移る薄暗い雰囲気を表現するため暗いロー・キー・ライティングを使ったが、イライラした観客に「明かりをつけろ！」と怒鳴られたという。[128]

一九二二年二月の『キネマ旬報』には、次のような記事が掲載されている。

彼〔ヘンリー小谷〕の写真は何時見ても気持ちがよい、絵画構成の点から論じても光線や明暗調合から評しても是と言って批難すべき点がない。〔中略〕撮影監督としてのヘンリーは余りに撮影技巧にのみ重きを置いて演劇的に空疎なものであつた。〔中略〕けれども其無智以外に常に彼が従来の映画劇に不満を抱いて、勉めて日本としての地方色のある映画を作らんとしたことは事実であつた。〔中略〕無理な注文をヘンリーに為ることを容すならば、彼は何が故に「演劇上の日本のテクニック」なるものに、新派又は旧劇の死枯したテクニックをのみ借りて来たか？〔中略〕破壊の上に立つた創造の芸術家である可き彼が、墓石を発いて紊乱腐敗せる死せる恋人の骸を抱擁するが如き態度で新派の演劇に執着したことは、常に仏作つて魂を欠いたものではあるまいか。[129]

この記事が言わんとしているのは、小谷がハリウッドで修得した撮影法や照明のテクニックは、一九二〇年代初頭の日本では革命的だったが、それだけではだめだ、ということである。この記者は、小谷の失敗は彼の責任ではなく、彼の「世界屈指」の技術を理解せず興行的成功のみを追求した松竹の「犠牲」になったとみなしているようだ。そして小谷が「非映画的」な演劇の慣習から離れ、「新しい映画」を作ることを期待している。だが、小谷が蒲田を去って二年後の一九二四年、批評家の鹿野千代夫は、「蒲田の作品が薄ペラなセンチメンタリズムえ、新派化して行き、撮影技術でも、さう昔ほど関心といふより進歩もしない」と記している。(130)

小谷自身も、一九二三年二月に次のように述べている。「松竹キネマは、僕達を米国から迎へてくれて、新派と云ふものを、日本の在来の習慣から引き放した新しい試みをした。これで仕上げたお影と、日本人の器容な力とで、遂に松竹は日本新派映画の王様に成つて終つたよ」(131)。つまり小谷は、新派の慣習に回帰した松竹の選択を暗に皮肉っているのである。

「一ヌケ」のスローガンと蒲田調

具体的には、松竹は蒲田の映画製作に新派の慣習をどのように結びつけたのだろうか。蒲田調とは実際のスクリーン上ではどのように見えるものだったのか。

一九二〇年代以前に製作された日本映画は残念ながらわずかしか残っていない。多くの映画史家が指摘するように、一九二五年以前の日本映画のスタイルを正しく評価するには、あまりにも映画が少なすぎることは確かである。国立映画アーカイブの岡島尚志は、戦前の日本映画の残存率はわずか四パーセントにすぎないと推定する。(132)デイヴィッド・ボードウェルも「日本映画の歴史が始まって最初の二五年間に作られた映画はほとんど残っていない」と述べる。(133)ということは、二〇世紀初頭の日本で照明がどう使われていたのかを十分に議論することは不可能だということになる。だが、残存する映画とその映画に関する同時代の証言から、ある程度の傾向を考えることはできるのではないだろうか。

一九二六年五月の『キネマ旬報』で、批評家の鈴木重三郎は、蒲田が製作した『夢の浮橋』を「ヌケがよい」といって賞賛した。[134] この「ヌケ」とは何だろうか。「一ヌケ、二スジ」は「日本映画の父」マキノ省三が二〇世紀初頭に提唱したスローガンである。[135] この「一ヌケ」という表現から、照明が初期の日本映画の製作において、いかに重視されていたかがわかるが、そこで強調されているのは、繊細な画調や光と影の機微や濃淡ではない。そうではなく、「ヌケ」とは、擦り切れそうなプリントを使い古しの薄暗い電球で上映しても、よく見えるような明るさのことである。ここでいう明るさとはすなわち、観客も、物語やセリフを語る弁士も、すべてを「綺麗」に「ハッキリ」見ることのできる、平板な正面からのライティングを意味する。[136] 映画カメラマン森田富士郎によれば、フィルムのネガの「かぶり」(感光しなかった黒い部分)を少なくすれば、「ヌケ」がよくなるという。[137] すなわち、マキノのスローガンが示すのは、光と影のコントラストの弱い照明法である。水澤武彦(映画理論家・帰山教正の筆名)によれば、一九一五年にマキノが所属していた日活京都撮影所は、「逆光線」あるいはサイドライトを「不可用」にしていたという。[138] 三浦礼も、「一ヌケ」とは、「単純に順光で撮影しろ、逆光はダメ」ということだったと一九八一年の時点で述懐している。[139] つまり「ヌケ」のよい照明法では、俳優、小道具、背景の全体が通常、前方と上方からの光によって照らされる。他方、マキノの撮影技術主任によれば、一九二六年頃の日本にはまだ、特別な照明のテクニックのようなものは存在しなかったという。「1KWのアーク・ライトをずらりと並べたベタ光線で、主光源、補助光線などという考え方はいまだ確立していない」[140]。日本映画の近代化を主張する批評家の水澤が、日活京都撮影所の「一ヌケ」の傾向を批判して、次のように述べるほどだったのである。「光線や道具立であるが、申すまでもなく、気分もなく、趣味もなく、殆んど無能に近いやり方である」。例えば「逆光線」は使わず「鮮明(鮮明と言ひたいが薄ボヤである)な写真にする為め被写物は必ず前方より光線を受けたるものに限り撮影」されていたという。[141] 一九一四年、『キネマ・レコード』編集長・滋野幸慶は、「外国製品は何れの映画を見ても芸術的気分に富むは実に人工光線の完備せる撮影場の賜である。〔中略〕我が国随一の撮影場〔一九一二年に日活はグラス・ステージの撮影所を向島に開いた〕ではあるが此の光線の設備なき為め常に放射の光線によつて扁平なる画より外求むる事能はず」と記している。[142] 日活は、商品開発や長期的な利益のために、建物や機材に投資することはほとんどしなかったようである。[143] 日活の映画カメラマン大洞元吾によれば、日活が使っていた生フィルムは鈍感なうえに、レンズはF3・5が最上だったという。[144] 日本の映画製作で人工照明が使われ始めるのは、一九一二年頃、『青嵐』という新派映画の、岩窟に入って刀鍛冶が刀を鍛えるシーンであったと言われているが、[145] それも映画撮影用ではなく、家庭用マツダランプや映写用のカーボン灯が使われたらしい。

わずかに残された関東大震災以前の映画を見る限り、バックライトなどの効果を使ったショットも稀に見られるとはいえ、光をセットと俳優の両方に、均等に当てる「ヌケ」の技法が、当時の日本映画の支配的な照明法だったと言える（ハリウッドでも一九一二年から一五年までは、そうした照明法を採用していたが、映画史家クリスティン・トンプソンによれば、アメリカの映画製作者は、そのわずか数年後に、その照明法を時代遅れとみなし始めた）。[146]

現存する日本最古の映画の一本『忠臣蔵』（一九一二年）――マキノ省三が監督し、日本最初の映画スターである尾上松之助が主演――は、この「ヌケ」の照明法の典型的な例である。[147] 現存するプリントは、一九一〇年代に公開された複数のバージョンをトーキーになってから再編集したものであり、オリジナルの編集はわからない。だが、その頃の日本映画が、歌舞伎の照明スタイルを踏襲していたことはよくわかる。例えば、クライマックスの吉良邸討入り直前の深夜、蕎麦屋の二階に集まった浪士四十七名が一人ずつ、階下の帳場の男とパラレル編集で交互に映し出されるシーンがある。このシーンの光源は、卓上にある二本の蠟燭だけのはずだが、部屋全体が満遍なく照らし出されている。続く、討入りの意気揚々とした見せ場のシーンも、雪夜にもかかわらずフラットな明るい照明が使われている。

たしかにこの映画には、ただ明るいだけではないシーンも見受けられる。例えばオープニング。「芝増上寺下検文」と字幕が出たあと、三人の男のロング・ショットで始まる。[148] 強い照明が上から当たり、後ろの襖には、男たちと柱の暗い影が落ちる。だが、この影は、グラス・ステージでの撮影による必然的な結果だろう。なぜなら同じショット内で、うしろの影がゆれるからだ。おそらく、セットに吹き込む風でカーテンが揺れ、そのせいでセットを満たす太陽光を一定に保つことができなかったのだろう。

また、三つ目のショットは松の廊下を見せるロング・ショットである。ここで浅野は吉良に罵られ、吉良を斬りつける。同一ショット内で突然、照明が変わり、薄暗かった廊下が明るくなる。吉良を殺した直後、浅野のミディアム・クロースアップが、平板な照明のロング・ショットのあとに挿入される。浅野の顔には右上から、スポットライトの強い光が当たり、顔に濃い影ができている。この照明を浅野の表情をよぎる狂気の強調と解釈することも可能であろう。だが、これもまた、一貫性のない照明機材の使い方のせいと考えた方がよさそうだ。つまり、ミディアム・クロースアップを撮影する際の、Fストップ（口径）がうまく調整できていないのである。

『五郎正宗孝子伝』（一九一五年、国立映画アーカイブ所蔵）もまた「一ヌケ」のスタンダードを体現した映画である。監督は吉野二郎、撮影は映画カメラマンの先駆者・枝正義郎、俳優は尾上松之助の最大のライバルと称された沢村四郎五郎であった。[149] この映画は大部分がグラス・ステージで撮影された。行灯のある部屋のシーンでは、光源は行灯だけのはずだが、部屋全体が平板に照らし出されている。このシーンのセットの障子は、同じ年にアメリカで公開された『チート』とは異なり、特殊な照明効果を狙って使われているのではない。暗い雪夜のシーンでさえ、平板なライティングである。その夜は、男が井戸の前で気を失った子供につまずいてしまうほどの闇夜であったはずだが、空間全体が均等に照らされ、観客は男がつまずくのをはっきりと目にすることができる。[150]

歴史劇『楠公決別』（一九二一年）は、伝説的な忠臣・楠正成を演じる尾上松之助を野外で撮影した作品である。「一ヌケ」のスタンダードが浸透していた日活映画ではあるが、現存するプリントには、例外的に逆光ショットが存在する。それは、野外で演技が始まる直前の、準備の時間を記録した場面である。その場面には、五年後に即位

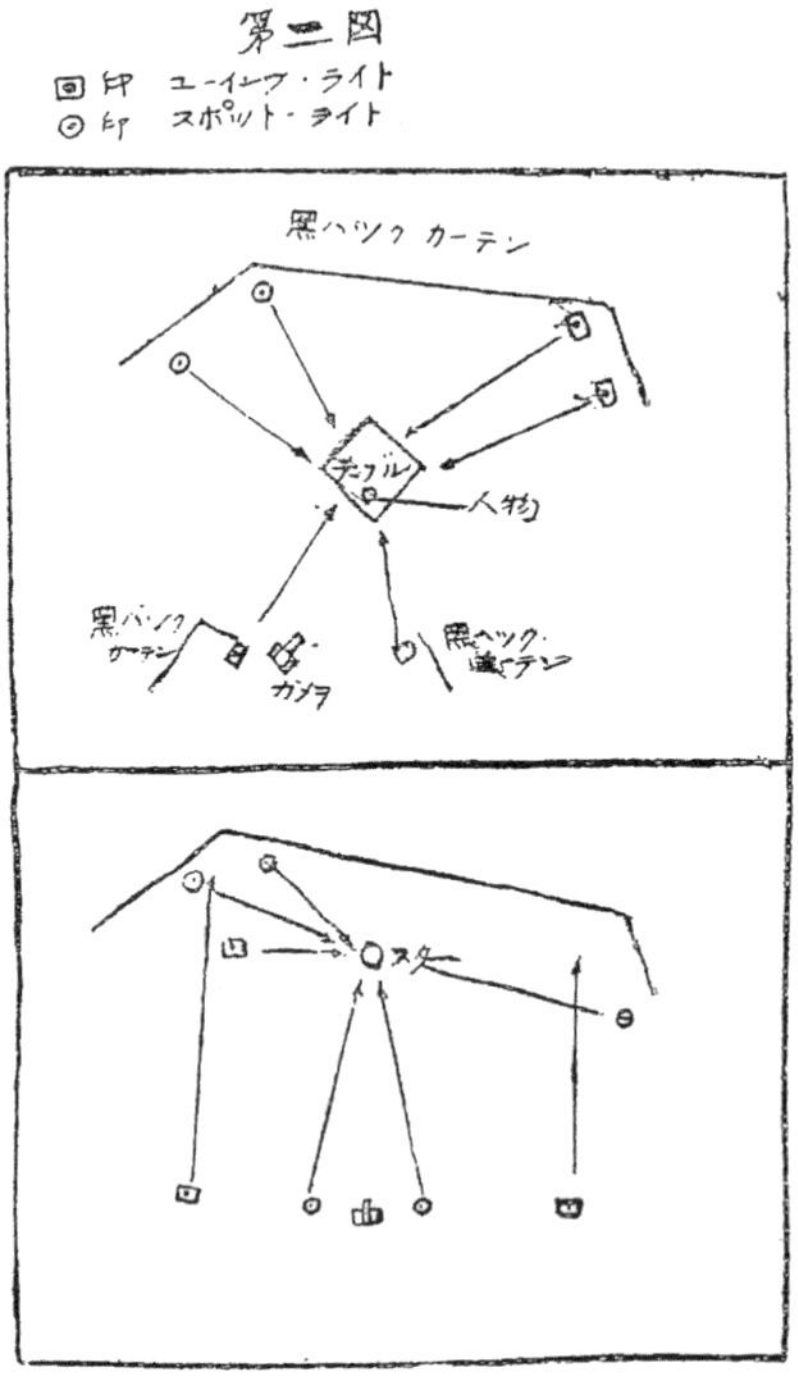

図 1-13　1927 年の日本のある撮影所で使用された照明配置図。上はテーブルにいる人物がスリーポイント・ライティングで照らされている。下はスターをスポットライトとユーイング・ライトでやや平板に照らしている

する摂政宮殿下・裕仁が観客の一人として映っている。このショットが強い逆光となっているのは、おそらく照明を犠牲にして、裕仁と正成（尾上松之助）という、時代の名士ふたりを同一フレーム内にとらえることを優先したためであろう。太陽が後ろからさしているため、裕仁とその御付の者たちは、ほぼシルエットである。この準備場面のあと、映画は俳優の演技だけを映し、裕仁の姿が再び画面にあらわれることはない。カメラは映画が終わるまで動かず、ライトは同じ位置に置かれている。映画史家・藤木秀朗は、カメラが、超越的存在として裕仁が立っているであろう場所に置かれていると論じる。[151] 藤木の議論に基づいて言うなら、この映画における正面からの光は、未来の天皇が立つ場所から届く象徴的な光とも考えられる。

『国際映画新聞』一九二七年九月二〇日号に映画記者・小畑敏一は「今迄普通一般に用ひられていた配光法はカメラマンの左右にライトを置いて正面からのみ照らしていた為め兎角画面がフラットなものになり過ぎた感がある。現在では段々と工夫改良されて上方からの光線と、そして□〔判読不能。以下同〕な光線は左右から採り不足の分だけ前方から補ふと云ふようになつて来たが、併し未だフラットな照明が多い様である」と記している。[152] 記事に添えられた二つの挿絵は、ある映画撮影所で使われた照明の配置図である（図1-13）。上の図は、キー、フィ

ル、バックの照明を使った古典的ハリウッド映画のスリーポイント・ライティングにほぼのっとった配置だが、下の図はスターの正面と脇からの光だけを強調した、より平板なライティングになっている。

一九二六年、鈴木重三郎が蒲田映画を「ヌケ」という言葉で論じたとき、鈴木は、これらの映画に見られる「一ヌケ」を念頭に置いていたと思われる。鈴木は、パラマウント映画『紐育の波止場』（ジョセフ・フォン・スタンバーグ、一九二八年）と松竹蒲田の『上陸第一歩』（島津保次郎、一九三二年）を比較し、蒲田が照明をどう使ったのか、いかに蒲田が「一ヌケ」という照明のスタンダードを維持し続けたかを例証する。[153]

『紐育の波止場』は、照明を空間演出《ミザンセン》のための要素の一つとみなすことのなかった、いわゆる古典的な映画がハリウッドを支配していた時代に公開された。だが、多くのシーンで、照明が目立ち、物語をわかりやすく進行させるため以上の働きをしている。例えば、照明の効果により、主人公のビル（ジョージ・バンクロフト）は闇と黒さを、メイ（ベティ・カンプソン）は光と白さを体現する。ビルは、船底の薄暗いボイラー室で、黒い人影として登場する。上から部屋を照らす光はほとんどなく、ビルの肌は石炭の粉で覆われ、黒く光っている。ビルはボロ布で体をふき、その布を放り投げるが、上司に注意され、その汚れた布を拾う。まるでビルが黒い闇をふき取ることが許されていないかのように。

その夜、一人の女が海に飛び込む。自殺しようとするメイの行動は輝く水面に映し出される。飛び込んだ女に気づいたビルは、真っ黒な服のまま、まるで光に吸い寄せられるかのように、海に飛び込む。ビルは海からメイを助け上げ、酒場まで運び、二階の部屋のベッドに寝かせる。その間ずっとビルには逆光が当たっている。この場面の最後に、ビルは部屋のガス灯をつける。ガス灯の前に立つビルの姿は、シルエットでしか見えない。一方、ビルの視点から映し出されるメイの足は、まるで自ら光を放っているかのように、真っ白である。

ビルは、酔っぱらってバーで喧嘩する。そのときも彼は絶えず部屋の薄暗いところにいる。他方、喧嘩を見物する他の客たちは、部屋の後方の明るいところにいる。このシーンは、ベッドで寝ているメイとのクロスカッティングで交互に見せられるが、メイの肌や髪、下着、彼女の吸うタバコの煙のすべては、上からの強いスポットライトで白く輝いている。同じ部屋で、ビルとメイが予期せず婚礼の前夜を過ごすときも、ビルは、その部屋にあるたった一つのランプの手前に立つ。このように、ビルはいつも光の前に、自分の姿をシルエットにする位置に移動するのである。

しかし突然、ビルが影の存在ではなくなる時がくる。クライマックスでビルは、妻となったメイを守るため、ボイラー室の階段を駆け上がり、明るい太陽のもとで船から海に飛び込み、電灯がたくさん吊るされた法廷にあらわれる。彼の肌は白く輝き、黒いジャケットももう無い。この映画の表層の物語は、自殺しようとする女性を救う男の話であるが、実際は男が闇から救い出される話であるとも言える。この映画の観客は、ずっとメロドラマ的な光と闇のコントラストを目にしている。そして映画は明るい喜びに満ちて終わる。

この『紐育の波止場』と比べて、『上陸第一歩』は、平板で明るいライティングが支配的である。それが最も目立つのは、主人公が溺れる女性を救うシーンである。『紐育の波止場』と同様に、この映画でも、主人公の坂田（岡譲二）が登場するのは船底の薄暗いボイラー室である。だが、坂田の体は黒い石炭に覆われてはいない。ビルとは対照的に、上からのスポットライトと横からの石炭の炎で、坂田の裸の上半身は白く輝いている、暗いボイラー室は、明るい屋外と交互に見せられ、そのコントラストが坂田の体の輝きをさらに際立たせる。また、坂田は、自殺しようとするヒロイン（水谷八重子）の人生に、物理的にも精神的にも、明るさをもたらす人物として描かれている。夜ではなく日中に設定された自殺未遂シーンで、坂田は海から彼女を助け上げ、白い丸電灯が明るく照らす造船所の待合室に運ぶ。坂田がヒロインを襲うゴロツキと争う場面では、ゴロツキが闇に、坂田は明るい電灯光の中に立つ。奥行きのある空間は、光に照らされた坂田と、手前にいるゴロツキのシルエットとのコントラストを強調する。このように、島津の『上陸第一歩』のオープニングは照明に決して無神経ではなく、時に光と影のコントラストを効果的に使っている。

だが、ヒロインが坂田に心を開くとすぐに、照明は明朗な調子に変わる。そしてそれが映画の終わりまで続くのである。ゴロツキとの喧嘩のあと、二人は明るく照らされたホテルの部屋で休む（天井から裸電球がぶら下がっているという設定であろう）。照明は、翌朝部屋の後方にある大窓から朝日がさし込むまで、まったく変わらない。坂田はゴロツキと再び喧嘩をするが、そのときは太陽の光のもとで、照明のコントラストは存在しない。その後、坂田は明るく照らされたホテルの部屋に戻ったところで警察に捕まり、ゴロツキのボスを殺した罪で訴えられる。だが、逮捕、起訴、ヒロインの懇願という緊張したシーンで照明が効果的に使われることはない。

小谷の好んだバックライトは、「光で人物の輪郭を描き」、「みごとな奥行きの印象」を生み出し、人物を「暗い背景から浮きたたせる」ことができた[154]。『上陸第一歩』の後半でも、バックライトを効果的に使用して、奥行きを強調したりできたはずなのである。しかし、松竹がその道を選ぶことはなかった。歌舞伎や新派に慣れた観客のため、松竹は俳優の顔をはっきり見せる照明法と撮影法に戻ったのである。

合理化――松竹の資本主義と近代化

小谷は、新派とハリウッドとを組み合わせていくという、松竹の方針に合った人材ではなかった。一九二三年の関東大震災によって東京がほぼ壊滅し、蒲田撮影所が大きな転機を迎えたとき、小谷にもう一度チャンスがめぐってきた。というのも震災前の蒲田で新派映画をプロデュースしていた所長の野村芳亭が、大勢の監督や俳優たちとともに京都の下加茂――松竹が緊急処置で開所した撮影所――に移らなければならなかったからだ。一九二四年七月、蒲田撮影所所長には、野村に代わって若い城戸四郎が就任する。城戸は「新派調というのは〔中略〕多少の真理には触れているけれども、それは本来の人間ではない。その時代におけるどうにもならない一つの道徳を基本に置いて、その道徳の中に動く人間を、道徳に支配された一つの姿において取上げ」たものだと述べていた。[155] 城戸は、演劇的伝統からの脱却を主張していたのだ。[156]

彼は、「蒲田映画は、新派調から逸脱して、それにテンポとムードを重要視し、監督本位の製作体制を整えて、日本映画の新しい表現形式を打出す」べきだと述べた。[157] 城戸は、新しいテーマや主題についてよく議論していた。彼が目指していたのは、「現代人の実生活と必ず密接な交渉」があるようにうまく構成された映画であった。[158] 例えば、自身がはじめて製作した映画『お父さん』（島津保次郎、一九二三年、別題『父』）について、城戸は、「非常に明朗な」作品であり、「筋が簡単で、日常茶飯事を取入れ」、新派のように「筋の持つて行き方がお芝居にからんでくねくねしていた」のとはまったく違うと述べている。[159] だが、その「テンポ」や「ムード」を技術的にどう達成するかについては、具体的に何も語っていなかった。[160] 蒲田撮影所の脚本部で働いていた武田晃によれば、脚本家たちは何度も城戸と映画製作について議論を交わしたが、具体的な「製作方針を理解する事はできなかつた」と告白する。[161]

結局、城戸の目標は、野村の新派とハリウッドを組み合わせる妥協案を少しだけアップグレードしたものにすぎなかった。蒲田映画を新派の伝統から切り離そうと主張する一方で、城戸は新派悲劇が根強い人気を持つことも認めていた。城戸は、「将来どれが一番迎へられるかと云ふと矢張客を引くトリになるものは悲劇でなくてはならぬ。但し、この悲劇も従来の新派悲劇のやうに、涙のみをもつてひた押しに押して行く悲劇ではいけない。その中には明るい場面もあり、痛快な場面も入れて、見物人を絶へず喜ばせるウィットが随処に按配されて居り、適度の笑ひをもたらしつゝ引いて行く事が必要だ」と述べていた。[162] 大谷竹次郎が映画ビジネスに参入したときに抱いた夢、すなわち純映画劇運動とも呼応する、日本映画を輸出するという夢は、そこにはもう存在しているようには見えなかった。「芸術的な映画」を作るという松竹の最初の目標は、日本の観客のための新派映画に取って代わられたのである。事実、城戸は、新派映画を推進していた野村芳亭をすぐに下加茂から蒲田に呼び戻した。そして、松竹の社史によれば、城戸が蒲田撮影所の所長になって最初の大ヒット作は、一九二九年に野村が新派にならって「通俗的な行き届いた」演出をした『母』であった[163]。

だが、こうした城戸の方針を単純に時代遅れで反近代的なものだったとみなすことはできない。一九三一年に、映画批評家の森岩雄は、城戸の方針を痛烈に批判した。「〔城戸は〕余りに大衆に媚び過ぎる。活動とは大衆から何でも金を取り上げさへすればいゝのだといふ、余りにも商売人らしい重役根性から出発しているのが、僕には心外でならない〔中略〕超新派悲劇に、有能なる監督脚本家の頭脳を集中させる命令を発し続けているではないか」[164]。ここで注目すべきは、森の批判が二段階に分かれているということだ。彼が批判しているのは、城戸の「商売人らしい」態度と、映画製作の新派様式への後退である。後者は松竹の古さを示すが、前者は実は松竹の映画製作の新しさを意味する。後者がいわば慣習への逆戻りだとすれば、前者はビジネスの合理化につながる。松竹で会計部からスタートした城戸は、製作、配給、興行の価値——映画と資本主義の新しい関係——に思いを巡らせていたのである[165]。松竹を含む日本の撮影所にとって資本不足は大きな問題であり[166]、撮影所は最小限の投資で、できるだけ早くその資金を回収することを第一に考えなければならなかった。そのため、製作部門では、商品や労働力の合理的な管理が必要不可欠だった。城戸は、森や他の批評家に「非映画的」と批判された新派映画を得意とした監督たちを蒲田に呼び戻す一方、映画製作の合理化も進めていった。城戸は、自分の製作方針について、映画雑誌に数多くの寄稿もした。「映画製作合理化論」はその一つである。そこで城戸は「時間と、費用と、人とを最も有効に組織的に運用」したいと強調している[167]。城戸のこの方針——官僚的で合理主義的な方針——は、関東大震災以降の東京における経済の趨勢に呼応するものでもあった[168]。

城戸はハリウッド映画産業に追従しただけではなかった。もしそれだけだとしたら、城戸は小谷を呼び戻し、彼の技術を映画製作に反映しただろう[169]。城戸の下で蒲田には二棟の新しいダーク・ステージが建設され、「電気光線による撮影」で「画面に深みを与える」ためにカーボン灯と水銀灯が大量にアメリカから購入されたことは確かである。[170] だが、小谷がハリウッドから持ち帰った照明法への技術的シフトが起こることはなかった。それどころか、一九二八年に蒲田撮影所副所長だった六車修は、松竹映画における、複雑な照明の配置を必要としないロケーション撮影の増加を指摘している。六車は具体的に蒲田の照明法については述べていないが、「重苦しい家屋から逃出し、広々した屋外に出やうとする傾向は、各処で見られます〔中略〕出来上つた写真を見ても、実景の多い写真で、それがよく使われているのは実に気持よい。日本家屋ばかり多い写真は、観ている方で苦痛を感ずる位です」と記している。[171]

城戸は革新的な照明法よりむしろ、画面の見やすさを考えていた。映画製作の合理化は追求するが、表現豊かな空間演出《ミザンセン》への関心は持っていなかったのである。撮影所の俳優養成所を復活させ、脚本の研究センターを設立する一方、照明法や撮影法には無関心だった。松竹の監督・大庭秀雄によれば、城戸は監督の野村浩将が照明についていろいろな実験をしていることに不満を漏らし、「照明なんかがおもしろいなんていうのは、また畳にけつまずいて障子を破ったり、その程度だよ」と皮肉まじりに言ったという。[172] 松竹の映画カメラマン厚田雄春は、蒲田では照明のための高い雛壇すら作ってもらえず、横からの光を使うしかなかったと述べている。[173]

一九二七年九月の『国際映画新聞』に掲載された記事の中で、映画記者の小畑敏一は各撮影所の照明機材を比較している。松竹蒲田は、その数では他の撮影所を圧倒していた。それは設立当初の蒲田がハリウッドの撮影所を模倣しようとしていたことを示している。ライバル会社の日活京都大将軍撮影所が一二台しかスポットライトを持っていなかったとき、蒲田には五キロワットのアーク灯のスポットライトが三二台もあった。[174] しかも日活大将軍にはなかった水銀灯一〇台とトップ・ライト八台も所有していた。ユーイング・ライトの数だけはわずかに日活が勝り、五五台から六〇台はあった。また、照明に使う電気量は、松竹が毎月およそ二万五〇〇〇〜三万五〇〇〇キロワットに対し、日活は毎月たった七五〇〇キロワットであった。これらの数字は、スタジオ内で撮影される室内シーンでは、松竹映画の方が明らかに日活映画より明るかったことを示している。[175]

松竹の映画は、当初製作コストが他社より高かったのが大きな問題だったとも言える。『国際映画新聞』に掲載された記事「本邦七大撮影所実力調査」によれば、松竹は毎月約一〇本を総製作費二〇万円で製作していた。日活は毎月一二本を一五万円である。他に東亜キネマが九本を一〇万円、マキノ・プロダクションが一〇本を一四万円、帝国キネマ（帝キネ）が一五本を一二万円であった。(176) また、同じ雑誌の別の記事には、一九二七年度下期の松竹、日活、帝キネの固定資産額と減価償却率が比較されている。日活の固定資産額は四二八万六〇〇〇円で減価償却率は三・六パーセント、帝キネはそれぞれ二六〇万九〇〇〇円、二二・一パーセントである。一方、松竹は固定資産額六四三万三〇〇〇円であったが、減価償却率はたった二・〇パーセントにすぎなかった。(177) 一九二三年の震災から二九年までに、日活は年間五〇万円から七〇万円の安定した利益をあげていた。これは時代劇映画の人気が高まり、特に一九二七年以降は若い伊藤大輔監督と新しいスターの大河内伝次郎が成功したからである。(178) 同じ時期の松竹の損益額を示す記録はないが、松竹キネマ大阪支店支配人の井上重正は「正直に云ふと大正十二年から震災直後の大正十三年迄で此の時代には我々でさへ予想しなかつた程の圧倒的好評で各地に迎へられたものであるが如何した理由であつたか、十四年度から以来といふものはこれ又意想外の反動を見せて、頗る悲境に陥つてしまつた」と述べている。(179) こうした状況において、城戸は蒲田の映画製作の合理化が必要だと考えたに違いない。

松竹が城戸の下で合理化の方針をとり始めたのとは対照的に、日活は製作規模を拡大していった。一九三〇年代初頭以後の日活の衰退は、その規模拡大が原因と考えられる。先にあげた照明機材についてのデータが『国際映画新聞』に掲載された一年後の一九二八年、日活は京都の太秦に新しい撮影所を開所した。その撮影所には照明機材が七八台あり、技師が二六人いた。このとき松竹にあった照明機材は七四台で、技師は九人だった。(180) 理論上、日活は、松竹より多くの照明技師と、より複雑な照明技法を使うことができるようになったのである。しかし、日活の事業拡大は時期が悪かった。経済不況などが影響し、日活の利益は一九二九年から減り始める。映画史家・田中純一郎は、東京丸ノ内に建設を計画したものの実現できなかったビルのせいで、日活は借金まみれになったと述べている。[181] 一九三一年、日活の配当金はゼロになる。[182] 一九三二年末には一九万九〇〇〇円の赤字を計上し、[183] 京都撮影所の従業員が二〇〇人ほど突然解雇された。[184] そして一九三四年、日活京都撮影所の製作部長であった永田雅一は、その年だけで五七万九〇〇〇円もの巨大な利益をあげていた松竹の援助を得て、第一映画社社長に就任する。[185] 第一映画社は、松竹が日活の配給網を奪うために設立した会社であった。永田が第一映画社で製作した映画は、これも松竹資本によって設立された日本映画配給株式会社を通じて、日活も含む、すべての劇場チェーンに配給された。つまり、日活は自社の劇場においてさえ、松竹の息のかかった映画と競わなければならなくなったのである。[186] 日活の社史によれば、日活は一九三六年から三八年の間、まったく利益をあげられず、負債が増えていったという。[187] 日活社長の仲谷貞頼、そして重役の堀久作はそれぞれ、最新のサウンド映画技術を持つ新興会社である写真化学研究所（ＰＣＬ）に経済的援助を求めた。だが、松竹が日活の巨大な累積赤字を暴露したため、それは叶わなかった。そして一九三六年、松竹社長の大谷竹次郎は、千葉合同銀行から日活が借りた二五〇万円の債権を譲り受け、日活の債権者となった。[188] こうして一九三七年までに、日活は、いわゆる松竹ブロックに組み込まれてしまう。[189] 松竹傘下の別の新会社・新興キネマの社長になっていた永田雅一は、一九三九年に「かくて大谷氏の同意なくしては日活の次代内閣は成立し得ぬことになつた」と記している。[190]

一九三〇年代中頃までに松竹の市場支配は揺るぎのないものになった。[191] その結果、松竹の「明るい」映画スタイルが日本映画のスタイルのスタンダードになったのである。逆に言えば、合理化方針のもとで作られた松竹の映画スタイルが、その市場支配を可能にしたとも言える。松竹が資本を六八七万五〇〇〇円から一五〇〇万円に増資し、「日本映画会社中最大の資本を有する大会社」の地位を獲得した一九二九年、映画カメラマンの長濱慶三は「従来日本の映画の採光法は余りに出鱈目過ぎはしないだろうか。活動写真の採光法といへば、昼間外景にあつては所謂逆光線をレフに照りかへしたもの、セットにあつても種々の逆光線を乱雑に配置したダブル・ライトのものに定まつている観がある。〔中略〕採光は映画の味である。採光の拙劣さは映画の味を失はしめる。〔中略〕少くも日本映画にとつては研究すべき目前の問題たるを失はない」と記している。[192] 同じ年、一九二二年から日活で映画カメラマンをしていた伊佐山三郎も「私は映画独自の照明方法に新しき道を開拓したいと考へている。近代的光調を基礎として、劇の内容に相応した部分的美を強調した、所謂個性化したる照明を行ひたい。〔中略〕日本では俳優の顔が白粉の如き白さに撮影されてないと綺麗だとは言はない幼稚な人間が多い。俳優の顔の色彩は肉色トーンを標準にすべきである。〔中略〕旧来の方法を捨て」るべきだと述べた。[193] 同じく一九三二年、批評家の奥村康夫は『キネマ旬報』に掲載された「映画の照明効果について」で、日本映画は照明への配慮が欠けていると批判し、正面の「前光」――奥村の目に唯一支配的に見えた照明――に加えて、「中光」と「逆光」を採用した、「意義のある照明効果」を要求している。奥村は、「いったい、照明係りはどういふ心意で映画製作部門に参加しているのであろうか。光線を唯漫然と対象物に投射して、単に明るくありさへすればいいぐらいに単純に思つているのではなかろうか。〔中略〕吾が田の様に、チャチな二キロワット・サイドライトのみでもつて全面を残りくまなく照らすのであるから、明暗等出よう筈もなく、また窓から入つて来る光線も弱いものであるから、チャチなセットが尚一層安つぽく見える」と記している。[194]

小谷が松竹を去ったとき、古川緑波は『キネマ旬報』に「ほんとうに嘆はしいことには、松竹の人々には、いや日本の人々には、ヘンリーの有難味が分らないのだ、そのため、今、ヘンリーは松竹を去るのである。或ひは日本を去ろうとするのである。ヘンリーによつて、漸く独り歩きの出来るやうになつた松竹は、ヘンリーに報いることなくして、つひに彼を去らしむるに至つた、彼を失つた後の松竹は、いや日本の映画界は、必ずや悔いる時が来るであろう」と書いた。[195] だが、松竹が後悔することはなかった。

スターの照明法

とはいえ、松竹映画の照明法、撮影法は、単に歌舞伎や新派の見やすさだけを重視する「明るさ」に後戻りしただけではなかった。例えば、新派は女性の役に女形を使うが、松竹映画は女優を起用し、小谷監督の『虞美人草』でデビューした栗島すみ子や、『島の女』の主演・川田芳子といった女優をスターに育て上げた。そして松竹がそうした女性スターをプロモートする際、バックライトなどの、小谷がハリウッドから持ち帰ったテクニックが威力を発揮した。映画史家の藤木秀朗やパトリック・キーティングは、一九一五年から二〇年代のハリウッドでは、映画とプロモーション写真の両方で、クロースアップやスリーポイント・ライティング、ソフト・フォーカスのような撮影法が、「俳優の身体的な特徴」を強調するために用いられ、映画の物語の枠を超えて人間としての彼女たちの「性的な魅力や親しみやすさ、あるいは心情」を伝えるのに役立っていたと論じる。(196) つまりこうした撮影技法は、ハリウッド映画の物語のわかりやすさを助ける一方、映画理論家のジークフリート・クラカウアーが言う俳優の「物質性《フィジカル》の現実《リアリティ》」を強調していたと言ってもいいだろう。(197)

栗島は松竹が生み出した、最初の女性映画スターであった。藤木は、栗島は「新しさの感覚」を持った最初のスターであったと述べる。(198) 彼女が映画スターになる以前には、身体によるパフォーマンスを強調する弁士と女形が人気を博していた。藤木によれば、栗島の新しさは「アメリカ映画スターと同じような身体ベースのセクシュアリティ」にあり、彼女自身の身体的な特徴が撮影技術によって強調されていると主張する。(199)

特に照明法が、演劇の慣例から離れた、「新しい」映画スターを作るうえで重要な役割を果たした。松竹は、栗島のスター・イメージを作り出すため、小谷の照明テクニックを最大限に利用している。例えば、小谷は、顔を真っ白に塗る新派風の化粧法を嫌い、リアルな表情を照明の効果で強調するため、『虞美人草』で主演した栗島のメイキャップに、アメリカ直輸入のマックスファクター化粧品を使用した。[200] その結果、蒲田の脚本家・野田高梧は一九二七年、「兎に角、この映画で栗島すみちゃんがスクリーンに現はれた時は、なんと云ふ綺麗な人だろうと僕等は暫く呼吸が塞まるやうな気がしたものであつた」と証言している。[201] さらに小谷は「写真的なイメージとしてスターを売出していたハリウッドの撮影法を真似」て、「空間の輪郭をはっきりさせ、規範の範囲内で趣のある美しい輝きを加え」[202]た。例えば、一九二一年に小谷がハリウッドで製作した『夕陽の村』と『闇の路』――両方とも光が関係する題名――のスチール写真には、逆光のショットがたくさん含まれている。ヒロインの髪は美しく輝き、暗い背景から際立たされている（図1-14）。これらの写真は、小谷がパラマウント時代に撮影したスター、ライラ・リーの写真と比べてもひけをとらない。小谷はパラマウントで、『青年の心』や『パピー・ラヴ』（ロイ・ウィリアム・ニール、一九一九年）、『沙漠の花』（アーヴィン・ウィラート、一九一九年）、『秘密の花園』（G・バトラー・クローンボウ、一九一九年）などの撮影を担当し、光の中に美しく立つライラを撮影した。こうした映画のスチール写真を見ると、室内外を問わず、照明が彼女の横と後ろから当てられ、その褐色の髪が美しく輝いている（図1-15）。日本でもハリウッドでも小谷は、女性スターの撮影を得意としたのである。

しかし、松竹は、プロモーション写真では、ハリウッド式の照明法で女優の性的魅力などを強調したが、すでに見てきたようにその映画には、小谷のテクニックをそのまま使うつもりはなかった。新派映画はあまり現存していないが、映画雑誌に掲載されたスチール写真から、そこで使われた照明を想像することができる。藤木が指摘するように、一九一七年三月号の『活動画報』は、日活向島撮影所で大人気の女形・立花貞二郎が新派悲劇映画『二人静』（小口忠、一九一七年）に出演した写真と、ハリウッド・スターのマートル・ゴンザレスの肖像写真を二つ並べて掲載している。後者は、左からのサイドライトとロー・キー・ライティングで女優の顔と露出した肩を撮影した、セクシーな魅力に満ちたクロースアップである。これに対し前者は、平板に照らされたロング・ショットで、藤木によればその頃の新派映画の典型的な撮影法である。[203] このスチール写真が実際の映画の場面とどのくらい同じかはわからないが、その写真は、新派映画の空間演出《ミザンセン》が平板な照明により、場面全体を見渡せるタブロー形式を強調していたことを示している。[204] 藤木によれば、新派悲劇の女形は感情を身体全体で表現するか、あるいは他の俳優や舞台装置の構成によって表現するため、クロースアップやスポットライティングよりもロング・ショットや平板なライティングの方が適しているという。[205] 野村芳亭も、一九三一年一〇月、自分の映画製作スタイルについて、「私の監督手法はどちらかと云へば細部に拘泥せず、俳優の芝居本位に大ざつぱにつまり線を大きく間口を広く、一カットをわりに長くゆつくりと撮影する」とはっきり述べ、クロースアップやショット／リバース・ショットを

図 1-14　ヒロインの帽子がバックライトで美しく輝いている。『夕陽の村』(1921 年)

図 1-15　ヘンリー小谷がハリウッドで撮影したライラ・リー。『青年の心』(1919 年)

使うのを避けていると強調していた[206]。

松竹の新派映画は、泉鏡花や尾崎紅葉、徳冨蘆花、菊池幽房といった作家の家庭劇小説を原作にし、どれも主にタブロー形式の平板な照明を採用している。

例えば映画『不如帰』には、栗島の顔のクロースアップはあるが、照明は一貫してフラットである。クロースアップによって、女形ではない、本物の女性がヒロインを演じているということがわかるが、ゴンザレスの写真と比べると、照明が女優の性的な魅力、あるいは女優の「物質性の現実」を強調することはない。そしてタブロー形式のショットが映画のほぼ全体を占める。実は、歌舞伎には江戸時代から続く「面あかり」あるいは「差出し」と呼ばれるスポットライトのような照明の使い方がある。後見が、蠟燭の灯を俳優の顔の前にかかげ、よく見えるようにするのだ[207]。『不如帰』における平板な照明によるアイリス・クロースアップ・ショットは、現代版の「面あかり」と言えるかもしれない。つまり、クロースアップの技法はたしかに映画的だが、その使われ方はむしろ昔ながらの歌舞伎のやり方なのである。

このように表現の豊かさではなく、見やすさを重視するやり方は、映画産業内で誰が力を持っていたかにも起因している。アーロン・ジェローの調査によれば、映画産業がまだ垂直統合されておらず、映画館数も少なかった一九一〇年代と二〇年代は、興行者が大きな力を持っていた[208]。主要な劇場は、上映する映画を自由に選ぶことができ、なかには劇場の客筋に合わせた映画を作るように製作者に注文する者もいたらしい。映画史家・板倉史明もまた、「映画製作者が映画興行者に従属していた[209]」と指摘する。興行者と弁士は、劇場に必要な作品を製作者に求め、製作者はそれに応ぜざるをえなかったのである。弁士が自分のリズムで語りやすいようロング・ショット、ロング・テイク、固定フレーミングを望み、さらに観客と弁士が見やすいよう、照明と現像には鮮明さが必要とされた。しかも当時は、どんなネガからも、プリントをわずかしか作らないのが当たり前だった。「少ないプリントからできるだけ多くを搾りとるために」、一本のプリントが、東京の浅草から大阪、横浜の大都市で、何度も繰り返し使われ、そのあと、さらなる利益のために全国へと送られていた[210]。プリントの大量生産はまだ行われていなかったのだ。こうした製作や配給、流通のやり方のため、日本映画の照明は、地方映画館の使い古された映写機の弱い光で映写してもはっきりと見えるように、光と影のコントラストよりも、見えやすさを優先しなければならなかったのである。

映画スターの誕生により、日本映画産業は、興行者より製作者が主導権を握る道を拓くこともできたはずだった[211]。弁士をはじめとする興行の場ではなく、製作の場において、「観客の欲望」を体現するスターを商品として積極的に作り出すこともできたはずなのだが[212]、スターの照明法を小谷から学んでいた松竹が本格的にスターを売り出しにかかるのは、新しいジャンルである時代劇映画の圧倒的な人気に直面する一九二〇年代末まで、待たなければならなかった。

一九二五年の時点では、松竹の城戸はハリウッド式のスターのプロモーションを部分的に採用する一方で、労使関係の観点からはスター・システムには批判的だった。スターと契約するため映画会社同士が競合したり、他の会社のスターを横取りしたりすることは、城戸の追求する合理化の方針にとって害でしかなかった[213]。城戸は、「人気俳優の顔を必要以上に多く出」すよりは、「テンポ、ムード」を優先させると公言した[214](俳優の顔を出すときは、ただ明るく写すのだが)。城戸は、スターの映画的な魅力よりも、タブロー風の新派的な慣例を守ろうとしていたのである。経営者として着任したばかりの城戸は、俳優に対する優位を保ちたかったのだろう。

このような状況の中で、映画批評家・森岩雄は、栗島の「新しさ」に限界を感じていた。森は、栗島の演技を、新派の型から離れ、「映画の写実主義」を見せたものとして高く評価した。しかし同時に、「此の日本の恋人はどちらかといへば、淋しい旧時代の美の遺物だ。溌溂とした現代的な弾力美がない。刺激がない」と述べた[215]。「写実」を指摘することで、森は、栗島の顔のクロースアップがその映画で頻繁に使われていることを評価している。だが、その批判によって森が言いたかったのは、スクリーン上の、栗島に対する照明が平板だということだったろう。また、マルクス主義の映画批評家・岩崎昶は、一九三九年に次のように記している。

松竹の営利主義的な政策は芸術的な一歩退却を敢てして、再び低級な大衆の趣味に媚びを呈する愚劣な映画の製作に安住して了つた。それは一口に言へば浅薄な感傷の映画であつた。若い感傷的な娘達をひたすらに甘い夢見心地と憧憬に浸らせるのを目的とした無智な映画であつた。しかしそれが、丁度繁栄の反動としての不景気に襲はれかけていたこの国の市民社会の憂鬱な生活感情にぴつたりと適合した（といふよりもむしろ、そこから生れた）ので、松竹は企業的に大成功を収め、その時以来日活とともに日本映画を二分する勢力を占め、のみならず、最近に至つてはその日活をも資本的に統制して、日本最大の映画トラストを形成するに至つている。なほ、この松竹の成功には、従来歌舞伎の舞台からの伝統的習慣として女優を採用せずに「女形」と称する男優をして女性に扮せしめて来た日本映画の不自然な風習を脱して、最初に女優をスクリーンに登場せしめたことも大いに貢献している。女優の出現は圧倒的な歓迎を受け、栗島すみ子の如き日本最初のスターが生れるに至つた。(216)

岩崎は、痛烈な皮肉を込めて、日本映画の資本主義的な近代性は、松竹の成功にあらわれていると論じたのである。

第2章　刀の閃きとスターの輝き

——松竹と時代劇

時代劇の誕生と刀の閃き

松竹蒲田撮影所所長の城戸四郎は、次のように述べたことがある。「僕自身は、そのため蒲田の現代劇が押されたとか、沈滞したとかいうようには思つていなかつたが、松竹系の館主連盟という人達が、一度蒲田へ陳情に来たことがあつた。時代劇に対抗して、蒲田映画の奮起を望むというようなことだつたと思う」[1]。城戸は、時代劇映画の人気を無視することはできなかった[2]。数十年あとに書かれた社史には、「この頃は京都産のチャンバラ映画が全盛で、蒲田映画は影が薄かった」[3]とある。松竹は、明るく楽しい蒲田調を日本の映画スタイルのスタンダードとして確立し、日本の映画産業界で支配的な地位を固めていった過程で、時代劇映画の挑戦を受けたということになる。

時代劇映画は、一九二〇年代中頃から末にかけての混沌の時代にあらわれたジャンルである。一九二三年の関東大震災後、東京の社会やメディアの状況は大きく変化する。アーロン・ジェローによれば、「一九二〇年代は、議会民主制を求める努力が続いたことから、「大正デモクラシー」と呼ばれた時代であったが、その一方で、一九二五年に治安維持法が制定され、政府と軍が、左翼や労働組合に代表される新しい思想とせめぎあう時代でもあった」という。[4] 同じ一九二五年には、普通選挙法が議会を通過し、二〇年代を通じて、労働組合、社会主義、共産主義といった考え方が、しだいに労働者階級の間に浸透した。[5] 映画の大衆市場が開拓されたのは、そうした時代であった。映画館の数は急増し、一九二三年の七〇三館が、二四年には一〇二三館となる。[6] 京都でその大半が製作されていた時代劇映画は、民衆と権威者の間の緊張関係を、その物語やテーマ、スタイルに取り込んで人気を博しただけでなく、震災を逃れたがゆえに、急増する映画需要を満たすこともできたのである。

時代劇映画の人気が、「支配的な文化に対して不満や軽蔑をあからさまにする」プロレタリア芸術運動が盛んになった頃と時期がほぼ重なる点は特筆に値する。[7] 映画研究者の吉本光宏によれば、「一九二〇年代と三〇年代初頭における時代劇映画の多様性は、若い作り手たちの、権威に対するアナーキーな反抗や、小規模な映画会社の大資本に対する挑戦と、不可分な関係にある」[8] という。松竹はその「大資本」の代表であった。時代劇映画は「若い作り手たち」と新しいスターたちによって小資本の会社で製作されていた（例えば日活を退社したマキノ省三が設立したマキノ・プロダクション、帝国キネマ演芸、東亜キネマなど）。こうした会社にとって時代劇映画とは、松竹の支配に対する抵抗の表現でもあったのである。[9]

時代劇映画は、現代社会を描いた松竹の現代劇映画とは対照的に、近代以前を舞台にしていたが、批評家は、その「新しさ」を賞賛した。一九三一年、森岩雄は「剣劇の方が遥に近代的官覚と美感によつて考案され、又事実傑れていると確信する」[10] と述べた。また滝沢一は、一九二三年から三二年の一〇年間は、「時代劇が現代劇よりもむしろ〈現代〉であり得た」[11] と述べている。時代劇映画のスタイルやテクニックは、松竹蒲田に象徴される現代劇映画よりずっと革新的だったのである。

同様に映画史家・冨田美香は、「大正末期から昭和初期にかけて都市社会構造が大きく改革」され、それをしっかり反映していたのは蒲田で製作された現代劇映画よりむしろ時代劇映画だったと述べる。[12] 前近代を舞台にした映画が最先端のジャンルとして誕生したことにより、日本映画における、古さと新しさ、演劇的なものと映画的なもの、伝統と革新の関係などは、より複雑な様相を呈することになった。

松竹現代劇が、ハリウッドのテクノロジーやテクニック——特に照明法と撮影法——を取り込みながらも、基本的には新派の様式を残したのに対し、時代劇映画は、旧劇映画の演劇性を克服していく。旧劇映画の多くは、「一ヌケ」を提唱したマキノ省三と、日本映画初の大スター尾上松之助により二〇世紀初頭に製作された。旧劇映画は、ジョルジュ・メリエス風のトリック編集や複数のアクションを同一フレーム内に映す「空間分割」など、洗練された映画のテクニックを使うこともあったが、基本的には、女優は起用せず、撮影は「ロングショット＋長廻し＋固定フレーム」のスタイルを基本的に使用した、歌舞伎舞台の再現であった(13)。歌舞伎役者だった松之助は、刀で斬り合う場面でさえ、舞のような様式化された動きを重視し、要所要所で見得を切るようにカメラに向かって静止ポーズをとった。

一方、時代劇映画は、旧劇と同じく前近代を舞台にしているが、松之助の様式化された演技とはまったく異なっていた。松竹がハリウッド映画の技法を全面的に取り入れることはしなかったのに対し、時代劇映画はそれを大々的に採用した。ハリウッドの冒険活劇スターのダグラス・フェアバンクスは、震災後の日本で最も人気のある外国人俳優の一人だったが、時代劇映画はまず、このフェアバンクス映画のスピード感を再現しようとした。デイヴィッド・ボードウェルによれば、「一九一〇年代末と一九二〇年代初頭に日本で映画を改革しようとした者たちは、現代の物語に、ハリウッド流のテクニックを使おうとした。が、ショット／リバース・ショットやクロスカッティング、激しいアクション・シーンにおける高速編集、そのほか古典的なハリウッドの手法を時に強調したのは、時代劇映画、とくに剣劇映画であった(14)」という。ボードウェルの指摘したテクニック以外にも、カメラに襲いかかってくるかのようなアクション、低速撮影による俳優の早い動き、手持ちカメラなどが採用された。その多くはチャンバラの場面に使われたが、時には会話の場面や、場面転換の際にも使われることがあった。

ハリウッド映画に加え、時代劇映画は、新国劇にも強い影響を受けている。新国劇は、澤田正二郎が一九一七年

図 2-1 月形半平太（澤田正二郎）が新選組の侍と闘っている。新国劇の舞台『月形半平太』（1919 年）

に始めた新しい大衆演劇であり、歌舞伎の様式にとどまらず、スピーディで躍動的で暴力的でリアルな剣劇で人気となっていた。新国劇の演目のほとんどは、圧倒的な人気を誇っていた「大衆文学」の「時代小説」が原作であった。新国劇も歌舞伎も、江戸末期の忠義者や幕臣が覇権を賭けて死闘を繰り広げるドラマを扱ったが、様式化された舞踊のような歌舞伎と比べリアルな剣劇を見せる新国劇の方が、労働者階級の心情――社会の急激な変化と社会不安の高まる一九〇〇年代初頭に大衆文学の主要なテーマとなった――を表現するには適していた。

そして、新国劇は、剣劇の写実性を強調するため照明を特に重視した。照明機材を実際にどのように使ったのかについての記録は残っていないが、新国劇が照明を重視していたことは、澤田正二郎のいくつかの舞台写真から察せられる。図 2-1 は新国劇で最も人気のあった舞台『月形半平太』のカラー写真である。月形（澤田）は、刀を右手に持ち、ひざを少し曲げて、右側を睨みつけている。写真のキャプションには、京都鴨川の三条河原に見立てた見せ場とある。月明かりのもと、月形が新選組と闘う場面である。月形の足元からは長く真っ黒な影が伸びているのが見える。月明かりに見立てた照明が月形の刀とその瞳に反射し、ギラリとした閃きが場面の緊迫感を高めている。[15]そこに次のセリフが重なる。「オヽ刃が鳴る、アヽ大花が散る、憎い侍がまた幾人か死んでいくのじゃ〔中略〕アッ、近い。オヽ姿が見える。腕が中に白刃が光る。わしの目にはただ心持ちよくあの斬れ味が偲ばれる[16]」。敵方の刀と瞳は闇に沈み、月形の刀と瞳は白く輝く。つまり、ここでの照明は、刀の冷たい物質性だけでなく、狂気の際《きわ》にいる主人公の心理的状態をも強調していると言える。

澤田がデイヴィッド・ベラスコの仕事を知っていたかどうかはわからない。だが、新国劇の舞台照明法は、ベラスコのやり方にかなり近い。ベラスコは、「舞台の表現力を最大にするために[17]」、変化する舞台の雰囲気に合わせて照明も変えるべきだと考えていた。パトリック・キーティングによれば、ベラスコの舞台に強い影響を受けたラスキー・ライティングは、現実を表現すると同時に、映画のテーマを強調する機能も果たしていたという[18]。一九一六年のインタビューでセシル・B・デミルは次のように述べる。

照明効果を使い分ければ、映画の劇的なポイントを強めたり、弱めたりすることができるのがわかりました。ちょうど舞台のクライマックスが伴奏音楽で盛り上がったり、台無しになったりするのと同じです。で、これを頭に入れて仕事をするうち、映画のテーマは撮影で伝えるべきだと感じるようになりました。『チート』の主要人物の一人は日本人ですが、彼を撮影するとき私は、背景を不気味にし、意表をつく大胆な照明を使うことで、日本芸術の流儀を表現しようとしました。つまり、日本音楽の「銅鑼」や太鼓の音を照明ではっきり示そうとしたんです[19]。

デミルの日本文化についてのコメントには議論の余地があるが、照明が、日本の新国劇の舞台で、そして時代劇映画のスクリーンにおいて「芸術」的に使われたことは確かである。

松竹現代劇がヘンリー小谷の持ち帰ったベラスコ流のラスキー・ライティングを採用しなかったのに対し、時代劇映画は、新国劇舞台のベラスコ風の照明、とりわけ刀の閃きを、全面的に取り込んだと言える。時代劇映画の照明は、その物語とチャンバラのスペクタクルを効果的に結びつけたのである。一九一五年にデミルのような作り手が日本で賞賛されたのも、まさにこの点においてであった[20]。

幕末を描いた『月形半平太』は、一九二〇年代中頃と三〇年代に何度も映画化されている。全編残っている映画は一本もないが、現存する映画の断片から、チャンバラのスペクタクルが照明により強調されていることは見てとれる。一九二五年版の『月形半平太』は、衣笠貞之助が監督し、ほかならぬ澤田正二郎が主演した映画である。[21]そのチャンバラシーンは京都の等持院で夜間撮影されたが、このシーンこそ、まさに実験的な光のスペクタクルと言えよう。ロング・ショットのフレーム内に、長方形の箱を三つ横に並べたような三つの部屋が映し出され、その中央の部屋で侍たちが乱闘している。そしてこのロー・キー・ライティングの暗い空間に、侍の刀がギラリと閃くショットが続く。国立映画アーカイブの反町茂雄コレクションにシナリオの一部が残されている。[22]衣笠の脚本原案には、「雨上がりの蒼い月光が、月形の白い襦袢の片袖を、悽愴に照す。〔中略〕立木の枝元つんのめって来た奴の反動で、月を浴びてキラキラ光る枝の梅雨が散る。月形、刀を静かに左手に持ちかへると、またさっと横に払ふ。木桶を蹴倒しのけぞる新撰組のまた一人、、」と書かれている。[23]もちろん、この文章は、この映画の実験的な照明法をそのまま記録しているわけではない。だが、それでも、この映画が刀の閃きにいかに意識的であったかは見てとれる。

時代劇映画の照明法は、旧劇映画や松竹の新派調スタイルの映画とは一線を画していた。『忠臣蔵』や『五郎正宗孝子伝』を例に見てきたように、ほとんどの旧劇映画は、マキノの初期のスローガンであった「一ヌケ」の特徴を持っている。批評家はその「デイテールやグラデーシオンに対する事極めて不充分なる事」、「光線及道具立」の「不注意と粗雑なる事」[24]を酷評していた。

これに対し、時代劇映画は、ロー・キーの照明を効果的に用いて、剣士の複雑な心理状態を強調したりした。[25]特に、闇夜はチャンバラのスペクタクルにぴったりの舞台だった。薄暗い月明かりの下、剣士の刀は、まるで血の滴りを待ちきれないかのように、ギラリと光る。剣士は、自らの存在価値を証明するかのように、閃く刀をふりかざす。だが、彼は人を殺すという行為に苦悩もする。そしてなかには刀、すなわち自らのアイデンティティを捨ててしまう者もいる。プロデューサーの浦谷年良は「チャンバラ」は、ドラマの「心理的クライマックス」と「視覚的クライマックス」が交わる、いわば「沸騰点」であると主張する。[26]映画カメラマンの森田富士郎も次のように説明している。

チャンバラ場面は殺陣師が独創的剣法で、それらしく撮影効果の挙がる手を編み出すのが常套的である。〔中略〕心理面で本物の刃に竹光は化ける。従って竹光を如何に重く扱い、鋭く凄まじく撮るかがむしろ勝負になる。ピカッと一瞬光るも技であり、寄りサイズで本身に換えて刃物の怖さを強調する。この件には大映では対決場所の環境に神経を使った。白昼より朝夕に夜、雨や霧の自然現象に剣戟の壮絶感を同調させた[27]。

図 2-2　時次郎（大河内伝次郎）の刃がギラリと光る。『沓掛時次郎』（1929 年）

現在の東映太秦映画村でも、閃く刀はアトラクションの一つである。東映太秦映画村では、撮影の裏側を解説するイベント「シネマスタジオ・ライブ」が毎日開催されているのだが、司会者は、ぴったりのタイミングで刀をカメラの前で閃かせるのが、いかに至難の技かをユーモアを交えて説明してくれる。

時代劇映画『沓掛時次郎』（辻吉郎、一九二九年）の立回りの場面は、当時の京都日活大将軍撮影所の典型的な照明法を示している。ロー・キー・ライティングのミディアム・ロング・ショットでとらえられた時次郎——時代劇映画の新スター大河内伝次郎が演じている——は、カメラの前に立ち、刀を正面でゆっくりと上段に構える（図 2-2）。そのとき刀は、時次郎の右からさす強いスポットライトの光を反射して閃く。このショットが強調するのは、スターの顔の見えやすさではなく、刀の一瞬の閃きである。ちなみに、大河内は新国劇出身の俳優であり、『沓掛時次郎』は一九二八年に長谷川伸が書きあげた新国劇の人気演目である[28]。

図2-2のショットには、二人の侍が向かい合うロング・ショットが続く。二人が睨み合いながらじりじりと円を描くように動き出すと、カメラもゆっくりと二人のまわりを回転し始める。二人の回る方向と、カメラの回る方向は真逆である。二人の侍とカメラが同時に逆方向に回るため、二つの刀は一方向から当てられた光を反射し、何度も何度も強烈に、白く閃く。相反するカメラと侍たちの動きが、刀の閃きを繰り返し生み出すのである。さらに時次郎と向かい合う侍のミディアム・ショット、二人の勝負を見る三人のやくざのミディアム・ショット、時次郎のクロースアップが続けざまにすばやく映し出された後、時次郎が膝をつくその刹那、刀をヒュッと一振りするミディアム・ショットが続く。この石火のごとき、すばやい一振りの瞬間、刀がキラリと光り、一瞬にして勝負が決する。カメラは地面に崩れ落ちる敵役の侍をとらえ、そのままパンで、かがみ込んでいる時次郎を映し出す。やがて時次郎がゆっくりと起き上がると、画面上からは刀が消え、強いサイドライトを当てられた時次郎の顔が暗い影に覆われる。こうした照明法により、チャンバラのスペクタクルは一瞬にして、主人公の心理的状態の表現へと変わる。この瞬間、時次郎は、たった今殺した男の妻と子供を守っていかなければならないと決意するのである[29]。

時代劇映画がダグラス・フェアバンクスの映画に影響を受けたのは明らかだが、こうした閃く刀への執拗なこだわりは、同時代のハリウッドのスワッシュバックラー（冒険活劇）映画とは一線を画している。時代劇の方が、照明によってスペクタクルを明らかに強調しているのだ。例えば、長谷川伸原作の『番場の忠太郎 瞼の母』（稲垣浩、一九三一年）の決闘シーンは、『沓掛時次郎』と同じように、劇的に光を放つ刀を強調する。もう一人の時代劇スター片岡千恵蔵の演じる忠太郎は、闘いのあと、刀を投げ捨てる。その刀は大木の根っこに突き刺さり、白く閃く（図2-3）。このあとカメラは、ゆっくり右にパンし、忠太郎が長い間探し続けていた母と泣きながら抱き合う姿をとらえる。母と生き別れていた間に忠太郎は、侍の地位を捨て、金のために人を斬る用心棒になってしまっていたのであった。光る刀は、彼の自分の立場に対する苦悩を表現する。

この映画のラスト・シーンが、ダグラス・フェアバンクス主演の『奇傑ゾロ』（フレッド・ニブロ、一九二〇年）の結末に影響を受けているのは明らかである。フェアバンクスの演じるドン・ディエゴ、すなわちゾロは、クライマックスの乱闘のあと、剣を投げ捨て、その剣は壁に突き刺さる。二階に飛び上がったディエゴは、ミディアム・ロング・ショットで恋人と抱き合う。しかし、壁に突き刺さったゾロの剣が白い光を放つことはない（図2-4）。こうした照明の使い方の違いは、ゾロにとって剣はさほど重要ではないが、忠太郎にとっては刀は彼のアイデンティティであるということを示しているかのようだ。[30]

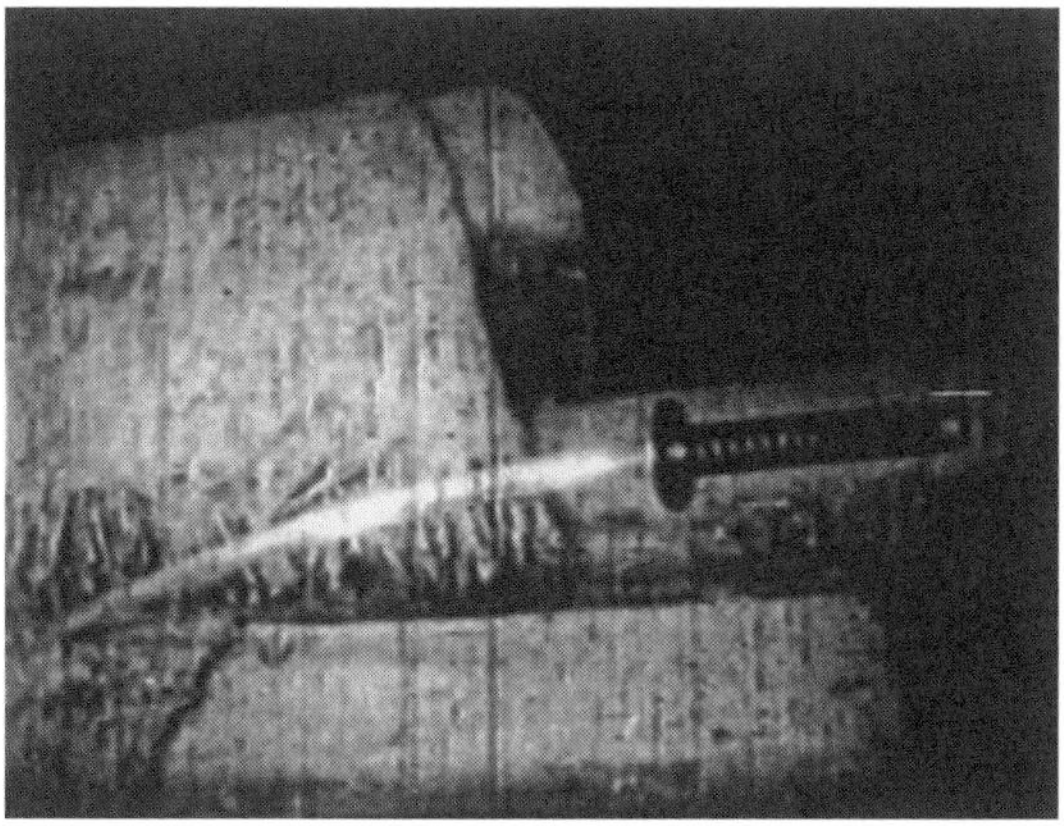

図 2-3　忠太郎（片岡千恵蔵）の刀が木の根に突き刺さり，白く光る。『番場の忠太郎 瞼の母』（1931 年）

図 2-4　壁に突き刺さったゾロ（ダグラス・フェアバンクス）の剣は光ってはいない。『奇傑ゾロ』（1920 年）

伊藤大輔の時代劇

旧劇映画の「一ヌケ」とも、「明るく楽しい」松竹蒲田調とも、さらにハリウッドのスワッシュバックラー映画とも異なる、時代劇映画の照明が最も効果的に使われているのは、伊藤大輔監督の作品群かもしれない。純映画劇運動の中心的存在だった小山内薫が、一九二〇年に松竹キネマ研究所所長に就任したとき、彼の推薦を受けて伊藤は松竹俳優学校に訓練生として入学する。[31] その後伊藤は蒲田の脚本部に入り、一九二〇年から二三年の間に六〇本近くの脚本を執筆した。『新生』（監督・撮影ヘンリー小谷、一九二〇年）、『鉱山の秘密』（監督エドワード田中、撮影ヘンリー小谷、一九二〇年）、『女と海賊』（監督野村芳亭、一九二三年）など、伊藤が脚本を担当した作品は、同時期に製作された蒲田映画の約二〇パーセントにものぼる。[32] 伊藤は、小谷がハリウッドから持ち帰った脚本術についての洋書を熱心に読み込んで、バックライトなど照明の技法を小谷から学んだ。[33] 一九二四年六月、伊藤は、まるで同じ年に松竹をやめた小谷の後を追うように、突然松竹をやめる。映画史家の板倉史明は、伊藤が「映画興行者（映画館主や弁士）に対する映画製作者の隷属状況」を維持する映画製作のあり方に挑戦し、「〈作家〉」が「〈作品〉」の「自律性」を「生み出す」ことのできる道を開拓しようとしたと指摘する。[34] 板倉によれば、伊藤は、脚本にどこでどんなショット・サイズ、カメラ・アングル、セリフの字幕を使うかなどをはっきり書き込んでいたという。そうした、製作者を興行者より優位に立たせようとする姿勢は、興行者の要求に応じて映画のスタイルを決めていた松竹では問題があったかもしれない。伊藤は、松竹より小規模の会社である帝キネ（帝国キネマ演芸）に移籍し、そこで監督デビューを果たす。[35] そして一九二五年に自分で伊藤映画研究所を立ち上げたあと、二六年七月、松竹のライバル会社・日活に入社する。[36] 松竹出身の伊藤が、その松竹のスタイルに挑むことになるとは皮肉である。

伊藤は小谷から直接照明のテクニックを教わったかもしれない。だが、伊藤の証言によれば、彼が真剣に照明について考え始めたのは、松竹ではなく、極貧の伊藤映画研究所で『日輪』（一九二六年）を監督したときに「仕方なしに」であった[37]。映画用の照明機材もステージもなくカメラが一台あるだけのその撮影所で、伊藤は、家庭用ランプを使ってクロースアップ・ショットを撮影しなければならなかったからである。

場面はカフェ（係の道具方はカフ屋と呼んでいた）、お粗末この上なしのセッティングで、おまけにわれわれが手持ちの照明器材の不備から光量が足りない。ちょうどそのセットの下が嵐山電車のカーヴに当たり、ポールと架線のまさつによるスパークが、回転燈台の光芒さながらにカフ屋の内部をないで過ぎる〔中略〕。私は撮影の想定プランをとっさに改め、主人公と相手役の座席を窓ぎわに移して逆光のシルエット像にして対立させ、電車の通過をねらってそのスパークの閃光を相剋する両者の感情移入に換置した。この苦肉の策は予期以上の特異な効果をもたらせた[38]。

必要に迫られて工夫せざるをえなかった照明に対する伊藤の努力は、彼が日活で大河内伝次郎を主役に監督する時代劇映画において報われる。伊藤が日活に入社したとき、日活は会社の顔であった大スターの尾上松之助を失いつつあった。松之助は一九二六年五月に倒れ、九月に亡くなっている。大河内は松之助の死後わずか一カ月後の一九二六年一〇月に日活と契約した。松之助の死と伊藤の入社、そして大河内の入社が同時期に起こったことは、日活の旧劇から時代劇へのシフトを象徴していたとも言える。伊藤は、一九二七年、京都の日活大将軍撮影所で彼の代表作として名高い『忠次旅日記』三部作（国立映画アーカイブ所蔵）を撮影する。『忠次旅日記』は公開と同時に高く評価された。特に第二作目『信州血笑篇』は、『キネマ旬報』の年間最優秀作品第一位に選ばれ、第三作目『御用篇』は第四位に選ばれた[39]。ある映画評には「『忠次旅日記』は、時代劇映画のクラシックとして長く記憶に残るものの一つであるに違ひない。〔中略〕骨肉を殺ぐ苦悩の伊藤大輔、感激と高揚との大河内伝次郎、この二人によつて時代劇の為めの一つのモニュメント、それが築き上げられた[40]」とある。一九五九年、『キネマ旬報』はこの映画を日本映画史六〇年の最優秀映画に選んでいる。

しかし現実には、それまでずっと旧劇スタイルの松之助映画を作り続けてきた日活は、ライバルの松竹でキャリアを積んだ新参者の伊藤にまったく協力的ではなかった。伊藤は、状態の悪いサウンドステージしか与えられず、照明機材もそろっていなかった。例えば、行灯のまわりに、ぼんやりかすむ光の輪を見せるため、伊藤は、行灯の背後の壁に白チョークで輪を描かなければならなかったりもした[41]。日活の態度は、伊藤が『忠次旅日記』のヒロインに伏見直江を抜擢すると言い張ったことで、さらに悪化した。伏見は、小山内薫が率いていた築地小劇場の舞台女優であった。ここでも伊藤は必要に迫られて様々な実験をせざるをえなかったとも言えよう。

『忠次旅日記』のオープニング・タイトルは、まるでこの映画が照明について――しかも実験的な照明について――の作品である、と宣言しているかのようですらある。忠次が、真っ暗闇から突然あらわれ、明るい行灯を一太刀で切り捨てるのだ。

忠次が死の床につく場面では、バックライトとスポットライトが作り出す繊細な陰影と劇的な照明が印象的である。まるで、ベラスコの舞台照明、あるいはドイツ表現主義演劇の照明さえをも模倣したかに見える。事実、表現主義演劇の照明効果を使った『ニーベルンゲン』(フリッツ・ラング、一九二三〜二四年)について、伊藤は「白黒ではない、ハーフ・トーンの奥行きの深いといったような感じの。〔中略〕日本では白と黒にはっきり出るのを「抜けがいい」といっていた時分に、ドイツではもうすでにハーフ・トーンをねらっていたのだからね」と記していた[42]。『忠次旅日記』の照明は、まるでディープ・フォーカスを狙っているかのようでもある。この場面で、忠次の愛人のお品(伏見直江)は、誰が忠次を裏切ったかを皆に問いただす。最初のショットは、真っ暗な部屋のロング・ショットである。おそらくスクリーン外の窓から光がさし込んでいるのだろう、画面の左上から光の線が見える。その光線は、画面右下の、座るお品に当たっている。横並びに座った男たちにも、画面を横切って光線が当たっている。まるでフェルメールの絵画のような光線とも言える。次は、正面からのスポットライトを浴びたお品のミディアム・ショットである。お品は男たちの名前を一人ずつ呼び、裏切者を探そうとする。男たちは一人ずつミディアム・ショットでとらえられる。彼らの顔には左から強いサイドライトが当たっている。さらにお品のクロースアップが続き、お品は男たちに向かって言う。「国定忠次の金看板！　人は斬っても乾分は斬らぬ」。横からと後ろからの光で、お品は神々しく輝いている。カメラは男たちの顔を一人ずつ横移動でとらえ、続いて、そのクロースアップ・ショットを素早いパンでとらえる。[43] そしてお品の顔のミディアム・ショットのあと、画面はロング・ショットに切り替わり、強いスポットライトを浴びたお品の真っ黒な影が壁に映る。そして、右から強く照らされたお品のクロースアップ・ショット。よりコントラストの強い照明が使われている。現存しないが、オリジナル・プリントでは、ここでお品が短銃の先端をなめるショットが入るらしい。[44] そして閃く刀が一人の男の着物の端に突き刺さるクロースアップ、お品が短銃を射つショット、倒れる男のロング・ショットと続く。ここでの照明は、主人公が死の床にあるという厳粛な雰囲気を作りだし、そこにヒロインの神々しい魅力、そして裏切り者を探す緊張感、さらに刀の閃きなどを次々に加えていくのである。

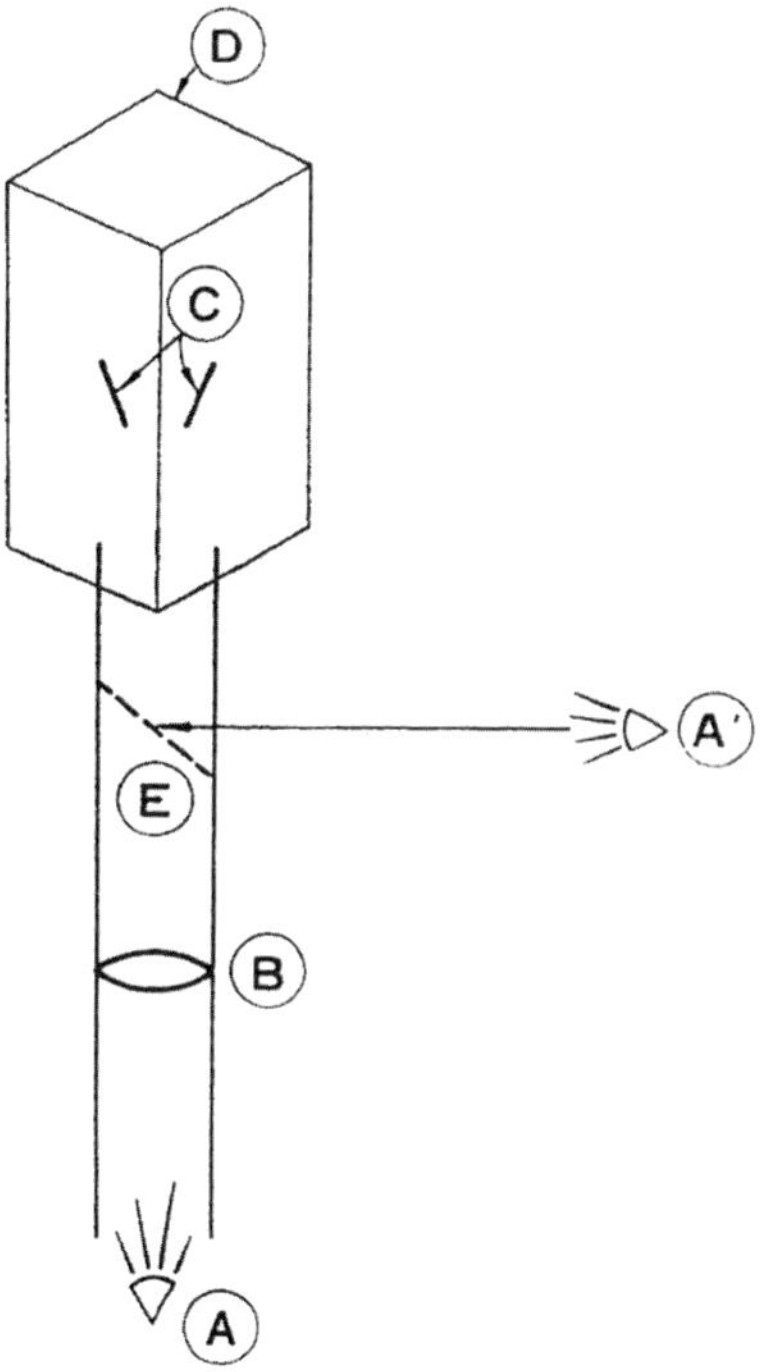

図 2-5　時代劇映画の照明法

　ここで説明したような時代劇映画のシーンで、伊藤は照明の光源についての実験もしている。スクリーン上の行灯からの光がそのシーンの光源であるかのように思わせるテクニックである。図2-5を見ると、Dが行灯の位置である。そしてAの位置に置かれたアーク灯がこのシーンの本当の光源である。Aから発せられる光は、Bの筒の中に設置されたレンズによって一点に集められ、Cの鏡に反射する。筒はおよそ四〜五メートルの長さである。もし、四〜五メートルの長さがとれない場合は、Eの鏡がA′の光を反射する。[45]
大会社の松竹を離れ、小さな会社で苦労した伊藤は、ついに『忠次旅日記』で時代の窮児となって、スポットライトを浴びる。そして、その挑戦を受けたのが松竹だった。松竹が時代劇からの挑戦を受けて立ったとき、戦前の日本最大の映画スターが誕生する。そのスターは、古さと新しさ、演劇性と映画性、などをすべて体現する存在であった。

明るく楽しい松竹時代劇映画

松竹は、時代劇映画からの挑戦を避けることもできたはずだった。最強のチャレンジャーであった伊藤大輔は、松竹でそのキャリアをスタートしたからだ。そして元々、新国劇を支えていたのはほかならぬ松竹だった。一九一七年八月、松竹社長の白井松次郎は、倒産寸前だった新国劇と契約を結んだ。このとき白井は、澤田独自のスタイルの剣劇に投資したのである。新国劇を助けるため、行友李風《ゆきともりふう》を座付作者として送り込み、『月形半平太』など時代物を書かせたのも、白井であった。だが、新国劇と松竹の提携関係は、一九二二年に終わってしまう。この年、興行の不成績で新国劇への支援を弱めつつあった松竹に不満を感じた澤田が、契約を解消したのだった。[46]
また、「時代劇」という言葉を使い始めたのも実は松竹であった。松竹が一九二三年に製作した映画『女と海賊』を公開したとき、それまでの旧劇と区別するため、映画の宣伝に「新 - 時代劇」という言葉を使った。松竹の新 - 時代劇は旧劇とはまったく違っていた。まず、新 - 時代劇は新派の監督や女優を起用していた。また、板倉史明は、新 - 時代劇は、字幕やクロースアップを、より効果的に取り入れていると指摘する。[47]

それにもかかわらず、時代劇映画が発展したのは、松竹蒲田においてではなかった。『都新聞』の映画批評家・小林いさむは、一九二九年に「『清水の次郎長』『女と海賊』の二本で、日本剣劇映画の基礎工事は完成したが、この上に鉄骨を組み、コンクリートを流し込んだのは蒲田ではない。〔中略〕蒲田の方はどうなつたかといふと、伊藤大輔は引続き愈々チャンバラ物に馬力をかけ出したが、撮影所自体は余り乗り気しない〔中略〕伊藤大輔自身も、一向に監督にしてくれぬ憤慨もあり、景気よくポーンと飛び出してしまひ、〔中略〕チャンバラ映画も愈々京都の本舞台に移つて行く[48]」と述べている。

かつて見捨てたジャンルではあったが、松竹は、もはや時代劇の人気を無視することはできなくなっていた。大人気の時代劇スター阪東妻三郎がマキノ省三のもとを去ってフリーになったとき、松竹はすぐに阪東に近づいた。そして一九二六年、阪東の率いる独立プロダクションと提携を結び、そこで製作された映画を全国の松竹契約館に配給することを取り決める。契約には、松竹が阪妻映画を年八本、各一万五〇〇〇円ほどで買いあげるなどが含まれていた。大阪朝日座は阪妻映画で「週に二万円は軽く稼いだ[49]」とされており、松竹は、阪東の映画を配給することで巨大な利益を手にしたと言えよう。だが、城戸四郎によれば、松竹と阪東の提携関係は、借金だけが残って終わったという。

また、時代劇映画を松竹に加えようとしたときでさえ[50]、松竹は、そのテクニックをそのまま受け入れようとはせず、時代劇映画を明るく楽しい蒲田調に近づけようとした。例えば、松竹提携後の阪東主演作『砂絵呪縛』（監督は第一篇山口哲平、第二篇犬塚稔、共に一九二七年）は、ほとんどすべてのシーンが、平板で明るいハイ・キー・ライティングで撮影されている。ヒロインが刺青職人と、激しい雨の降る月明かりのもとで、そして炎と煙の中で、闘う劇的なクライマックスは、他のシーンより暗い照明で撮影されているとはいえ、平板な照明を使っていることに変わりはない[51]。対照的に、阪妻が松竹との提携前に公開した『雄呂血』（二川文太郎、一九二五年）は、奈良にある「はなはだしく劣悪[52]」な撮影所を使って撮影されたにもかかわらず、照明が劇的な役割を果たしている（阪東はその年、独立プロダクションを設立したので、京都にあるマキノの撮影所を使えなかった)。『雄呂血』は、ナイーブな侍である平三郎の転落人生の物語である。平三郎は封建的な階級制度の犠牲者として描かれる。師匠に破門され、仕事も見つけられず、やくざの用心棒となり、思いを寄せる純真な乙女を守ろうとして捕えられ、最後には処刑されてしまう。

追われる平三郎と追う捕手が対決するクライマックスは、平三郎の動きをあますところなくとらえ続けるため、ロング・テイクが使われ、見事な照明法と相まって、一大スペクタクルとなっている。平三郎は薄暗いやくざの家から逃げ出すと、明るい太陽の光にさらされる。平三郎が捕手の包囲を突破したとき、ちょうど夜が明け、太陽が平三郎を後方から照らし出す。櫓にのぼり鐘を鳴らす役人のロング・ショットに続いて、ロングのクレーン・ショットで、明るいライティングによって照らされた平三郎と捕手が右往左往する姿がとらえられる。路上には木の枝が濃い影を落とし、平三郎と捕手がその影から出たり入ったりする。まさに動きと照明のスペクタクルである。田中純一郎は、このシーンについて次のように述べる。「彼(阪妻)は肩を斜におとして、多勢の捕手役人を前に、バラリ、バラリと美しい形で刀を振り廻した。その度びに、多勢の捕手が、寄せたり退いたり、俯伏したり、のけ反ったりして死ぬ。カメラも亦、猛烈なスピードで移動したり、旋回したり俯瞰したり、明るくなったり、暗くなったり、所謂、光と影と動の映画美が、妻三郎のチャンバラを通してスクリーンにながれる」(53)。最後に平三郎は捕まり、番所へ連行される。すると、日が突然暮れて、捕手が提灯を高々とかかげ歩くシーンとなる。暗い闇に浮かぶ提灯行列とともに、後ろで手をくくられ、頭をうなだれた平三郎が、橋の上を弱々しく歩くシルエットが、ロング・ショットでとらえられる。ここでの照明は、物語の悲劇的な結末を強調している。

阪東と提携したにもかかわらず、松竹は、こうした照明法を阪妻の映画に取り入れることはなかった。結局、松竹の時代劇映画の製作はさほど成功しなかった。松竹の明朗な蒲田調は、時代劇映画とはうまくかみあわなかったとも言える。松竹は、ことあるごとに時代劇映画は虚無的なアンチヒーローのチャンバラでしかない、大した映画ではない、と主張することで、新ジャンルが日本映画界にもたらした衝撃を弱めようとすることしかできなかったのである。(54)

林長二郎、彗星の如く現る——時代劇と女性観客

しかし一九二七年、状況は大きく変化し始める。田中純一郎は、「昭和二年は、編年的に見て、日本映画が段階的に飛躍した年である。読者はこの年に一線を画して、各社の製作映画を横断的に検討してみる必要がある」(55)と述べている。田中の主張は、『忠次旅日記』の大成功によった、ナイーブな見方ではあるかもしれないが、たしかに一九二七年は、時代劇映画製作にとって大きな意味を持つ年であった。そしてそれは松竹の時代劇映画にとってもそうであった。その変化は、「各社の製作映画」だけでなく、映画を受容する場においても起こっていた。一九二七年は、それまでと違うタイプのスターと、新しい種類の観客があらわれた年でもあったのだ。

批評家の太宰行道は一九二七年一一月に次のように記している。「松竹の時代劇は、〔中略〕実際つまらなかつた。〔中略〕松竹は、永久に、時代劇に縁のないのだろうかと思はざるを得なかつた。ところが——林長二郎が出現した。私の驚異でなく、恐らく凡ての人の驚異的讃嘆であつた」(56)。太宰によれば、長二郎の主演作品は一九二八年までに「まちがいなく、松竹の弗箱」と呼ばれるようになったという。別の批評家・近松京二路は、「映画を商品として考へるならば、林長二郎主演の映画はその首位を占めるであろう」と述べた(57)。林長二郎は「彗星の如く」、京都にあった松竹下賀茂撮影所の看板スターとしてあらわれ、ひいては日本映画の看板スターになった(58)。松竹下加茂撮影所は、関東大震災の起こった一九二三年に設立されたが、二五年と二六年はほとんど使われておらず、ヒット作もなかった(59)。ところが突然、その下加茂に大スターがあらわれたのである。

図 2-6　林長二郎のポスターを見つめる女性ファン

松竹下加茂撮影所所長の白井信太郎は一九三〇年に次のように記している。「時代映画が剣の白光に百パーセントの魅力を持たせて万万のファンの心を捕へた〔中略〕が、それと同時に新らしき時代劇の道を指示するの機運を招来するの時代ともあつた[60]」。白井と松竹の重役たちにとって、林長二郎こそ、松竹映画が守り続けてきた演劇のスタイルを映画に取り入れつつ、新しさを開拓できる存在だったのだ。林長二郎のユニークなスターダムは、時代劇映画の流行と、松竹の営業方針――ハリウッド流の照明法や撮影法、歌舞伎と新派の慣習、新たなスター戦略――が結びつく中で生まれたのである。

若い女性向けの雑誌『少女画報』一九二五年一月号で、東京都警察庁検閲係長の橘高廣は、時代劇映画は女性向きの映画ではないと主張した。「よくこの劇の中にも、画面では左程でなくつても、説明者の方で。実に嫌らしい説明をすることがありますが、こう云ふ弁士の居る活動写真館へは、這入らないやうにしなければなりません[61]」。林長二郎は、その「嫌らしい」ジャンルではじめて、女性のアイドルになったのだ。この意味で、一九二七年は、女性が、男性向けジャンルとみなされてきた時代劇映画を見るようになった年としても記憶されるべきなのである（図2-6）。

時代劇映画のスターとしては異例なことに、一九二八年八月、長二郎は「私のファンは大体に於て女の方が非常に多いです[62]」と述べた。実際、映画業界誌の『国際映画新聞』は長二郎の主演した『槍の権三』（古野英治、一九二九年）をはっきりと「婦人向き」[63]に分類した。長二郎専門誌とも言える映画ファン雑誌『下加茂』の編集者・上田勇によれば、読者からの反応の「九割」は、ファンレターであれ質問であれ、女性の投稿者だったという。[64]蒲田映画の宣伝雑誌『蒲田』の一九三二年八月号にはこんな記事もある。「おツと、昭和二年へきとうに、もつと重大な事があつたのを忘れていた。下加茂へ林長二郎入社！　キカンジウの発射的に、ドドドドツと彼の主演映画が、二三本封切られると、タチマチにして日本全国の女の子達は、「あたしの長さん！」でなければ、夜も日も明けないといふやうな、困つた仕末になつてしまつた」。[65]映画収集家の伊吹映堂も、「水商売の姐さん達が大きな声で「長さん！　つかまらないようにね、キャッ」と騒ぐと男の人達はただ黙って口の中で「チェッ」とはき捨てでした」[66]と回想する。長二郎によれば、一九二八年一月、主演作の『海国記』（衣笠貞之助）を宣伝するためはじめて東京を訪れたとき、「駅頭の出迎え数千人、国賓か、さにあらず、総理大臣か、さにあらず徴兵検査前の一俳優なり」と言われるほどの大騒ぎになったという。[67]『東京朝日新聞』は東京の映画館三四館を三日で回る長二郎について、「十六日上京した加茂の林長二郎、千早晶子、小川雪子の面々の人気はちよつと想像以上のすさまじさである」[68]と報じた。批評家の浅川清もまた、「丁度電気館から御挨拶を終へて長二郎が出て来た時である。彼は鼻をかんでその紙をポンと投げ棄てた。と、その鼻紙に群り集る善男善女の数に。その一片の鼻紙を占有せんか為の醜い生存競争的闘争である」[69]。林長二郎の名をかたる偽の旅廻り一座まであらわれたほどであった。[70]そして、一九三〇年一一月、長二郎は『蒲田』が企画した人気投票で最も人気のある松竹スター（蒲田と下加茂の両方で）に選ばれる。長二郎は五九六二票を獲得し、三二六五票で二位になった高田稔に約二倍の差をつけた。[71]デビューから一〇年後の一九三七年でさえ、『日本映画』の記事によれば、長二郎は、「女学生」の間で最も人気のあるスターだった。[72]長二郎の絶大な人気に、松竹は一九三二年、彼を東京の蒲田撮影所に送り、蒲田の女性スター田中絹代の相手役として、野村芳亭監督による新派映画『金色夜叉』に「特別出演」させている。[73]時代劇映画のスターが現代劇に出演し、しかも現代劇スターの恋愛物語の相手役を演じるのは当時、ありえないことであった。蒲田撮影所所長の城戸四郎は、

「我々〔蒲田〕の方でも、林長二郎は大変な騒ぎで、田中絹代が出る『不如帰』（一九三二年／五所平之助）ともなれば、長二郎を呼ばなければならないんです。向こうのバリューを利用するわけですね。その頃は大したものでしたよ、あたしが林を東京に呼んで、料理屋に芸者を呼ぶわけですよ。そうすると他所のお座敷を外して、自分からドンドン、ドンドンみんなやってくるわけですよ。そして林を取り囲んで、ワァーワァーと。〔中略〕やがて林が宿屋に帰るという時は、二、三〇人の芸者が列をなして見送りにいくんです[74]」と回想する。

映画史家のシェリー・スタンプによれば、二〇世紀初頭のアメリカでは、女性を主なターゲットとして、「映画を所有し消費できるよう、映画を見ている瞬間を閉じ込めたような、記念品やタイアップ商品を広めようとしていた」という[75]。一九二七年に、長二郎が作り上げたファン文化は、商品としての映画とスターダムが、日本ではじめてはっきりと結びついた瞬間であった。その年、内務省映画検閲係長の柳井義男は、三つの観点から映画を論じている。柳井は、映画の芸術的な側面、技術的な側面に加え、三つ目として次のように指摘する。「映画を事業として観る見方――この点については、従来の興行人根性の境を脱せず、全く等閑に附されていた。最近になつて、やつと、前述の如く映画製作経営を一つの事業として片足を事業の上に置くやうになつたが、映画を事業と考へるにはまだ〳〵距離がある。映画事業には非常の時間と資本を擁せねばならない。経済法則の事業は芸術作品とは反対の立場である。ゆえに金がなくてはいい映画は出来ない。資本の運用を簡単に集散的に効果のあるやうに使はねばならぬ。事業系統を組織だてることも考へねばならない[76]」。

林長二郎がデビューからすでに、そうした「映画事業」の産物であったことは明らかである。林長二郎のスターダムは巧みに作り上げられていた。ハリウッドの照明法と歌舞伎や新派の照明法をうまく組み合わせることで作り出された長二郎のスクリーン上のイメージは、若い女性の映画ファンに「消費」され、「所有」されるべく、宣伝された。松竹にとって、若い女性ファンは常にターゲットの中心であった。松竹は、ハリウッドがまさにそうしたように、スターのセックス・アピールを引き立てる照明法で作り上げたイメージを使って、女性ファン向けの宣伝キャンペーンを展開したのである。[77] 映画研究者のメアリー・アン・ドーンの言葉を借りれば、女性ファンは「イメージの誘惑」と同時に、「宣伝の誘惑」にも魅かれる存在とみなされていたのである。[78]

しかし、長二郎の女性ファンは、そうしたイメージや宣伝を、ただ受け身で消費していたわけではなかった。別の言葉で言えば、長二郎のスターダムは、資本主義産業が作り上げ、宣伝した商品を、積極的にあるいは対話的に消費する、新しい観客の出現も意味していた。長二郎の観客は、近代テクノロジーの産物である映画にその身を任せながら、同時に、映画の消費者としての自分をはっきりと意識もしていた。つまり、林長二郎のブームの中では、生産者と消費者という近代資本主義のいわば主従関係は維持されていたが、同時にその両者が、その関係が行為遂行的《パフォーマティヴ》なものであることをはっきりと認識していたのである。長二郎の女形としての経験が、こうした生産者と消費者のパフォーマティヴな関係や、消費者であることに意識的な観客の形成を容易にしたとも言える。一八歳頃、林長二郎は、関西歌舞伎の立役者である初代中村雁治郎の息子・林長三郎の門下で女形として修業を積んだ。[79] 歌舞伎でも新派でも、女形は本物の女性らしく見える演技が評価される。映画研究者ノエル・バーチの言葉を借りれば、歌舞伎と新派の観客の多くは、俳優の技（や衣装）を一歩引いた目でめでるとともに、物語に感動したり、登場人物に感情移入したりもする。[80] 一方、長二郎映画の観客も、長二郎の演技や衣装、化粧をめでると同時に、スクリーンに映し出される長二郎のイメージが引き起こす情動的な体験にも、身体ごとどっぷりとひたっているのである。

日本の近代的な観客《スペクテイターシップ》のあり方について加納彩子は、「〔一九一〇年代〕日本の劇場は新しい観客のあり方を生み出した。すなわち、まっすぐ前を向いてイスに座り、食べたり飲んだり隣の人と話したりすることも、俳優との社会的な関係や性的な関係を持つことも許されず、舞台に集中しつつも受け身であり続けるという観客である。舞台を照らす電気照明という新技術のおかげで、観客は暗闇に独りで座り、目の前で展開するスペクタクルに心を奪われることが可能である」と指摘している。[81] そして、そうした「暗い客席に向けてスペクタクルが照らし出され、パフォーマンスが観客に対して向けられる」という状況は、映画の登場以前から、「すでに一九一〇年代に近代化されつつあった劇場に準備されていた」と主張する。[82] ジョセフ・マーフィーも、近代の劇場における観客と俳優との間の関係についての加納の議論をさらに深め、「〔映画〕スターと観客のユニークな関係は、映画がイメージにすぎず、スターには触れることができないということがわかっているからこそ成立した」と主張する。[83] もし観客が、「永遠に手の届かないスターと、自分との隔たり」を埋めたいと思うならば、そこには「病的な様相」が現れることになるだろう、とマーフィーは述べている。[84]

映画会社が念入りにイメージを作り上げて宣伝するスターと観客との間には、複雑な関係がある。加納もマーフィーも、近代の観客が単純に受け身であるとは考えていない。二人とも、観客の「行為主体性《エイジェンシー》」つまり能動的な存在であることを強調している。観客は「創造的なやり方で支配的な文化を受け入れたり、それに抵抗したりすること」ができるのだ。[85] 私も映画の観客は単に受け身であるとは思わないし、観客には「行為主体性」があると思う。だからこそ、一九二〇年代のハリウッドで起こったルドルフ・バレンチノ崇拝のような現象は、ミリアム・ハンセンが主張するように、「上から仕組まれた、消費者優先主義のスペクタクル」を超えて、「自律的な」「映画受容の公共圏」において生み出されたのだろう。[86] つまりハンセンが述べるように、「テクストや社会が規定する観客のあり方《スペクテイターシップ》とは異なり、製作側が必ずしも期待していなかった受容のあり方を引き起こしてしまう」事態が、観客とスターとの関係には起こりうるだろう。[87]

だが、林長二郎と彼のファンとの関係は、そのような受容や抵抗、また、触れることのできない距離感といったものとも、少々違っていたのではないだろうか。それは、受動と能動、あるいは製作と受容の二項対立を超えるものだったのではないか。ハンセンはバレンチノ崇拝を「女性の従属的位置を維持しようとする父権的映画」に対する「一種の抵抗、もしくは必死の抗議」と解釈する。[88]「演劇的な表現によって、バレンチノの映画は、初期の「アトラクションの映画」に先祖返りし、演じる者がカメラを見つめ返す、何よりもエロティックな映画となっている」[89]。その「直接表現の瞬間」における「スターとファンの相互認知の儀式的行為」は、ハンセンによれば、「一人ぼっちでスクリーンをのぞき見る者としてではなく、公共体の一員として見ている者を包み込む」[90]。そのため、ハンセンは、エロティックな身体、すなわち能動的に見つめることを、受け身の窃視と区別する。そして、能動的に見つめることによって消費主義を超えた、女性の「主体性」が出現するとし、その価値を高く評価する。[91]そうした能動的な観客にとってバレンチノのまなざしと同じく、長二郎のまなざしもまた、女性の「主体性」を出現させる。[92]観客は、長二郎が物語世界内の相手を見つめるとともに、物語世界の外にいる観客をも見つめていると考えるのだ。バレンチノ同様、長二郎も「まなざしの客体と主体の両方」の存在なのだ。[93]長二郎ファンの小林藤江は、いみじくも長二郎を「東洋のバレンチノ」[94]と呼んでいた。

さらに長二郎をめぐって製作者と消費者の間には、対話的、あるいは協調的な関係があったとも言える。つまり、長二郎のファンは能動的であると同時に、受動的であることを意識的に選択し、製作者もまた、長二郎ファンのその二面性を把握していた。長二郎のスターダムを独特なものにしたのは、こうした製作者と消費者の対話的な関係だった。この協調的な関係こそが、長二郎と共に新たに出現した映画観客だったと思われるのである。

フランスの映画理論家エドガール・モランは、映画スターの特徴は、近づきやすさと近づきにくさの混合にあると主張した。モランは、映画俳優を二〇世紀における神のような存在とみなし、近づきがたい属性を持つという。同時に、映画俳優には商品としての属性もあり、これによってファンはスターに近づきやすくなると指摘する。モランは、神であり商品であるというスターの二面性が、「同じ現実の二つの面、すなわち二〇世紀の資本主義文明の段階において人間に必要なもの」である、と強調する。[95]だが、近づきにくさに、神の隠喩《メタファー》を使うのは、どうだろうか。神は、近づきにくいかもしれないが、近づきやすくもあるからだ。たしかに神のイメージは近づきにくさ、すなわち神と崇拝者の間に横たわる無限の距離を象徴する。しかし、もし神が、崇拝者に話しかけ、触れたとしたら、それはこれ以上ない近づきやすさの情動体験となる。長二郎映画の特別な照明法は、近づきにくい神のような長二郎のイメージを作り上げるのと同時に、観客にいわば触覚的な受容を促すような、長二郎の近づきやすさも強調する。一方、長二郎のファンも長二郎という商品を単に受動的に受けとっていたわけではない。彼のファンは長二郎のスター・イメージを作り上げるのに意識的に協力していたのである。長二郎ファンは、決して資本主義的な映画会社に対する抵抗者ではなく、むしろ、映画会社が作り上げる商品を能動的に受容する存在であった。

長二郎の顔を輝かす特別な照明法——ハリウッドと歌舞伎・新派のスタイルを組み合わせた照明法——は、観客のいわば触覚的な知覚を可能にした。観客がスターとの間の社会的、物理的な距離を意識していたとしても、照明のテクニックが、その隔たりを一瞬にして埋めてしまうのだ。長二郎映画のファンが新しい種類の観客だと考えられるのは、受動と能動と同時に、触覚的な知覚がそこに存在していたと思われるからである。どんな俳優にでも、そうした事態を引き起こせるものではない。それが林長二郎を、特別な存在にしていたのである。

セクシーな時代劇映画へ——新しいプロモーションと照明

時代劇の流行に直面し、関西市場で苦戦していた松竹下加茂撮影所所長の白井信太郎は、林長二郎の最初の主演映画『稚児の剣法』(犬塚稔、一九二七年)を公開前に見た瞬間、長二郎に社運を賭けることを決意する。白井は長二郎の宣伝に三万円を費やす。これが日本映画史上初の大規模なスターの売出しキャンペーンであった。[96]長二郎の写真五万枚、各方面への挨拶状五万通、手ぬぐい七万枚、そして写真アルバム二万枚を、京阪神在住の女性と京都の花柳界の置屋を中心に配り、髪結いとカフェには限定ポスターを配布した。長二郎の顔は、映画でデビューする前から広く知れわたることになったのである。二作目、三作目の主演映画の封切前には、白井は、法被《はっぴ》三千枚、日傘三千本、扇子一万枚、団扇《うちわ》一万枚を用意し、「最も効果的に各方面へ」配布した。[97]例えば名古屋では、「町娘に取り入らんとし」、長二郎の釣り屏風を市内にたくさんあった女湯に送りつけた。[98] また、長二郎の映画が次々と公開され、「女学生仲間の非常なる興味を呼び起こした」のに合わせ、手帳一〇万冊をこしらえ、京阪神のすべての女学校から生徒名簿を手に入れて、その手帳を配布した。さらに白井は、全国紙を発行する新聞社に、金や贈答品、初代中村雁治郎や中村長三郎（長二郎の師匠）など著名な歌舞伎役者の推薦状を送って紙面を買収し、長二郎を売り出したのである。[99]

日本映画史上初のファンクラブである花菱会も結成された。それ以前にも人気俳優の後援会はあったが、長二郎のファンクラブは、はっきりと女性観客をターゲットとして、「民衆の後援を動員すべく〔中略〕、完全に上から操作され、計画されている」点でそれらとは違っていた。[100] ファンクラブの設立と同じ一九二七年一一月には、ファン雑誌『下加茂』も創刊された。『下加茂』の編集長で、花菱会会長の久保田たつをは、『下加茂』の発行は、長二郎が下加茂撮影所に入社する前からすでに決まっていたと言う。[101] だが、雑誌の頁がほとんど長二郎とその主演映画に割かれていることから、多くの人は『下加茂』を長二郎の宣伝誌とみなしていた。『下加茂』が、浅草のマルベル堂本店（花菱会本部はここに置かれていた）で、長二郎写真帖、長二郎ハンカチ、長二郎石鹸、長二郎キャラメルなどの長二郎グッズとともに販売されていたことは特筆に値する。[102]

白井による長二郎の売出しキャンペーンは、彼が下加茂撮影所の所長に就任する前にハリウッドを訪ね、そこで学んだビジネスのノウハウをベースにしていた。[103] 同時代の批評家たちは、白井のビジネス戦略を理解していた。一九三七年に批評家の水町青磁は、長二郎と彼がデビューから一〇年の間に出演した一二〇本の映画には、松竹の「営業的な」商標」が貼られていると指摘する。そして、松竹の「営業者」は「美男長二郎」を、「年少婦女子の御機嫌をうかがふことに〔中略〕利用しつゞけ、その為めにのみ彼は彼なみの努力をつゞけた丈である」[104] と論じた。同様に批評家の山法師は、より否定的な口調で、長二郎を「無教養」と呼び、「長二郎の半生は、所謂スターなるものの商品化された惨めさを、あまりにも典型的に示しているので、興味が知らず識らずのうちに彼を踊らしている現在の映画機構の方に移行してしまふ[105]」と一九三八年に述べている。批評家F・K・Rも、映画スターは「映画会社が一夜漬で製造したロボット[106]」と呼び、長二郎をその典型例とみなした。

しかし、なぜ時代劇映画を完全にあきらめていた松竹で、林長二郎は時代劇スターとなり、「松竹の商標」になれたのだろうか。城戸四郎は、長二郎主演映画は、「阪妻とはサークルが違」う[107]、「甘い時代劇映画」であると述べている。蒲田撮影所所長にとって長二郎は、それまでの時代劇スターとは明らかに違う存在だったのである。こうした見方をしていたのは、城戸だけではない。同時代の批評家も、長二郎を他社の時代劇スターではなく、松竹蒲田の女性スターと並べ称した。一九三一年、鈴木保は、長二郎を「シネマニホンの風雲寵児[108]」と呼び、一九二九年発行の『映画スター全集』に掲載された長二郎の記事の題名も「日本的寵児」であった[109]（松竹初の女性スター栗島すみ子はよく「わが国の恋人」と呼ばれた）。また、キムラ・フジオは、「ポイント〔長二郎〕の魅力は、女性的なものにあるのだ。〔中略〕まじり気の微塵もない、日本女性の象徴を感ずる。この純粋なエキスは、ポイントを置いて、今、日本映画の時代劇俳優に、例へば千恵蔵、大河内、阪妻などに感ぜられるだろうか。その女性的な美のエスプリが、根源となつて、〔中略〕〔彼を〕一層魅力あるものたらしめているに違ひないのだ。〔中略〕この、全身を引ちぎるやうな、日本女性特有の悲哀と美の感情[110]」と記している。時代劇スター大河内伝次郎も、彼を含む時代劇スターと長二郎の違いを認め、「〔長二郎映画を見た時は、〕噂さこそ兼々聞いていましたが、実際にお眼にかゝる前のことで、成程、綺麗な長二郎さんが、その綺麗な顔やポーズで見物をやんやと云はせているのが、聞きしに勝るほど——といたく感心したものでした。……私などとは全然畑の異つている長二郎さんは、それ自身の性格の向くところに、比上もなくまつしぐらに進まれんことを祈つて筆を置きます[111]」と述べた。これに応えて長二郎も、自分は大河内や阪東のような「アクション的な演技」は得意ではないと告白している[112]。長二郎主演映画『女夫星』（衣笠貞之助、一九二七年）について、批評家・筈見恒夫は、「事実この映画で「刀」は重要な役割を勤めていない。殺し場の半巻ばかりを除いて刀は出現しない。そして長二郎は短刀のつかは握つても刀を手にしなかつた。他の時代劇俳優諸氏から全篇「刀剣」を奪つたら何が出来るだろう。恐らく手足をもがれた以上の醜体を演じて見せるに違ひない。殺陣の型良い役者が幾人か知つている。だが、殺陣以外に魅力を持つた旧劇役者は極く少数の人を除く他は知らない僕である。そうだ。刀を捨てる、人を切らない、と云ふことは彼等にとつては死線なのである。其の死線を乗越へた向ふで林長二郎は成功した」(113)と記した。

刀ではなく、甘さや弱々しさを核にしたスター・イメージを形づくるため、長二郎には他のスターとは異なる照明法が使われた。『日本映画』一九二九年六月号には、「剣の魅惑」というタイトルで、時代劇スター六人の写真が掲載されている（図2-7）。その中でクロースアップの写真が使われているのは長二郎だけである。他の写真はみなロング・ショットで、大河内や阪東らが刀を構えた姿をとらえている。しかも彼らの刀は、強いスポットライトを浴びて白く閃き、スターの顔や体と同様に重要な役割を果たしている。対照的に、長二郎の写真では、刀が彼の背後に隠れ、明らかにフォーカスが合っていない。それに対して長二郎の顔と瞳（その瞳は光を反射しキラキラと輝いている）は、明るいハイ・キー・ライティングで強調されている(114)。

図 2-7　クロースアップは林長二郎だけである

『破れ編笠』（犬塚稔、一九二七年）の宣伝用スチール写真も同じく明るいハイ・キー・ライティングで撮影されている（図2-8）。その写真では、傷ついた長二郎が女性（千早晶子）に後ろから抱きかかえられている。傷が痛むのか、長二郎は目を細め、血が左頬から流れている。女性はまるで母のように見え、長二郎は弱々しく見

図 2-8　女性に抱きかかえられた弱々しい林長二郎。『破れ編笠』（1927 年）

える。乱闘の後であることは長二郎の衣装からわかるものの、彼の刀はどこにも見当たらない。(115) 長二郎のこの弱々しいイメージは、女性ファンの夢を具現したものであった。例えば、女性ファンが自分の見た夢を綴った手紙には、長二郎が彼女に助けを求める瀕死の侍として登場する。

　その武士はくるしさうに水を呉れと云つてるらしく耳に聞こえました。――とその武士は…ガバーと赤黒い血を吐いて、前へバッタリ倒れて了ひました。ハット、したとたん…皆様！　妾は何と愚かな者でございませう。今まで書いて来たことは全部妾の夢なのでございますワ。(116)

他方、映画批評家の岡村章は、長二郎の主演映画『お坊吉三』（冬島泰三、一九二九年）について「撮影は明るく快い」(117)と記している。同じく、批評家・村上久雄も、「明るさ、軽さ、濁無さ、が静かに渦を巻く時、それは若々しい林長二郎のプロフィルとなる。観る人の心を浮き立ゝせる、透き通つたプロフィルの輪廓は、漸て大写となつて、それらの総ての源である、彼の両つの眼となる。長二郎の印象は、彼が泣かうと、笑はうと、怒ろうと、常に陰翳なく明朗なるその眼にあると言へやう」(118)と指摘する。このように、長二郎の時代劇は、俳優の顔の見やすさを強調する、明るく楽しい蒲田調の製作方針の延長線上にある、「松竹の商標」のようにも見える。

　だが、長二郎のスター・イメージは、決して蒲田調をただなぞっただけではなかった。ハリウッドと歌舞伎のスタイルを組み合わせた特別な照明法が、彼の色気を強調し、さらに共感しやすいイメージを形成するのに、重要な役割を果たしたのである。長二郎自身も、自分のスター・イメージが、歌舞伎の様式への後退ではないことを強調した。長二郎は、一九二九年二月に掲載されたエッセイ「私の歌舞伎映画」において「私が今迄も作り、これからも尚益々作らうとする云ふ所の歌舞伎映画は決して歌舞伎映画そのものではないのです、只適当な言葉がないので仮に歌舞伎映画と呼んでいますが、歌舞伎映画と云ふよりもその心は、歌舞伎的演出を映画的好さにコンデンスし、この両者の良きものの混合の上に組立てられる新しい一つの芸術存在なのです。云ひ代へれば歌舞伎劇を単にフィルム化したものではない事になります」と述べている。[119]

長二郎がファン雑誌に、一番好きな監督としてエルンスト・ルビッチの名をたびたびあげているのは興味深い。『下加茂』に掲載された記事によれば、長二郎の一九三〇年元旦の初夢は、『第七天国』（フランク・ボーゼージ、一九二七年）ならぬ『第八天国』で、ルビッチ監督、そして女優のジャネット・ゲイナーと仕事をするというものだった。夢の中で長二郎は、クロースアップで、ゲイナーにキスしようとした瞬間、助監督の衣笠貞之助（現実世界では長二郎主演映画の多くを監督している）が照明をひっくり返してしまい、そこで目が覚めたという。[120] また、一九三七年のインタビューでも、もし海外から監督を呼んで映画を作れるとしたら誰を呼ぶかと尋ねられ、「先づ、エルンスト・ルビッチですね、ルビッチつてのは、全然、昔からゴヒイキ監督なンですよ、かう、何と云ふのか、たゞもう、巧いですね[121]」と答えている。

長二郎が映画デビューを果たす頃までにルビッチは、ハリウッドで確固たる地位を築いていた。[122] 映画史家のクリスティン・トンプソンによれば、「正確で、光り輝く、スリーポイント・ライティング」はルビッチのトレードマークの一つであった。ルビッチは俳優を「照明で浮き立たせるのが誰よりもうまい」が、それはスリーポイント・ライティングの典型的な使い方だとトンプソンは主張する。[123] 映画研究者トーベン・グロダルは、スリーポイント・ライティングこそ、「セクシーな照明法の典型」だという。[124] スリーポイント・ライティングは、俳優にキー・ライトと同時にフィル・ライトを当てて濃い影を薄め、魅惑的な立体的イメージを生み出す。そして後方のセットの上に設置されたバックライトが、俳優の髪を明るく輝かせ、体の輪郭を縁どる。[125] このスリーポイント・ライティングは、当初性差《ジェンダー》を極立たせるテクニックでもあった。一九三二年六月の『アメリカン・シネマトグラファー』の記事によれば、「女性を撮影するときは、美しく撮影しなければならない。照明は、女性らしさを表現するために明るいハイ・キーを使う。光と影のコントラストは使用しない。逆に、男性を照らすときは、起伏の激しいコントラストで、力強さを表現する必要がある。男性を照らすときには、女性の時より、ずっと明暗のコントラストを大きくする。乱暴にならない程度に、強いコントラストを作るべきなのである」[126]。ただし、パトリック・キーティングによれば、ハリウッドの映画カメラマンは徐々に影のないイメージがより洗練されたものであると考えるようになり、映画会社はジェンダーにかかわらず、主要俳優のすべてにそのセクシーな照明法を採用するようになったという。[127]

ハリウッドが理想としたこのセクシーな照明法は、松竹ではヘンリー小谷が女性スターのために時折使っていたにすぎなかったが、それが長二郎のスター・イメージを形成するために日本映画史上はじめて本格的に活用されることになる。長二郎の顔のクロースアップは多くの場合、ソフト・フォーカスのスリーポイント・ライティングで照らされた。例えば、『お夏清十郎』（犬塚稔、一九三六年）は、長二郎の「ファンに喜ばれるやうに」、「徹頭徹尾さう云う風に仕上げられている」[128]。その映画のスチール写真では、夜道でヒロイン（田中絹代）を見つめる長二郎がとらえられている（図2-9）。長二郎は目を細め、カメラに顔の左側を向けて立つ。その映画の製作現場を映した写真も現存しており、それによると、その場面には白熱電球が使われていたことがわかる。強いサイドライトのせいで長二郎の顔左半分には薄い影がかかっているが、その影は正面右からのフィル・ライトが弱め、トップ・ライトが頭の輪郭を美しく輝かせている（図2-10）[129]。この映画の製作開始前に行われたインタビューで、カメラマンの伊藤武夫は、長二郎の映画にはソフト・フォーカスを用いるとはっきり述べている。「今度は林さんの十周年紀念でもあるので精一杯よいものを仕上げて見せるつもりで大いに凝つています。例へば全部の調子をやわらかい調子で出すことにしている」[130]。

白熱電球は、均質に照らすことのできる照明で、スリーポイント・ライティングの柔らかな風合いを作るには必要不可欠な照明であった。一方、一九二〇年代の映画製作に圧倒的に多かったカーボン・アーク灯は、限られた領域を集中的に照らすのに適した照明だったが、発する音が大きいだけでなく、一五〜三〇秒しか持続しなかった[131]。カーボン・アーク灯は時代劇映画、とりわけ刀の閃きが必要とされる場面には向いていた。松竹下加茂撮影所は白熱電球を導入することに積極的であったが、これは長二郎のスター・イメージを作り上げるのに必要との認識が

図 2-9　夜道で田中絹代を見つめる林長二郎。『お夏清十郎』(1936 年)

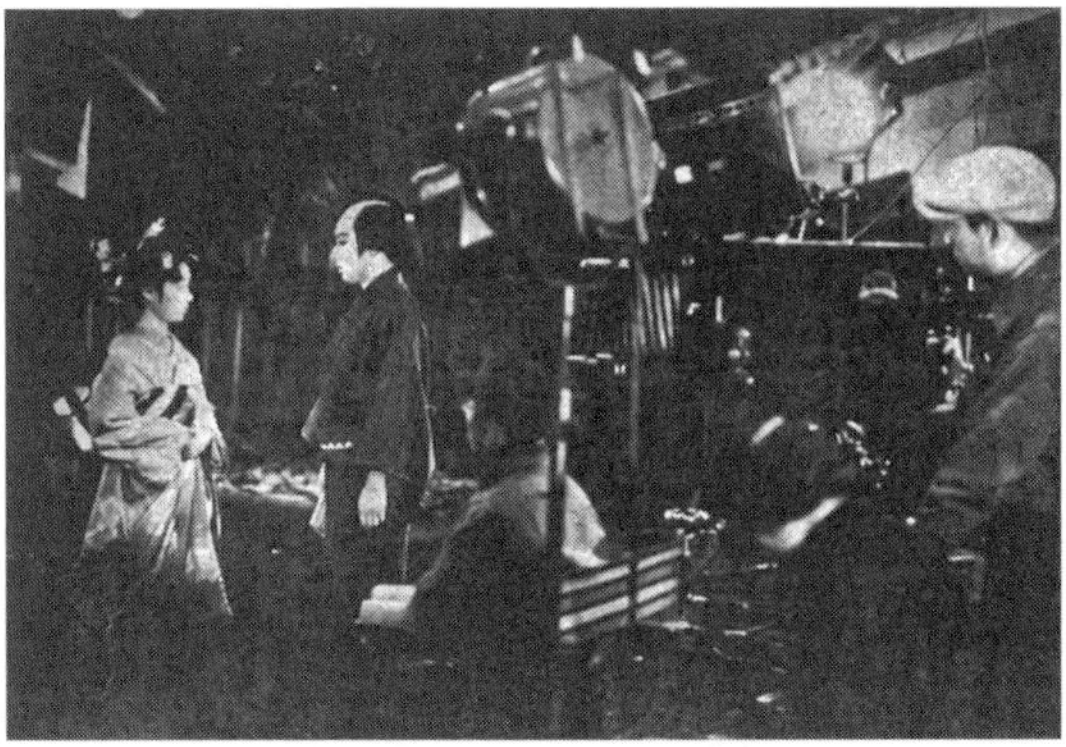

図 2-10　林長二郎と田中絹代に白熱電球の柔らかい光が当たっている。『お夏清十郎』(1936 年) の製作現場

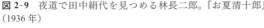

あったからかもしれない。一九三一年三月の『キネマ旬報』によれば、時代劇映画を専門に製作していた京都の日活太秦撮影所は、「カーボンライト」一九八台と電球七二個を所有していたが、松竹は、「カーボン及電球ライト」八〇台、「特殊ライト」二〇台を所有していたという。[132]同じ雑誌の一九三三年四月の記事によれば、日活太秦撮影所はカーボン灯一九八台、電球二二〇個とあり、一九三一年の記事と比べて、電球は一四八個増えたが、カーボン灯の数に変化はない。松竹は誇らしげに、「五キロワット電球スポット一台、三キロワット電球スポット特種四台、二キロワット電球スポット特種四台、六キロワットサンライト六台、六キロワットアークスポット二五台、二キロワットトップライト三五台、一キロワットサイドライト五〇台、二キロワットサイドライト三五台、三キロワットトップ特種五台、一キロワット電球スポット七台、一キロワットサスペエーション一七台、五〇〇Wヘクトリア六台」の計一九五台の照明器具を所有し、うちアークライトのタイプは二五台であると報告している。[133]

日本でアーク灯（石炭アーク灯と水銀アーク灯）の代わりに電球が使われ始めるのは、それまでのオルソクロマティック・フィルムより感度が良く、知覚可能な範囲のすべての色を再現できるパンクロマティック・フィルムが紹介される一九三〇年代であった。[134]一九二九年の段階で、マツダ製の一キロワット白熱電球を使い、『新女性鑑』（五所平之助、一九二九年）などの映画を製作したのは松竹蒲田だけであった。[135]『新女性鑑』の映画カメラマンはハリウッド視察旅行から戻ったばかりの三浦光男で、彼はハリウッドの撮影所がマツダなどの電球照明を「自由」に使っているのに驚き、自分もそういう照明で撮影がしたいと感じたという。[136]一九三〇年、東京マツダ照明学校に三キロワットのサンスポットライトが輸入され、三一年からマツダ日本支社が国内生産を始めるが、そのときその電球を映画製作にはじめて用いたのも松竹蒲田であった。[137]元蒲田撮影所照明機材係の渡木茂一は、栗島すみ子主演の『街のルンペン』（池田義信、一九三一年）に三キロワットのサンスポットライトを使った、と回想している。[138]また、『蒲田』の一九三一年九月号には、蒲田撮影所で「大凡一年程以前」から使い始めたサンスポットライトが「照明用具とするのは、絶品のものであつた」ので、「アークライトも、一と度電燈が現はれると、影をひそめて仕舞つた」[139]とある。しかし、音を立てるアーク灯に代わって蒲田で白熱電球が必要不可欠とされるのは、日本初の本格的トーキー『マダムと女房』（五所平之助、一九三一年）が製作されてからである。[140]渡木によれば、「質の良い」白熱電球は、「非常に高価」であり、そう簡単に取り換えられなかったという。[141]蒲田の経営陣は、白熱電球にしなければならないトーキー映画の製作が始まるまで、多額の設備投資を必要とする照明機材の一新を躊躇していたのかもしれない。[142]

そうしたなか、松竹下加茂は、すべての撮影所、ほかならぬ蒲田にさえ先んじて電球への移行を果たす。それは明らかに長二郎のためであった。

松竹下加茂が白熱電球に移行したのは、ハリウッドの技術変化に倣うものではあった。一九二八年、アメリカ映画技術者協会は、パンクロマティック・フィルムと大量の電球を使う実験を行った（「一九二八年のマツダ実験」）。その結果、パンクロマティック・フィルムと電球が映画業界のスタンダードになる。[143]一九三〇年、ルビッチの映画『ラヴ・パレイド』や『モンテ・カルロ』の映画カメラマンであったヴィクター・ミルナーは、パンクロマティック・フィルムは新しい撮影スタイルの発展に重要な役割を果たすだろうと述べた。「写真の本当の美しさを最も大きく向上させたのがパンクロマティック乳剤の登場であったことは誰も否定できない。撮影法と照明法のスタイルに大きな変化は起こらなかったものの、感度の高い感光乳剤は被写体から反射する光を安全にとらえることができ、間違いなく、より良い結果を生んだ」[144]。また、長二郎のメイキャップもハリウッドに倣ったものであった。ハリウッドで早川雪洲やヘンリー小谷らと一緒に仕事をしたことのある関操に、メイキャップを学んだと長二郎は回想する。[145]日本の映画製作者たちが、「ハリウッド映画の構造とスタイルの慣例」から「多くを借用した」とするデイヴィッド・ボードウェルの指摘は正しいと言える。[146]ハリウッドに倣うという松竹創立時の目標は、このように、長二郎を売り出そうした下加茂撮影所に引き継がれたかのように見える。下加茂は、松竹映画の主力である蒲田撮影所から遠く離れ、しかも松竹が見捨てた時代劇映画を作る場所だったがゆえに、そのような技術的な実験を行うことができたのかもしれない。あるいは長二郎が下加茂のスターとして成功している限り、見やすさより表現の豊かさを優先したとしても、本社から問題にされなかったのかもしれない。城戸をはじめとする松竹の経営陣は、会社の営利主義に背かなければ、美学的な実験も許容していたからである。

しかし、繰り返すが、ハリウッド映画のスタイルは、長二郎のスター・イメージを作り上げるのに、そのまま適用されたわけではない。長二郎のために使われた照明法は、ハリウッドのスタイルに、歌舞伎や新派の慣習を独特なやり方で組み込んだものであった。ボードウェルは「一九二八年までには、『風雲城史』のように、ハリウッドの照明法や演出法、カメラワーク、編集のやり方を取り入れた映画があらわれた」と主張するが[147]、それは単にハリウッドの模倣ではなかった。

『風雲城史』（山崎藤江、一九二八年、三五ミリプリント、国立映画アーカイブ所蔵）は、『キネマ旬報』で鈴木重三郎に「良くも悪くもない」と評価された典型的な長二郎主演映画である[148]。まずこの映画は、長二郎のセクシーな魅力を強調するため、ハリウッドの照明法を効果的に用いている。長旅を終えた主人公の長二郎が馬に乗って故郷に帰るオープニング。ミディアム・クロースアップで長二郎は、故郷の城や城下町、それを囲む田園や山をキラキラ輝く瞳で見つめる。長二郎の視線は、ゆっくりと右から左へ移り、最初のセリフ「なんという明るい太陽の光だ！」が字幕で挿入される。続くミディアム・クロースアップで、長二郎の瞳は、その明るい太陽の光を反射し、一層輝きを増す。この後、長二郎が過去を思い出すフラッシュバックが挿入される。光沢のあるソフト・フォーカスで、長二郎が許嫁と仲睦まじく話す姿が、アイリス・ショット、ショット／リバース・ショット、ミディアム・クロースアップで映し出される。旅に出ようとする長二郎に、許嫁が「お待ちしています」と伝える場面で、フラッシュバックが終わり、侍たちが長二郎に近づいてくる。侍たちはこの若武者を出迎えようと、城からやってきたのである。その侍の中には長二郎の兄もいる。この長二郎と兄のショット／リバース・ショットの照明は注目に値する。兄のミディアム・クロースアップが平板なハイ・キー・ライティングであるのに対し、リバース・ショットの長二郎は、背後から美しく照らし出されており、その髪の輪郭が神々しく輝いている。長二郎の顔に影はなく、瞳は光を反射して輝く。太陽は長二郎の背後にあるので、この光は明らかに太陽の光ではない。このような魅惑的な照明法は、他の侍たちのショットには——長二郎の兄のショットでさえ——使われていない。

このように『風雲城史』では、ハリウッド流の照明が長二郎の美しい魅力を際立たせている。パトリック・キーティングは、「セクシーさをもっとも重視する映画スターの出現」が、ハリウッドの撮影法と照明法の「さらなる均質化」を促したと主張する。[149] だが、長二郎の場合、その異常なほどの人気ゆえにセクシーさが重要視されたものの、それが日本の映画製作における撮影法および照明法の均質化にはまったくつながっていない。むしろ、セクシーさを高めるその撮影法と照明法により、長二郎は日本映画史上の例外的な存在となった。

さらに重要なのは、ハリウッド流のスリーポイント・ライティングに、他の特殊なテクニックが組み合わされ、長二郎の色気が強調されているということである。その特殊なテクニックとは、歌舞伎に端を発する動く照明、持続時間の長いショット、歌舞伎や新派の舞台風演技などである。そうしたテクニックは、同じ時期の他の映画には存在しない。それは、長二郎のスター・イメージを作るための独特なものなのである。映画カメラマン森田富士郎によれば、「そんな馬鹿な事と思われるが」、キー・ライトとフィル・ライトの比率を一定に保つために、天井のライトの足場や梁《はり》からロープをおろしてキー・ライトを吊り、長二郎が顔の向きを変えるたびに、地上にいる照明助手がそれを常に移動操作できる仕掛けにしていたという。長二郎の顔のクロースアップは、映画の筋に必要である以上に、長く続くことが多い。長二郎の顔に長時間にわたって当てるべく念入りに準備された、この特別な照明のテクニックは「お延ばし」と呼ばれていた。[150]「お延ばし」は、長二郎の顔だけをスクリーンいっぱいにクロースアップで映し出し、時間を引き延ばして、まるで静止したような瞬間を生み出す。まるで長二郎の、うっとりさせる美しさのために、すべてのアクションが止まるかのようである。歌舞伎の見せ場にも、役者の顔に観客が注視できるように、時間が止まる瞬間がある。例えば、歌舞伎の主人公は、荒事が始まる前に見得を切る。見得とは、

「劇的場面において大げさに止まる」[151]ことであり、演技をいったん止め、目を大きく見開き、正面を睨みつける。役者は頭をぐるりと回し、目を大きく見開いて、眉を持ち上げ、荒々しく睨みをきかす。役者の高ぶった感情が誇張した身振りで表現され、その力で、アクションのすべてが止まる瞬間が生まれる。この意味では「お延ばし」の静止する瞬間は、長二郎映画独特の「動く照明」の助けに負うところが大きいとはいえ、歌舞伎の伝統から生まれたとも言えよう。

このように、松竹経営陣トップの白井信太郎が長二郎のイメージ戦略・プロモーションを綿密に計画し実行する一方、長二郎主演映画の多くを監督した衣笠貞之助らの映画製作者たちは、長二郎のセクシーなイメージを照明などで巧妙に作り上げていった。「三流」の新派舞台や日活向島の新派映画で女形として修業をした衣笠は、長二郎の顔を美しく見せるための「動く照明」と「お延ばし」のテクニックに加えて、女形特有の顔の演技である「流し目」を長二郎に伝授したと言う[152]。特に衣笠は、「流し目」をするときは画面の左を見るよう長二郎に指導をした。衣笠や長二郎と共に仕事をしてきた映画カメラマンの杉山公平によれば、長二郎のクロースアップは、必ず顔が左側、すなわち劇場の左側を向くようにしなければならなかったという。昭和初期の劇場では通常、左側に女性客が座っていたからだという[153]。警察庁の活動写真興行取締規則の規定により、一九三一年まで一般の映画館では、既婚者以外は、女性客と男性客の座席が区別されていたのである[154]。新しいハリウッドと古い歌舞伎のテクニックの稀有な組み合わせ――スリーポイント・ライティング、「動く照明」、「お延ばし」、「流し目」――が、長二郎のまなざしを、時代劇映画の刀の閃きのスペクタクルに比肩するほどの魅惑的なアトラクションに変えたのである。

衣笠の監督作品ではないが、長二郎がアメリカの戦争映画を思わせると述べた『薩南総動員』(冬島泰三、一九三〇年)にも、そうした巧妙な照明、「お延ばし」、「流し目」が使われている[155]。衣笠を尊敬する冬島は、『薩南総動員』は「盲目的にスターシステムに扁した」映画ではなく、「集団的な生活を描き、そこに映画的なあらゆるセンスをもつた新しい映画[156]」であると断言している。また、長二郎自身も「いつもの私はどちらかと云へば時代劇としての型の美しさを失はずに美しい線を意識した演出をいたして居りますが、好美の演出にはリアリスチックにやつてくれといふ監督さんの注文もあり、自分も一度そうした芝居をしてみたいと思つていましたので思ひ切つて今迄とは演出を変へてみたのです」[157]と述べている。とはいえ、玩具映画――通常、映画の中で記憶すべき最も重要なシーンが使われている――に残されたわずかなシーンを見ると、そこにはやはり長二郎主演映画の典型的なスタイルが見受けられる。場面は牢屋である。非常に暗いロー・キー・ライティングで、好美（長二郎）が幕府の刺客を抹殺しようとしている。牢屋の格子越しにつかみ合う二人の男がロング・ショットでとらえられる。照明は二方向から当たり、光と影の強いコントラストを生み出す。光は好美の正面左と右後方から当たり、好美の右の顔は黒い影にほぼ覆われている。そこで「何故刺した？」と字幕が入る。好美の刀は画面に映らない。時代劇映画特有の刀の閃きはどこにもない。代わりに、好美の顔のクロースアップに画面が切り替わると、そこで照明は一転し、完璧なスリーポイント・ライティングになる。好美の顔にはもはや影ひとつない。フィル・ライトが影を消し去ったのである。さらに右後方から当てられた光が、バックライトの役割を果たし、黒絹の頰被りで包まれた好美の頭の輪郭を美しく輝かす（図2-11）。長く持続するクロースアップ・ショット（お延ばし）でとらえられた好美は、目を細め、ゆっくりと刺客のいる画面の左側に目をやる（流し目）。真っ暗な劇場に座っている女性客はハッと息を飲んだはずだ。

図 2-11　典型的な流し目の例。好美（林長二郎）が目を細め，ゆっくりと左を睨む。『薩南総動員』（1930 年）

　下加茂撮影所がオープンして以来の大ヒットとなった三部作『雪

之丞変化』（衣笠貞之助、一九三五〜三六年）の立回りシーンは、このお延ばしと流し目の見事な例である。長二郎の色気を最大限にひきたたせる特別に仕立てられた照明に加えて、編集は、長二郎の肉体的な弱さを強調する。映画批評家・佐藤忠男は、『雪之丞変化』などにおける長二郎の立回りについて、「林長二郎＝長谷川一夫の立廻りの高揚したリズムをつくり出すのは、踊りのように優美な体の動きを示すロング・ショットの合間合間に適切に挿入された表情のクローズ・アップの緊迫感である」[158]と述べ、次のように主張する。「歌舞伎の女形出身で、日本舞踊で鍛えた見事な足さばきを持つ長谷川一夫〔林長二郎の本名〕は、素早い立廻りで絶えず不安定に崩れそうになる体を、その足さばきの鮮やかさで瞬間瞬間に優美なポーズに変えてその美しさに酔わせるという特技を身につけていた。〔中略〕強さよりもむしろ、崩れようとして崩れない、その危うさを流れるような美しいポーズに変える、危うさの美しさだったのではなかろうか[159]」。

長二郎のスクリーン・イメージは、尾上松之助の歌舞伎スタイルの再来と言えるかもしれない。二人とも、立回りの最中に何度も瞬間的に静止する。だが、松之助の立回りの特徴が、ロング・ショット、ロング・テイク、平板なライティング（そして、松之助が突然、大きなカエルなどに変身するトリック編集）であったのに対し、長二郎の特徴は、クロースアップ、スリーポイント・ライティング、お延ばし、流し目である。

例えば、夜の松林で雪之丞が雇われ浪人と争う場面。いくつかのショットのあと、雪之丞のクロースアップが使われる。雪之丞は、体を右に向けたまま、頭だけ左に向けて、目を少し細めながら、ほぼカメラを直視する。そして艶っぽい口調で、敵の一味の頭、門倉に話しかける（映画はトーキーである）。ショットは暗いロー・キー・ライティングだが、左からの強いキー・ライトが、雪之丞の顔の右側に陰影を作り、トップ・ライトが雪之丞の女髪の輪郭を輝かせる。やや強いコントラストのスリーポイント・ライティングが、雪之丞のうっとりする美しさと色気を強調する。このショットの持続時間は、その前のショットよりやや長い（お延ばし）。

続く、門倉の手下が雪之丞に襲いかかる場面も、先のシーンとほぼ同じやり方で編集されている。そのパターン化された編集とは、まずロング・ショットで雪之丞と暴漢のいる空間の全体を見せる。スポットライトを浴びて立つ雪之丞は、周りの男たちより白く見える。そのエスタブリッシング・ショットのあと、刀を振り上げた暴漢の短いクロースアップ・ショットが三回続く。そして最初のロング・ショットが再び映し出されて、雪之丞が羽織を脱ぐ。さらに暴漢の短いミディアム・クロースアップ・ショットが二回続き、着物姿の雪之丞の腰と裾、そして長い振袖が、ミディアム・ロング・ショットでとらえられる。カメラは右に移動する雪之丞をパンでとらえ、雪之丞は、まるで暴漢の攻撃をかわすかのように、着物の袖を振る。雪之丞は弱々しく、よろめく。だが、カメラがすばやく右にパンすると、倒れるのは、雪之丞ではなく、彼を襲った暴漢である。そして暴漢のクロースアップが続き、踊るような所作の雪之丞がロング・ショットで映し出される。雪之丞が腰をひねるたびに、暴漢は一人、また一人と崩れ落ちる。カメラが右にすばやくパンし、崩れ落ちる男をとらえる。雪之丞は決して刀を使わない。刀の代わりに雪之丞の顔がクロースアップで映し出される。雪之丞は少々息を荒げながら、ちらりと左に目をやる。ここも照明法は前のシーンの彼のクロースアップと同じである。雪之丞の顔の右側には柔らかい陰影があり、女髪の輪郭は輝いている。乱闘中のショットと比べ、明らかに持続時間が長い。このクロースアップで雪之丞は再び左をちらりとまなざし、目を細め（流し目）、ついに門倉に挑む（図2-12）[160]。ある長二郎ファンは、このシーンについて、「松林で懐剣をにぎつてきつとする〔中略〕あの前後も、凄蒼な殺気な漲つてゝ好かつたわ[161]」と述べている。

図 2-12　雪之丞（林長二郎）は左を向き，目を細める（流し目）。『雪之丞変化』（1935～36 年）

図 2-13 火事場の炎の揺らめきが雪之丞の目の輝きを強調し，彼の頭の輪郭を輝かす。『雪之丞変化』（1935〜36 年）

長二郎主演映画のクライマックスによく登場する火事の場面は、長二郎の流し目を強調する手助けをしている。例えば『怪盗沙弥麿』（小石栄一、一九二八年）や『人非人』（友成用三、一九二八年）、『野狐三次』（小石栄一、一九三〇年、三五ミリプリント、神戸映画資料館所蔵）、『雪之丞変化』などに出てくる夜の火事場シーンで、長二郎の瞳は一層強く輝く。[162] 人工照明の装置が不足していた時代は特に、火事の炎は、スリーポイント・ライティングを達成するうえで、理想的な光源となったように。時代考証の点から言っても、火事の炎は、電気照明の存在しない前近代を描く時代劇映画において、リアリズムを壊すことなく、十分な光源を提供することができるものであった。長二郎ファンの幸子は、「終りの方の火事場！ 素的だつた。真にせまつた。と云つてもいゝだろう。今にも身体まで焼けさうなあり様を見て、手に汗を握るほど気が熱してしまつた」[163]。

『雪之丞変化』にも、夜に火の手が上がる家の横で、雪之丞が立ちつくすミディアム・クロースアップ・ショットがある。雪之丞は、画面左を向いて、目を細めながら、かつて雪之丞の両親をあざむいた商人の家を焼き尽くす炎を見つめている。揺らめく炎の光が、サイドライトおよびバックライトの代わりとなり、雪之丞の瞳の煌めきと頭の輪郭の輝きを強調する。その光の中で雪之丞は、我を忘れ、復讐を遂げた喜びと悲しみの両方に浸る。雪之丞の頭を覆う白い布は、炎の発する光を反射し、雪之丞の顔の白さを強調する。同時に、光を浴びたその白い布が画面上に真っ白な空間を作り出し、雪之丞を背景からくっきりと浮かび上がらせているように見える。（図 2-13）。まるで雪之丞が画面から立体的に浮かび上がっているかのようである。このシーンの撮影について長二郎は、顔に当たる照明が強すぎて大変苦痛だったと打ち明けている。「此間の雪之丞を撮る時にも傍で火がどん〳〵燃えて居るのにキャメラの関係でこの位置より動かないで呉れと云ふ、然もそれをアップで撮るんでせう、とても熱くて〳〵仕方がない、けれどもこの位置より動くなといふのでヂッと我慢して居りました(164)」。

対話とフォトジェニー――林長二郎のスター・イメージと新しい映画観客

白井信太郎による宣伝キャンペーンがいかにうまく構成され、長二郎のためだけに開発された照明テクニックがいかに斬新だったとしても、それだけで長二郎が日本映画史上他に類を見ないスターになれたわけではない。長二郎以外にもハリウッド流に宣伝されたスターはいたし、革新的な照明が用いられたスターもたくさんいた。それにもかかわらず長二郎のスターダムが特別なのは、彼のファンの存在である。

長二郎のスター・イメージの受容はいわば交渉《ネゴシエーション》の場である。そこには少なくとも三つの要素が絡んでいる。まず、スター・イメージの形成への能動的な参加、商品化されたスター・イメージの意識的受容とでも呼べるもの、そして映画研究者ヴィヴィアン・ソブチャックの言う「映画経験の動物的《カーナル》感覚性《センシュアリティ》」、すなわち、「古典的」な物語の展開を理解していくというよりもむしろ、映画を情動的に、物質的に知覚する感じ方である(165)。長二郎のファンは、スターの商品化されたイメージを、自覚的に受けとることで、スターと自分たちの間の距離を維持するが、その一方で、その距離を消し去ることができる。まず、スター・イメージを作り出す企業の戦略に自分たちも加担することによって。さらに、映画というメディアの触覚性《タクティリティ》を経験することによってである。長二郎のスターダムを特殊なものにしたのは、まさにこうした「交渉」であった。

特殊な照明のテクニックで実現した流し目とお延ばしによって、長二郎の身体、顔、とりわけその瞳は、女性の観客に、見られる対象となった。例えば批評家の蓮見千代夫が、ハイ・アングルのロング・ショットでとらえた「思ひ切つた構図」と指摘した『雪之丞変化』の剣劇シーンを見てみよう。[166] 女泥棒のお初（伏見直江）は、画面の奥にしゃがみこみ、目前で暴漢と争う雪之丞の見事な技に見惚れ、自分の身の危険さえ、すっかり忘れてしまう。蓮見は、この構図は「ロケーションでは絶対にとれぬもので」、衣笠がこのシーンをスタジオ内のセットで撮影したのは、「充分意儀」のある選択だったと述べている。このシーンは、お初に劇場で映画を見ている女性観客を代表させることで、雪之丞を見られる対象としてはっきりと示している。映画史家ゲイリン・スタッドラーの言葉を借りれば、「男性を女性の興味の対象とし、男性スターを商品化している」[167] のである。

ミリアム・ハンセンの議論によれば、ハリウッド映画産業にとって女性が消費者として重要になったとき、スタイルや表象や言葉のレベルで、システマティックにすべての観客に押しつけられてきた父権制的なまなざしが露呈してきたという。例えばバレンチノ主演映画は、「女性の窃視症という、社会的タブーを打ち破る制度的な機会を与えた」とハンセンは主張する。[168] スタッドラーもまた、バレンチノが「女性の作った男性」、もしくは「女性の、女性のための、女性による創造」というイメージを持ったスターになった後、ハリウッド映画では女性は基本的に男性の視覚の対象としてしか存在しないという事実が反省的に注目されるようになり、また、女性ファンが男性（バレンチノ）をエロチックな対象として見るという行為は、米国の性秩序に起こりつつあった変化を象徴していたと指摘する。[169] 長二郎もまた、女性観客のための魅力的な商品で、はっきりと女性客向けのスターとしてプロモーションされた。

映画史家ジャネット・スタイガーは、一九一一年に映画業界誌『ムーヴィング・ピクチャー・ワールド』に掲載されたルイス・リーブス・ハリソンのコメント――「目と唇が顔の中で一番重要である」――を引用しつつ、二〇世紀初頭にアメリカ映画の演技スタイルは、「パントマイム的なジェスチャーから、顔そして最終的には、「人物の個性が集中する」目によるものへ」と変わっていったと論じる。[170]

スタイガーが議論したのは、俳優の表情は観客に、その人物の内面を解釈させるために存在するということだった、長二郎の流し目は、彼の内面の表現である以上に、スクリーンの外を意識した表情であった。それは、女性観客に向けて投げかけられたセクシーな視線だったのである。女性観客は、流し目に代表される長二郎のスクリーン上のイメージが巧妙に作り上げられたものであることをはっきり意識しつつも、同時に美しい長二郎の表情や仕草に夢中になってもいた。その意味で、流し目は、製作者と観客の間の対話的な表現と言うことができ、その機能は、歌舞伎の見得に近い（「待ってました！」）。

俳優として長二郎は、「女性が作った男性」というイメージに合った役柄に徹する一方、観客と彼のスター・イメージの間に存在する対話的な関係をことあるごとに強調した。まず長二郎は、撮影された時の自分のイメージの美しさを維持するために最善を尽くした。長二郎のデビュー作『稚児の剣法』のカメラマンだった円谷英一は、長二郎に「映画の俳優はライト一つで生きもし、死にもする。そのライトをどう生かすかはレンズを通してだから、レンズを早く覚えろ」[171]とアドバイスした。また、「きれいなシャシンを撮るので」その当時「ナンバーワン」であったと長二郎自身が評価した映画カメラマンの杉山公平は、カメラに顔と体をどう向け、瞳で光をどうとらえればよいかを長二郎に教えた。[172]長二郎主演の映画『月下の狂刃』（衣笠貞之助、一九二七年）の撮影現場をとらえた写真では、長二郎が手鏡を見ながら化粧を直している。監督の衣笠や映画カメラマンの杉山と比べ、長二郎の顔は、この写真に写り込んだキー・ライトとフィル・ライトに照らされ、真っ白に見える。[173]実際、批評家の大橋孝一郎は、『侠客 春雨傘』（冬島泰三、一九三三年）の撮影について「長二郎氏は一カット毎に男使の差出す鏡に依つてお化粧を直す」[174]と報告している。ジャーナリストの小林いさむも、一九二九年二月、「長二郎と云ふ人は、自分を常に美しく見せよう見せようと、レンズの前で工夫し注文する」[175]と言い、映画批評家・喜曽十三郎も、三一年二月、「長二郎氏位い、キャメラのアングルを心得ている俳優も少いと思ひます。即ちキャメラに向つて、如何なる向きか、それがロング又はクローズアップの場合頃合に於て、如何により良い自己を写し出すかと云ふことを常に研究されていまして」[176]と述べている。事実、長二郎は、デビューからまだ二年にも満たない一九二九年の初めにはすでに、照明などのせいで自分が思ったほど綺麗に撮れていなかったとき、撮り直しを要求していたという[177]。一九二九年一月の『キネマ旬報』の記事で、久保田たつをは、自分を見つめる観客のまなざしを長二郎が完全に意識していたことを記している。

長二郎は自分の写真が上映されると必ずその常設館に出掛ける、京極の歌舞伎座丈でなく、大阪は勿論、神戸、名古屋、暇があれば東京迄も出掛けてひそかに観客の中に交つて映画を見る、といふよりも、観客のもらす短い言葉を一つ一つ聞くのである。これが自分にとつては何よりの勉強だと長二郎は云ふのである。〔中略〕自分の映画がいかなる程度に於て観客を満足させ得るかを彼は常に考へるのである。そして尚、出来る丈観客に満足を与え乍ら、その間に自分の製作良心を巧みにないまぜにしてゆくことも決して忘れない彼である。むやみに自惚れられるといふことは困りものだが、よき程度の自惚れは許されるべきものだ[178]。

ある女性ファンは、長二郎の流し目による「美しい凄い迄の瞳」を「悪癖」と呼び、スクリーンの外では「誰しも親しめない恐」さがあると言った[179]。それが本当なら、流し目は実生活上でも長二郎の癖になっていたということになる。

また、長二郎は、彼の美しいスター・イメージが人工的に作り出されたものであることをファンに隠さなかった。むしろ、それが、巧妙なカメラワークや照明のテクニックによって作り出されたものであることを進んでファンに伝えようとした[180]。例えば一九三六年六月号の『オール松竹』には、映画のキャラクターである雪之丞が林長二郎について語るという形で、自分自身についてコメントしている。「どう申しましても痩さ型とは申しあげられないお軀の様子、徴兵検査にも第一乙種合格のいい体格の林さんに、ふしぎとあの色気と申しませうか、艶と申しませうか、あの細い柔らか味あるしぐさが生まれてくるのかと感嘆なさいます方がよくございますが[181]」。また、一九三五年のインタビューでは、「すつかり男になつてしまつた腕をなで」つつ、「何しろこんな身体でせう〔中略〕どうしても普通では細い線が出ませんもの」と現実とイメージの違いを認めている。[182] 長二郎が『下加茂』に掲載したエッセイ「撮影苦行」では、美しいラブシーンが現実にどう撮影されたかが暴露されている。

今夜はまた何といふ暑さだろう。宵のうちは涼しい風がそよいでいたのに、セットの中に入つて見ると全くの焦熱地獄です。この蒸暑い、息苦しいセットの中でラブシーンの撮影をしなければなりません。昼間は昼まで野外の暑熱と奮闘してきたのにまた夜はこうしてセットの仕事に入らなければならない、全く練獄の苦しみです。いくらふいても汗は後から流れてきて折角化粧した顔も何度直さなければならないかわからない程です。愈々ラヴシーンの撮影です。「ハイキヤメラ。」監督さんの力強い声と共に、私は恋人を抱き寄せます。官費の安油の嫌な臭気と、汗の臭ひが私の鼻をつきました。監督さんが「そこで気分を出して。」と遠慮なく言われます。夢のやうであるその恋の場面を撮影している私は幸福でせうか。悪臭になやまされて尚且恋を語らなければならない。この上気分を出したらそれこそ死んでしまひそうです。[183]

それでもなお、長二郎の女性ファンが、スクリーンに映し出された長二郎の顔や所作を見ながら、その魅力に浸っていたことは明らかである。ファンのひとり松井潤子は、「スクリンの上にスーット、長二郎さんの姿が現れる時、あたしは何だか夢の国の王子様に会つたような気になるのです。〔中略〕こうして長二郎さんの美しい顔や姿が、映画幕の上に浮び出すと、見物のフアンことに女の人は、ただもうその魅力にうたれた様に、ある一種の甘美な陶酔境にひきずりこまれてしまふのです」[184]と述べている。

そして、これまで繰り返し指摘してきたように、そうしたファンの陶酔は、自覚的なものでもあった。女性ファンは、長二郎の流し目の背後にあるテクニック、スリーポイント・ライティングとお延ばしを理解していた。女性ファンは、狂おしいばかりに長二郎に魅きつけられつつ、そうした状態にある自分自身に自覚的で、さらに自分が熱愛する長二郎の美しさが人工的に作られたものであることを理解していた。ファンの長谷川愁子は、「始めて御会ひして屹驚した事ははち切さうな肉体の持主だつた事です。〔中略〕このはち切れさうな体格でよくまあ、あの様なやはらかい美しい姿態が出来るもんだ、、と若しも私に恋する事を許されるならば長様のこの立派なウデに恋するであろう」[185]。また、長二郎主演の『弁天小僧』（衣笠貞之助、一九二八年）を劇場で見た南部綾子は、下加茂撮影所でその映画の製作を見学したときは「気づかなかつた」彼の「フェミニズムがはつきりわかるやうな気がしました」と述べる。「あの、よくふとつた四肢、なだらかな顔の線、そのものこし、こうしたものが『弁天小僧』ではもつともよく生かされて使はされています。……「なるほど、女性的だなあ。」[186]」。

長二郎のスター・イメージと照明法や撮影法との関係に、はっきりと注目していた長二郎ファンもいた。ファンのふきやかつみが『下加茂』に投稿した「キヤメラ」という題目のエッセイがある[187]。ふきやは、照明や撮影しだいで俳優の顔が違って見えることを見ぬいていた。「キヤメラ！！　たとへシナリオが如何によく、監督法が如何に行き届いていたとしてもキヤメラが駄目だつたらその作品は大分こわされてしまふ、出て来る俳優の顔が皆のつぺりして居たり、きたなく見えたりするのにはその俳優のメーキアップの関係もあるだろうがキヤメラに負ふところも又大である。かつての直侍〔前作〕はストーリーも監督法もかなりすきのないものだつた。しかしキヤメラが暗すぎた。クライマックスである入谷の今日のシーンなどキヤメラは少し平凡すぎた。今度のかたわ雛〔今作〕に於ける杉山さんの腕前はすばらしい。久美之介〔林長二郎〕の瞳にぽつと膜がはつた様に見える所なぞさすが……[188]」。『下加茂』に投稿した別のファン林幸子は、「下加茂に立派な技術のあるカメラマンの居られます事は長二郎映画の断然たる強味でせう杉山さん円谷さん等の鮮明な撮影手法あざやかな技巧は私達長二郎党のいつも感謝している処です」と言い、照明と撮影が長二郎の魅力を高めていることを力説している[189]。このように長二郎本人、映画カメラマン、照明技師、そしてファンの間には、長二郎のスター・イメージをめぐってお互いに対話をするような関係があったのである[190]。下加茂の照明技師・廣石常雄は、一九二九年に、「ムードとかトーンなどは俳優のうまさ、監督、キヤメラマンの頭のよさ等は勿論第一義的に大切なものではあるが、それと同じ位大切なのは此のライト、つまり照明なのである」[191]と述べたが、ふきやかつみと林幸子の投稿は、そうして作られる長二郎のイメージに対する、ファンからの素早い反応でもあったのである。

林長二郎は、女性ファンの、性的衝動《リビドー》のこもったまなざしをターゲットとする松竹時代劇映画の商品であった。そのことに疑いをはさむ余地はない。しかし、そうした女性ファンは、その商品に心を奪われると同時に、そのようなまなざしを自分が持っていることをはっきりと意識していた。つまり、作り出された商品を受けとりつつも、彼女たちは意識的に、松竹の製作者や監督とともに、長二郎のスターダムの構築に積極的にかかわっていたのだ。このように、長二郎のスターダムは、資本主義産業としての松竹の立場を危うくすることなく、女性を映画の新しい種類の観客として迎え入れたのである。

その上で最後に付け加えておきたいのは、歌舞伎と映画の照明法を革新的に結びつけたユニークな照明で照らし出される長二郎の顔と瞳は、他のどの俳優よりも強力に、新しいメディアとしての映画を体現していたということである。これをメディア研究者のトマス・ラマールは映画の「感覚的知覚経験」と呼ぶ。それは、ラマールによれば、現実を誇張したような映画のイメージが、芸術的な対象物としてそれを見ようとする観客の力を奪い、身体的な衝撃《ショック》のみが残るような経験である。[192]クロースアップで光り輝く長二郎の顔は、彼の「生身」の現実の身体を、それ以上のもの、すなわち性的な魅力そのものに変えてしまう、ということは間違いない。長二郎の女性観客は、「スクリーンに映し出される身体にほとんど本能的に心奪われてしまう」のだ。[193]長二郎ファンの松井千枝子が、「うら若い女のファンの方々が、長二郎さんの大写しに、我を忘れて歓喜する」[194]というのは、まさにそれである。

長二郎は、お延ばしと流し目の瞬間を「動中の静」[195]と呼んでいる。映画史家の張真《チァンヂェン》は、ジークフリート・クラカウアーを引用しながら、次のように主張する。

写真が、現実をとらえ、生命を一瞬のうちに閉じ込める機械的な再生産の手段であるならば、映画は、その「閉じ込められた」イメージを新たに組み立て、それを動きに変える、あるいはクラカウアーが言うように「生命の流れ」に戻す手段であった。映画は近代における「新しい表現手段」である。それは単に写真が持つ指標性と機械性だけではなく、触覚や嗅覚、味覚、聴覚といった感覚全体を刺激し、再編成する存在なのである。[196]

長二郎の言う「動中の静」が映画の中で生まれる瞬間は、張真の言う「感覚全体」が「刺激」されて「再編成」される経験の中でも特別な瞬間と言える。これは「フォトジェニー」の瞬間と呼ぶこともできるかもしれない。

フランスの映画批評家ジャン・エプスタンは、サイレント映画の日本人スター早川雪洲の顔のクロースアップを「フォトジェニー」と呼んだ。[197] 同時代の映画批評家のルイ・デリュックも、早川を念頭に置き、「フォトジェニー」とは、カメラとスクリーンを使って、「現実」を何か別のものに変え、「現実らしさ」を残したまま、「ありふれたものを、初めて見るもののように」思わせるものであると述べている。[198] クロースアップでとらえられた早川の顔を見つめながら、エプスタンとデリュックは、彼らの言葉を使えば、「映画によってとらえられ、拡張された、ほとばしるような現象を知覚」しようとしたのである。[199]

スクリーンに映し出された早川の身体に対する反応について語ることは、人間の肉体的経験を何とか言語化しようとする努力でもある。デリュックは以下のように述べる。

早川について何かを語ることはできない。彼は特異な存在である。どんな説明も説明にならない。〔中略〕、私は才能のことを言っているのではない。野生の力としての、詩的な力としての彼の顔のことである。もし私がそこに期待通りの感情を見出すとしたら、彼の存在理由について私の心が煩わされることはない。〔中略〕彼の猫のような容赦ない残虐さでも、彼の神秘的な残忍さでも、抵抗する者への憎悪でも、服従する者への軽蔑でもない。我々が感動するのはそれらについてではない。だが、我々が語ることができるのはそれらについてだけなのである。[200]

早川を「野生の力」「猫のような」「神秘的な」と形容するデリュックの言葉は、東洋に対するステレオタイプに満ちているとも言える。だが、こうしたプリミティヴィズムに連なる言葉は、デリュックの最も重要な主張とは何の関係もないと言えるだろう。デリュックは、スクリーンに映し出された早川が、西洋の観客が言葉にできない何か──文明化された言葉では言い表せないもの──を持っていると主張する。「どんな説明をしても当てはまらない」何かである。映画にとらえられた早川の顔のクロースアップは、言葉で説明しえない「現象」を直観させると言うのである。エッセイ『映画の美』で「早川雪洲の美は痛ましい」と述べたデリュックは、「すべての孤独な人々、きわめて多くの人々が、この残忍な早川の奥深くに潜む憂鬱に、彼ら自身のどうしようもない絶望を見出すだろう」とも述べている。[201] デリュックの言う「すべての孤独な人々」とは、映画館の暗がりに身を沈め、スクリーンの光と影の戯れに対峙する映画観客、と言い換えることもできよう。映画という近代のメディアによって、そうした「痛ましい」現象が初めて知覚できるようになった。それがエプスタンやデリュックにとっての「フォトジェニー」なのである。

長二郎の美もまた、早川と同じく、「痛ましい」。ファンの水生珊子は、長二郎の顔に痛みを感じていた。

君が眼の奥の奥より一すぢの
ひかりいで来て我が胸を射る
私は妖しい光に眩惑されて、ぢーつと吉三の眸を凝視していた。一秒！　二秒‼
私は道に吐息した。その瞬間、庚申丸の鋭い刃先がすーつと私の胸ぬち深く貫くのを覚えた。──それから私は知らない。[202]

また、批評家で長二郎ファンの古川緑波は、「新人長二郎は美しい。〔中略〕長二郎の殺陣には胸のすくような型の面白さの代りに、どこか剣の恐しさというものを感じさせるところがあるのは賞めていい[203]」と述べている。

デリュックのようなフランス映画知識人による映画理論が当時、日本語に翻訳され紹介されていたことは特筆に値する。デリュックの理論は一九二四年四月、マルセル・レルビエは二五年六月、レオン・ムーシナックは二六年三月に翻訳された。同じ頃、フランス印象派と呼ばれる映画の一部、すなわちレルビエの『人でなしの女』(一九二五年)や『生けるパスカル』(一九二六年)、アレクサンドル・ヴォルコフの『キーン』(一九二四年)、アベル・ガンスの『鉄路の白薔薇』(一九二三年)といったフランス映画も紹介された。アーロン・ジェローが指摘するように、フランス映画とフランス映画理論は日本において、映画芸術に興味を持つ人々の間で強い影響力を持ったのである[204]。映画を純粋に視覚的なメディアとみなし、現実を認識する新たな方法を提供しようとした「フォトジェニー」の概念も、日本の批評家や作り手たちに、影響を与えた可能性がある。

批評家の富士峯夫によれば、「長二郎には人を斬らなくても、他の俳優の真似の出来ない情緒味タップリの」魅力があるという[205]。また、のちに長二郎と仕事をするようになる殺陣師・宮内昌平は、一九五八年に次のように書いている。

そのきれいな剣さばきには、たまらない色気がある。〔中略〕ロングにカメラを引いた場合、剣さばきに鋭さがもう一つ足りないように思うのだが長谷川さんの場合はヨリ(アップ)が多いので、これでそのマイナスを立派にカバーしておられる。というのは、表情に殺気がこもっているので、切っても本当に切ったように見えるのだ。〔中略〕私たちが口ぐせのようにいう言葉だが「顔で切る」ということ[206]

長二郎の顔に、敵、そして観客に向けられた殺気がこもるとき、その顔は、エプスタンが「リボルバー」になぞらえて説明した早川雪洲の顔に近づいていく。「早川は、その光り輝く顔を、闇に包まれて独房のような椅子に座った観客の、感情の柔らかな部分に、リボルバーのように突きつける。観客の感覚は、闇の中で光り輝くスクリーンに集中し、すべての観客席を覆いつくす[207]」。早川の顔が「リボルバー」であるならば、長二郎の顔は光輝く刀にたとえることができるだろう。二〇世紀初頭の、二人の非凡な日本人スターは、ハリウッドと日本において、肉体の放つ色気と現実の肉体が映画にとらえられたときに生まれる衝撃を、闇の中でスクリーンに向かうファンと輝く光を介して、分かち合ったのである。

第3章　ストリート映画
——松竹とドイツ

松竹は時代劇に対抗するため、刀ではなく、魅惑的な照明で美しいスターを作り上げるという戦略をとった。松竹は、資本主義的な合理化を徹底したのに加えて、林長二郎の驚くべき成功により、一九三〇年代の初頭までには日本の映画産業における支配的な地位を確固たるものにする。映画史家のミツヨ・ワダ・マルシアーノは、そうした松竹の経済的な支配の下で「独自の美的基準と製作・配給・受容にわたる産業的慣例が確立された」と述べている(1)。それは、表現力の豊かさよりも見やすさを優先させる、明るく楽しい蒲田調だったと言える。

しかし、松竹が確立したように見える「美的基準」と「産業的慣例」に対して、当時反対する者がいたことは確かである。松竹の社内にも、いろいろな意見や立場があったのだ。林長二郎のスターダムも、その一例だったと言える。彼のスターダムは松竹が作り上げた資本主義的な商品であったが、蒲田撮影所の所長であった城戸四郎が全面的に推し進めていた合理化政策に沿うものでは必ずしもなかったからだ。長二郎のスター・イメージが作られる過程で、松竹下加茂撮影所の製作者とファンは、実験的な照明の使用について、いわば共犯関係を築き上げた。さらに、長二郎のスターダムによって、日本の映画文化に新しい種類の観客が生まれた。そこでは、スターとファンの間だけでなく、映画の作り手と消費者との間にも対話的な関係が存在したのだった。

『十字路』（衣笠貞之助、一九二八年）と『その夜の妻』（小津安二郎、一九三〇年）という松竹の二本の映画は、松竹の映画製作の支配的なスタイルへの松竹内部からの挑戦とみなすことができる。いや、「挑戦」というのは適切な言葉ではないかもしれない。その照明は実験的だったかもしれないが、これらの二つの作品は松竹という資本主義企業を転覆させる意図で作られたものではなかったからだ。『十字路』と『その夜の妻』は、批評的にも――公式の記録はないが――おそらくまた商業的にも成功を収めた。実験と商業的成功。その両方を成し遂げたこの二つの映画は、松竹映画の多様性を示す好例である。

『十字路』と『その夜の妻』は、下加茂撮影所が製作した時代劇や明朗な蒲田調とは異なり、松竹の中でも例外的な映画である。どちらも、城戸がほとんど用いなかった表現主義的な照明法を多用している。どちらの映画でも、大都市は、魅力的ではあるが、深刻な問題も抱えたモダンライフを体現する二律背反的な空間として描かれている。その点で、これら二つの作品は、ワイマール共和国時代のドイツで製作され、日本ではそれぞれ一九二五年と二六年に公開されたカール・グルーネの『蠱惑の街』(一九二三年)やF・W・ムルナウの『最後の人』(一九二四年)に近いと言える。この二つのストリート映画では、照明のテクニックによって、科学技術が発達した世界が視覚的に表現されている。林長二郎のための特別な照明のテクニックは、観客にイメージと現実との間の距離感を失わせるような感覚を与える。林長二郎のスター・イメージを創造した松竹の映画製作者たちは、映画がそのような効果を生み出せることに気づいたのだ。別の言葉で言えば、彼らは映画の視覚性と同時に、いわば触覚性を探求し始めたのである。

『十字路』――松竹の「不純な調和」、時代劇、ストリート映画

林長二郎という逸材を取り巻く技術的な環境や観客の状況がどんなにユニークなものであったとしても、長二郎のスター映画を監督していた衣笠貞之助は、その仕事に満足していなかった。衣笠のクリエイティブな照明法や撮

影法が、長二郎のスクリーン上のイメージを作り上げるのに大きな影響を与えていたことは事実である。「ヌケ」しかない状況に対して不満を抱いていたカメラマンや映画ファンの間で刀の閃きが人気を得たように、衣笠や彼のカメラマンであった杉山公平によって作られた林のお延ばしや流し目などは、肉体的で官能的な魅力で女性ファンをとりこにした[2]。

しかし、衣笠は、スター・システムの商業主義を好んではいなかった。彼は『狂つた一頁』を発表してから、ずつと今までといふもの、私はあまりに商業用の映画の製作に忙殺させられた。しかし、私は、その間絶えず、自分の魂までも打ち込んだ作品、自分の芸術的良心を満たすやうな作品の製作に渇望してゐた」と述べている[3]。この当時、衣笠と恋愛中だった下加茂撮影所のスター千早晶子は、日記の中で林長二郎のスター映画が、衣笠にとって「道楽」でしかなかったと記している[4]。彼女自身も、何度も長二郎と共演していたにもかかわらず、それらの仕事を不本意だと感じていて、「もっと良く評価される」映画への出演を熱望していた[5]。

衣笠は、下加茂撮影所で林長二郎と仕事をしていた頃、次のように記している。「パンクロマティック・フィルムの出現によつておこつた、重複した革命の大浪も、最近漸く静かになり、今日では照明並びに撮影、現像の点に就て、経験と実果から、これを客観的に評価し得る時期が近づいて来ました[6]」。事実、衣笠は長二郎との仕事を始めるまでの間に、照明法も含めた、当時の芸術としての映画の展開を強く意識していたし、監督として十分な経験も積んでいた[7]。

衣笠はもともと、新劇俳優の井上正夫が主催する旅回りの新派の一座の女形で、一九一七年には日活向島の新派映画にも出演していた。多くの新派映画が平板な照明を使用していたが、衣笠は、例外的に照明の実験をしていた映画監督の田中栄三や、撮影技師・藤原幸三郎と仕事をする機会もあった[8]。しかし衣笠は、日活が女優の採用を始めると、向島を去り、やがて連鎖劇の製作が行われるようになると、マキノ省三が一九二三年に設立した京都のマキノ映画製作所に監督として招かれた。同製作所（次いでマキノ・プロダクション）に所属した四年の間に、衣笠は連合映画芸術協会との共同製作で、現代劇と時代劇の両方の監督を務めた。連合映画芸術家協会は、アメリカのユナイテッド・アーティスト社をモデルにした独立プロダクションで、『月形半平太』（一九二五年）の製作・出演で知られる澤田正二郎の新国劇にもかかわっていた。したがって、衣笠はすでにこの段階で、当時の日本で人気があった新派、連鎖劇、時代劇、現代劇という四種の映画の製作を経験していたのだ。(9)

　その後、衣笠は自らの独立プロダクションを設立して映画製作を行った。そこで製作された映画『狂った一頁』は、実験的でアヴァンギャルドな映画として、多くの批評家や映画ファンの注目を集めた。映画研究者のアーロン・ジェローは、この映画について、文学におけるモダニスト集団である新感覚派の関与、フランス印象主義や時代劇が持つ速くてリズム感のある編集、松竹による公開時の戦略などを詳しく議論している。(10)ジェローの議論に付け加えるなら、衣笠はこの映画においても照明法に強く意識的であったし、また、当時の観客や批評家も、衣笠の照明の手法を高く評価していた。『狂った一頁』は、照明の用い方という観点から、フランス印象主義やドイツ表現主義の映画と並び賞されたのだ。映画批評家の田中純一郎が『報知新聞』に寄せた批評は、その一例である。

> 監督が「物」を撮《ママ》さうとする映画の古い概念から離れて「光」を摂取しようといふことに気がついたのだ。光の遊戯、光りの調子光りの速度、映画はかくして作られていく。如何に映画が物象を対象とすればとて、フイルムに結ばれた影像は光りの記念である。結局は光だ。光なるが故にそはあらゆる時間空間を制圧する。光は凡てにわずらはされぬ。
>
> 　光と動き、その二本質が寄つて映画表現が出来上がる。リヒトシピイルが成立する。無字幕で表現主義で、六千五百フイートに僅々二三行のテーマを持つこの「狂つた一頁」これを来るべき映画の本質的旅立ちへの最も有力な道案内とすることは、当然過ぎるほど当然なことではあるまいか。(11)

同様に、映画批評家・石巻良夫は、「『狂った一頁』を見よ、その映画的価値は撮影技巧の上からのみ決定されると云ふても恐らく過言ではあるまい。即ち官能の世界を描いた、内的情緒の力強い表現が新しい撮影法によつてのみ試みられてゐる点は、これ等の映画に見られる特色とせなくてはならぬ。〔中略〕カメラを据える位置や、光線の取り方が最後の決定をする」と述べている。[12]

『狂った一頁』は、このように高い賞賛を受けたにもかかわらず、興行的には成功しなかった。ジェローによれば、この映画は上映館が少なかったために大きな損失を出したという。[13] この頃の映画は、数カ月にわたって国内の多くの映画館で上映されることによって、利益を生んでいたからだ。作品に対する良い批評があったとしても、『狂った一頁』は日本中で広く上映されたわけではなかったのである。松竹への借金返済のため、衣笠は松竹の副社長・大谷竹次郎からの要求を受け入れざるをえなくなった。衣笠は下加茂撮影所で一カ月に二本の時代劇を製作することになったのだ。[14] 映画雑誌は、松竹が時代劇製作を強化するために、マキノのベテラン監督だった衣笠を、『狂った一頁』に投資する見返りとして引き抜こうとしていると憶測した。[15]

長二郎をスクリーン上で魅惑的に見せるために、衣笠は、松竹の他の監督よりも照明に気を使って、繊細で豊かな表現を実現することができた。また、彼にとって好運だったのは、チャンバラ映画を監督する必要がなかったということである。彼はチャンバラのファンではなかった。マキノプロに在籍していた時に製作した『恋と武士』(一九二五年)でも、時代劇スターの阪東妻三郎にラブシーンを演じるよう頼んだことすらある。阪東が「巧味のある殺陣」による『江戸怪賊伝 影法師』(二川文太郎、一九二五年)で成功を収めた直後のことだ。衣笠が、阪東や彼のファンから好意的に受け入れられなかったことは明らかである。[16] それに対して、長二郎の映画では、刀は重要ではなかった。ファン雑誌『下加茂』でも、時代劇に刀は必ずしも必要ではないというのが一般的な論調であった。『下加茂』の一九二八年五月号の裏表紙には、「時代劇から剣を奪へ。剣劇映画を撲滅しろ。剣劇映画は満喫した。もう剣戟でもあるまい。彼女は魅力を失つた」という宣言すら見られた。また、一九二七年一二月号には幸江という林のファンが「もう好い加減に剣の舞の時代映画から〝女夫星〟のやうな剣のない映画に生れ変つても好いと思ひますワ」という意見を寄せており[17]、波奈子というファンも「時代劇とは何故！人を斬らなくてはいけないのでせうか！つておつしやつた先月号（一二月）の幸江様　本当にあなたのおつしやるとほり、時代劇といふとすぐに剣劇〔中略〕とばかり思つている人達がいやになります」と、幸江に賛成した[18]。このような女性観客の主張は、当時のすべての映画ファンの間に受け入れられていたものではなかったが、長二郎のスター映画が他の時代劇とは違うということを明らかにするのには役立った。批評家の水町青磁は一九二六年の四月に「時代劇に殺陣のないものには民衆の喝采がないのは当然すぎること」と記しているし[19]、長二郎自身、一九二九年六月に「会社の営業方針からしても、充分興行価値のある剣戟映画の製作を止めるといふことは許してくれないことでせうが」と述べているが[20]、このような状況だったからこそ、衣笠は『十字路』などの映画で、刀を使わない時代劇という実験を行うことができたのだ。後に衣笠は、「唯一人のスターとして皆で売出さうと力を合わせた林長二郎君の名もやつと市場で認められるやうになりました。一寸ゆとりが出来たのです。何か変つた面白い仕事がやつて見たい——皆が顔を見合わせて期せずしてさう考へました。時代劇が全盛で、従つて、何だか一寸山がみえ出した感じでした。この剣劇の全盛も、今に何とか考へなくてはならん、私もさう感じました、さうだ！　こゝらで一つ全然剣劇のない時代劇を作つてみては！」と回想している[21]。

衣笠は当時の多様な映画をめぐる芸術的な活動に深い関心を持っており、単なるスター映画の監督や資本主義的な映画作りの賛同者とみなされたいとは思っていなかった。下加茂撮影所の時代劇に対する例外的な態度が、衣笠にとって好運だったのだ。その結果、類を見ない映画が誕生した。『十字路』は、下加茂で長二郎に次ぐ第二の人気を誇った阪東寿之助や、千早晶子が出演するスター映画でもあった。だが、人気の点で阪東が長二郎に大きく水をあけられていたため、撮影所からの要求もさほど厳しくはなく、衣笠はより自由に実験を行えたのだろう[22]。

一九二八年に『十字路』が公開されたとき、京都の映画雑誌『映画随筆』の批評家・柴田西果は、この映画が、他の撮影所で製作された「剣のヒラメキ以外には何物も持つていない」時代劇とは違うと指摘している[23]。柴田によれば、『十字路』は、「近代的な悩み」を描いているという。[24] 別の批評家・武田忠哉も、それまで江戸時代を舞台にしたドラマはすべて時代劇と呼ばれてきたが、『十字路』を「時代物」とさへ呼びたくない気がします」と記している。[25]

柴田も武田も、『十字路』が刀の閃きでモダンなスペクタクルを表現することなく、いかなる方法で「近代的な悩み」を表現しているのかを明らかにはしていない。だが、『十字路』が「近代的な悩み」を扱っていることは、花街である吉原を一九二〇年代の「今日のカフエーとでもいつた遊び場の感じ」に見えるように作ったという衣笠の発言からも明らかだろう。[26] 衣笠は、日本の近代に対する不安、混沌とした盛り場のありようや階級関係、男女関係、労使関係などの都市の社会問題について考えていたようだ。カフェは、それらの問題を象徴する場所であった。『十字路』の吉原は、光と動きに満ち溢れた場所として描かれている。吉原での最初のシーンは、回転する白い物体(おそらく賭け事のためのルーレットのような物)のクロースアップで始まる。その回転の動きは、地面を転がるまりのショットにつながる。続いて手のクロースアップ。そして、矢場の的が現れ、それもまた回転する。男が楽しそうにその的を射る。カメラは右へパンして、明るく照らされた吉原の通りを見せる。行灯や、紙の人形、そして白く巨大な球体(別の行灯かもしれない)が見える。男が怒り狂い、遊女と思しき女は笑っている。白い厚化粧の女の顔は、スポットライトで輝いている。そして二重露光によって、彼女の背後で車輪のような物体が回転を続ける。

『十字路』は時代劇だが、こうした視覚的効果を重視した照明を用い、都市を舞台にしているため、ワイマール・ドイツで製作されたストリート映画に近いとも言える。雑誌『文芸時代』の一九二五年一〇月号で、衣笠は「理想の映画」としてムルナウの『最後の人』をあげ、この映画を五回見たと語っている。[27]『十字路』と『最後の人』は異なる社会や文化の状況において製作されたものであるにもかかわらず、共に近代社会の政治や経済の問題を扱っている。この点で、『十字路』は、歴史家ハリー・ハルトゥーニアンが言う、グローバルな権力関係を無視することのない「同時代的近代性」を扱った典型的な例となっている。[28]

映画産業におけるグローバルな権力関係といえば、『十字路』は、日本映画を国際市場に輸出しようという日本の映画製作者たちの十年来の望みを叶えた映画であった。衣笠が一九二八年に『十字路』のフィルムをヨーロッパへ持ち込んだとき、ヨーロッパの観客は「センセーション」とともに受け容れたという。[29] 下加茂撮影所所長・白井信太郎は、かつて「兎に角外国へ販路を拡張する事が映画劇の進歩を計る根本だ」と考え、松竹の映画を国際市場に輸出することを願った。[30] その彼の願いはこの『十字路』によって成し遂げられたのだ。批評家・矢野目源一は興奮気味に『十字路』のフランス語の批評を翻訳している。「もし『十字路』が幸運な一つだけ飛び離れた成功ではなく、数多い力作の結果の一つに過ぎなかつたら、この場合こそ、人々は極東の日本の島で製作された他のフィルムをどしどし上映してもらひたいものである。その独創性、その完全さ、その深刻さに於て日本映画は正しく、現在混沌たる状態にあるヨオロツパ映画の全てのものの上に君臨するであらう。日本映画に師たるものは何処にも見出されない。たゞわづかに日本映画と比肩し得るものはロシア映画とアメリカ映画である」。[31] さらに、矢野目はこのフランスの批評を「随分擽たい賞賛の言葉ではあるけれども、認められるべきところが充分認められてゐるのは心丈夫である。〔中略〕日本人は日本人の情感をさらに深く掘り下げて独自な個性あるものを創り出した時に、始めて世界に誇り得べき立派な芸術品が出来るものと私は信じてゐる」と締めくくっている。[32] また、マルクス主義映画批評の先駆者だった岩崎昶は、ドイツ表現主義映画を論じた文章の中で、『十字路』について「ともあれ、衣笠貞之助は『十字路』を日本の映画界に贈つたことを誇りに思つてゐる。そして日本の映画界も『十字路』を持つことを世界の市場に向つて自慢してゐる」と述べている。[33] 岩崎は「不純な調和」という言葉によって、下加茂で長二郎を際立たせるために発明された時代劇のテクニックと、衣笠自身の照明やカメラに関する実験がこの映画で戦略的に結びつけられたことを指摘している。こうした戦略こそが、独特な日本映画を作り出し、それをグローバル市場向けに輸出可能にしたと岩崎が信じたものである。

一方でこうした戦略を快く思わない批評家は、『十字路』が国際的な成功を収めたにもかかわらず、この映画を批判した。例えば大竹二郎は、『十字路』が「ドイツ表現主義映画」を真似たにすぎないと主張し、「『十字路』は良き特異な映画であり乍ら、代表的日本映画として賞賛し得ない。なぜなれば、其には日本精神が、或は伝統的な日本芸術美がないと云ふのです」と論じている。[34] それに対して、清友英男は、「『十字路』に於いて云へば、例へば姉弟の借りてゐる二階への階段が考へられる。そのセットの表現主義的変歪は、その姉弟の住居の雰囲気を物語るには、適当である」と述べた。[35] また、『活動画報』編集長・室町京二は、「日本物としての生命を損じない程度に」外国映画の真似をすることの重要性を強調している。[36]『活動画報』の筒井春香も、西洋映画の技術を使用しながら大和魂を表現した映画を製作することを強く主張した。[37] これらの批評家は、日本がグローバルな権力関係の周縁におしやられてしまうことへの不安を表していたと言えるだろう。彼らは、商品として国際的に通用する映画を製作するためには、ある程度西洋の映画のスタイルやテクニックの模倣が必要であることを理解してはいた。しかし、彼らは、そうした西洋的なスタイルやテクニックと日本独自の内容が、結びつけられることを望んでいたのだ。『十字路』は、そのような人々にとって境界線上ギリギリの作品だったのである。

いずれにせよ、映画批評家をはじめとする当時の観客は、ストリート映画として『十字路』に注目していたことは確かである。『十字路』がドイツでカール・グルーネの『蠱惑の街』と同時期に公開された際、ハンガリーの映画理論家のベラ・バラージュはそれを見ている。バラージュは、どちらの映画がどちらの映画に影響を与えたかということはさておき、照明の点から『十字路』とストリート映画との類似性を指摘している。異なる文化から現れたにもかかわらず、バラージュはこの両方の作品を「内部の心象風景を、外部に向って投射」しようとする「表現主義者」による「絶対映画」と呼んだ。[38] また、バラージュは次のようにも記している。「カール・グルーネは、その作品『街』〔『蠱惑の街』〕の中で、生きる道を探っている一人の青年の内的ヴィジョンとして、或る町のイメージを描いた最初の人間だった。また『十字路』では、目の見えなくなって行く人間が最後の瞬間に見る、とぎれとぎれの祭の賑わいが示される。このイメージは、輪郭も形もなく、あたかも傷ついた彼の目から滴りおちる血のように、スクリーンの上に滴りおちる」[39]。

岩崎昶が『十字路』を「これまでに日本で作られた中で最も優れた映画の一つ」と評したとき、彼はバラージュが言う「絶対映画」と同様のことを考えていたと思われる。岩崎は『最後の人』の照明について論じ、「僕等はそこでは単に黒と白との斑点を見てゐたのではいけない、人間の魂の飛躍を感じなければならない、スクリーンの上では奥行きと「触感的価値」とを持ち、理性と感情を具へた、生身の人間の姿が動き行為してゐるのだ」と述べている[40]。岩崎によれば、彼が「絶対映画」として評価する『最後の人』のような映画は「何らの世界観と関はる所がない」ものであり、映画の本質を明らかにして「より直接に作曲家の精神内容を我々の心に注入し、〔観客に対して〕美的感情を伝達しようとする」[41]という。別の批評家・武田忠哉も『十字路』について同様の指摘をしている。

氏〔衣笠〕の感覚は、「丁度、映画的」なのです。そこには、最早、映画的である以外にどうもあり得ない切迫した近代的な感覚が苦しさうに呼吸して居ます。平凡な云ひ方ですが、氏は「キャメラで描く」人なのです、随つて、観客がもし純真な心持で氏の作品に臨むならば、氏の云ひたいことを、丁度、氏の云ひたい通りに、受け容れることであありませう。〔中略〕然るに、氏の手法があまりに技術的だといふテクニシャンらしい尺度があります。何故、不純に、テクニックだけを外観するのでせう、打つかつて、フィルムそれ自身を、純一受け容れて行かうとしないのでせう。〔中略〕何故、その映画力を素直に共鳴しようとしないのでせう。〔中略〕観客が純一であるとき、「十字路」は、最も技巧それ自身を気に懸けてない——即ち、内面的な欲求が、後から後から映画的な表現を保つたゝめに、技巧だけを遊離させて考へる暇がなかつたかと思はれるほど一元的な——作品として感じるのです[42]。

では、『十字路』はどのような「精神内容」や「美的感情」を表現したのだろうか。そしてそのためにどのような照明が使われたのだろうか。

光で殺す

『十字路』が公開されたとき、批評家の間で論じられたのはその物語についてではなく、そのスタイルについてであった。批評家の徳田昇之助は、「『十字路』を見て感じたのは、所謂ストーリが第二義、〔中略〕つまり或意味での表現第一に、しかもそれが先づ作者自身のためにしてゐるやうに思へましたが」と述べている。[43]また、奥平英雄は、この映画を「映画史的に見て注目せずには居れない傑作」であり、「映画の流動美、光の明暗等々に苦心を払つてゐる」と評した。[44]同様に、『下加茂』の久保田たつをも、「これは全く新らしいスタイルを持つた芸術的苦悶を打つて一丸としたところの良心的なそして先駆的映画であり、時代劇に新しいジヤンルを画さうとした野心に満ちた一作」と評している。[45]彼は、とりわけ『十字路』における革新的な照明法を、次のように詳細に記している。

「その頃の下加茂スタヂオは未だ一つのグラスステーヂしか持たなかつた。映画のスタヂオとしては最も原始的なもので太陽光線を自分とその中に透入して自然光線の下で撮影される設備のものだ。と云つてこの『十路が』太陽光線の下で作られたのではなくその前の『狂つた一頁』の時と同じやうにライトに依つて照明されたのだ。〔中略〕事実どのカットも陽のあるところでは撮影されなかつたのだ。〔中略〕そして一歩もステーヂの外へ踏み出すことの無かつた恐らくロケーシヨンシーンの一カットも無かつた映画と云へば当時にしては『狂つた一頁』とこの『十字路』位と云へる程に珍らしいものでもあつたのです[46]」。

監督の衣笠は、『十字路』の製作の際、はっきりとした照明のプランを持っていた。衣笠は下加茂撮影所にあるランプの数を正確に把握しており、『十字路』で使用するために「サン・ライト（一台）スポット（八台）ユーイン

図 3-1　夜の暗い通りをとらえたロング・ショットは，ワイマールのストリート映画の 1 ショットであるかのように見える。『十字路』（1928 年）

グ・ライト（二〇台）」というリストを作成している。(47) これらの数を念頭に置いて、衣笠は夜のグラス・ステージの照明を決定していた。(48) カメラマンの杉山公平も、この映画の照明についてはっきりとした考えを持っていた。杉山は十分な量の照明の設備がないことに不満であった。吉原のシーンで主人公を幻惑し、「今までの暗い気分」を明るくするような、コントラストに満ちた照明を目指していた(49)杉山は、照明の不足を補うために、明るい部分と影になる部分をペンキで塗り分けるという指示を出すほどであった。(50) 彼らの努力の結果、この時代劇映画の幻想的なシーンは、刀の閃きがないにもかかわらず、ひときわ眩しく、閃光を放っているようですらある。

『十字路』は、オープニングから照明の効果がはっきりと目立つ。最初のショットは、夜の暗い道をとらえたハイ・アングルのロング・ショットで、まるでドイツのストリート映画のようである（図 3-1）。左の画面外からのライトが、路上に強い影を作っている。そこを一人の男が駆け抜ける。光と影の強いコントラストによって、蜘蛛の巣のような影がその男を捕らえるかのような錯覚がもたらされる。それに続いて、極めて速い編集で、画面上に男の体の部分——顔、手、足がクロースアップで、次々に現れる。続く彼の視点ショットは、彼の精神が病んでいるように感じさせる慌ただしいものである。懸命に家に向かって走っているこの男が、この映画の主人公「弟」（阪東寿之助）である。家にたどり着いた彼は、二階にある自分の部屋へ向かって階段を駆け上がっていく。このロング・ショットでは、彼の身体は壁の濃い暗い影に溶け込んでいるように見える。(51)

「弟」と、着物の仕立てをして働いている「姉」(千早晶子)との貧しい生活に救いの手を差し伸べる者は誰もいない。遊女のお梅(小川雪子)は「弟」を誘惑する。カメラは彼女の顔のクロースアップからティルト・ダウンし、狂おしいほど彼女を求める男たちの手を見せる。「弟」のライバルは、お梅の新しい恋人(小沢茗一郎)である。この男は、「姉」が「弟」のために仕立てた着物を引き裂き、台無しにしてしまう。「十手を持つ男」(相馬一平)もまた二人を悩ませる。彼は岡っ引きになりすまし、「姉」に迫る。「姉」が彼に身を委ねることを約束するなら「弟」の身を守ると言うのだ。しかし、彼が持っている十手は本当は道で拾ったものにすぎない。金を払えば、怪我をした「弟」を治療すると「姉」に告げる医者や、ニヤニヤ笑う「女を売る婆」――登場するたびに必ず金を数えている――もまた、二人の敵である。

姉弟に訪れる危機は、絶えず照明によって強調されている。言い換えるなら、二人の苦難は、照明によって視覚的スペクタクルとして描かれるのだ。この意味で、この映画の照明は、画面の見やすさや主題の表現以上の働きをしている。つまり、『十字路』は、照明についての映画、あるいは照明が持つすさまじい魅力についての映画と言うこともできる。特にこの映画における照明と視覚の関係は、とても興味深い。「弟」は、映画の半ばあたりで目が見えなくなってしまう。華やいだ明かりによって照らされた吉原で、「弟」はお梅の新しい恋人に半狂乱で襲いかかろうとし、お梅の恋人は、握っていた灰の玉を「弟」の目に向かって投げつける。「弟」は叫び声をあげ、「真暗だ!」という字幕が出る。国立映画アーカイブに所蔵されているシナリオには衣笠の手書きのメモが残されており、このシーンには、次のような記述がある。「パット視界が真暗になつた、目潰に会つたのだ[52]」。白い灰が「弟」の顔だけではなく、このシーンを撮影しているカメラの上、スクリーンの上にも水玉状に広がる(図3-2)。灰の玉によって「弟」が盲目になったとき、カメラや観客もまた一瞬目が見えなくなるのである。

「弟」が視力を失うシーンについて、映画史家のウィリアム・O・ガードナーは、「「姉」によって提示される現実とお梅によって提示される幻影とを、そして「姉」によって提示される美徳とお梅によって提示される悪徳とを

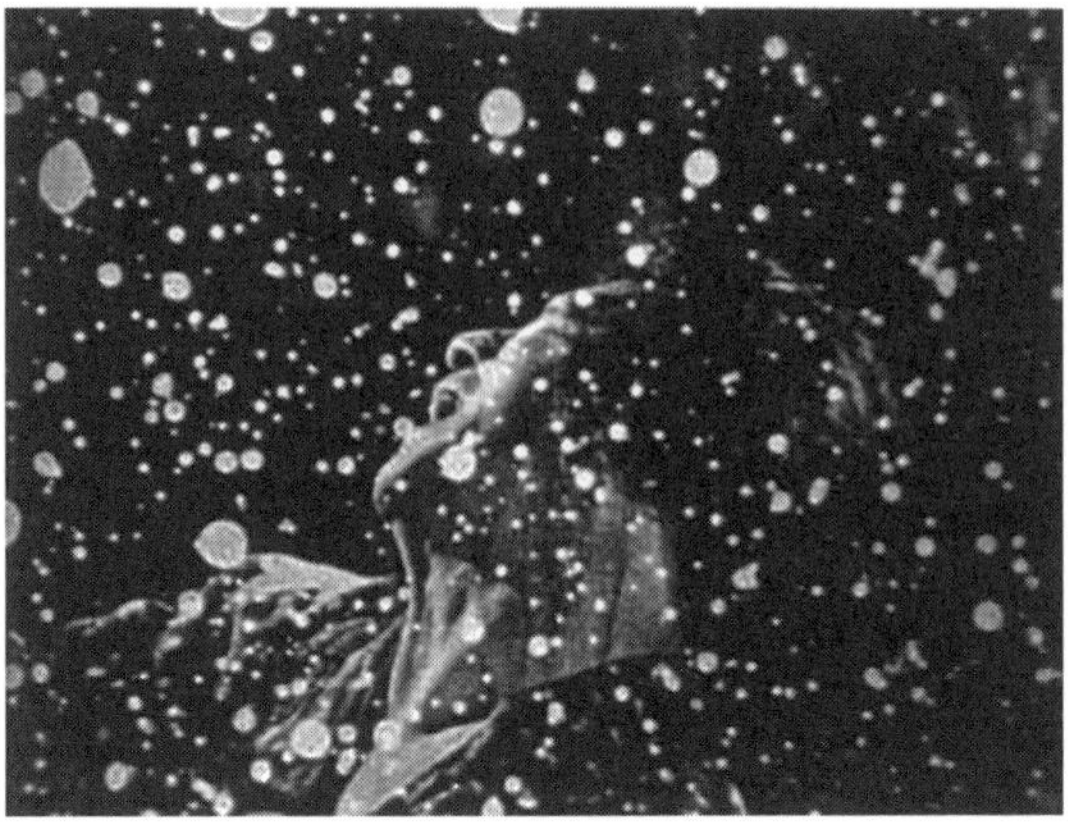

図 3-2 「弟」(阪東寿之助)は目に投げつけられた灰の塊によって視覚を失ってしまう。『十字路』(1928 年)

区別できない「弟」が、判断能力を失うこととその道徳的な盲目性とが結びつけられている」と論じている。[53] だが、ここでは、そのような解釈に加え、このシーンが映画の物質性とでも言うべきものを暴露していることを付け加えておきたい。「弟」は視力を失って暗闇を経験することになったかもしれないが、この映画の観客がスクリーンの上に見るのは逆に白さである。白い点々がカメラに飛び散り、強い照明を反射する。「弟」がライバルと斬り合おうとするとき、画面はほとんど真っ白になる。このシーンは、「弟」の目にとっても観客の目にとっても暴力的だと言えるかもしれない。また、白い点々は、観客にカメラの存在を明らかにするだけではなく、映画とは視覚によるメディアであり、照明のスペクタクルであるということも、あらためて観客に意識させるのだ。

ジェローは『狂った一頁』について、「精神病的妄想の物語は、知覚というものに対して関心を寄せていたモダニストの作家や、映画が純粋芸術として本来持っている力を表現したい映画の改革者たちにとって魅力的であった」と述べている。[54] 彼はまた同時に次のようにも指摘する。

一九二〇年代の日本において、映画は他のメディアよりも狂気と結びついていた。活動写真は早い段階から、青少年を堕落させ、社会規範を揺るがせるメディアとして、政府の役人や社会的指導者たちによって取締りの対象とされていた。こうした映画に対する批判的な見方の裏付けとなっていたのが、観客心理学である。それは映画が理性的な思考や社会的道徳を崩壊させ、不合理で非社会的な考えを推奨するというものである。〔中略〕この考え方によると、映画の中で精神的に不安定な人物の心理を描くことは、映画そのものを描くということにもなりうる。[55]

ジェローは、『狂った一頁』が日本における「映画の地位をめぐる論争」に巻き込まれたと主張する。[56] ここで言う「映画の地位をめぐる論争」とは、映画が「厳格な秩序を守るためのフーコー的な監視のテクノロジー」なのか、それとも「認識論的な境界を越えていく可能性を持ったもの」であるのかをめぐるものであった。ジェローは、『狂った一頁』がその意味で「曖昧な」存在であり、こうした議論の中でいずれの側にもつかないからこそ、「唯一無二の天才による前衛映画の傑作として有名な作品であるという事実よりも、はるかに興味深い」と結論する。[57]

『十字路』もまた、主人公の不安定な精神状態を描いたり、視覚について実験を行ったりすることにより、そのような一九二〇年代の映画の地位をめぐる議論にかかわっている。衣笠が映画理論や映画批評に精通していたことや、批評家たちのこの映画への熱心な反応がその証拠である。言い換えれば、『十字路』は、盲目性というテーマによって視覚メディアとしての映画の本質を明らかにしようとしたのだ。この映画は、近代の「視覚の優位」に対する同時代的な批評であるということができる。

日本近代文学の研究者・坪井秀人が美術史家ジョナサン・クレーリーの視覚と近代性に関する議論をもとにして指摘するように、ヨーロッパと同様、日本の近代化の過程では、五感の中で特に視覚が重視された。坪井は、それを「西欧と同様、日本においても近代化の過程は医学的言説の媒介によって視聴触嗅味の感覚を個々に分節した形で意識させ、その中で視覚を特権的に中心化する感覚の階層化の過程としてあらわれた」と述べる。[58] また、批評家・松山巖も、一九二〇年代が「視覚文化が一斉に花開いた時代」であり、触覚の地位が下がり、人間の知覚の中で視覚が重視されるようになったと議論している。[59] 同様のことを民俗学者・柳田國男も、一九三〇年の日本の社会史についての著書で、視覚を扱った章（「目に映ずる世相」）で論じている。[60] ハリー・ハルトゥーニアンも、「文化の断片化と不安定化」が進む時代の中で、視覚の重要性を指摘している。[61]

人間の身体の統制は、明治期（一八六八〜一九一二年）と大正期（一九一二〜二六年）に近代国家の管理の下で、日本の薬学、精神医学、性科学の研究者や医師、そして哲学者や官僚の協力の下で進められた。[62] 後の節で論じる指紋システムの発達は、そのような身体管理の一つの例である。

もう一つの例は弁士の統制である。ヨーロッパやアメリカの場合と同様に、日本の初期の映画では、観客は静かにスクリーン上の物語を見つめているだけではなかった。ジェローが指摘するように、映画は、単なる視覚的なアトラクションではなく、多くの「見世物」の一つで、弁士の存在は「見世物」としての映画を象徴するものであった。[63] 観客は時にはスクリーンに向かって大声をあげ、弁士や映写技師、楽士たちと声を掛け合った。[64] だが、社会学者・北田暁大が指摘するように、大正時代の映画体験では、視覚が特権化されるようになり、スクリーン上のイメージと文字だけで映画の物語を理解することが可能となり、身ぶり手ぶりで参加型の映画体験を代表していた弁士を不要のものとした。[65] ただ実際には、身体性から視覚性の優位へという映画体験の流れは単純なものではなく、ジェローによれば、大正期の映画の改革者たちは映画の視覚的経験を向上させるために、映画と弁士の協力関係を築くことを望んでいた。ジェローによれば、弁士は、イメージだけでは意味を伝達するのが難しい箇所を言語でコントロールすることが期待されていたという。[66] だが、意味の多様性を操作しようとするそうした試みは、むしろ視覚の優位性をさらに強めることにつながったとも言える。声によって視覚イメージの持つ意味がはっきりしたからだ。視覚は、特に映画における音の到来とともに、聴覚によって強化されたのである。[67]

これに対し、日本の批評家や詩人や小説家の一部は、こうした視覚の優位が、視覚メディアを「国家装置」に変える可能性があると論じ、それを批判的に捉え始めた。[68] 例えば、探偵小説の作家・江戸川乱歩は、一九三一年に発表した「盲獣」で「触覚芸術論」を唱えた。[69]「盲獣」の主人公は盲目で、手で触ることによってのみ、芸術作品や女性の身体の美しさを鑑賞することができた。乱歩は「実に奇妙なことだけれども、われわれは視覚ばかりを考え、触覚を少しも意に介しなかった。それはなぜか。ほかでもない、われわれには眼があるからだ。われわれは盲人ではないからだ。〔中略〕われわれに眼がなかったならば、この世はもっともっと触覚の芸術が発達したに違いない」と記している。[70] 別の短編小説「芋虫」（一九二九年）では、戦場で腕、脚、聴覚、そして声さえも失った元兵士が、妻によって目も潰され、盲目になってしまう。妻が、寝たきりの夫の視線に苛立ち、恐れおののくようになったからだ。歴史家・五十嵐惠邦は、こうした小説の中で、乱歩は視覚の優位性を問題にしていると論じる。[71] 乱歩の短編「一寸法師」は志波西果の監督で一九二七年に映画化された。この作品は現存しないが、当時の批評によれば、物語上必然性のない箇所でたびたび人間の手のクロースアップが挿入されていたようだ。それらの手のショットは何故挿入されているのか「理解しがたく」、「間違い」に見えたという。[72] もしかしたら、手のショットは、視覚の優位への乱歩の批判と、触覚という乱歩のテーマをこの映画の製作者が意識して挿入したのかもしれない。

さて、『十字路』の中で扱われる盲目のモチーフは、こうした視覚の優位への衣笠の批判的な態度の表現と言えるかもしれない。というのも、「弟」は視覚を失った時ではなく、後に視覚が戻った時の光の中で幻覚を見て錯乱し狂気へ追いやられるからである。カメラマン杉山公平は、「目があく時は安燈をダブらせ、ボール紙の穴からカーボンの光を通して安燈を浮き立たせました」と、『十字路』の照明設計について説明している。[73]「弟」が視力を回復するとき、杉山が強調しようしたのは、光で彩られた幻影であり、そのために彼は特別な照明のテクニックを用いたのだ。目の前に開けた新しい光り輝く世界の中で、「弟」は視覚的幻影に襲われ、死んでしまう。つまり、視覚の優位性を批判的に描くために、照明の新しいテクニックが用いられているのである。

具体的にそのシーンを見てみよう。「十手を拾った男」によって、「姉」に危機が迫っている。彼女の危機は、眠っている「弟」のしかめっ面のクロースアップとのクロスカッティングで描写される。クロースアップで「弟」

の目が突然開く。「弟」の視点ショットと思われる次のショットでは、観客はきらめく水面のように見える抽象的な光のイメージを目にすることになる。「姉」を襲う「十手を拾った男」の手のクロースアップの後、家の外で降りしきる雨をとらえたロング・ショットが再び光を強調する。室内の行灯からの明かりを反射するかのように雨粒は白く光り輝き、「弟」を（そして「姉」も）取り囲む。続く「姉」のショットでは、彼女の手に握られた出刃包丁の不気味な刃の閃きは時代劇への目くばせかもしれない。まるでその出刃包丁の光に攻撃されたかのように、次のショットで「弟」が階段を転げ落ちる。同時に、別の光を発する物体も落下する。光る雨水でいっぱいになり、その重みで壁際から落ちる桶のショットがここで挿入されているのだ。

このように、輝くものに満ち溢れた世界の中で、「弟」が大きく開いた目で見るものは、悪夢のような光景である。彼の視点ショットで、「十手を拾った男」の背中が床に倒れ、「弟」は愛する姉が手に、光る包丁を握っているのを目撃する。障子を通した強いサイドライトが幾重もの光と影を「姉」の体の上に作り出す。彼女の手のクロースアップと顔のショットが挿入される。ともに下方から明るく照らされ、異常に白く見える。そして、「十手を拾った男」の死体を横目に、強い横からの光の中で「弟」と「姉」は抱き合う。「弟」の視点ショットによって、屋外で強烈に白く光る雨粒がとらえられる。家の外へ走り出す「姉」と「弟」は、まるでその輝きから攻撃を受けているかのようである。二人の身体は目もくらむような白い靄――体温によって蒸発する雨や汗――に覆われている。「姉」の髪は無数の白く輝く雨粒で濡れている。

二人が逃げる途中、「弟」は目が「見える」とつぶやく。しかし、そこで観客に見せられるのは「弟」を襲う別の幻影なのだ。それは、お梅の光り輝く顔のフラッシュバックである。「弟」は「姉」を置きざりにし、花街へ向かって必死に走り出す。「弟」はお梅に会うために吉原――消費主義と近代的テクノロジーによって光り輝く町――へ行かずにはいられないのだ。「弟」の視覚は、輝くお梅によって自律性を失い、暴走する。極めて素早い編集によって、回転する白い球、障子に映る影、「姉」の白い顔、雨、白い灰、花びら、瞬く星の下で白く光る十字路といった様々な物が、次から次へと現れる[74]（図3-3）。衣笠のシナリオでは、「弟」がお梅に会った後のシーンが次のように描写されている。「弟は自分の頭に鉄鎚を感じた。打ちのめされたこの身の余りにも惨虐さに身も□も不有のた打ち廻った。／12・字　弟「駄目だ」呆として定かでない頭の中にもう現実は消せて遠い――昔の記憶が蘇つて来た。幸福だつた追憶――、姉の許に――／13・字　弟「姉さん」弟の眼にはもう何も見えなくなつた」[75]。彼の黒い瞳は、歌舞伎役者の「見得」のような、狂気を帯びた動きを見せる（より微妙な動きである林長二郎の流し目と比較すると、見得は力強い動きによって目の演技を際立たせる）（図3-4）。そして、「弟」は両手で自分の

図 3-3　「弟」の視覚はコントロール不能になる。『十字路』（1928 年）

図 3-4　「弟」の目は，まるで歌舞伎俳優が見得をきっているかのように見える。『十字路』（1928 年）

目を覆う。彼の体は前後に傾き、地面に倒れ込んでしまう。いわば「弟」は、幻影に殺されてしまうのだ。衣笠は「少しでも楽しそうに死なせてやりたかつた」と語るが、映画の中の「弟」の死に様はまったく「楽しそう」ではない。[76]

批評家の波多野三夫は『十字路』の最後について次のように議論している。

新しい時代映画として創作された「十字路」は、少くとも剣劇に於るグロテスクな剣舞よりも、より映画的な表現に豊富であつたことは事実である。殊に矢場に於て、衣笠氏の意企は完全に報ひられて、廻る的、白い玉、赤い挑燈などの快よい像調（ビルト・トーン）が、比較的に様式化され機械化された矢場の遊び人の表情と調和しつゝ美しい矢場の幻想を表現することに成功していた様に思はれる。〔中略〕前述の如く矢場の幻想に酔ひつゝも、われわれは、また「十字路」に於て、他の事実を観賞すべく余儀なくせしめられる。どん底に沈む姉弟の美しい友情と恋愛の十字路に迷ふ可憐な姉弟の運命を、貧弱な閃光の動揺に明滅しつつ、展開する粗笨なパントマイムに依つて、目探らなければならない。そして、これらの演伎者が矢場に闖入するとき、幻想は絶望的に破壊されて、われわれは、そこにも、従来の劇的映画の残滓を目撃せなければならない。監督者は、「十字路」に於けるこの二元性に、殆ど無関心なるが如くつぎはぎ繿縷もの的に両者を混在せしめてゐる。この両者の無縁的な存在は、恐らく姉弟の生活と矢場の生活との対比を効果的ならしめたよりも、より以上に「十字路」の幻想を全体的に破壊する致命的な原因となつてゐた様に思はれる。〔中略〕時間的に光の運動の、空間的に形像の可視化の可能性を有する「活動する絵画」の創造は、未だこの国の監督者に望み得ぬことなのであらうか。[77]

このように、『十字路』は映画における照明の重要性を批評家に大いに意識させた。波多野は、新派様式の演技と効果的な照明の使用が、この映画の中では完全に統合されていないように見えると指摘する。彼はむしろ『十字路』の照明に困惑している。それは、『十字路』の照明が、物語上の意味を超えてスペクタクルとして作用していた事実によるものかもしれない。衣笠は波多野の主張に答えて次のように述べている。「ストーリの空間的関係や、時間的関係の合理性を観客に了解させることを余り重要視しなかつたのです。普通定期の作品のくだらなさは、ストーリをお客にわからせることばかりにかゝつて□□ためにサブ・タイトルの連続で□□映画のほんとうの面白さが出ないのだと思ひます。〔中略〕私はまた反対で、物語の筋はどんなでもかまはない、ただその映画や人物がそうあるべきように移り変つてゆきさへすれば、つまり流れが断れさへしなければ、満足する性なので□□」(78)。

衣笠にとって、映画とは動きなのだ。衣笠は照明自体については語らないが、『十字路』は盲目という主題によって視覚を問題にし、それに続く光のモチーフによって光と影のメディアという映画の本質を明らかにする。『十字路』では、「弟」は文字通り光によって盲目になり、そして光によって殺されたかのように見えるのだ。

時代劇では、それが正統なものであろうとも、林長二郎のスター映画であろうとも、人々は閃く刀、もしくは輝く顔や目によって殺される、もしくは悩殺される。そうした「武器」の殺傷力は照明によって強化される。こうした照明のテクニックによって、時代劇はモダンなジャンルになったと言える。

人々が視覚を失ったり、光によって殺されるというテーマは、『十字路』とワイマールのストリート映画に共通したものである。ムルナウの『最後の人』では、ホテルのドアマンとしての仕事を失った主人公が、夜間にそのホテルに忍び込み、自分のものだった制服を見つめる。映画史家のマーク・シルバーマンが描写するように、照明の効果によって、制服は「内なる光とともに〔中略〕発光」し、まるで「命を注がれ」たかのように見える(79)。年老いた元ドアマンはその輝く物体を持ち去らずにはいられなくなり、夜の街に逃げ出す。しかし、良心の呵責に耐えられず、白く輝く建物が彼の上に倒れてくるという幻覚に襲われてしまう。

グルーネの『蠱惑の街』では、居間の窓を通して街路からの光がさし込むとき、中年の会社員はどんなに疲れ切っていてもベルリンの街に魅き込まれずにはいられない。映画史家のアントン・ケースは、このシーンを次のように描写している。この影の芝居では、歩行者が駆けぬけ、遊歩者《フラヌール》は女性に声をかけて熱心に口説き、さらに無数の車が明るい光線を屈折させる。(80)男が立ち上がって窓の外を見ると、光のスペクタクルによる刺激が街に満ち溢れている。心を奪われた彼の顔のクロースアップ。続く視点ショットでは、男が幻覚の状態で見たもの——荒々しい動きの車や列車、スリルを求めて遊園地の乗り物を楽しむ人々、化粧をしたピエロの顔、手回しオルガン奏者、微笑む若い女性の顔——が見せられる。つまり、ここでは窓が映画のスクリーンのような役割を果たしているのだ。夕食の用意ができたと妻が男に声をかけたとき、突然の衝動に襲われた男は、帽子と傘をつかんでドアを飛び出し、通りへ飛び出す。ちょうど、『十字路』の「弟」が、泣いている姉を置いて通りへ飛び出して行ったように。照明のテクニックによって表現された視覚は、ストリート映画において常に重要な存在である。人々は常に盲目で、街の照明によって「殺され」てしまう。

蒲田の街

松竹蒲田撮影所で製作されたいくつかの作品も、「明るく楽しい」というスローガンが存在していたにもかかわらず、実験的な照明法を使った。例えば、創刊されたばかりの映画雑誌『映画』一九三八年五月号に掲載された「暗さについて」というエッセイの中で、映画批評家・安藤貞雄は、小津安二郎の映画について「その小市民の虚無的明るさの底に流れてゐる「暗さ」」と評した。(81)安藤の議論は資本家対労働者という構図に基づいているのだが、一九二〇年代の終わりから三〇年代にかけて松竹蒲田で製作された小津の商業映画に対して、暗さと明るさという照明にかかわる比喩を用いたことは注目に値する。事実、この時期の小津映画では、照明が重要な役割を果たしていた。もちろん小津は松竹の方針に対して表立った抵抗を試みていたわけではなかったが、一九二〇年代末から三〇年代にかけての小津の作品は、単に「明るく楽しい」ものではなかったのだ。

作家主義的な研究において、一九二〇年代末から三〇年代の小津映画は、蒲田調や、とりわけ古典的ハリウッド映画に代表されるようなアメリカ大衆文化を日本という土地特有《ヴァナキュラー》の取り込み方をした例として、たびたび議論されてきた。チャーリー・チャップリンやエルンスト・ルビッチ、キング・ヴィダーの熱狂的なファンだった小津が、彼らの作品のスタイルを自作に取り入れたり、模倣したりしていたことは確かである。小津映画の「快晴の空」のシーンを分析した映画批評家・蓮實重彦は、小津を「白昼の光線の作家」と呼んでいる[82]。蓮實は次のように論じる。「小津の決して曇ることのない空は、カリフォルニアの陽気や、ジャン・ルノワールが隠棲の場として選んだ土地、もしくはジョン・フォードのモニュメント・バレーとより密接につながっている。映画が誕生し、育ち、成熟していったカリフォルニアの西海岸のように、小津の好天は見わたす限り澄んでいなければならない。彼のスクリーンからの日本特有のじっとりとした気候――梅雨の排除は、特にフィルム的なリアリティを主張するための選択である[83]」。同様に、デイヴィッド・ボードウェルも「小津は自分のノートに描いた明快なイメージを再現するために、明るく鮮明な映像を求めた。他の大部分の小津作品より低いキーで撮影された『非常線の女』のような犯罪映画でさえ、概してキーは高くなっている」と論じる[84]。ボードウェルによると、小津の明るさへのこだわりは、蓮實が言うところの「カリフォルニアの好天」を超えたものだという。ボードウェルは、小津は「面の輪郭を浮かび上がらせるためにハリウッドのエッジ・ライティングを用い」ず、「演技者の演技を強調するために背景の照明を暗く」することもなく、むしろ背景と前景に対し「一様に」照明を当てた[85]。このような明るさによって、小津映画は「明るく楽しい松竹映画」という松竹の公式のスローガンに、少なくとも表面的には忠実に従っているように見える。

だが、事態はそう単純ではなかった。小津映画は、「一ヌケ」という松竹蒲田の照明スタイルをより多様なものにしたのだ。小津の照明法は明朗さを拒むものではなかったが、面白いことに、小津は歌舞伎における照明の革新的な使用法について雄弁に語っていた。例えば一九三五年に、歌舞伎役者の尾上菊五郎が歌舞伎『暗闇の丑松』でリアリズムのために暗い照明を選んだことを、小津は高く評価している[86]。かつて小津が林長二郎に映画への出演を依頼したところ、林は「自分が壊される」ことを恐れて出演したくないと答えた[87]というが、小津の照明に対する感受性や歌舞伎への関心というものを考慮するなら、林の方が間違っていたと言わなければならないだろう。林は小津映画で魅惑的な照明を当てられることはなかったかもしれないが、丁寧に照明を当てられたはずだ。

とりわけ小津が監督した一九三〇年の映画『その夜の妻』は特筆すべき作品である。メロドラマのジャンルで日本近代の政治や経済の問題について扱っているだけでなく、まるでワイマールのストリート映画のように見えるからだ。また、映画の結末には明朗さが見られるが、この映画は松竹蒲田の新派的な「明るい」照明法に単純に賛同しているわけではない。『十字路』のように、視覚や触覚のテーマを扱っているのだ。特に手が照明によって強調され、それが蒲田で製作されたこの映画を、ワイマールのストリート映画に見られる都市の二面性——不安と魅力——に結びつけるのである。

発光する手

『その夜の妻』は、夜の街のシーンから幕を開ける。ロングショットによって、三本の街灯と、西洋風の建物のかなり高い八〜九本の円柱がとらえられる(図3-5)。警官が通りを歩いていて、左のオフスクリーンから強い照明が当たり、通りに彼の長い影を落としている。警官は建物の下で眠っているホームレスの男を見つけ、彼を追い払う。

この冒頭のシーンでは、照明によって、白い手袋をつけた警官の手がとても目立つ。最初のロングショット、背中に回された警官の手が、画面上の最も明るい部分である。三つ目のショット——警官をとらえたロングショットで、彼は手を体の前で組みなおす。白い手袋で包まれた警官の手は、街灯の光を反射してフレームの中央で光を放っている。ホームレスを見つけた警官の視点ショットの後、警官は手袋のゆるみを直しながら男のところへ歩いて行き、彼を追い払うために右手を振る。警官の素早い手の動きは彼の手袋を一瞬輝かせる。それに続くロングショットで、警官は煙草に火をつける。その炎が光と闇とのコントラストを強調する。スクリーン上のたった二つの小さな点であったとしても、彼の手袋は極めて白く見える。ホームレスの男が別の建物の下に座り込むショットの後、警官は同僚のところへ歩いて行く。彼は手袋を外し、体の後ろでそれをはたく。ここで手と手袋のクロースアップが挿入されるが、それは、非常に強いスポットライトで照らされている（図3-6）。この前のロングショットでは強い照明は使用されていない。したがって、このクロースアップとスポットライトは手と手袋の白さを強調するために使用されていると言うことができる。

このクロースアップは、机の上に置かれた警察帽の中に白い手袋を放り投げる手という、別の場面のクロースアップに直接つなげられる（図3-7）。その警察帽の左側には白い塗料で「衛生係」と書かれた黒い小さな三角錐が見える。このクロースアップは、警察署のシーンの最初のショットである。直前の夜の街路シーンと比べると、警察署のシーンはかなり平板な照明だが、やはり暗いロー・キー・ライティングで撮影されている。強い照明が当てられた警官の白い手袋のショットは、異なる空間で展開す

図3-5　夜の近代都市の街路の一風景。『その夜の妻』（1930年）の冒頭

る二つのシーンをつなげる、いわば接着剤として機能している。

ボードウェルは「手」が「この作品の中で繰り返し出てくる」と指摘し、小津がそれらを「抽象的なやり方」で描いていると論じる。(88) だが、この映画の「手」の描き方は「抽象的」だろうか。照明が当てられてあまりにも目立つ警官の手は、この映画を一九三〇年代のグローバルな映画文化に結びつけるのと同時に、当時の政治や経済状況について、より具体的な意味を示しているのではないだろうか。(89) まず、手のモチーフは、近代の国家による犯罪科学捜査と監視のテクノロジーに対する批判と考えることができる。次に、そのようなモチーフは、新しい視覚メ

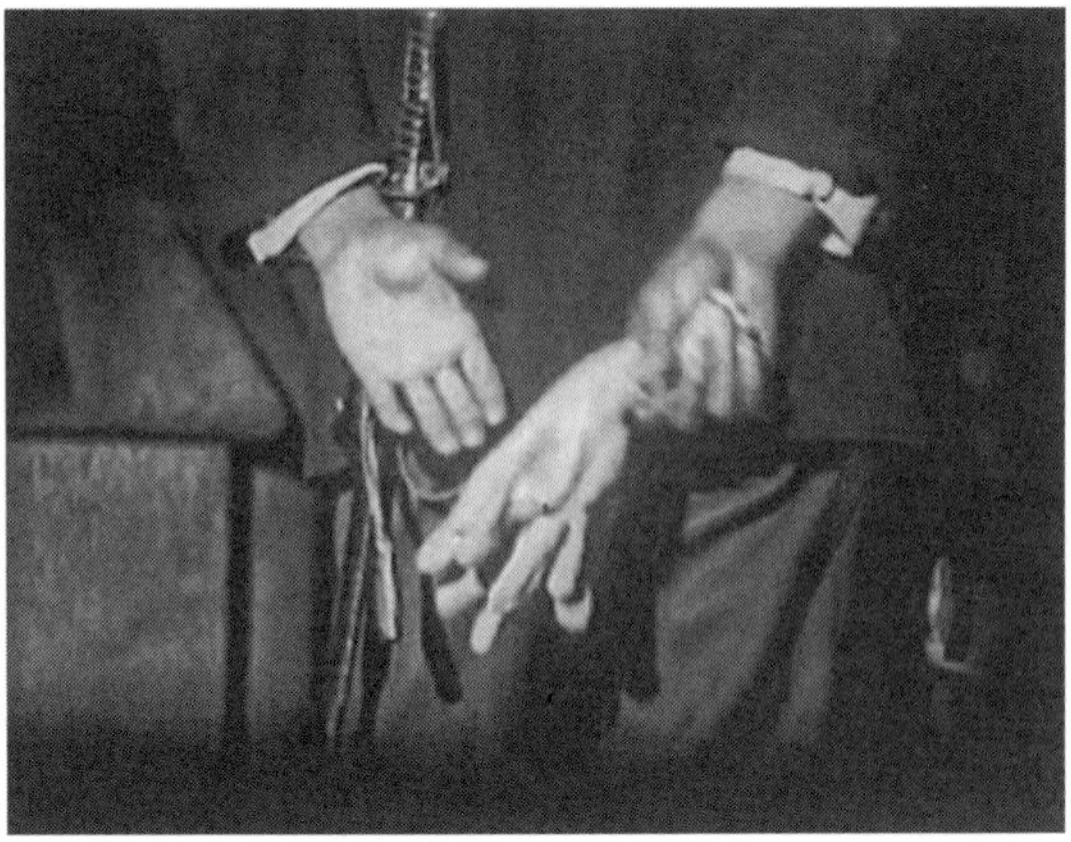

図 3-6　警官の手と白い手袋には強いスポットライトが当てられている。『その夜の妻』(1930 年)

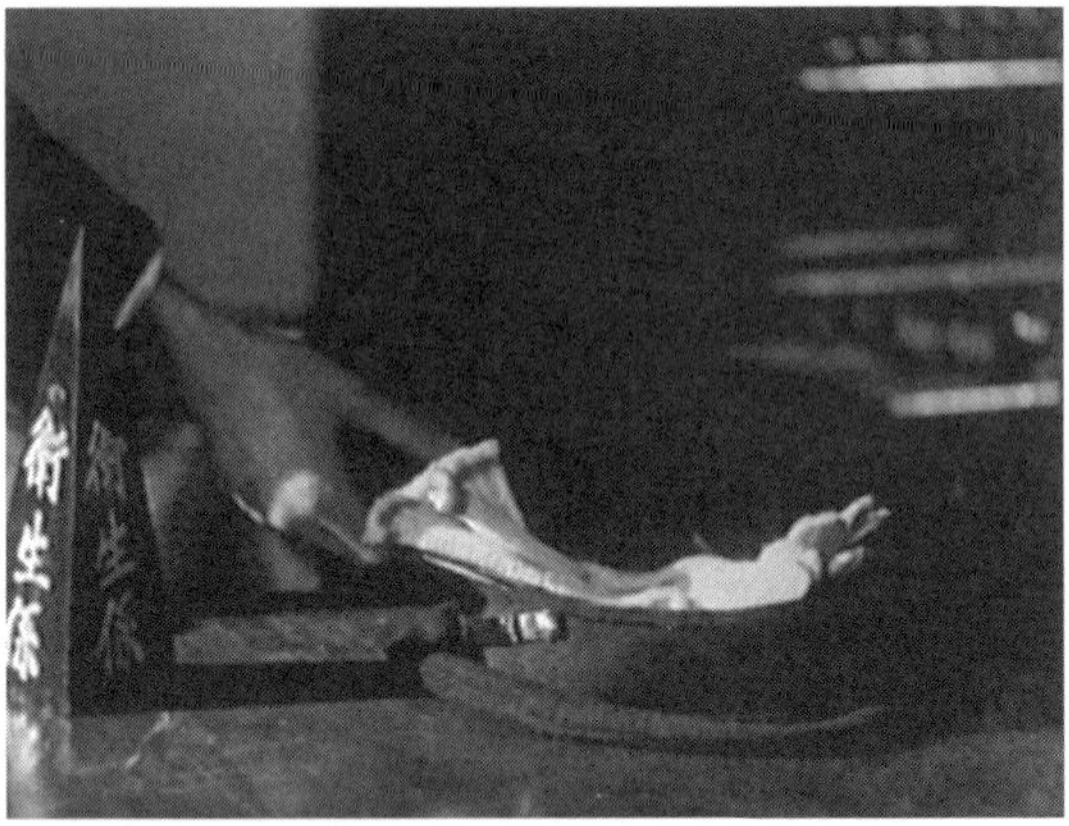

図 3-7　衛生係に置かれた別の白い手袋。『その夜の妻』(1930 年)

ディアである映画の中で使われる、スペクタクルとしての照明のテクノロジーを賞賛していると言うことができる。

一九三〇年の日本は、矛盾に満ち溢れた時期であった。まず、日本は金融と政治の危機の真っ只中にあった。一九二七年の金融恐慌や二九年のウォール街の株価大暴落に続き、三〇年には失業者の数が四〇万人という壊滅的なレベルに達していた。一年後に帝国陸軍は満洲に侵行し、一九三二年五月には、右翼のテロリストによって議会政治が崩壊した（五・一五事件）。都市化は進み、日本に「新しい商品、新しい社会関係、新しいアイデンティティ、新しい経験を約束する新しい生活に触発された欲望の生産が劇的にあらわれ」ていた。[90] 一九三〇年、東京市では二三年の関東大震災からの復興を祝う帝都復興祭が行われた。関東大震災では、二三〇万軒のうちおよそ五五万四〇〇〇軒の家屋が崩壊し、一〇万五〇〇〇人の人々が死亡した。また、二五〇万人が職を失った。[91] 祝賀行事では、「復興の証であるかのように、明るく照らされた百貨店や花電車が披露され」[92] たという。その年、銀座に巨大なゼネラル・モーターズのネオンサインが現れ、それに続いて他のまばゆい都市のイルミネーションが急増した。それらは魅惑的なモダンライフの幻影を庶民に与えたと言ってよい。[93]『メトロポリス』（フリッツ・ラング、一九二六年）といった同時代の映画、写真、近代都市や高層ビルのポスターにも見受けられるこうした相反する状況の下で、『その夜の妻』とその照明は、社会批評として、そして視覚的なスペクタクルとして、「世界を新しい見慣れない光の中で経験」させたと言ってもよいかもしれない。[94]

視覚について

そのほとんどがロケーションで撮影された『その夜の妻』の冒頭のシーンでは、コンクリートの都市の外観が正確に描写され、一九三〇年のスリリングな都市のモダンライフが表現された。ワイマールのストリート映画と同じく、『その夜の妻』での西洋風の建物の高い柱や、通りに伸びる警官の影は、ホームレスの男（彼の視点から高い柱をとらえた視点ショットは存在しないが）や、この映画の主人公である画家志望の橋爪（岡田時彦）が感じる、近代都市での孤独感や抑圧的な政治情勢といった社会問題を印象づける。

小津と同様、松竹蒲田撮影所から映画人として歩み始めた映画監督・吉田喜重は、次のように述べる。

アメリカ映画へのまぎれもない模倣に始まった小津さんの作品にも、当然のことながら日本の現実が反映してゆく。

一九二九年秋、ニューヨークで起こった暗黒の木曜日、株の大暴落によって引き起こされた世界恐慌は、小津さんがみずからを映し出す魔法の鏡のように考えてきたアメリカ映画を打ち砕いたのである。

世界恐慌はただちに日本にも波及し、失業者が街にあふれる一方、そうした矛盾を覆いかくすかのように中国大陸への侵略がはかられ、昭和のモダニズムもつかのまの風潮としてはかなく消え去ってゆく。

それに見合うかのように、小津さんの映画もまた大学生を主人公にしたスラップ・スティックのナンセンス喜劇から、失業したサラリーマンの貧窮した生活を描くようになり、時代の不安が色濃く漂いはじめるのだが、かえってそのことが新たな転機をもたらしたのも確かである。(95)

吉田の論を踏まえるなら、『その夜の妻』は、『十字路』と同様に「傾向映画」の一つとみなすこともできる。「傾向映画」は一九二七年から一九三〇年という短い期間、日本で人気があったジャンルで、資本主義を批判し、「一九二〇年代に急速にマスメディアを通じて拡大していた消費主義と、多くの日本人の日常生活の間の隔差」をテーマとしていた。(96)一九三〇年に松竹下加茂撮影所は、『挑戦』・『弾丸』・『火蓋』と『旗』・『矛』・『盾』という二組のプロレタリア映画三部作の製作を発表した。これらの作品は内務省によって厳しい検閲を受けたために公開されなかったが、一九三〇年までに松竹は「傾向映画」の人気を考慮し、自社の作品にもそれを組み込もうとしていたのだ。[97]

手のモチーフと近代国家による監視のテクノロジーの議論に戻ろう。『その夜の妻』は、特に照明によって五十嵐恵邦が「近代日本の視覚の領域における身体の再編成」と論じた事態を批判的に描いている。[98]

この点、『その夜の妻』の冒頭のシーンで、オリジナル・シナリオには書かれていない「衛生係」という文字をはっきりと見せていることは、注目に値する。[99] 衛生係は、都市の治安を維持する役割を持つ内務省の中で、最も大きな権力を握っている部署の一つだった。一八七二年、科学的に国民の健康を管理するために全国的なデータを効率的に収集する機関として文部省に衛生係を含む医務課が設立され、一八七四年には内務省に組み込まれた。データ収集機関であるから実際に手を下すわけではなく、視覚的に数値を掌握するということである。ちなみに内務省は、一九二五年から映画検閲を開始した機関でもある。[100]『その夜の妻』の警官の白い手袋の輝きは、都市の街路を、実際に手を触れることなく取り締まる衛生係の警官の存在を強調している。『その夜の妻』のシナリオでは、冒頭のシーンの警官はホームレスの男を「揺すり」起こすのだが、映画では、警官はホームレスの男に一度たりとも触れない。警官は治安を乱す可能性のある男を見つけ、ただ右手を振ってどこかへ行くよう強要するだけだ。

別の言葉で言えば、ホームレスの男と主人公の橋爪の身体は、触れることではなく視覚によって国民を管理する権力の監視の下に置かれているということである。橋爪はアパートに重病の娘をかかえているが、医者に診せるための金がない。やむを得ず、彼は銀行強盗をする。銀行を襲った後、橋爪は白いすりガラスがはまったドアから立ち去るのだが、彼が去った後もカメラは部屋の中にとどまり、すりガラスに残った橋爪の手形へとこれ見よがしに近づいていく（図3-8）。[101] 白いすりガラスのドアに当てられた強い照明は、その白さと橋爪の手形の黒さとのコントラストを強調する。

奇妙なことに、そこまで強調されるにもかかわらず、ボードウェルも指摘するように、『その夜の妻』の物語に

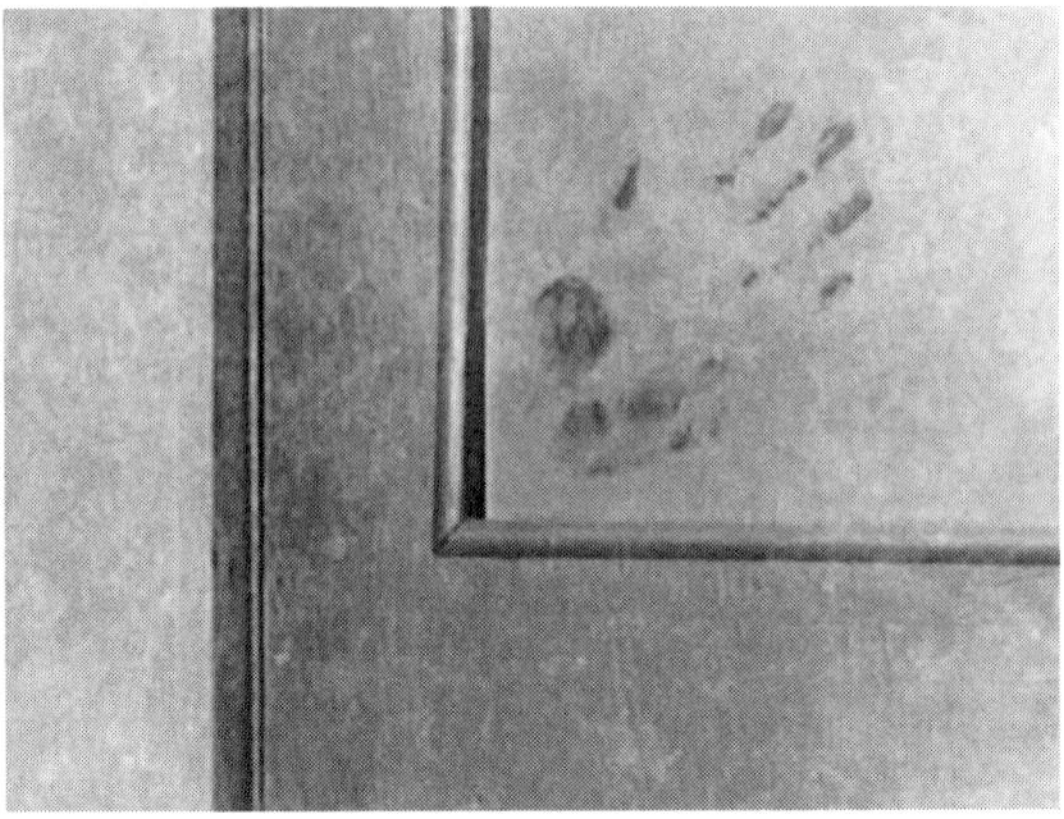

図 3-8　ドアのすりガラスに残された橋爪（岡田時彦）の手形。『その夜の妻』（1930 年）

この手形が証拠として再び登場することはない。[102] ではなぜこれほどまでに手形が強調されているのか。それは、警察の視覚による管理の領域に、橋爪の身体がとらえられたということを強調するためだろう。ここでの手形へのトラック・インとクロースアップは、カメラと、監視する警官、そして観客の目とをつなげる役割を果たしていると言える。

警察に代表される国家権力が、照明とカメラの動きによってこのシーンで表現されている。[103] 五十嵐恵邦は、指紋は身体から切り離され、「解読可能なコード」になったものだと述べる。[104] その意味で、指紋システムは「視覚によって人間の身体を管理する」典型的な方法であったと、五十嵐は論じる。[105] 一九〇八年に法務省は、刑務所に収監された犯罪者の記録管理を向上させるために、個々の収監者の同定を可能にする方法として指紋システムを導入した。犯罪捜査に警視庁で指紋の使用が開始されたのは、一九一一年に東京の神田で起こった強盗事件からである。そして一九一七年、法務省はすべての囚人の、指紋を採取するようになった。[106] 五十嵐が議論するように、指紋システムによって、人間の身体はいわば「解剖学的なもの《アナトミカル》」や物理学的な存在から幾何学的《トポロジカル》で視覚的なものへと変化したのである。[107]

ドイツ映画と同様に、日本映画も一九三〇年代の初めまでに、指紋や手形を幾何学的で視覚的な要素として、物語の中で用いるようになった。例えば、詩人で小説家の佐藤春夫は『中央公論』の一九一八年七月一五日号で「指紋」という探偵小説を発表し、その物語の重要な要素として映画と指紋を使った。物語の語り手と彼の幼馴染みの

郵便はがき

料金受取人払郵便

千種局
承認

2036

差出有効期間
平成32年6月
30日まで

464-8790

092

名古屋市千種区不老町名古屋大学構内

一般財団法人

名古屋大学出版会

行

ご注文書

書名	冊数

ご購入方法は下記の二つの方法からお選び下さい

A. 直　送	B. 書　店
「代金引換えの宅急便」でお届けいたします 代金＝定価（税込）＋手数料230円 ※手数料は何冊ご注文いただいても230円です	書店経由をご希望の場合は下記にご記入下さい ＿＿＿＿＿＿＿市区町村 ＿＿＿＿＿＿＿＿＿書店

読者カード

（本書をお買い上げいただきまして誠にありがとうございました。
このハガキをお返しいただいた方には図書目録をお送りします。）

本書のタイトル

ご住所　〒

TEL（　　）　—

お名前（フリガナ）　　年齢

歳

勤務先または在学学校名

関心のある分野　　所属学会など

Eメールアドレス　　@

※Eメールアドレスをご記入いただいた方には、「新刊案内」をメールで配信いたします。

本書ご購入の契機（いくつでも○印をおつけ下さい）

A 店頭で　B 新聞・雑誌広告（　　）　C 小会目録
D 書評（　　）　E 人にすすめられた　F テキスト・参考書
G 小会ホームページ　H メール配信　I その他（　　）

ご購入書店名　都道府県　市区町村　書店

本書並びに小会の刊行物に関するご意見・ご感想

R・Nは、浅草の映画館で『女賊ロザリオ』という（架空の）探偵映画を見る。阿片中毒者であるR・Nは、故郷・長崎の阿片窟で起こった殺人事件に自分がかかわっていたのではないかと恐れている。『女賊ロザリオ』の中で、指紋がクロースアップで「顕微鏡下の或る黴菌か何かのやうに無気味なほど拡大されて」見せられるシーンがある。[108] 指紋に関する一六冊もの本を読んだ後、R・Nは「世ノ中ニ全ク相等シイ指紋ガドウシテモ二ツ以上ハナイ」という結論を出し、映画で見たのと同じ指紋が、彼が長崎の阿片窟で拾った金時計の裏についていたのを確かに見たと考える。そして、R・Nは『女賊ロザリオ』に出演したハリウッド俳優のウィリアム・ウィルソン──エドガー・アラン・ポーの有名なドッペルゲンガー小説の引用である──こそが殺人に関与した人物だと信じるようになる。[109]

また、小津安二郎の『学生ロマンス　若き日』（一九二九年）にも、手形を使ったコミカルなシーンがある。ある学生（斎藤達雄）が、地面に落ちていた手袋で遊んでいるうちに、「ペンキぬりたて」と書かれた紙が貼られた柱に、知らぬまに左手をついている。[110] 柱から手を離したとき、彼は手がペンキまみれになっていることに気づく。次のカフェのシーンで、学生は恋する女性の前でうっかり頬杖をついてしまう。頬に黒い手形がつく。彼は普段通りに振る舞おうとするが、頬の手形はその女性への恋心を示す証拠となってしまう。[111]

ドイツでは、『その夜の妻』と同じ年に製作されたフリッツ・ラングの『M』において、拡大された指紋が殺人の証拠として用いられた。『その夜の妻』同様、その指紋は事件の解決のためには使われることはないのだが（付け加えるなら、『M』のクレジットには、「M」と書かれた手の絵が使われている[112]）。

『その夜の妻』では、すりガラスについた橋爪の手形のショットに続くシーンで、橋爪ははっきり、警官とこの映画を見ている観客の両方の視線の中に置かれる。夜の大都市の明るい照明の下に。彼は隠れ場所を必死で探すが、逃げ道はどこも強い光にさらされている。例えば、サイドカー付きの警察のオートバイの列は、そのヘッドライトが、明るく輝く白い点々として、ロングショットの画面に現れる。続いて、高い建物の前に立っている丸い電

図3-9　橋爪が警官から逃げるとき，街灯のショットが挿入される。『その夜の妻』（1930年）

気の街灯がロング・ショットで挿入される（図3-9）。まるで、次のショットで見せられる、暗い階段を駆け上がる橋爪の脚を照らしているかのようである。

　この街灯のショットは、ノエル・バーチが小津の典型的な「枕ショット」とみなすものだ。[113] ボードウェルはこの街灯のショットが、物語の「因果律に基づかない原理」によって挿入されている、つまり物語の展開に役立ってはいないと考える。[114] だが、この街灯のショットは、暗闇に身を隠そうとする逃亡者を追う眩しいサーチライトと同様の働きで、近代の監視システム——すべてを明るい光の下にさらし、警察の活動から隠れることができるものは何もない——を象徴しているとも考えられるだろう。とすれば、この街灯のショットは、物語の展開のための機能を担っており、ボードウェルの言う古典的ハリウッド映画の「因果律」から逸脱するショットとみなすべきではないだろう。映画史家のフランシス・ゲリンは、映画の照明に関する初の研究書とも言える『照明の文化——一九二〇年代のドイツにおける映画とテクノロジー』（二〇〇五年）の中で、映画における照明技術の使用を「物質」「題材」「指示対象」という三つのカテゴリーに分類しているが、[115]『その夜の妻』では、電灯はそのシーンの舞台を実際に照らす「物質」として、そして一九三〇年代の東京に普及していた電灯文化を表現する「題材」として、さらに、常に存在する警官の視線と監視システムを示す社会政治的な「指示対象」として使用されていると言えるだろう。

　この街灯のショットの後も、橋爪はサーチライトを避けようとし続けるが、結局、うまくいかない。カメラは強いスポットライトとともに、執拗に彼を追いかける。通りや建物の壁に橋爪の身体の影が落ちる。高いビルの横に隠れながら、橋爪は、輝くような白い手袋をはめた警官たちが集合するのを見る。だが、どんなに慎重に行動しても、彼の頭は明るい光の下にさらされているのだ。また、街灯に照らされながら橋爪はコンクリートの建物の下でうずくまる。再び路上の小石を神経質につかむ彼の手のクロースアップが横からの光に照らされて挿入される。[116] この追跡劇の最中、明るく照らされた電話ボックスが現れる。[117] 蛾が灯りに引き寄せられるように、橋爪はこの光り輝く電話ボックスに駆け寄り、その中に入ってしまう（図3-10）。続くミディアム・ショットでは、まるで橋爪が、上からギラギラした光を当てられた監獄の独房に捕えられたように見える。警官から身を隠すために橋爪は電話ボックスの中で屈んではいるが、この明るい電灯の下で彼の体は、まるで百貨店のショーウィンドウに飾られたマネキンであるかのようにも見える。橋爪は電話をかける。電話に出た医者は、彼にすぐに家に帰って娘の看病をしろと伝える。電話と照明という近代のテクノロジーが、このシーンのサスペンスを高めていく。電話は、二つの離れた場所を瞬時に接続し、電話ボックスの明るい電灯は、橋爪が身を隠すのを難しくする。ここでの近代のテクノロジーは明らかに二面性があるものとして表現されている。電話は娘の状態を知らせてくれる希望に満ちたライフラインであるが、その情報を手に入れるためには、橋爪はいわば危険な光の中へ自分自身をさらす必要があるのだ。

結局、橋爪はこれもまた白い手袋をつけた刑事に見つかってしまう。橋爪は捜索から逃れるためにタクシーに乗り込むのだが、その

図 3-10　橋爪は，明るく照らされた電話ボックスに駆け込む。『その夜の妻』（1930 年）

タクシーの運転手は変装した刑事だったのである（図3-11）。タクシーの中で、後部座席で不安そうに煙草に火をつける橋爪。その姿は、運転手の視点ショットとしてバックミラーに映る（図3-12）。マッチの火は逃亡者の顔を照らす。視点ショットは、巡査がその視覚で橋爪を捕えたことを示す。マッチの灯りとフレーム内フレームという構図が重要な役割を果たす。マッチの灯りというスポットライトによって、バックミラーというフレームの中に囲い込まれた橋爪の顔は、都市を監視する権力者——警察や衛生係——、そして映画観客が見つめる対象物となるのである。[118] このシーンで、電灯とカメラは、橋爪の身体や切り取られた身体の部位を「視覚によって監視する」シス

図 3-11　刑事が変装したタクシーの運転手。彼もまた白い手袋をはめている。『その夜の妻』（1930 年）

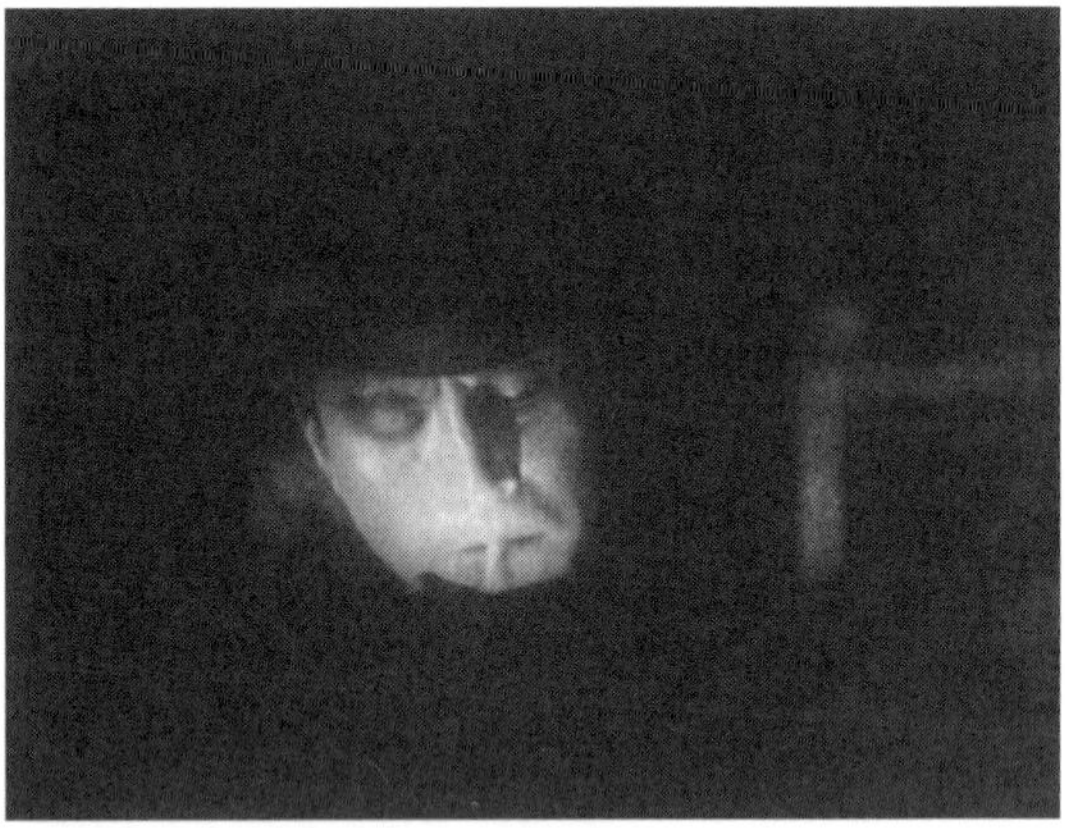

図 3-12　タクシーの運転手の視線によって，橋爪はバックミラーの中に捕えられる。『その夜の妻』（1930 年）

テムの存在を示すことに使われている[119]。

『その夜の妻』の物語には、警官の他にも「視覚的な監視システム」の象徴が存在する。警官が橋爪を追跡している間、橋爪の娘を診察している医師である。診察の後、医師は手を洗い、ハンカチで濡れた手をふく。そのハンカチは警官の手袋と同様、スポットライトによって白く光っている。映画の終わり近く、橋爪を捕えた刑事は、橋爪の部屋で娘の体温が記録されたグラフを見つける。医師の指示によって、人間の身体は、いわば視覚で判断可能なものに変換されているのである。

警官と同様に、医師も内務省の衛生係と結びついていた。明治時代から、日本の医療は主にドイツの技術に倣っており[120]、一九世紀の後半、特に眼科と外科の分野で日本の学生を教育するために、多くの医療の専門家が主にドイツから招かれた。そしてドイツで医学を学び、ドイツ語の Gesundheitspflege を翻訳して「衛生」という新しい言葉を作った長與專齋は、一八七二年に政府機関の中に医務課を設立した。

警察に追われる橋爪と医者に診察される彼の娘のクロスカッティングによって、両者がともに近代を象徴する存在から監視される立場に置かれていることが示される。『その夜の妻』の物語は、公共圏（ストリート）だけではなく私的な領域（アパート）も、技術的近代における監視の対象であることを示している。事実、ボードウェルによれば、一九二〇年代から三〇年代にかけて、東京市はすべての家庭の電灯を夕方につけて明け方に消すという方法で「管理」を行っていた[121]。物語の後半、タクシーの運転手に変装していた刑事が、橋爪のアパートに押し入る。橋爪を逃がそうと必死になる妻に、刑事はただ、「僕は其の筋の者だが主人は内かね」、「君の方では迷惑でも僕は職務上此処に居る必要があるんだよ」と言う。こうして公的な世界が、容易に私的な領域に入り込む。公的な領域と私的な領域は共に、新しい電灯の光に象徴される監視システムの下に置かれたのである[122]。

視覚の光と触覚の光

だが、『その夜の妻』が面白いのは、社会による個人の抑圧についての批評にとどまっていないことである。それと同時に、映画のテクノロジーやテクニックの可能性をダイナミックに追究している。つまり、『その夜の妻』は、一方では照明や撮影のテクニックによって一九三〇年代の日本の政治や経済の状況を批判的に描いているが、同時に、やりすぎなほど白く警官の手袋を輝かせたりすることによって、映画の近代的なテクノロジーを賛美してもいるのだ。この映画は、照明のきらめきによって、都市の生活——とりわけ夜のストリート——を活気と魅力に満ちたものとして表現する。つまり、視覚的なアトラクションとして照明の技術を使ってみせている。照明は、『その夜の妻』の物語に奉仕するだけでなく、照明そのものの存在を見せることで、魅力的なテクノロジーに満ちた近代産業や社会を表現してもいるのだ。[123]近代日本の電灯の技術により、『その夜の妻』は夜の大都市をスペクタクルとして描く。追跡のシーンは、照明によって、まさに光のスペクタクルとなっていると言えるだろう。光による興奮は、カメラと観客の双方を魅了するのである。

映画の視覚メディアとしての力が、ここでは劇的に表現されている。『その夜の妻』が原作にした短編小説であるオスカー・シスゴールの「九時から九時まで」には、夜の街路のシーンは一つもない。この小説は、アメリカの『ディテクティヴ・ストーリー・マガジン』一九二七年四月号に発表され、三〇年三月号の『新青年』に日本語訳が掲載された。松竹で数多くの小津作品の脚本を担当した野田高梧は、すべての出来事がアパートの一室で起こっていた原作に対し、夜のストリートのシーンを追加した。原作にも二、三カ所照明に関する記述があることは確かである。例えば、主人公の妻は娘を寝かせるために部屋のガスランプを暗くするし、翌朝には部屋に朝日がさし込む。だが、原作に街灯や警察のサーチライトの描写は存在しない。野田と小津が、スペクタクルとしての照明を追加したのである。
電気照明は、関東大震災からの復興を果たした東京で大きな存在感を持っていた。歴史家のジェニファー・ワイゼンフェルドは、「電灯の洪水は〔一九二〇年代後半の銀座の〕街路の光景をドラマティックな照明を使った演劇の舞台に一変させた」と記す。[124] 一九三二年の流行歌である「花の東京」は、同名の映画のテーマ曲で、眩い光で照らされたスペクタクルな空間としての夜の銀座の光景を魅力的に、かつ批判的に描いている。

夜の銀座は蛍籠
恋の心をちらちらと
招く光に招かれて
来て見る月の細いこと[125]

図 3-13　当時の映画館はイルミネーションの宮殿だった。「大東京」はその一例である

また、当時の映画館はイルミネーションの宮殿と言ってもよかった（図 3-13）。一九二七年、批評家・俵田辰雄は、「映画劇場と照明概念」というエッセイを雑誌『映画是非』に発表した。この中で俵田は、映画館は「暗い中にクッキリと泛び上らせ」ることで人々が引き寄せられるように「溢光照明」を使用すべきだと強く薦めている。[126]
都会の公共空間だけでなく、家庭内でも電灯はもてはやされた。例えば東京の神田で照明器具の製造販売業を営んでいた佐々木商会社長・佐々木真太郎は、一九三〇年に「照明芸術運動」を開始した。彼は次のように書いている。「主人の我儘勝手な個人的の趣味乃至はお金のかかる趣味は真の意味に於て今日の社会では本格的の趣味ではないと感じるのであります。それならば今日の社会に真の趣味は何であるのか？　これが照明愛：　照明芸術の発端であるやうに思はれます。誰の家にもある電灯を芸術化していく趣味電灯は生活の必需品であると共に趣味のものであります」[127]。二〇世紀の初頭から照明器具の普及を行っていた佐々木は、その土地特有《ヴァナキュラー》の芸術の様式のために光を使用することを強く主張したのである。

こうした一九三〇年代の東京の社会的、文化的な状況を考えると、『その夜の妻』は照明のテクノロジーを軸にしたアトラクションであったと言える。町の明かりが灯るところから始まり、それが消えるところで終わるという『その夜の妻』の物語は、所長の城戸四郎の意に反して、松竹蒲田での小津と彼のカメラマン茂原英雄が行った照明の技術とテクノロジーの実験と言えた。具体的に言えば、『その夜の妻』は、電灯とパンクロマティック・フィルムを意識的に使用しようとした最初期の例の一つである[128]。電灯は映画の前半の多くのシーンでロングショットで見せられる。製作の記録は残っていないが、おそらくパンクロマティック・フィルムを使用する以外に暗い街路を撮影する方法はなかっただろう。『キネマ旬報』に掲載されたこの映画についての批評では、この映画の社会批判的な側面についての言及はないが、その照明については「カメラ、現像、採光が素晴らしい出色さで画面に異様な光沢をだして」いると書かれている[129]。また、同誌の別の批評では、『その夜の妻』が撮影や現像や照明のおかげで「一寸パラマウント映画の風格を偲ばせた」と評されている[130]。

さらに、『その夜の妻』の意義は、松竹の商業的な映画で実験的に新しいテクノロジーが使用されたということにとどまらなかった。この映画の中で警官の白い手袋に当てられた照明は、映画史家のトマス・エルセサーがワイマール映画の照明を論じる際に「触覚的価値」と呼んだものと合致している。『その夜の妻』の照明は、社会批評として機能しているだけでなく、ワイマール映画や林長二郎のスター映画のように、感覚や知覚を意識させる使われ方をしている。エルセサーは、ドイツの映画スタジオ・ウーファ（Universum Film AG）の照明のシステムを分析して、次のように述べる。

照明は、スクリーン上のイメージを特別な発光体（光が当てられていると同時に光を放射している）にする。つまり、照明は原因であると同時に結果でもあり、能動的なものであると同時に受動的なものなのである。つまり、照明は物の「真正性」や「存在感」を示す一方で、その存在を「隠し」たままである。照明によって物や人間の俳優は「今、そこ」に存在するものとして表現されるが、さらに、フレームの外から、それらに存在感を与える照明によって、〔中略〕光る物は不吉な物になり、また神聖な物になる。〔中略〕光を当てられた物が、同時に光を発しているようになり、その特別な光が、その物に特別な「本質」が宿っているかのような幻影を生むのだ。(131)

ここでエルセサーが論じている触知性や触覚性は、ドイツ表現主義の映画やワイマール映画をめぐる同時代的な批評に見られる概念である。ウィーン大学の美術史の教授であったアロイス・リーグルが、この触知性の概念を提唱したのだった。彼は次のように述べる。

我々近代人は、「見ること」を感覚的な行為としてほとんど認識していないように見える。しかしながら、このことは感覚的な知覚というものなしには存在することができない芸術に対する明らかな脅威になる。まさにこの理由によって、前述の芸術の改革者たちは、感覚的な行為としての「見ること」を再認識するために何らかの刺激を、人々が受けなければならないと考えるようになった。〔中略〕いずれにせよ、我々が自然や芸術の中に存在する物の深遠さや境界、それらの特性を経験するのは、触覚を通してである。色や光のような光学的（視覚的）な特性と対比されるものとして、これらの物の特性を私は「触知性 tactile（tangle＝触るに由来する）」と呼んできた。(132)

ヴァルター・ベンヤミンは、新しいメディアとしての映画を分析する際に、このリーグルの触覚性と視覚性の対比を用いた。ベンヤミンは、映画のイメージが視覚的で非物質的な存在であるにもかかわらず、遠近感を混乱させうるカメラの機能のせいで、映画を見る者はカメラが撮影した物質と「触覚的」に結びつくと言う。(133)

ロベルト・ヴィーネの『カリガリ博士』(一九一九年)の批評的な成功に続き、一九二〇年代を通して日本の映画批評家や映画作家たちはドイツ映画に対する興味を持ち続け、そのテクニックやテクノロジー、そして理論について活発に議論した。(134)彼らは、ドイツ映画の照明とその重要性に気づいていた。少女向けの大衆雑誌でさえ、たびたびドイツ表現主義映画の理解や評価のしかたについての記事を掲載し、『カリガリ博士』のような映画における照明法や構図の重要性を強く訴えていた。(135)特に、ドイツ語に精通した若きマルクス主義映画批評家の岩崎昶は、ルドルフ・クルツの『表現主義と映画(*Expressionismus und Film*)』(一九二六年)を日本語に翻訳し、ドイツ表現主義の映画における照明法に関する議論を研究した。岩崎の翻訳は何年にもわたって『キネマ旬報』や『映画往来』に連載されたが、その早い段階で、彼はドイツ表現主義の照明についてのクルツの議論を翻訳している。それは実際にはクルツの著書の中間あたりで現れる議論である。「光が表現派映画に生命の息吹きを与へたのである。そして、表現派映画の一番困難な仕事はランプの位置、つまり配光の問題であった。そして現在、光の運動性や空間構成能力が明瞭に認識されるに至つたのは、表現派映画の否む可からざる斉なのである」(136)。

ドイツ映画の照明法は、視覚的であるよりも知覚的に評価されるべきだと岩崎は主張する。岩崎は、映画の光の「触感的価値」もしくは現象学的な機能を指摘した。一九二六年、ドイツ映画『ジルヴェスター(除夜の悲劇)』(ループ・ピック)について議論する中で、岩崎は「純粋に映画的な語法で、つまり大づかみに云つて了へば光と影と運動」と述べている。(137)彼の議論は照明とその機能に重点を置く。「黄昏から夜へかけて目まぐるしく変転して行く広場《プラッツ》の光学的な魅力――グル〱廻る広告用のイルミネーションや、ガードの上を絶えず右往左往する高架鉄道のむかでの様な明り窓、自動車《アウト》のヘッドライト、そんな各種の灯りの無限に複雑な組合せから起こる光の海の中を漂つて行く雑沓した交通の流れの裡に無意識に構成されるムーヴマンとでもいひたいデリケートな語感。〔中略〕それ等のものはこよなく映画的な基調である」[138]。エルセサーも論じていたように、光が作り出すこれらの光と動きによって、ドイツ表現主義の映画は「内界の表出」や「触感的価値」を成し遂げたと岩崎は結論づけた[139]。岩崎によれば、「内界の表出」や「触感的価値」は、「自然主義や写実主義」における「事物の単なる表面に過ぎない「外界の模写若くは再現」へ挑戦しているのだ[140]。

岩崎は、映画の触知性を強調するために「絶対映画」の概念を広く用いた。ワイマール期のドイツでは、ヴァルター・ルットマンが『作品I〜IV』(一九二一〜二五年)や『伯林——大都会交響楽』(一九二七年)などの作品の中で、「絶対映画」を実践していた。しかし、ルットマンは必ずしも触知性に焦点を当てていたわけではない。美術史家のウィリアム・モリッツによると、「「絶対映画」という用語は、「絶対音楽」という用語にもとづいてハーモニー、リズム、メロディー、対位法といった音楽それ自身が持つ本質的な要素以外のもの、例えば物語、詩、ダンス、儀式などに頼らない、バッハのブランデンブルク協奏曲のような音楽のことである」。また、モリッツは次のようにも述べる。「音楽もさることながら、映画はドキュメンタリーやフィクションとしての機能に偏っているように見える。両者とも、人間の活動をフィルムで記録するということに基づいていた。それに対し、絶対映画は、映画的意味だけによって表現されるものを見せる。聴覚による音楽と比較しうる、映画だけでなしうるものとは、流れるような編集によってリズミカルに調整したダイナミックな映像、ディゾルヴ、二重露光、画面分割、ネガとポジのコントラスト、色の雰囲気や他の映画的な仕掛けといった、視覚的スペクタクルのことである」[141]。

モリッツは、「絶対映画」という概念を、主にワイマール・ドイツの実験映画について語るために使用したが、岩崎はそれをメインストリームの映画にも拡大して用いた[142]。岩崎は映画製作者と観客との間の極度の「触覚的」な関係が「絶対映画」を完成させるだろうと主張した[143]。触知性とともに岩崎が主張した絶対映画という概念は、近年映画理論家のローラ・U・マークスが提起した「触覚的視覚性」の概念に近いものであったと考えられる。マークスは、触覚を連想する「手」のイメージに焦点を合わせるのは「あまり意味がない」と論じている。岩崎もスクリーン上の「手」の表象に関してはさほど関心を払っていない。むしろマークスは、現象学的なアプローチをとり、感覚的な接触の一つの形式としての見る行為（「目それ自体が接触の器官のように機能する」）に対して関心を示す。[144] 彼女は「映像そのものが触知できるような、まるで目によって映画に触れているかのような」方法として「触覚的視覚性」を定義した。[145] マークスにとっての「触覚的視覚性」とは、観客とスクリーン上の対象とが、「相互に作用し合う」[146]（言い換えるなら、距離を捨て去る）ような空間のことである。

岩崎は『その夜の妻』については具体的に何も書き残していないが、この時期の小津の映画――『大学は出たけれど』（一九二九年）から『生まれてはみたけれど』（一九三二年）まで――を、他の松竹蒲田で製作された作品とは区別して評価している。岩崎は、小津の映画が「あの「暗い谷間」の時代の失意の心理を、ほかのどの映画よりも直接的に反映していた」と指摘する。[147] 岩崎はおそらく『その夜の妻』を絶対映画と呼びたかったのではないだろうか。マークスが論じ、岩崎が示唆するように、手のイメージが触覚を呼び起こすために不必要であるとしても、特別な照明によって強調されることで、それらは触知性に関する視覚的な隠喩《メタファー》や指標記号《インデックス》となる。[148]『その夜の妻』では、手のイメージの反復によって、視覚性と触知性とが融合していくように見える。[149] エルセサーに従うなら、『その夜の妻』の特別な照明は、ぼんやりと暗い背景から前方に引き出された警官の手袋の、「今、そこ」にある「本物らしさ」や「存在感」を強める。また、手袋の過剰な白さは「光が当てられると同時にそれ自体が発光」しているように見せ、その光り具合は「特別な「本質」が宿っているかのような幻影を生む」。照明が生み出したそうした「物質性」は「新しく、常に分岐していて、これまで気づかれなかったような感覚的な知覚の様式を拓」いているのだ。

同時に、『その夜の妻』の中にある夜のストリートでの追跡劇は、光のシンフォニーと呼ぶことができる。それは、都市の「外界の模写若くは再現」を超越したものである。[150] この追跡のシーンは、ルットマンの『作品II』や

『伯林――大都会交響楽』での夜のシーンにおける「絶対映画」に近い。これらの映画では、抽象的なイメージやネオンサインなどの白く明るく輝くものが、黒を背景としたスクリーンの上に突然現れては自由に動きまわる。『その夜の妻』の追跡のシーンは、もし観客が街灯の白さや警官のオートバイのヘッドライトの輝きを目で追うだけであれば、白い電球による抽象的なアートのようにすら見える。追跡のシーンの大部分のショットに電灯が存在し、フレームの中で最もまぶしく輝いている点となってそれらが「暗がりの中を飛ぶよう」に観客の目をとらえる。[151] 追跡シーンの半ばにある一列に並んだ巡査たちのショットは興味深い。警官たちの白い手袋は、強い照明に強調され、半ばコミカルに、一直線に並んだ白い点の動きとして描かれるのだ。

エルセサーは、カール・フロイント（『最後の人』）やフリッツ・アルノ・ワーグナー（『M』）のようなドイツのカメラマンが用いた触知的な照明が、国境を越えて映画技術の発達に貢献したと主張する。[152] 実際、映画や写真、そして一九二〇年代後半から三〇年代の間に出版された雑誌の記事を通して、こうした撮影法を小津と彼の作品のカメラマンは強く意識していた。小津の後年の映画のほとんどで撮影監督を務めることとなり、『その夜の妻』では撮影助手だった厚田雄春は、ドイツ映画を見ることによって画調を学んだと述べ、「最初に思い出す〔映画カメラマンの〕名前はカール・フロイントだ」と語った。[153] 映画雑誌『映画評論』では、一九二七年の九月号にカール・フロイントのエッセイ「映画撮影の革命」の日本語訳が掲載された。このエッセイは、パンクロマティック・フィルムの出現と、彼がベルリンでそれを革新的に用いたことについてのもので、特にパンクロマティック・フィルムの開発以前には不可能であったロケでの夜間撮影についても触れられていた。[154]

また、熱心なアマチュア・カメラマンで、ドイツ製カメラの熱狂的なファンであった小津は、一九三〇年にライカ・カメラを購入し、写真雑誌『光画』を購読していた。この雑誌では、一九二〇年代の後半にドイツで始まったアヴァンギャルド写真運動を取り上げていた。小津は「兵器」と「静物」という二つの写真を雑誌『月刊ライカ』の一九三四年の一月号と二月号に寄せた。これらの写真は、松竹のスローガンのようにただ単に明るいだけではなかった。『光画』の編集者であった木村伊兵衛は、「兵器」を「その組合せは、よくコンポジションがまとまってゐるだけでなく、その写真から軍隊生活と云ふものが滲み出してゐました」と評している。[155]「兵器」では、正面左からの強いスポットライトによって、フレームの中で光と影による強いコントラストが作られている。皮製の箱の左側とナイフに光が当たっているが、くっきりとした影が左下方から右上方にかけて斜めに貫いており、いくつかの武器は完全な暗がりの中に隠れている。[156]光が当たった武器は暗がりの中で目立ち、「本物らしさ」や「存在感」が際立つ。さらに、エルセサーに倣って言えば、その照明によって特別な「本質」が宿っているかのようにも見える。

一九二〇年代後半から三〇年代初めにかけて、ドイツと日本の映画監督やカメラマンたちは国境を越えて、視覚メディアにおける触知性の感覚に惹きつけられた（同時代的近代性）。彼らは、映画における照明の多様な潜在能力を追求する一方で、製作会社の置かれた状況を考えて妥協したり、交渉したりもした。小津は、チャップリンやルビッチ、ヴィダーのような「おおむね全般照明に満足している」映画監督の映画を好んでいた。[157]ボードウェルは、小津が「自分のノートに描いた明快なイメージを再現するために、明るく鮮明な映像を求めた」と述べる。[158]だが『その夜の妻』はただ単に「明るく」「鮮明な映像」を用いているわけではなかった。厚田によると、小津は「画調にうるさい人」で、「フラット」な映像を嫌っていた。[159]また、厚田は、小津が映像をフラットにしてしまうからと言って、映画を着色するようにとの松竹からの要求を拒んだと述べている。[160]

つまり、『その夜の妻』は、松竹の現代劇製作における明るさを重視する方針と、東京の都市部での電灯文化の発達、そしてハリウッドおよびワイマール・ドイツ両方の撮影法・照明法に意識的だった小津が、交渉した末に完成した作品なのだ。

蒲田調の復活

そうした交渉の結果、『その夜の妻』はどのような結末を迎えたのか。白手袋の刑事は橋爪を彼のアパートまで尾行した。そこでは彼の病気の娘がベッドで眠っている。橋爪が逮捕されそうになった瞬間、彼の妻（八雲恵美子）が刑事の背後から銃を突きつける。追う者と追われる者、見る者と見られる者の関係が逆転する。だが、その瞬間から見る者となった橋爪の妻は、どれほど疲れようとも目をつむって眠ることはできない。夜を徹して娘の看護をする最愛の夫を逮捕させないように、目を見開いて刑事に銃を向け続ける。しかし、妻が眠ってしまったことを暗示するかのように、カメラは干された洗濯物に向かって左へパンし、朝日がアパートにさし込み始めた飾り窓で止まる。続くショットは、その建物の外壁に取り付けられた電灯が消えるのを見せる。強い朝日の下、牛乳の配達人がやってきて、空の瓶と牛乳が入った瓶とを交換する。カメラはアパート内に戻り、先ほどとは反対に窓から洗濯物に向かって右へパンする。カメラが、橋爪の妻が目覚めたのをとらえる。その瞬間、彼女は、刑事が自分に二丁の銃を向けているのを目にする。『その夜の妻』における光のスペクタクルはここで終了する。

その後の物語は、明るく照らされたアパートの部屋の中で展開する。橋爪は刑事に同行することを決心する。刑事は橋爪の娘が目覚めるまで、橋爪を警察署へ連行するのを待ってくれる。橋爪が刑務所に入るのは明らかなのだが、映画は驚くほど明るいトーンで幕を閉じる。橋爪たちを苦しい境遇に追いやった社会を改善するための方策が示されることもない。刑事は橋爪に煙草を勧め、二人は日の当たる通りを仲の良い友人のように腕を組んで歩く。——そこに手錠はなく、刑事は白く輝く手袋もつけていない（図3-14）。

ここには、映画の冒頭で街灯と暗い街路との強いコントラストを作り出したような照明も存在しない。ヒューマニスティックでメロドラマ的なハッピーエンディングは、まるで明るい太陽が、社会の問題をすべて解決してくれ

図 3-14　刑事は橋爪に煙草を勧める。『その夜の妻』(1930 年)

るとでも言っているかのようだ。映画批評家・岸松雄は、「小市民的な現実をあますことなく描破することが現在の〔松竹の〕企業組織のなかで許容されないとしてみれば、妥協だといはれ、煮え切らぬといはれようとも、メロドラマとリアリズムとの握手を肯定することことは悪いとは思はれん」と、皮肉な調子で述べている。[161]

このような「妥協」が蒲田調が成立する必須条件だったのだろう。『その夜の妻』と同じ一九三〇年に公開された『進軍』(牛原虚彦)も、明朗な蒲田調の例と言えよう。この作品は、一九二〇年に設立された松竹蒲田の十周年を記念するために製作された映画である。この映画の監督は、岩崎昶が、蒲田調の「最初で最も典型的な一人」と呼んだ牛原虚彦だった。[162]『進軍』のシナリオを書いたのは、『その夜の妻』でもシナリオライターを務めた野田高梧であった。どちらの映画も、労働者階級の貧困の問題を扱っている。『進軍』では、貧しい小作人の息子である孝一(鈴木伝明)が裕福な地主の娘の敏子(田中絹代)と恋に落ちるが、彼は自分が彼女にふさわしくないと感じている。それを克服するため、孝一は帝国陸軍付属の飛行学校に入学する。

一見、『その夜の妻』と『進軍』の照明は、正反対に見える。牛原は『進軍』について「画調は軟調で、きめが細かい。それがまた蒲田調の特徴でもありました」と語っている。[163] たしかに、『進軍』のほとんどのシークエンスは、明るい照明を使って「柔らかく繊細な」トーンで撮影された。地主の豪華な西洋風の家と、電球がたった一つしかない小作人の家の間に、明るさの違いはほとんどない。クライマックスの夜間の戦闘シーンでさえ、明るいハイ・キー・ライティングで撮影されている。戦場で負傷した将校が死ぬシーンは、揺れてちらつく病院のランプのクロースアップによって象徴的に描かれるのだが、この悲劇的なシーンもハイ・キーで照明が当てられている。『進軍』の中で照明が目立つのは、二、三のシーンだけである。戦場へ向かう前夜、孝一は敏子の家を訪ねる。敏子が明るい部屋の中にいるのに対し、孝一は家の外から窓越しにこっそりと敏子の姿を眺める。暗い屋外と強いサイドライトは、孝一の顔に暗い影を作り出す。

主人公がブルジョワ階級の女性と結婚して苦労の末に労働者階級の地位から脱け出すというこの映画が明るい照明を基本としていたのに対し、『その夜の妻』のコントラストの強い照明は、松竹作品ではない傾向映画のジャンルに属する『何が彼女をそうさせたか』（鈴木重吉、一九三〇年）により近いものとなっている。『何が彼女をそうさせたか』も、貧困の問題を扱っているが、『その夜の妻』の物語とは異なり、主人公は、ブルジョワ階級の人々による無慈悲な行いに苦しめられるばかりである。貧しい少女・すみ子（高津慶子）は、叔父によって曲馬団に売られてしまう。そこで彼女は新太郎（海野龍人）に恋をするが、二人の恋が成就することはない。二人は心中を図るが、すみ子だけが生き残り、教会の感化院に送られてしまう。院長の偽善者ぶりに落胆したすみ子は、感化院に放火する。映画の最後に示される字幕は、「何が彼女をそうさせたか」と問いかける。

『何が彼女をそうさせたか』の監督・鈴木重吉は、かつて松竹蒲田で牛原虚彦の助監督を務めたことがあり、この映画を製作する直前にヨーロッパから帰国していた。助監督の木村荘十二によれば、鈴木はヨーロッパでマン・レイの『ひとで』（一九二八年）やジェルメーヌ・デュラック『貝殻と僧』（一九二七年）のような絶対映画や純粋映画を見て、その実験的な手法に影響を受けたという[164]。

『何が彼女をそうさせたか』では、いくつものシーンで意識的に強い照明が使用され、それが光と影のコントラストを作り出している。『その夜の妻』と同様に、電灯は不幸な主人公を「監視」する役割を果たしているように見える。曲馬団を脱走した後、生き別れていたすみ子と新太郎が再会を果たす場面では、この場面の緊張感を高め

図 3-15　すみ子（高津慶子）は明るく照らされた電話ボックスに駆け込む。『何が彼女をそうさせたか』（1930 年）

るべく、照明は著しく変化する。シーンの冒頭で、壁に掛かった時計が夕方の五時を指している。雷鳴を聞いて怖くなったすみ子は窓から外を見る。雨が降り始める。すみ子は雨宿りをする新太郎が通りに立っているのを見つける。彼女は新太郎を家の中に招き入れる。すみ子がこのとき住んでいたのは（彼女の面倒を見てきたということになっている）琵琶法師の家であった。夜になると、天井の電灯（を再現したスポットライト）が、すみ子が新太郎に語る彼女のこれまでの悲劇的な人生を反映するかのように、壁に彼女の影を濃く落としていく。琵琶法師が帰宅し、ドアの外から若い二人を盗み見る。このとき、照明は極めてコントラストが強くなっている。サイドライトによって、ガラスのドアと障子が作る無数の線が、三人に格子状の影を落とす。新太郎が去った後、琵琶法師はすみ子に迫る。すみ子が若い男を誘惑して家に上げたと思い込んだのだ。屈辱を受けたすみ子は、明るい部屋を飛び出し、雨が降る暗い夜の通りへ駆け出していく。琵琶法師は彼女を蔑んで笑う。しかし、彼女は暗闇の中に身を隠すことはできない。『その夜の妻』の主人公と同じように、すみ子も街角の明るい電話ボックスに駆け込んでしまう（図 3-15）。電話ボックスの眩い電灯。続いて、電話ボックスの内側から見た、雨の街路を照らす明るい光をとらえたショットが挿入される。これは、すみ子の視点ショットだと考えることができる。彼女には、外の光が、必死で隠れようとする自分を探すサーチライトに見えるのだ。

『何が彼女をそうさせたか』は、もともと当時の松竹の社長・大谷竹次郎が製作する予定であった。しかし、木村荘十二によれば、松竹より小さい製作会社である帝国キネマ演芸株式会社（帝キネ）の監督であった鈴木重吉のもとに、その企画は持ち込まれた[165]。一九二七年に藤森成吉が発表して高く評価された戯曲を原作とする『何が彼女をそうさせたか』は、たしかに大谷にとって魅力的な題材ではあったが、そのあまりに左翼的な内容は、明朗路線の松竹には急進的すぎた。他方、『その夜の妻』のエンディングでの、主人公が自首し、刑事が優しくそれを受け入れるという道徳的な描写は、松竹の方針に完璧に沿うものであった。

『その夜の妻』のハッピーエンドは、もはや光と影のコントラストを強調せず、近代テクノロジーがもたらした監視とスペクタクルという二面性を表現してはいない。だが、映画の結末のあまりにも明るい照明は、映画の三分の二を費やして描かれた近代都市の夜の街路の光と影の強いコントラストによる社会批判を考えると、やはりそれも違う形での社会批判と考えることができるかもしれない。それは、「優しい心による抑圧」を明らかにしているとでも言えるだろうか。それは主人公の、太陽の光が持つような、「支配体制による全てを包摂する力への降伏」とみなすことができるのではないだろうか[166]。保守的な結末とそれを見せるあまりにも明るい光は、日本の近代における日常生活の矛盾を暗示していると考えることもできる。

このように、『その夜の妻』は松竹の商業路線に沿って作られた作品であると同時に、光や照明を感受性豊かに、また批判的に描いた歴史的な作品だと言うことができる。特に、この映画は、近代のテクノロジーや、テクノロジーが引き起こす社会問題を中心的な題材として扱っている[167]。電気照明のテクノロジーは映画の登場人物たちが夜の都市を歩き回ることを可能にし、同時にそれを撮影して観客に見せることを可能にした。この映画は、都市における見る者と見られる者との間の権力関係を批判的に描き、同時にそれを、光のスペクタクルとして見せてくれる[168]。『その夜の妻』は、一九三〇年代の社会の政治や経済の状況の矛盾を真摯に扱うため、社会批評と視覚的スペクタクルを結びつけ、「革新的で、挑発的」な作品となったのである[169]。

第4章　影の美学
——松竹、東宝、日本

闇の奥へ——林長二郎から長谷川一夫への変身

林長二郎が襲われた！

一九三七年一一月一一日の夕刻、東宝での初の主演映画『源九郎義経』を撮影中の京都撮影所からの帰り道での出来事だった。暗がりから見知らぬ男が現れた。その男は「林さん」と声をかけると、何の前触れもなく剃刀の刃で林の顔を切りつけた。林の左頬——美しい側——は血で染まった。ひどい痛みの中で、林は「鏡を、鏡を！」と叫んだ。林の主演映画では、いわば彼の顔によって敵は「斬られた」。しかし、このとき、林の命であったその美しい顔は、無残に斬られたのだ。(1)

証拠はなかったものの、この暴力事件は林の「裏切り」に対する松竹の報復であるとのうわさが広まった。一部の批評家やファンは、林が新しい映画会社である東宝への移籍を決断したことを、松竹への背信行為と捉えていた。(2)東宝は、映画ビジネスにおける松竹の優位に挑むため、他の会社からスターなどの引抜きを行っていたのである。東京の写真化学研究所（ＰＣＬ）や京都のＪ・Ｏ撮影所といった製作会社と、東京宝塚劇場や日比谷映画劇場、日本劇場をはじめとする約四百の劇場を所有していた株式会社東京宝塚劇場との提携は、一九三五年の三月までにすでに行われていた。いわゆる「東宝ブロック」の形成である。そして一九三六年六月に東宝映画配給株式会社が、次いで三七年八月には東宝映画株式会社が設立される。(3)それに加え、一九三六年に東宝は、松竹に対抗するため、五三七の映画館を所有する日活と合併しようとするが、それは松竹が阻止した。それに対し、東宝は一九三七年三月に林長二郎や大河内伝次郎といったスターを松竹や日活から引き抜いていった。(4)

林の東宝への移籍の動機は、必ずしも金銭的なものではなかった。『キネマ旬報』の記事によると、彼が東宝と結んだ契約は、金銭的には決して旨みがあるものではなく、基本的には松竹との契約と同様のものであった。東宝での契約内容は、五年間に月給二五〇〇円、年に一回特別手当として二万円を支払うというものであった。一方、松竹では、林は月給二〇〇〇円と、映画一本につき一〇〇〇円もしくは二〇〇〇円の出演手当を受け取っていた。(5)彼は松竹で年間八本から一一本の作品に出演しており、月給に加えて年に八〇〇〇円から二万二〇〇〇円を得ていたことになる。さらに、林の松竹との契約は九月七日に切れており、一〇月一三日に行われた東宝への移籍は契約違反でもなかった。(6)林の移籍の主な理由は「その芸術的更生」にあった。(7)林は「私も既に三十歳、いはば人生の転換期に到達し、真に人として転換を画さなければならぬ時」と述べている。(8)林は、明らかに東宝の新しい照明システムの評判を念頭に置いていた。一九三七年四月の段階で、PCLはすでに松竹下加茂撮影所よりも多くの照明機材をそろえていた。下加茂撮影所が所有していた電灯の数は五キロワットが六個、三キロワットが九〇個、二キロワットが八〇個、一キロワットが一五〇個であった。それに対しPCLは、一〇キロワットのスポットライトが二個、五キロワットが六個、三キロワットが九〇個、二キロワットが三〇個、二キロワットのサイドライトが一二〇個、一キロワットのトップ・ライトが一五〇個、五キロワットのストリップ・ライト一六個、四キロワットのストリップ・ライト二個、一キロワットのコンデンサー・スポットライト五個、二キロワットのコンデンサー・スポットライト一〇個を備えていた。(9)

林の「芸術的更生」という強い願望は、東宝で叶えられることになった。まず名前が変更された。芸名であった林長二郎を松竹に返上し、東宝では本名である長谷川一夫を名乗り始めた。長谷川一夫のスター・イメージは、林長二郎のものとはまるで違っていた。どちらも照明に細心の注意を払うことで作られたものではあるが、林のイメージが艶やかな美貌を強調したのに対し、長谷川のイメージは影を強調していた。

長谷川にとって、そのようなスター・イメージの変化は予想外のものだったかもしれない。長谷川は、カメラマンの円谷英一（松竹で林長二郎のデビュー作『稚児の剣法』の撮影を担当し、長谷川が東宝に移籍したときにはすでに東宝に所属していた）から東宝についての話を聞かされており、円谷は東宝の撮影が松竹よりも「さらに見やすく」することを目指していると伝えていたが、影を強調することについては何も言っていなかったからである。[10] しかし、長谷川のスクリーン上のスター・イメージが変化したにもかかわらず、もしくは変化したからかもしれないが、彼のスターとしての格は、東宝でさらに上がることになった。[11]

長谷川の顔の傷を隠すため、影の強調が必要だったことは確かである。クロースアップで、ハリウッド式のスリーポイント・ライティングを用いて、流し目やお延ばしを見せることは難しくなった。だが、それとは別に、影の強調の背景には、「影の美学」という日本映画における新しい照明のトレンドの出現があったのである。林は必ずしも、「明るく楽しい松竹映画」というスローガンを体現するスターではなかったが、彼の顔は明るい松竹映画を代表していた。襲撃事件の後、病院のベッドの上で林が「皆様私は直ぐに立上ります。こんな事位で私は弱りません。恢復の暁には倍旧の元気で働きます。そして闘ひます。私達の戦ふ道は傍目もふらず仕事に精進する以外にはありません。明るい道が自らそこに開けていく事と信じて居ます。醜い、暗黒の精神も軈ては一掃されることでせう」と語っているのは象徴的である。[12] 東宝において林のスターダムは輝かしく復活する。しかし、それは「明るさ」によってではなかった。この変化は、日本映画史における映画照明とそれに関する批評の大きな転換点を象徴する出来事だった。長谷川が復活を遂げるのと時を同じくして、何人もの批評家や映画カメラマンが、松竹映画の明るさへの傾倒を批判し始めた。映画産業における松竹の優位が、ついに批判され始めたのだ。

映画撮影における「影の美学」は、一九三〇年代後半から一九四五年の間の主要な映画と批評の中にその姿を現した。「影の美学」は、戦時下の映画文化の複雑な状況を体現していたと言ってよい。それは、映画法や、軍国主義的で帝国主義的な国家による規制があったにもかかわらず、映画文化は一枚岩ではなかったことを示してもいる。「影の美学」についての詳細な議論に入る前に、もう少し長谷川一夫のスター・イメージと照明について見ておきたい。

『源九郎義経』の製作は、結局中止となった。その代わりに東宝での長谷川一夫主演第一作として選ばれたのは、菊池寛の人気小説を原作にした『藤十郎の恋』（山本嘉次郎、一九三八年）であった。歌舞伎俳優である坂田藤十郎の物語である。藤十郎は芸にのめり込むあまり、彼を愛する芸者のお梶を裏切ることになる。その結果、彼女は死を選ぶ。『藤十郎の恋』は、長谷川一夫と彼のファンにとって、まさに夢のような企画であった。まだ松竹に在籍していた一九三七年九月、長谷川は「私は出来れば『藤十郎の恋』をやらせて貰ひたかつたのですが。会社の方で検閲のことを心配しているので『土屋主税』になつたのです」と語っている。[13] それに先立つ一九三七年の六月には、ファンの左京小百合が雑誌『下加茂』に手紙を出し、次のように告白している。「何度読み返しても、幾度び心に浮かべても益々つのるもの――それは此の藤十郎の役を林さまにして戴きたいといふ望み……私だけかしらこんな我まゝ思ふのは――？〔中略〕ほんのりともつた朱塗の絹行灯。人妻お梶――藤十郎の世にも巧みな恋を打明ける言の葉と動作其れにまるつきり反した冷たい瞳がお梶の一挙一動を、刺すが如く喰入る」[14]。実際に、『藤十郎の恋』は大ヒットとなり、一九三八年の東宝映画の中で第三位の興行成績を収めた。[15] 批評家の飯島春雄は、映画の公開後十日間、東宝の主要な劇場であった東京の日本劇場と大阪の梅田劇場がともに「九十九パーセントの入り」であったと報告している。[16] 長谷川のファンたちは彼の復帰を待ち望んでおり、そうした人々にとっては作品の内容――暗いか明るいか――は副次的なものであったのかもしれない。[17]

だが、『藤十郎の恋』が公開された際、映画の中の長谷川を見た何人かのファンが驚いたことは確かである。長谷川に艶やかな照明が当てられることはなく、彼はいくつものシーンでかなり暗い場所にいた。あるファンは「キャメラ――全体に暗い」と指摘した。[18] 女性ファンの一部は「藤十郎のアップにも、且ての雪之丞の半分も陶酔出来なかつた」と不満を漏らした。カメラの位置が低すぎて、それが長谷川の顔を「ふくれ過ぎて」見せるとも、彼女たちは指摘した。[19] しかし、『藤十郎の恋』での長谷川のスター・イメージが、下加茂で出演した作品よりも「真実味」があると高く評価したファンも存在した。[20] わかな摩利というファンは、「今までの気持ちを全部かなぐり捨てゝ、加茂当時の華やかな芸風に一層の現実的な渋みを加へて吾等が前に出た藤十郎」と記している。[21]

『藤十郎の恋』の照明は、スターの顔を魅惑的に見せるという松竹下加茂での方針からは明らかに逸脱するものであった。『藤十郎の恋』でカメラマンを務めた三浦光雄は、そのキャリアの初期を松竹蒲田撮影所で過ごし、「素直なそして繊細な撮影術」で名を馳せた。[22] 三浦は『藤十郎の恋』でも、スターの顔に細心の注意を払っている。この映画の長谷川のクロースアップには、常に行灯や蠟燭、明るい障子などが添えられている。例えば、この映画における長谷川の最初のクロースアップ。藤十郎が楽屋で身支度をするシーンで、ほのかで柔らかなバックライトが、藤十郎の背後から障子越しに部屋にさし込む。藤十郎は右肩越しにカメラに頭を向ける。バックライトのおかげで彼の頭部の縁が柔らかく光り、左寄りの正面へ向けられるわずかに瞼を下ろした流し目が明るいキー・ライトをとらえる。さらに、キー・ライトを反射して柔らかく輝く丸い鏡が画面の大部分を占め、そこに映った小さな長谷川の像が、顔の左側（傷がある方）を見せる。これは、長谷川の顔の傷に対する観客の好奇心を満足させ、同時に下加茂で杉山公平や衣笠貞之助が作り上げた艶やかな照明を蘇らせるという、長谷川の顔を繊細に扱った撮影法であった。[23]

このオープニング近くのショットとは対照的に、『藤十郎の恋』の他のシーンでは、三浦は、長谷川の顔をことさら魅力的に見せようとはしなかった。それよりもむしろ、長谷川の顔や身体上に落ちる影を、その場の雰囲気を作り出すために重要な役割を果たすものとして丁寧に扱った。[24] クライマックスのシーンがその例である。藤十郎

図 4-1 行灯に照らされ，藤十郎（長谷川一夫）は流し目でお梶（入江たか子）を見つめる。『藤十郎の恋』（1938 年）

は、夕方遅い時間に暗い部屋で眠っている。画面の中央から右寄りに置かれた行灯の明かりだけが部屋を照らしている。お梶（入江たか子）が左から部屋に入ってきたとき、カメラは彼女も同じフレーム内に収めるために、左へパンする。そのせいで、行灯はフレームの外に出てしまう。部屋に入ってきたお梶は、藤十郎に着物をかけてやる。藤十郎が目を覚まして体を起こすと、彼の身体が後の壁に黒く威圧的な影を作り出す。それに続く藤十郎のミディアム・ショットでは、左側から彼の顔に行灯の光が当たる（図 4-1）。長谷川の顔の傷がある側が、このショットでは隠されず、むしろ光が当たって真っ白に見える。彼の両目は――かの有名な流し目と同じように――行灯からのサイドライトを反射して内なる情熱の火花を宿しながら画面の左側を見つめる。スリーポイント・ライティングは用いられず、彼の顔の右側はほぼ完全に影に覆われている。藤十郎はお梶に（偽りの）愛を情熱的に告白した後、立ち上がって、行灯をまわりこみ、床の上で泣いている彼女を残して部屋を出て行く。カメラが藤十郎の動きを追うとき、スポットライトが彼の背後に大きな暗い影をつくり出す。また、部屋の外を流れる川の水面が月光を反射してできた、波の光と影が彼の後ろで無気味に動く。このシーンでの長谷川の顔のクロースアップと照明は、スターのセックス・アピールを強調したものではなく、むしろ暗い部屋の行灯による現実的な光のあり方を強調したものであり、それに加えて藤十郎の心の中にあるたくらみを暗示するものである[25]。

これに続く最後のシーンでは、藤十郎に利用されたことを悟って傷ついたお梶が自殺したという知らせが藤十郎に届く。ここでの藤十郎の顔のクロースアップのモンタージュは、この映画で使われる、いわばレンブラント式の照明の最も目立った例である。

中央から右寄りの方を見ている藤十郎の顔（図4-2）。彼の顔の左側は影になっている。右側だけに光が当てられている。

藤十郎は真左を見ている（図4-3）。完全なシルエットになっている。彼の顔の輪郭と彼の左目の眼球の頂点に光が当たっている。

藤十郎の顔は真右を向いている（図4-4）。彼の頭部の後ろ半分は影の中である。彼の右目は光をとらえてい

図 4-2　藤十郎はお梶が自殺したことを知る。『藤十郎の恋』（1938 年）

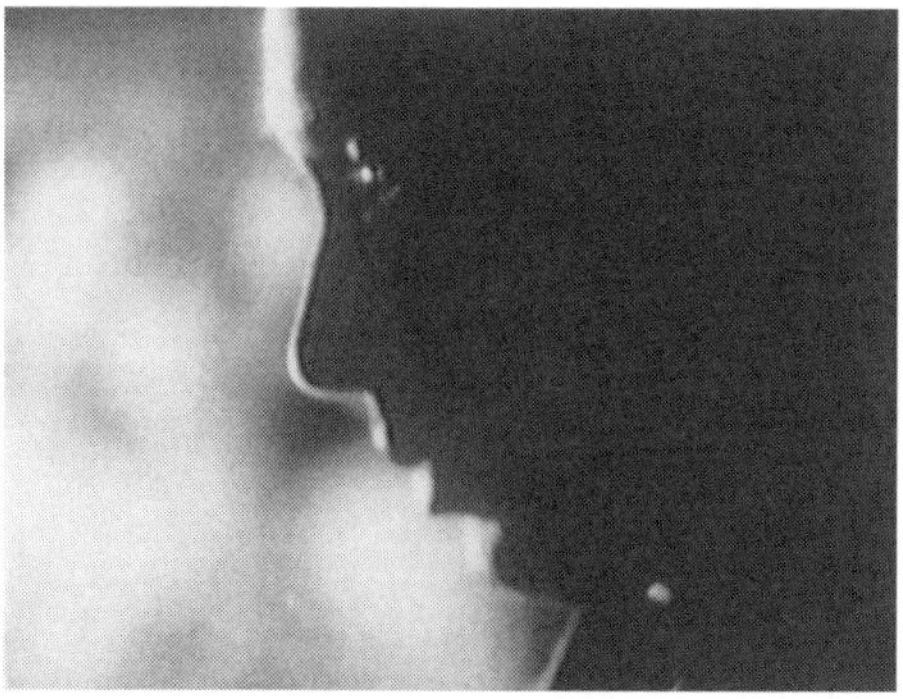

図 4-3　『藤十郎の恋』（1938 年）

図 4-4　『藤十郎の恋』（1938 年）

る。

カメラがミディアム・クロースアップで藤十郎をとらえる前に、これら三つの短いショットは少なくとも五回繰り返される。長谷川の顔の傷がある側に光が当てられ観客に見せられていることから、三浦が長谷川の顔の傷を隠すためだけにレンブラント式の照明を選択したわけではないことは明らかである。『藤十郎の恋』はリアルな光と影を強調するような照明を用いているのだ。

アメリカ撮影者協会（ＡＳＣ、一九一九年設立）に倣って設立された日本映画撮影者協会（一九三二年五月一日設立）の教科書『映画撮影学読本』（一九四〇年）に、三浦は照明法に関するエッセイを寄稿している。彼は、まずハリウッドの文献等を参照して映画の照明法の技術的原理を詳しく論じ、日本映画の照明に異議を唱えた。三浦は「この諧調といふものはいはゞ時間的な雰囲気描写であるから、映画の劇的効果を構成する為には無くてはならぬもので、この巧拙は作品に致命的な打撃を与へることになる。それ故に配光が重要視されるのである。ライティングは、劇映画に携はるカメラマンの特に深い関心を持たねばならないものである。与へられた脚本の意図と内容と構成を充分に検討して、表現形式とライティングの関係を誤りなく考慮する事が配光上のプランを樹てる上に必要である」と論じた[26]。三浦の議論は『シネマトグラフィック・アニュアル』の第一号（一九三〇年）に掲載された、アメリカ撮影者協会に所属するカメラマンのウィリアム・スタルによる「映画撮影とは本質的に照明の操作をすることであり、最も優れたカメラマンとは、被写体を最も魅力的に見せるために、レンズに反射する光をどのように操作すればよいかを知っている者である」という議論に倣ったものであった[27]。

三浦は、人物への「最も理想的な」照明とは、前方四五度、上方四五度からのものだと考えた。彼は次のように記している。「配光状態から言へば強弱二種類以上の組合せ、即ち集光型〔スポットライト〕と拡散型〔比較的均等な明るさを与える〕及び補助光〔通称サイドライトと呼ばれ、光と影のコントラストを和らげる効果をもつ〕の配合を理想とする」[28]。これは、スタルが理想の照明について次のように論じていたのとほぼ同様の内容である。「前方四五度の照明がある。これは通常最も有効で、最も自然な方法で立体感と皮膚の質感を引き出す。〔中略〕一般的に、これらの照明〔フラット・フロント・ライティング、サイドライティング、前方四五度の照明〕が組み合わされて使用されるべきである。そして少なくともこのうち二つの光源が使用されるべきである」[29]。

三浦は「照明方法に言及すると、自分としては徒に外国映画の模倣に堕して華美な明るさを特に日本間に持ち込む事は危険であると思ふ」と続ける[30]。三浦は次のように日本映画の照明を批判した。

> 日本座敷の採光方向は概ね廊下からの反射を主としてゐる。室内の照明は上方は以外に暗く下部は非常に明るいといふ状態である。殊に室内の色合が暗色気味なのが普通である。洋間に対しては大半アメリカの採光法に準じて差支へないだらうが、日本間のみが持つ落ち付いた単純化光線が調和を保つ為に必要であり、現実感を深める為に役立つ。〔中略〕日本座敷に於いては頭の頂邊から強い光線、所謂ハイライトを打つかけるやうな乱雑な配光法は極力避けるべきである。〔中略〕薄暗が夕の日本座敷に流れ込む単純な軟かい光線の美しさ、これが我々に尤も親しまれてゐる明るさなのだ[31]。

このエッセイが発表される前に撮影された『藤十郎の恋』の中で、三浦はハリウッド式の照明をそのまま用いたわけではなかった。この映画の照明は、いくつかのシーンではハリウッドのメロドラマのように、登場人物の心理状態を際立たせるために用いられているが、同時にそれは、空間のリアリズムを強調《ハイライト》するためにも用いられているのだ。

日本映画技術協会の島崎清彦は、「キアロスクロ」や「稍強目加減のレンブラントを基調にした屋内人物のライティング」を「完璧な空間の雰囲気」を作り出すために用いたとして、三浦による『藤十郎の恋』の照明のリアリズムの試みを高く評価していた[32]。島崎は、楽屋裏の廊下のシーンの照明をリアリズムの観点から「その最も大きな失敗」と述べた。島崎には、この場面が「蠟燭や行灯の照明下に置かれたものでなく電灯のついてゐる現代式の屋内光線状態」に見えたのだ。だが一方、廊下を歩く藤十郎の顔に作り出された光と影を賞賛した。島崎は、この光と影の使い方を、『ゾラの生涯』で一九三六年のアカデミー賞を受賞したハリウッドの映画カメラマンであるガエタノ・ゴーディオが提唱していた「精密配光法」の好例とみなしたのだ。(33)『ジャーナル・オブ・ザ・ソサエティ・オブ・モーション・ピクチャー・エンジニアズ』に掲載されたゴーディオの一九三七年八月のエッセイ「映画照明における新しい視点（A New Viewpoint on the Lighting of Motion Pictures）」を、ちょうど島崎は日本語に翻訳したところだった。その訳文は雑誌『映画と技術』に掲載された。(34)

筆者の方法は陰影部の部分を目標に置いたもので、スポットライトの光線で希望の明るさを作るのが骨子になつてゐる。これは重要な事ではないかと思ふ。実在の世界には普通は全然暗黒な影となつたものがない。一般には最も暗い陰影部でも多少は光を反射してゐて、従つて少なくとも物の見当ぐらゐは分るものである。影の細部を明瞭に見抜くことは出来ないかも知れないが、蔭に何かあるか位はたいていの場合想像がつく。

けれども写真となると全く趣が変つて来る。フイルムに露出を与へるある程度の光が反射してゐなければその部分の画像は何もない暗黒の部分となるだけである。と云つてその部分に余り多くの光を反射し過ぎると全然陰影部は失はれてしまふ。

これ即ち私が陰影部の配光を基礎として新しい配光法を創始するに到つた理由である。最近の照明器具は希望以外の方向範囲へ殆んど迷光を漏らさない、或は全然迷光なしと云つてもよい程であるから、それ等から来る光は一定範囲外へは全然作用しないと見てよい。従つて陰影部には陰影部に必要な程度の照明を正確に行ふことが出来る。そして陰影部から中間調を高輝部まで自然な調子を出すことが出来るのである。〔中略〕この様な映画配光法の見解を以つてすれば従来よりも自然なライティングが出来る筈であるし、〔中略〕私の最新作「風雲児アドヴァース」及び「ゾラの生涯」に於ける大抵の移動撮影では、人物に余り明るく照明しない部分を歩かせ、ハイライトと造形的な効果は如何なる点から考へてもまさしくハイライトである可き範囲内に集めて、出来るだけ自然の効果を再現するように配光した。〔中略〕

以上によつてこの種の配光法が当然シーンの構図と最も密接に組合はされなければならない事は明白であらう。大体構図なるものからして単なる幾何学的な線やマッスや物だけの問題であつてはならない。構図は配光の中にも考へられなければならないし、反対にライティングはコンポジションの中にも入れて来なければならない性質のものであつて〔中略〕此処に記載した技術は従来の全般照明・プラス・スポットライト照明の技術に較べて照明角度が多い訳でもなし、多くの照明器具を必要とする訳でもない。高度の照明レヴェルを必要とする方法に較べれば原則としてずつと低いレヴェルでよい[35]。

ゴーディオが「正確な照明」と呼ぶのは、構図の中で影を用いることで自然さを実現していく方法であった。島崎にとって、ゴーディオが言う影によるリアリズムの実現は、「高度の照明レヴェル」を必要としないという点で、日本で実現可能な照明の理想的なモデルであった。

また、島崎は、ハリウッドの映画監督であるエルンスト・ルビッチとカメラマンのヴィクター・ミルナーの間でおこなわれた、映画撮影のリアリズムをめぐる論争についても論評している。ルビッチは、『望郷』（ジュリアン・デュヴィヴィエ、一九三六年）と『大いなる幻影』（ジャン・ルノワール、一九三七年）という二本のフランス映画に感銘を受け、『アメリカン・シネマトグラファー』の一九三八年二月号で、ハリウッドの映画撮影が「理想化」されすぎていることを批判し、フランスの映画産業が物質的、技術的な限界があったにもかかわらず、スクリーン上に「リアリズム」を実現したことを賞賛した。ルビッチは「この二本の映画に見られる、スクリーン上の効果は、カメラマンがカメラによって真実を撮影することを可能にしたかのようである。〔中略〕それに比べて、平均的なアメリカ映画では——B級映画でさえ——フランス映画と同じくらい本物らしいセットを作ることができるだろうが、我々の撮影手法は、いつもそれらを理想化して映してしまいがちである」と述べる[36]。

一方、『ラヴ・パレイド』や『モンテ・カルロ』といった作品でルビッチと組んだミルナーは、ハリウッドの「俳優やカメラマンは雇い主に奉仕すべき」という見解に基づいて、ルビッチの映画カメラマンに対する考え方に反対した。ミルナーは次のように記している。

人気のあるスターが単なる人間や、単なる美しい男優や女優ではないということは事実である。彼らは、プロデューサーやその撮影所のとてつもなく大きな金銭的な投資の対象である。その投資の対象は何としても守られなければならない。〔中略〕言い換えれば、雇い主の投資の対象を守るために、カメラマンは、スターが若く美しい姿で映画に登場するために全力を傾けなくてはならないということだ。〔中略〕カメラマンは、そのシーンをいかに撮影するかという自身の考えよりも、実際には三〇歳で、四〇歳に見えるかもしれないスターを、スクリーン上に燃え立つような二〇歳の姿に見せることを最優先させねばならない。そのような状況——現在においても、これまでにおいてもずっとあまりにもありふれたものだが——においては、残酷なまでに率直なリアリスティックなカメラワークの出る幕はない[37]。

島崎はルビッチに賛同し、「我々のアメリカ映画に対する感じや撮影技術の本質に対する考へからすると、彼の言葉は妥当であり、賛成である」と主張した[38]。島崎は、明らかに照明におけるリアリズムを重視していた。島崎と三浦の立場は、完全に一致するものではなかった。三浦はアメリカと日本の空間的な違いを強調し、その違いを適切に表現するためには異なる照明法を導入する必要があることを主張した。一方で島崎は、スターのセックス・アピールよりも、「完璧な空間の雰囲気」をより優先する立場をとった。だが、両者とも、照明は空間のリアリズムを実現させるという考えでは一致していた。島崎は、ハリウッドの主流の照明とは異なる方法を模索した。三浦も、自分の仕事をハリウッドの照明技術とは区別しようとした。島崎も三浦も、ともにリアリズムという視点から日本における支配的な照明のスタイル——明朗な松竹映画——に挑もうとしたのだ。

しかし、東宝という映画会社が、容姿の美しさよりも影を重視するリアリスティックな照明が大スターの映画にふさわしいという確信を抱いていたわけではなかった。『藤十郎の恋』の暗い照明に対してファンが不満を漏らしたため、その後に製作された長谷川のスター映画では、下加茂調の撮影が再び採用された。長谷川の二作目の主演作『瞼の母』（一九三八年）の監督は近藤勝彦、カメラマンは伊藤武夫で、ともにかつて下加茂撮影所で長谷川の映画にかかわっていた人物だった。この映画の最初の長谷川のクロースアップでは、ハリウッドのスリーポイント・ライティングが復活した。夕方の屋内のシーン。番場の忠太郎（長谷川）は、仲間の母親に助けてもらいながら、自分の母親へ宛てて手紙を書いている。カメラはミディアム・ショットから忠太郎に近づき、彼の顔の右側をとらえたクロースアップに切り替わる。顔の傷がある側を避けて、長谷川は光がさすフレームの右側を向く。この「お延ばし」のようなショットで、キー・ライトが彼の瞳を輝かせる。彼の顔に落ちた影は正面からのフィル・ライトによってソフトになり、頭髪はバックライトによって輝く。それらの光がどこから発せられたものなのか、光源はよくわからないままである。ここでは明らかに空間の現実的な描写よりも、スターを美しく見せるための照明が優先されている。

同様に『鶴八鶴次郎』（成瀬巳喜男、一九三八年）でも、スターのための照明が見られる。この作品は、長谷川の東宝での三作目の映画で、もう一人の大スター山田五十鈴との初の共演作である。『瞼の母』に続き伊藤武夫が撮影を担当した。(39) この映画は、クレジットには書かれていないが、ハリウッド映画『ボレロ』（ウェズリー・ラッグルズ、一九三四年）のリメイク作品である。ある批評家は、『鶴八鶴次郎』が公開された際に、日本版の江戸の人情の美学よりも、ハリウッド版の方がより「率直な美」が描かれていると指摘した。(40) だが、スターへの艶やかなスリーポイント・ライティングは、どちらの映画でも主役の長谷川一夫とジョージ・ラフトのクロースアップのほとんどすべてに一貫して用いられている。『鶴八鶴次郎』は、批評家・山根貞雄が指摘したように、「鬱蒼たる木々の間からふりそそぐ陽光による光りと影の美しさ」がとりわけ印象的であった。鶴八（山田）や鶴次郎（長谷川）の顔と身体は「湖面に反射した陽であろう、淡い木漏れ日のような揺らめきで彩られ」ている。[41]そうした照明はバックライトとして機能し、二人の髪に光の輪を作り出しもした。

しかし驚くべきことに、ファンと批評家はともに『瞼の母』の艶やかな下加茂調の照明を「ワザ〳〵レベルを低くした様なもの」だと批判した。[42]あるファンは、この映画に失望して「瞼の母つてもう少し暗い感じを想像していたわ」と言った。それに賛同した別のファンも、「暗い本を明るく面白く見せようとして下加茂調をねらつたらしいんだけど、賛成しかねるわ」と述べている。[43]『鶴八鶴次郎』の撮影は一九三八年の七月一六日に始まった。[44]『瞼の母』が七月一四日に公開されたばかりであったため、この映画に対する反応はまだ『鶴八鶴次郎』の製作者たちの耳に届いていなかった。[45]そのため、同様の照明法が採用されたのだろう。

黒の凱歌——『婦系図』と『川中島合戦』

『鶴八鶴次郎』の数年後、長谷川一夫と山田五十鈴が再び共演した時には、二人を取り巻く状況は大きく変化していた。映画撮影で艶やかな照明はすでにあまり使用されなくなり、代わりにリアリズムと影とが重視されるようになっていた。ともに三浦光雄がカメラマンを務めた『婦系図』（マキノ正博、前編は一九四二年六月一一日公開、後編『続婦系図』は同年六月一六日公開）と『川中島合戦』（衣笠貞之助、一九四一年）は、その典型的な例である。『婦系図』は大ヒットし、その興行収入は、前編と後編を合わせて一一一万四七四円だった（興行収入は一〇三万九〇八八円の『ハワイ・マレー沖海戦』（山本嘉次郎監督、一九四二年）が、この年の、単独で最も経済的に成功した作品であった)[46]。『川中島合戦』は興行成績は振るわなかったが、批評的には成功した作品であった[47]。日本映画技術協会は『川中島合戦』を、この年の劇映画部門の優秀技術賞に選んだ。

戦時中に行われた『婦系図』の撮影は情報局からの妨害を受けていた[48]。その物語が問題とされたのだ。監督のマキノ正博によれば、「芸者の話などもってのほか、しかもこんなニヤニヤした映画は許せん」と情報局からの注意があったという[49]。マキノはそれに応えて、主人公の職業を戦争の遂行という目的に合うようにドイツ文学士から火薬研究をする化学者に改変した。ヒロインである元芸者のお蔦(山田)は、若き化学者の早瀬主税(長谷川)が国のために火薬を製造することの重要性をわかっておらず、単に花火を作っていると信じ込んでいる。映画史家・志村三代子は、この改変が、男の仕事を理解せずに男女の情愛のみを信じるヒロインの無垢さを強調することになり、戦争遂行のための男の努力の真剣さが矮小化され、むしろ戦時体制に対してアイロニカルに機能したと論じている[50]。志村によれば、「男の仕事」の国策的側面が、ヒロインの無垢さによって「センチメンタルで甘美なものに還元され」ているのである[51]。

しかし、『婦系図』の照明は、必ずしもそのようなセンチメンタリズムに奉仕するものではなかった。月下の湯島天神での有名なシーンが良い例である。研究に集中するためにお蔦との関係を絶つように恩師に言われた早瀬が、お蔦に別れを告げるこの場面は、「前編中の圧巻」である[52]。このシーンではわずかに二つのロング・ショットのみが用いられ、二つ目のショットはクレーンを使った極端に長いロング・テイクである。早瀬とお蔦は、奥行きのある構図で境内の梅の木の下を歩き、椅子に腰掛け、感情的な仕草で一人ずつ立ち上がり、連れ立って境内を出て行く。この長いショットは、始めから終わりまで一貫した照明で撮影されている。早瀬はこのショットを通してほとんど影となっており、お蔦は上方左から光を当てられているだけである。上方左からの光はおそらく月光を模したものだろう。ここにはスター二人を華やかに見せるクロースアップは存在しない(図4-5)。感情が高まってお蔦が袖に顔を押し当てて泣くときも、強調されているのは彼女の涙ではなく、画面の暗さである。このショット

図 4-5　ロングテイクで，早瀬主税（長谷川一夫）はお蔦（山田五十鈴）に別れを告げる。『婦系図』（1942 年）

が終わるときも、二人は画面の右にある極めて暗い一角に歩いて行く。その後の蕎麦屋の中のシーンでも照明はセンチメンタリズムを高めるためには使用されない。最初のロング・ショットで天井から吊り下げられた裸電球が示され、続くミディアム・クロースアップでの二人のショット／リバース・ショットは、その裸電球からの光を模したかのように、一方向からのみ光が当てられている。早瀬の顔の左側は暗い影の中である。彼の髪に輝く輪は見られない。この蕎麦屋のシーンの終わりで、二人は再び外に出て、ほんのわずかな電灯に照らされた暗い通りの端へと消えて行く。

　そして後編では、早瀬とお蔦は生きて同じ場面に現れることは一度もない。秋の夕暮れにお蔦が芸者の小芳（三益愛子）と一緒に湯島天神に戻ってくるシーンはあるが、その場面で早瀬はフラッシュバックでのみ登場する。この二度目の湯島天神のシーンは最初のシーンとは対照的に、より多くのショットが用いられている。スピード感のある編集（お蔦をとらえたロング・ショットからミディアム・ショット、ミディアム・クロースアップ、そして彼女の顔のクロースアップへ）、山田五十鈴によるヒステリックな演技、ドラマティックな音楽、そして過去の別れのシークエンスのフラッシュバックによる挿入といったテクニックが、お蔦の昂ぶった感情を表現し、観客がこのシーンに入り込みやすくしている。[53] しかし、照明に限って言えば、最初の湯島天神のシークエンスと同じように、暗い照明がここでも繰り返されている。左上からの月光を模した光が、お蔦が右を向いたときには、彼女の身体と顔をほとんどシルエットにする。唯一の例外は、蕎麦屋でのわずかなバックライトの使用である。前編でお蔦と早瀬が食事をしたのと同じテーブルで、裸電球の下でお蔦と小芳が会話をする。このシーンでは、自己犠牲を払うヒロインの髪に、繊細なバックライトが天使のような光の輪を作り出す。彼女は、早瀬の仕事の意義がわからない自分の愚かさについて語り、彼の足手まといになって捨てられるよりも、愛情があるうちに死ぬことを選ぶと小芳に告げる。この時の照明は、『婦系図』の中で例外的に、魅惑的で官能的なやり方でスターを観客に見せる。

この映画のエンディングでは、すでに結核でこの世を去ったお蔦が、火薬の製造に成功した早瀬の書斎に、幽霊として姿を見せる。ロング・ショットで画面の中央左寄りに置かれたガスランプがとらえられる。左下方からのみ照らされたお蔦の幽霊が立っている。早瀬は正面から見て右側の机におり、左からのみデスクランプの光が当たっている。短いミディアム・ショットの後、背後から撮られた早瀬のクロースアップ。これはお蔦の視点からのショットと言えるかもしれない。お蔦の存在を感じ取った早瀬は後ろに顔を向ける。デスクランプが机の上にあるため、早瀬の顔は完全にシルエットとなる。このように、新派の人気演目を原作にした『婦系図』は、メロドラマ的な内容であるにもかかわらず、センチメンタリズムを高めるために照明が用いられることはほとんどなく、空間のリアリズムに基づいた照明が一貫して用いられている。

一方、一九三四年版の『婦系図』は、新派映画を得意とした野村芳亭の監督、その当時日本で最も人気のあった女性スター田中絹代の主演で、松竹蒲田で製作された。この一九三四年版は、照明の点で一九四二年版と対照的である。松竹版の湯島天神のシーンは、主に早瀬（岡譲二）とお蔦（田中）のショット／リバース・ショットで構成されている。月夜のシーンであるのに、艶やかで柔らかいトーンのスリーポイント・ライティングが用いられたお蔦の顔のクロースアップ（図4-6）以外は、始めから終わりまで一貫して正面からのフラットな照明が用いられている。二人の影は常に背後の壁に見える。エンディングでは、お蔦は明るい光の下で早瀬の腕に抱かれて息を引き取る。『婦系図』は、まったく明るい物語ではないのにもかかわらず、一九三四年版の照明は「明朗な松竹映画」というスローガンに忠実に従っているのだ。

図 4-6　湯島天神にいるお蔦（田中絹代）はクロースアップで泣く。『婦系図』（1934 年）

ところで、画家・太田三郎は映画『川中島合戦』を「黒の凱歌」と呼び、「全巻に横溢している黒の魅惑」に注目した。太田は「特に極度に多く用いられている黒の量が、それ自身すでに一つの価値として意義ある感覚を贏ち得てをる」と述べる。例えば、崖から転落してしまった荷馬車の様子を足軽が見に行く森の中のシーンは、この映画の中で「最も暗く黒かつた」が「潤沢な漆黒の感情には、吸ひ込まれるやうなシヤルムがあ」ると太田は述べる[54]。同様に、東宝のカメラマン河崎喜久三は「〔三浦光雄は〕ロケーションの森林にトーンを合せられたセットの森林、暗い中に強い夏の光線と、同時に暗部のディテールの表現、最も困難なるシンプルな太陽若しくは、月光のエフェクト、それ等の画調のつながりに於て全たく破綻なく、スムースに調整されたトーン」を実現したと述べた[55]。

島崎清彦は、『藤十郎の恋』での三浦の仕事に完全に満足していたわけではなかった。『川中島合戦』についても島崎は、「これほどの暗さ、黒の連続に対して一般観客が快よく鑑賞に堪へるであらうか」と問うた[56]。だが、それに続けてこの映画を「洵に黒の魅惑であり、写真に於ける黒の美しさの壮重な交響譜」と呼び、「日本撮影技術史上に空前の大成果を建立した」と評価している[57]。そして「暗過ぎるとか、黒の中の細部描写に不足してゐるとか云つた不満の声もある様である。併し私は映画にあの暗さが在つてもよいし、細部の諧調を拒否した画調が在つてもよいと思ふ。黒一色に塗り潰した画調が、ロオ・キイだとする概念は勿論誤謬であるが、反対に常に黒の細部諧調が残されなければ撮影技術の価値がないなどとする余りに固定し過ぎた考へ方も誤りだと思ふ」と断言している[58]。

『川中島合戦』の暗さは、三浦が目指した、照明におけるリアリズムの成果であると言える。『川中島合戦』は、重い荷物を背負い、平原から林へと進軍する足軽たちを描く夜のシーンで幕を開ける。『川中島合戦』の手書きシナリオは次のように始まっている。


黒姫山近き山間の、ある宿――。

澄切った星空に、クッキリと山の線、夜明け近き頃――。

仄白き坂路に沿って、雪□特有の石のある□根が重なり合ってゐるのが、星明りと見える。雨後の、雨に洗われた石が路上に累々と見え、寂寞として人影なし。

〔中略〕

森の間道から、先駆する牙の一体が現れる。□の難行軍に、□□に疲労し、襲ひかかる睡魔と闘ひ悩んでゐる様子である。

その森の横の街道を、銃手、槍手、弓手などの足軽隊・附り〔つけたり〕歩兵隊、旗指者の徒歩武者などが陸続とくる。

裸に具足をつけ、汗にまみれ続け埃に汚れ、列を乱してゐるのは、悪路の為である。(59)


明らかにこのシーンは昼間撮影されており、擬似夜景、いわゆる「アメリカの夜」の技法が用いられている。夜間撮影をするには機材が不足していたのだろう。三浦が使用できたのはわずかに五キロワットのサン・スポットライトが三台、三キロワットのサン・スポットライトが一五台、ソーラー・スポットライト三台、二キロワットのサイドライト五台のみであった。(60) 冒頭のシーンの照明は、使用できる光源(すなわち太陽)を自然の風景のコントラストの強いトーンを強調するために利用している。三浦は、この映画の撮影記録の中で「即ち脚本内容の描かんとするものは太い線で一貫して流れる不撓不屈の民族精神の昂揚であり、類ひ稀な謙信と信玄両雄の一騎打ちにみる逞しい闘魂を、その儘全巻に強烈な力が脈打つ所に歴史劇『川中島合戦』の生命が有る、との見解の許に画調は飽くまで鮮鋭に然も永禄四年夏の物語である季節感をも含めて烈しいコントラスト調を狙ふ事に基本態度を決めたのである」と記している。(61) さらに三浦は、「永遠の沈黙を思はしめる夜の深さの中に異様な緊迫を漂はすべき意図の表現」を通して国民精神を表したいとも述べた。(62) 三浦は、たとえ視覚的細部が影に隠れてしまうとしても、強い影によってコントラストの鮮やかな日本の夏の光を記録することが、結果として日本の国民性を表現することになると考えたのだった。美術監督・久保一雄は「フィルムの日本的弱点、感光度の弱さから白黒のドギツイ感じを寧ろ逆用して、白黒の強いコントラストで押しきつた立派な作品」であると記し、さらに「三浦光雄氏の大胆な暗い画調は日本映画のエポックと云つてもいゝ」とも述べている。(63)

映画史家のダレル・ウィリアム・デイヴィスは三浦のこうした考えを支持している。「ロング・テイクのロング・ショットで、何千もの足軽や騎馬武者が足速に平野や林や草地を通過していくのが見せられる。彼らはみな風景に溶け込んでいる。太陽が少しずつさす深い森の中を、槍を携えて重い足取りで歩く足軽の一団をとらえたハイ・アングルのショットでは、木や槍に反射する光が見える。〔中略〕さらに、このショットは軍勢の大きさを強調し、また、木々の間を通り抜け、槍に反射して踊っているようにも見える日光は、画面を抽象的なイメージのようにも見せる。(64) こうした「壮観なスケールと視覚効果」の結果、『川中島合戦』の中の風景は「戦争の光景をむしろ換喩的《メトニミック》に」表現し、自然は日本の「歴史の賛美」のために使用されているとも言える。(65) 三浦には、デイヴィスが言うように、風景を歴史の賛美やスペクタクルのために使う意図はもともとはなかったかもしれない。照明機材が限られた状況下で、それは難しいことであった。むしろ彼は、ドキュメンタリー的に暗さを用いることにしたのではないだろうか。このドキュメンタリー的な方法は、『川中島合戦』の照明の中核を占めている。下加茂で多くの林長二郎映画の製作に携わった衣笠貞之助は、『川中島合戦』のドキュメンタリー性について次のように述べた。「今迄、製作された時代劇映画に於ける歴史映画は主として合戦にのみ重点を置いてあつたけれど、『川中島合戦』

は合戦に至る迄の軍勢の動き、輜重の動きから描き、如何に武士が交通・食糧の不便を克服して戦つたかを表現してみようと思つて居ます[66]」。

撮影中、「密林の暗さの概念を基礎にドラマを明確に摑み取る為の明さの判定殊に夜の暗さの限界に就いて表現の啻ならぬ難しさに少らず苦悶した」と、三浦は述べている[67]。「暗い陰」と「透明な緑葉の光」を使って森の「幽玄な視覚美」を表現することは、深い森に照明機材を持ち込むことができないため、「感度の鈍い被写体」である鎧武者の大軍勢を見せるのと同様に簡単なことではなかった[68]。そこで三浦は、「究極に於いてコントラストの状況に向つて更らに極端なディテールの抹殺を企て擬似夜間効果用フィルター、ラッテン、七二ガンマ及び二五Aの常識的使用を生ひ茂つた杉林の暗さの中に踏襲」することを決断したのだ[69]。ラッテン七二γ（擬似夜景撮影用）と二五Aフィルターは、硬質でコントラストが強いトーンを作り出すことで知られていた[70]。ハリウッド式の照明ではなく、三浦は、暗い月明かり——実際の月光ではない何らかの光源——の下、槍を持って森を進む軍勢を、「黒白の強烈なコントラスト」の中で、「剰へ光覚的リズムを生んで画面に潑剌とした躍動感」を与えて描写した[71]（図4-7）。また、三浦は武田の大軍勢を同じやり方でにして、漆黒の山の前に置いた[72]。「キラキラと無気味に光る槍先きを構図中唯一の僅かなハイライト」三浦の照明は、照明機材が制限されたロケーション撮影の状況を初めから想定しており、結果として、太田や河崎、島崎が注目した「影の美学」を理想的に実現することになったのだ。

図 4-7　暗い森の中を進む軍勢。『川中島合戦』（1941 年）

そして三浦は、スタジオ内での撮影でも彼のドキュメンタリー的な照明を変えなかった。九月一二日に東宝の撮影所でこの映画の撮影を再開した際には、日本家屋のリアルな描写のために、基調となる暗さを維持するよう力を注いだ。彼は、「日本家屋のもつ陰影深い重苦しい厚み」を考慮し、「ローキイ・トーン」の照明を選択し、「不自然な採光を避けて現実感の把握につとめ」た。彼は「人物が暗い」と批判されるだろうことも理解していた。[73] 三浦は、「描写の意図が那辺に在りやの疑問を招くが如き〔中略〕効果を与えたとすれば、〔中略〕指弾を甘えて受ける。〔中略〕基本理念を写真技術の一定領域、即ちロウ・キイ或はハイ・キイ共に豊醇な画調の完璧な操作を確保して進むべきものである事は〔中略〕申すまでもない」と記している。[74] だが、三浦は、「写実性を強調するにも限度あり」とも述べている。[75] つまり彼は、柔らかなグラデーションの中で人物を鮮明に見せるという、ハリウッドの照明のリアリズムを知らなかったわけではないのだ。三浦が『川中島合戦』で意図したのは、光と影によって日本の夏や建築の特殊性を記録することであった。

『川中島合戦』の主演は長谷川一夫だったが、太田や島崎、河崎は、長谷川にまったく言及しなかった。百蔵（長谷川）が足軽として登場し荷馬車を探し回っているシーンについても、「黒の量の過剰さから来る窮屈感を破る」のは、「繋がれた牛の尻尾のシルーエットの微かな動き」であると記すのみである。[76] この映画での長谷川の最初のショットは、シナリオに「懸命に馬の鼻先の手綱を引張ってゐる、これも汗だくの百蔵」と記されたミディアム・ショットである（図4-8）。[77] 荷車の車輪は道のぬかるみにはまっている。上からの光が、彼の体の左側だけを照らす。コントラストの強い照明は彼の顔のほぼ半分に影を作る。彼のどちらの目にも輝く光はない。このミディアム・ショットは、他の足軽たちをとらえたミディアム・ショットが続いた後に現れるため、観客の中には、百蔵を演じているのがスターの長谷川だということがわからなかった人もいただろう。スターの顔を観客に見せる松竹的な明るい照明は、ここでは明らかに放棄されている。

その後に続くシーンで、百蔵は荷馬車から落ちた飯炊き釜を探して森に駆け込み、足に怪我をしたお篠（山田五十鈴）と出会う。長谷川の最初のクロースアップは、お篠の怪我の手当をするときに使われる。しかし、左上方からの光が長谷川の顔の半分を完全な影にしてしまう。これは長谷川の左頬の傷跡を隠すためかもしれないが、スターを輝かせる照明ではないことは確かである。加えて、百蔵の顔には黒い泥と汗のメイキャップが施されている。シナリオでは「犬のやうな息を吐き、汗を拭く」と書かれている。[78] 百蔵が目を上げた際に、一瞬彼の目が光をとらえて輝く瞬間がある。だが、まるで監督が百蔵の顔を美しく見せることをまったく望んでいないかのように、すぐにカメラは彼の左側にパンし、彼が腰から外した小さな藁の袋を映す。

図 4-8　足軽・百蔵役の長谷川一夫。『川中島合戦』（1941 年）

太田は、馬が崖から落ちるシーンの照明は極端すぎると指摘する。辛うじて見えるほどの暗い光でしか見せられないからである。すべての人物が影の中に立ち、彼らの表情はよく見えない。百蔵だけは少し明るいところに立ち、馬が死んでしまったために浮かべた涙は小さく白く光って見える。だが、結果的にその涙は百蔵の顔をより汚くするだけである。

前述のように日本映画撮影者協会は、一九四一年の劇映画部門の優秀技術賞に『川中島合戦』を選出した。この映画が、「精細なる設計の許に困難なる擬似夜景」を達成し、「早朝。密林。等の優れたる撮影技術の効果」を上げたことと、三浦が「撮影者として三浦氏のもつ個性的な技法（三浦調）を打破して、新たなる方向を決して、ひたすら精進した技術的意欲は日本撮影技術に貢献する大いなるものがある」という理由からだった。[79] 日本映画撮影者協会が日本のカメラマンの「新たなる方向」とみなしたこの映画で、三浦が重視したのは「影の美学」であった。三浦は賞を受けて、「今更ら乍ら陰影の微妙な動きが如何に映画技術の中心を成す不可欠な表現要素であり、その暗さの限界に於て映画自体の生命を左右する重要なものであるかを痛感させられた。〔中略〕今後も暗さの限界にさまよつて力のある暗さの美を追求するつもりである」と記している。[80]

このように、長谷川一夫のスター映画には、特に照明の面で大きな変化があった。もはや長谷川に対して、お延ばしや流し目、華美な照明は使われることはなかった。リアリズムと影の美しさがそれらに取って代わったのだ。照明機材の制約を考慮し、日本の風景の美を国民精神と結びつけようとした三浦のドキュメンタリー的な試みは、「影の美学」の実践と言えた。一方、長谷川は、人気を回復できたものの、彼のスター・イメージの大変化には少し不満だった。長谷川は、「いくら兵隊物が流行しても、私やベルちゃん〔山田五十鈴〕は、きれいに撮られなければいけない役者やと思うけど」と語っている。[81]

この長谷川の発言は、映画の内容に対する軍国主義や国家の介入のはじまりを意味すると考えることもできる。一九三一年の満洲事変以後の軍国主義の高まりの中、映画法が三九年四月五日に公布され、一〇月一日に施行される。以後、軍国主義の影響が一九三〇年代後半の日本の映画文化に影響を与えていたことは確かである。一九三九年の映画法は、特に三七年七月の日中戦争開始以後の国家総動員体制の一部であった。[82]ダレル・デイヴィスによれば、この映画法の目的は、「映画の製作と配給において国体のイデオロギーが確実に表われるように」し、映画によって「日本が戦争に勝つための明確な日本人意識を養うことを助け」ることであった。[83]映画法は、映画産業を管理するための日本政府の試みであり、この法の下では、俳優や技術者、監督、配給者といったすべての映画産業に従事する者は免許制となり、映画人としての技能だけではなく、常に戦争遂行への政治的な関与も課されることになった。[84]特に長編映画は、撮影前のシナリオの段階で検閲を受けなければならなくなった。[85]

一九四〇年一二月には、東宝の小林一三が所有していた帝国劇場に情報局が設立され、四一年八月には映画臨戦体制が整えられて、映画産業に対する国家の管理はさらに強化された。日本政府は、もはや私的な企業に分配できる生フィルムはないと宣言した。一九四二年には、生フィルムの不足などのため、一〇の製作会社は三社（松竹、東宝、大映）に統合され、月に六本（各社二本ずつ）だけ作品の配給を許可された。生フィルムの使用の規制や、上映プログラムの縮少は、製作本数の劇的な減少につながったとされる。だが、それは作られるプリントの数の増加を意味していた。観客は、一週間に二本、政府が選んだものとはいえ映画を観ることになったのだ。[86]

小林一三のような映画製作者は、こうした「効率性」の点から、国家による製作や配給の統制を支持した。[87] 彼らはまた、映画法によって彼らの社会的地位が上昇したことを喜んでもいた。[88] なかでも東宝は、国策に最も順応した会社であった。[89] 例えば、松竹の城戸四郎との対談において、東宝のプロデューサー森岩雄は、「テーマの解釈の仕方」の重要性を主張し、検閲を通るために映画の内容を変えることをいとわない東宝の柔軟性を喧伝した。[90] 映画史家・藤井仁子は、こうした立場をとる東宝の映画ビジネスへの参入が日本映画産業の構造的再編成を引き起こしたと論じている。東宝の設立とともに、映画産業において初めて厳密な予算の管理が実現され、プロデューサー・システムが整い、製作・配給・興行の垂直統合が成し遂げられた。藤井は「ハリウッド型撮影所システムの日本への移入の、ほぼ完全な実現」だったと述べている。[91] 第1章で見たように、松竹は、当初ハリウッドの人材を招き入れたにもかかわらず、結局ハリウッド型のシステムに完全に移行することはなかった。新しく設立された東宝との競争の中で、松竹は東宝の「システム」に追従する必要があり、結果として、ハリウッド方式のシステムへの抵抗を断念した、と藤井は論じる。[92] そのような垂直統合のシステムは国家による映画の統制と適合するように見えたのである。

文部省が主導した国体イデオロギーは、すべての文化の作り手が二つの原則に従わなければならないと規定していた。一つは「日本回帰」であり、もう一つは天皇制やそれに基づく日本社会の階層構造を受け入れることである。「国体の本義」という言葉には、日本文化というものはこれまで忘れられていたが、それを再び創出する必要があるのだ、という意味あいがあった。歴史的な正当性に基づいて、戦争遂行のための国家による精神的な統合を実現することを国体イデオロギーは目指していたのである。映画産業は、外国の映画文化の影響を受けて退廃したように見える日本の映画文化を救うため、国策を遵守することに賛同したようにも見える。阿部マーク・ノーネスは、映画法に代表される政府による支配強化のプロセスにおいて、日本映画の形式が「現実の厄介さから離れる」ため、「高度に確立した」と論じる。[93] 東宝が掲げた二つのスローガンである「大娯楽映画」(『婦系図』)であろうと「大国策映画」(『川中島合戦』)であろうと、それらの一連の映画において目立つようになってきた影の強調は、そのような「高度に確立した」映画の形式の例とみなすことができるかもしれない。[94]

だが一方で、映画史家の志村三代子は、東宝の映画には戦時下の政府による映画統制への抵抗という側面もあったと論じる。志村は、とりわけ山田五十鈴とカップルを演じる際に生じる長谷川のロマンティックなスター・イメージが「「国策」を逸脱しかねない危険性を孕んでいる」と述べる。つまり、スターとしての彼らの魅力が増せば増すほど、「副次的な要素でなければならないはずの男女のロマンスが本来の主題をパラドキシカルに圧倒してしまうのだ」と言うのである。[95] 当時の批評家・田村幸彦も、長谷川の映画の人気が、検閲に対する「映画を観る一般大衆の無言の抗議」であったと主張している。[96] また、一九四三年二月、『東京朝日新聞』の批評家・津村秀夫は、一九四二年に東宝が映画の技術の点で「確実に他社を圧倒した」と述べた。津村はその「主たる理由は四、五年前にアメリカから映画機材の新品を輸入しておいたから」だとし、東宝の映画は「全く国籍の感じられない」、「魂の入らぬ綺麗事」が見られると批判した。[97] この津村の批判は、東宝の映画が「国策」から逸脱していたという志村の議論の傍証となりうるだろう。津村は、長谷川が李香蘭と共演したスター映画である『支那の夜』(伏水修、一九四一年)を「表面は尤もらしいオブラートに包みつゝつつも、内容は益々映画法実施の精神に逆行しつゝある。〔中略〕我が将兵が尊い血を流した大陸の戦跡を背景にして、白粉臭い男女俳優の滑稽極まる拙劣な痴態など延延と展開されては、国民の一人として憤懣に堪へぬ。物語そのものは〔中略〕日支親善の趣旨を持つものであるが、映画の力点は正視するに堪へぬサッカリン的な痴態と会話と、抗日支那人の出る幼稚極まる活劇的要素でしかない」と厳しく批判している。[98]『支那の夜』は「検閲で相当問題になつた」ものの合格したのだが、映画検閲が一九四〇年七月七日に強化されるきっかけともなった。[99]

長谷川のスター映画は、それらのほとんどが内務省の検閲を合格しながらも、一四歳以下の子供が見ることは禁止され、一般用映画ではなかった（これらの映画は「非一般用映画」に分類された）。にもかかわらず、それらは戦時中に男女問わず多くの観客を惹きつけた[100]（ここで言う一般用映画とは、日本の歴史的事実に対して疑問を抱くことがないか、国定教科書の内容と矛盾しないか、年長者に対し敬意を欠かないか、年少者を犯罪に誘い込まないか、残酷さや殺伐とした感情を起こさせないか、極度の恐怖や嫌悪感を抱かせないか、感傷的すぎないか、恋愛感情を煽らないか、想像力や好奇心を過度に刺激しないか、教育上問題がないか、といった基準を持つ内務省の検閲に合格した映画のことである）。[101]『支那の夜』は、一九四〇年の東宝の映画のうち最もヒットした作品である。[102]また、ハリウッド映画『影なき男』（W・S・ヴァンダイク、一九三四年）に着想を得た喜劇殺人ミステリー『待って居た男』（マキノ正博、一九四二年）は、長谷川と山田が出演し、一九四二年の四月から一二月までに公開された六〇作品のうち三位のヒット作となった。さらに、長谷川主演のやくざ映画『伊那の勘太郎』（滝沢英輔、一九四三年）は、一九四三年に最もヒットした作品だった。『伊那の勘太郎』はわずか五週間の公開であったが、興行収入は一〇九万六千円に達し、一五五万人以上の観客がこの映画を見た。[103]

また、藤井が主張する日本の映画産業における松竹から東宝へのヘゲモニーの移行は、必ずしもスムーズなものではなかった。まず、松竹映画は、一般観客の間で人気を失ったことはなかった。東宝映画が興行成績トップ一〇のうち五作品を占め、松竹映画は二本しかランクインしなかった一九四三年でさえ、松竹の興行収入は九九〇万三三九二円で、東宝の一〇三五万一六七九円とほぼ同額であった。[104]松竹映画は利益を生み続けていたのだ。『映画旬報』一九四一年一二月号に掲載された報告によると、松竹の「利益率」は一九三八年にはわずか八・四パーセントであったが、四一年度上半期には三一・五パーセントになった。この報告では「松竹も老舗の名に背かず高収益である」と記されている（一九四一年に東宝が六〇・四パーセントの利益率をあげ、松竹にかなりのプレッシャーを与えたことは事実であるが）[105]。第二に、松竹は、戦時下においてもその明朗調を守り続けた。映画史家の加藤厚子は当時の興行成績や、国家の映画政策と実際の映画製作の過程との関係を分析し、一九三九年の映画法が制定された直後は、日本映画の質・量はあまり変化がなかったと論じている。その例として、加藤があげるのが松竹である。城戸四郎は明朗調を断念するつもりだと宣言したが、結局は明朗調の「女性映画」が製作され続けたのだ[106]。

では、長谷川の不満発言を紹介した後にここまで見てきた二つの議論——国策による映画支配を前提とした議論と、そこでの抵抗の可能性を探す議論——には再考の余地はないのだろうか。長谷川と山田が出演する恋愛映画には、現実逃避という意味で、映画政策への抵抗の可能性が存在したことは確かだ。だが、どれほど長谷川と山田のスター映画が国策に対する反抗の可能性を秘めていても、同時にそれらの映画が映画政策に順応していたこともまた確かである。藤木秀朗が主張するように、『婦系図』や『川中島合戦』の例は、これらの映画が、決して国家主義や帝国主義のイデオロギーに対抗することなく、むしろそれらを目立たない形でかき立てていたことを示している[107]。明らかな戦争プロパガンダ映画に比べて、文部省からの推薦をめったに受けなかったり、軍の基地や学校、会社、地域での集団鑑賞のために選択されなかったりするこうした娯楽映画では、そのようなイデオロギー的な要素は見えにくい。しかし、だからこそ娯楽映画はより大きな影響力を持ちうるのである。

だが、そのうえで、本当にこれらの人気映画——新しい映画照明のトレンドを用いた映画——は、戦時下の文化精神を反映し、同時期の観客が自己犠牲を払う臣民となるように要求するイデオロギー装置だったのだろうか。まず、ここで登場した、「影の美学」は、日本文化の伝統に基づいていたかもしれないが、明らかな起源がそこにあったというわけではない。また、日本政府がそれを求めたわけでもない。映画法は映画のテーマまたは映画のスタイルを強要したわけではなく、この法律によって日本映画産業全体が国家主義化したわけでもないのだ[108]。

長谷川や山田のスター映画のような大人気作においてさえも、照明の新しい傾向が一九三〇年代後半の日本の映画に現れたことはまず事実として間違いない。これは、明朗な松竹映画に対して、時代劇の人気以後初めて映画産業の内部に起こった重大な変化の兆しであったが、この暗さの強調、あるいは「影の美学」を、日本的な美意識とみなしたり軍国主義的な映画の統制による支配的な美的表現と呼んだりすることは決して適切ではない。「影の美学」は複雑な生い立ちを持つものであった。まず、ハリウッド映画のロー・キー・ライティングに憧れる日本の映画カメラマンたちは、限られた機材しかないという日本映画の状況に失望していた。三浦が行ったドキュメンタリー形式の探究は、その状況を打開しようとする苦肉の策の一つだった。そこには、東宝と松竹の間の強い競争も存在した。そして、映画政策の影響力も確かに存在した。「影の美学」の背景にあるこれらすべての要因は、国枠主義や軍国主義の下で一元的であったと信じられていた戦時下の映画文化が、いかに多元的で複合的であったかということを示している。

結論を先に述べるなら、日本の映画カメラマンたちは、戦時中の日本が置かれた厳しい映画製作の状況下で、ハリウッドのようなロー・キーの撮影を実現することが難しいことに気づいたとき、利用可能だと思われた日本美術のある一つの側面——陰翳礼讃——へと方向転換し、「撮影技術に於ける日本的性格」という名目で彼らの選択を正当化しようとした。[109] つまり、彼らは戦略的に「影の美学」を国家主義的な言説と結びつけたのである。それは「日本的な」映画撮影を実現するために内から生まれてきたものではなかったし、彼らは、ハリウッドのロー・キー撮影を日本でも実現したかったのだが、日本で現実的に可能だった照明を、「影の美学」と名づけることでそれを自覚的に選択したと言えるのだ。日本もしくは日本的なものは、彼らがそれらを議論の中で言及するときでさえ、彼らの考えの中心にあるものではなかっただろう。

アーロン・ジェローは、戦時下で社会や文化についての議論がなされるとき、「普遍性と特殊性、東洋と西洋、そして伝統と近代性という対立の中に日本をいかに位置づけるか」という二元論に対する葛藤がいつも存在していたと述べている。[110] けれども、多くの映画カメラマンや映画技術の批評家には、これは当てはまらないのではないだろうか。彼らはハリウッドへの激しい憧れと日本の物質的な制限に対する失望、さらに、映画のカメラによって戦争を真摯に記録したいという思いの間で引き裂かれた状態にあったが、彼らにとって「日本」というものは、戦時下の映画撮影の現実を語るための口実にすぎなかったのではないだろうか。たとえダレル・デイヴィスが議論するように、戦時下の日本で「日本人と日本の生活を日本的に見せるための表現をしたり、それを明確にしたりするための精力的な取り組み」があったとしても、そしてまた「作家、芸術家、ジャーナリスト、勤め人、隣組、学生団体、婦人団体、少年少女団といったものすべてが真の日本の本質の輪郭線を描くことを特に目的としていた」としても、[111] 多くの映画カメラマンや批評家にとっては、そのような取り組みに加わることが彼らの主要な関心ではなかった。もちろん彼らに、そのような流れに対して抵抗する思惑があったというわけではないのだが。

映画産業が、多くの国策プロパガンダ映画の製作を行っていたことはもちろん事実である。この時期の軍国主義的なプロパガンダ映画には、ダレル・デイヴィスが「記念碑的様式《モニュメンタル・スタイル》」と呼んだもの、もしくは国家を神聖化する美学すら見つけることができるかもしれない。デイヴィスによると、「記念碑的様式」とは「伝統的」な美学スタイルの「流用」のことであり、「日本のナショナル・アイデンティティのモデルを普及させるため」に「古典的な遺産」を使用することであり、さらには、「真に日本的な」方法で映画観客に映画の理解のしかたを教えることである。[112] だが、繰り返しになるが、映画産業全体が国家主導の「日本らしさ」の定義や再構築という画一化された活動に同調していたということは疑わしい。ジェローも議論するように、「均質なナショナル・シネマというものを創造することを妨げる」「混淆性」が、この時期の日本の映画界には存在していた。松竹と東宝の違いだけでなく、多くの異なる映画製作のやり方によって、多すぎるほどの映画が製作されていた（一年に五〇〇本。これは世界第二位の数である）。また、特に地方では、映画に興味を持つ人はそれほど多くはなかった。[113]

むしろ、東宝が映画産業のニューフェイスとして表舞台に立った時に起こったことは、「ヘゲモニーの移行」ではなく、「興行界」における「対立する二つの団体」の発生であったと言えるのではないか。[114] 二つの大手映画会社による競争は、「影の美学」にも大きな影響を与えた。「影の美学」は、一九三〇年代の中頃までスタイル的にも経済的にも日本映画を支配していた明朗な松竹蒲田調とは別のスタイルが現れたことを意味する。「影の美学」の発展は、国粋主義や軍国主義の高まりよりも、むしろ、映画産業の内部での資本家同士の抗争——あるいはハリウッドのスタイル（東宝）対 歌舞伎の様式（松竹）——と強い関係があったのである。とはいえ、繰り返すが「影の美学」はハリウッドの照明技術の単なる模倣ではなかった。島崎清彦が雑誌『映画と技術』において『藤十郎の恋』での三浦光雄の撮影を賞賛した際、彼は日本映画技術協会の立場を代弁していた。広報誌『映画と技術』の初期の号で、日本映画技術協会は次のように宣言していた。「本邦映画界全技術部門の権威者を網羅する日本映画技術協会の会員となつてあらゆる映画技術の研究に正しき羅針盤を得られよ！」[115]。「正しき羅針盤」という語を使うことで、実は協会は、明朗な蒲田調に挑戦していたのだ。一九三五年五月、日本映画技術協会の評議委員は、伊佐山三郎（日活）、唐澤弘光（日活）、河崎喜久三（日活-J・Oスタジオ）、碧川道夫（日活）、三木茂（日本映画社）、三浦光雄（PCL）、三村明（PCL）を含む二三人の活動的な映画カメラマンから成っていた。立花寛一（日活多摩川撮影所所長）、植村泰二（PCL、自称東宝の社長）、増谷麟（PCL）、立花高四郎（警視庁検閲係長）、有賀輝・福島信之助（ともに写真化学を専門とする著名な化学者）らが顧問であった。そして常任理事は島崎を含む、土屋精之（映画技術を専門とする批評家）、宇野真佐雄（小型映画を専門とする批評家）、手島増次（小型映画作家）らであった[116]。すなわち、顧問にも理事にも松竹の関係者がまったくいなかったのである。唯一の例外が、松竹蒲田撮影所の映画カメラマンで現像の専門家でもあった田崎太郎だが、彼は一九三四年から三六年の間のどの映画にも名前がクレジットされることを拒んでいた。つまり、「影の美学」を松竹は共有していなかったのだ。そして日本映画技術協会は、検閲課長と化学者を顧問につけ、公的にかつ科学的に権威づけられた美学を作ろうとしていたのである。『川中島合戦』の例が示したように、協会は毎年「優秀映画」と「優秀技術」を選定し、賞を与えていた[117]。

「影の美学」は、まさに戦時下の日本映画の「混淆性」の重要な証拠だと言える。デイヴィスは、著書の冒頭で、

「記念碑的様式で注目すべき点は、その様式が日本の典型的な意匠や行為の形にあわせて、古典的な西洋の映画言語を「曲解《ベンド》」した点にある」と主張する。[118] この部分の後、デイヴィスは、この「曲解」という言葉に完全に戻ってくることはなく、この時期の日本映画がいかに「「いきすぎた」西洋化に対する反動」や伝統的な日本の美学への「回帰という「転向への経験」」を表象しているかに、より焦点を当てている。[119] だがデイヴィスが使った、「曲解」という言葉は興味深い。もし、この時期の映画カメラマンや技術批評家が、ハリウッド映画をいかに「曲解」しようとしたかを分析すれば、西洋化以前の日本の伝統 対 西洋化などという二元論を用いずに、戦時下の日本の映画文化の複雑な状況を描写することができるのではないか。「影の美学」は「真の日本の本質の輪郭を描く」表現ではなく、むしろハリウッド映画を「曲解」しようとした結果だと思われるからだ。

ハリウッド映画のロー・キー・ライティングの賞賛

「陰翳の美学」という言葉自体は、一九七九年に松竹の美術監督・芳野尹孝によって初めて用いられた。[120] けれども、その概念は、一九三〇年代後半の日本映画において、「黒の魅力」や「暗さの美」として映画カメラマンや批評家の間で広く受け入れられていた。

この概念が現れる以前、一九三〇年代の前半に、日本の批評家や映画カメラマンの間ではハリウッド映画のロー・キー・ライティングが大きな話題となっていた。[121] 一九三四年、日活京都撮影所やマキノ・プロダクションで働いたことがある映画カメラマン河崎喜久三は、次のように述べている。「ローキイ・ライテングの定義から言って、ローキイ・トーンは決して暗いライテングではないと思ふ。『ブロンド・ヴヰナス』『ブダペストの動物園』〔ローランド・V・リー、一九三三年〕其の他のリイ・ガームスの数多の傑作を見ても一寸暗い様には見えるが、依然としてハイライトよりシャドウに至るグラデーションはととのい、殊にシャドウのデテールは美くしい。〔中略〕絹糸の如く美くしく軟らかいハイライト豊富なシャドウとデテール、此の人のカメラこそ、我々を喜ばせ、同時に大衆観客にも喜ばれる最も本格的なカメラ・ウオークだと私は信じるものである」[122]。

一九四〇年までに、日本の映画カメラマンや批評家たちは、ロー・キー・ライティングがそれまでの映画撮影の歴史において最も完成度が高いスタイルであると考えるようになっていた。松竹下加茂撮影所の監督・星哲六は、一九四一年に「ハイキイだつた映画が、ローキイ・トーンに取つて変つた」と記した[123]。一九四〇年に大日本映画協会が発行した『映画撮影学読本』の第一章では、映画カメラマンの三木茂が、エジソンが自社のスタジオとしてブラックマリアを建設して以降の「映画技術の発達」を概観し、「滋味のあるビロードの様な影を実現した」映画カメラマンとしてガームス(『モロッコ』や『上海特急』)、バート・グレノン(『ブロンド・ヴィナス』)、ヴィクター・ミルナー(『私が殺した男』)エルンスト・ルビッチ、一九三一年)、カール・ストラウス(『ジキル博士とハイド氏』ルーベン・マムーリアン、一九三一年)の名前をあげて、彼らを賞賛している[124]。

この背景にあったのは、一九三一年二月五日にイーストマン・コダック社が発表した映画撮影用超高速度感光パンクロマティックフィルム・タイプ2であった。三木は、それをハリウッドにおけるロー・キー・ライティングの流行が生まれた重要な瞬間だと考えた[125]。感光スピードが、ブルーライトであれば七五パーセント、グリーンライトであれば二〇〇パーセント、レッドライトであれば四〇〇〜五〇〇パーセント速い乳剤が用いられた高速度感光パンクロマティックフィルム・タイプ2は、露出寛容度を延長し、白と黒のグラデーションをそれまで以上に多様にした[126]。三木の意図は、こうした「グラデイションの多角多様性」によって新しく出現したロー・キー・トーンと、高感度のパンクロマティック・フィルムの出現以前に存在していたダーク・トーンとを区別することであった[127]。三木は次のように記している。

日本映画の写真的暗さといふ問題を頭に浮かべると、私の印象は全く惨めでしかない。〔中略〕一、ヌケ。二、筋。三、俳優と云つた偉いオヤヂさん〔マキノ省三〕の言葉もさることながら、写真を暗く撮影される位、彼らにとつて恐ろしいことはないのだ。写真は明るくといふのが、どこの撮影所——会社——のカメラマンに対する絶対希望条件である。鉄則である。もしこの鉄則を犯さんか、日本のカメラマンは現行スタヂオから即刻退場を命ぜられるか、好意的に敬遠されクビになつて仕舞ふ。しかし、日本の映画も、立派な映画である以上、暗い感じに依る表現もしなくてはならないだらふし、芸術的なライトのもとに陰影も必要であるにちがひない。又はS・Sフイルム〔超高速度感光フィルム〕を使用してゐる限り、ロウキートーンに依る撮影効果も希望されねばならぬ筈である。すべては映画演出のみちのカメラマンの任務でもある。しかし、カメラマン対会社が写真に就いて多く言ひ争はれる原因は、「暗い」「暗くない」に就いてでだけである。「暗い」「暗くない」といふ言葉それ自身、何を基準におき、何を根拠に論ぜられて主張し合ふのか漠然としてゐるのである。ただこの場合慣習的にならされた見方に従ふだけの話である。「暗い」「暗くない」との言い争ひは、涯しなくつづき、いつ迄もつづく。〔中略〕ロウキイトーンも、ハイキイトーンも、ともに映画撮影技術の手段として自由自在に駆使されねばならぬ今日、「暗い」「暗くない」に就いて言ひ争はれるのは、実に愚かしき限りと云はなければならない。[128]

三木がこの主張をする際に参照したのは、一九三一年に『アメリカン・シネマトグラファー』の編集者ハル・ホールが書いた記事である。ここでホールは、光に対する感度が非常に高い乳剤を用いた「ファスト・フィルム」——特に、イーストマン・コダック社の高感度パンクロマティックフィルム・タイプ2と、デュポン・フィルム社のスペシャル・パンクロマティック——の出現について述べている。彼は「感光速度が上がったこととコントラストが強調されることを混同している映画カメラマンが多すぎる。これは重大な誤りである。映画カメラマンは芸術的な柔らかさによる自然な画調のコントラストを狙うべきだ。そしてこの柔らかさはフラットな照明では得られない。また、柔らかな照明は使われるべきだが、カメラマンがキープしたいと考える画調と光と影のコントラストを犠牲にしないように、標準的なバランスを大切にすべきだ」と書いている。[129] 三木は、このホールの主張をもとに、ロー・キーのトーンを実現するよう「バランス」をとるためには、十分な照明とセットで使われるランプの種類の多様さが必要となることを強調した。[130]

しかし、三木を含む映画カメラマンや批評家たちは、日本の映画産業の現状ではそれは難しいことを理解していた。『日本映画』一九三九年九月号で、批評家D・O・Cは、ハリウッドの映画スタジオにおけるロー・キー・ライティングを作り出すための、「日本の常識では考えられない」数の照明について指摘した。[131] 雑誌『日本映画』は、大日本映画協会の公式見解を定期的に発表しており、大日本映画協会は、映画業界と政府官僚との間の意見交換を促すために一九三五年に設立された組織である。[132] つまり、『日本映画』は、日本の映画製作者や批評家だけでなく、政府の見解も代弁していたと考えられる。『カスバの恋』(ジョン・クロムウェル、一九三八年)におけるジェームズ・ウォン・ハウの照明について、D・O・Cは皮肉を込めて、「照明主任と打ち合はせが行はれ、ものすごい台数のライトが天井のラフタアに放列陣を敷いた。〔中略〕正直なところ人々はみんな煙にむせんで呼吸がつまつて了つた。電気屋はライトの熱と煙で天井から転落しそさうにな」ったと述べている。[133] 一九三一年に、ハウは、彼が推奨するロー・キー・トーンを実現するための照明法について次のように語っていた。

ロー・キー・ライティングはいつも私のお気に入りであった。〔中略〕ロー・キーの効果を作り出すための主要な方法は二つある。一つは柔らかなデフューズ・ライトを基礎にし、適切なハイライトになるまで光を積み重ねる方法。もしくはまずハイライトを決めてそれ以外の部分に、適切な必要な影になるまで徐々に照明を暗くしていく方法でもよい。どちらでもよい。ただ、個人的な意見では、特に速いフィルム〔高速度感光パンクロマティック・フィルム〕の導入以降は、後者の方が私の好みである。そもそも、ロー・キーのために使うべき照明はそれほど多くはない。まずハイライトやモデリングライトを用意しておけば、最も良質なランプから「あふれた」光が必要な影をいつもキープしてくれるだろう。[134]

ハウが言う「それほど多くない照明」は、日本では十分に多い照明だったのだ。京都のJ・O撮影所の曾山直盛は、「アメリカ的〔撮影の〕方法を此の邦の人は学ばねばいけない。然し可能の世界は経済的徴力の為に半を喪失するであらう。不足のライテイングで、従つて浅いレンズで、想念とモチーフを形象化して行くには必然的にアメリカ的な仕上げ工作は犠牲にされねばならぬ」と書いている。[135]映画カメラマン小倉金彌も「〔スタンバーグは〕『間諜X27号』辺りなど、ライトの用意など周到なものでしたが、ひとつには〔マレーネ・ディートリッヒの〕顔かたちにありますね。それとライトの量と種類。ロウキイトーンは、沢山のライトをセーブして出したいところが、日本では仲々そう行かない。うちにも、五、三、二、と色々のスポットがあるが、足りないですよ」と述べていた。[136]日本の映画カメラマンや批評家は、映画撮影の理想と現実の間のギャップを解消するための方法を考えなければならなかった。

日本映画撮影者協会会長の碧川道夫は、『映画撮影学読本』の中の「カメラマンの生活と教養」という文章で「〔日本の〕建築と光の調和がもたらす品位とも称すべき陰翳の美しさに就いての観察が向けられて来る」と述べた。[137]碧川の文章は、日本の映画カメラマンがハリウッドへの憧れと日本の機材不足との間で苦悩に引き裂かれるなか、そのギャップを正当化するために日本的な美へと向かい始める最初の転換点とも言えた。

碧川は、この文章で、映画というモダンなテクノロジーによって、日本の伝統や自然の崇高さを取り戻すという綱渡り的な議論をしていた。彼は「われわれはもう一度伝統をみかへるべき時に来てゐる。われわれの生活が余りに根を持たない時流にのみ拠つて来た時に生ずる混乱を意識しはじめてゐるからだ。正しいカメラの眼が、文化映画の名称の下に、指導的意識え身構えつゝ明日の社会観のために啓発の任にあたらなければならない」と主張する。[138] ここで碧川は、「文化」と「時流」とをはっきり区別し、後者をハリウッド映画という意味で用いている。碧川が映画法の第一条を参照していることは間違いない。映画法の第一条は「本法ハ国民文化ノ進展ニ資スル為映画ノ質的向上ヲ促シ映画事業ノ健全ナル発達ヲ図ルコトヲ目的トス」というものであった。[139] 文部省の不破祐俊は映画法の下で「文化映画」を「教育、学術、国防、保険等に関するもので、然もそれは大部分劇的手法をとる劇映画にあらずして、主として記録的、写真的手法を持つた映画で、国民精神の昂揚に資し、或は直接に国民の知識の啓培、技能の向上に役立つ如き映画」と定義した。[140]

碧川は「文化意識の進展」のために、日本の映画カメラマンは「劇構成、心理表現」を「文学の世界」から学ばなくてはならないと主張した。[141] 碧川は、スタンダールやヘルマン・ヘッセのような巨匠の名前をあげた後、ジャーナリストで地理学者でもあった志賀重昂（一八六三〜一九二七）が一八九四年に著した『日本風景論』を強く推薦した。[142] 一九三七年に岩波書店から文庫版が再版されたことで、『日本風景論』は再び脚光を浴びていた。[143] 志賀は、西洋からの圧力に対して「国粋主義」を唱えた最初の人物として知られていた。彼は、日本人の生活の一部となっている日本の伝統文化には、地理学的基礎が存在していると考えていた。彼の目標は、国民意識と誇りを呼び起こすことと、世界秩序の急激な変化の中での日本の立ち位置について日本の人々の注意を向けさせることであった。[144] だが、国粋主義者の志賀が日本の風景の崇高さを賞賛するために、西洋の科学技術的な知識を採用したことは注目すべきである。

碧川は、志賀に倣い、西洋の映画撮影と照明の技術とテクニックに関する知識を自身の議論の中心に据えた。碧川は「映画に於いては、被写体としてうけとられる建築は光りといふ映画表現の最も重要な要素によつて、その生命を握られてゐるのである」と記す。[145] しかし碧川は、現実の日本建築の撮影についてはハリウッドの映画カメラマンもしくは照明係によって書かれた実践的な文章を参照するのではなく、谷崎潤一郎による日本の伝統的な空間における光と影に関する考察である『陰翳礼讃』に目を向けた。谷崎は、日本の美を「闇と云ふものと切つても切れない関係にある」と論じた。[146] 碧川は、谷崎が『陰翳礼讃』の中で日本建築と「日本人が陰翳の秘密を理解し光りと陰の使ひ分けに巧妙であるかに感嘆」したことを論じた箇所から四頁近くも引用している。[147] 例えば碧川は、谷崎が「畢竟、それは陰翳の魔法であつて、もし隅々に作られてゐる蔭を追ひ除けてしまつたら、忽焉としてその床の間は唯の空白に帰すのである。われらの祖先の天才は、虚無の空間を任意に遮蔽して自ら生ずる陰翳の世界に、いかなる壁画や装飾にも優る幽玄味を持たせたのである」と書いた部分を紹介する。[148]

ハリー・ハルトゥーニアンは「近代における日常の経験は、日本でも他の地域でも、絶え間のない変化（歴史的進歩と資本主義の法則）であり、それは確固とした価値感ではなく、幻想と欲望に基づいていた」と述べる。[149] そしてそうした状況では、「故郷喪失の感覚や現実逃避の望みによる人々の志気の低下」が見受けられるため、「戦間期には、こうした変化に抵抗し、確固たるアイデンティティ（ユニークな）を持てるようになる経験を確保することが歴史的な問題となった」と論じている。[150] ハルトゥーニアンによれば、「日本も他の近代化しつつあった地域と同様に、西洋的な進歩史観に対する嫌悪が、伝統的な文化の宗教的、美学的、文学的、言説的な実践へとつながった。そうした実践は、近代の資本主義的な社会が確立する前の時代の文化を評価しようとするものであり、人々（歴史的変化によって変わることのない人種や民族）の真正な体験（三木の言う「基礎的経験」）を伝えようとする努力だった。[151] さらにハルトゥーニアンは、谷崎らが「過去に日本の民衆の本質である共同体としての文化を探し求めた」と述べる。谷崎らにとって、「このような文化や共同体のイメージは、時間を超越して不変のものであった」と言うのである。[152] そして、こうした「文化の正統性や独創性・創造性の源を確認するような」議論が広くなされ、その結果、「文化精神」という考えも生まれてきたのだ。ハルトゥーニアンによれば、こうした流れは、「モダニズムのひとつのあり方」なのであり、「いわゆる「歴史の超克」によって、社会から、新しいもの、新奇なものに対する誘惑」を排除し、「近代社会の原動力となっている継続的な変化を止め」ることで、本質的な価値というものなように、谷崎の『陰翳礼讃』は――そして「影の美学」をめぐる議論も、そのような試みの一つだったのである。

ハルトゥーニアンが用いる言葉（「幻想」や「欲望」）が暗示するように、谷崎の『陰翳礼讃』は――そして「影の美学」も――当時の日本の風景や建築の実際の姿を正確に描写しているわけではなかった。例えば一九三六年に、ジョセフ・フォン・スタンバーグが日本を訪問した際、彼は「東京には、電飾、ことにネオン・サインが多すぎるやうだ、が、日本では、そんなに電気が安いのでせうか」と、光と影の隔たりに感銘を受けている。[154] その頃、日本はネオンサインの流行で世界のトップに立っていた。[155] 谷崎自身、『陰翳礼讃』の中で「欧洲の都市に比べると東京や大阪の夜は格段に明るい。〔中略〕恐らく世界ぢゆうで電燈を贅沢に使つてゐる国は、亜米利加と日本であらう」と認めている。[156] ミヤ・エリーズ・ミズタは、「日本」に「外部から来たもの、すなわち電灯によって生じた変化へのショックが、谷崎の『陰翳礼讃』の背景には存在する」と指摘する。[157]

その文化本質主義とも言える主張に、谷崎の「ジレンマ」を見出すこともできるだろう。谷崎は電灯に代表される近代テクノロジーに強く魅かれていた。それと同時に、彼は日本の現実も理解していた。[158] ミズタは、「純粋に暗さを賛美していたのではなく、西洋と日本、二つの価値観の間に存在する何かとして影を扱うことにより、彼〔谷崎〕は日本の美を「純粋なもの」として、また絶対的に西洋とは「違うもの」として考えることに反対もしていた」とも述べている。[159] 谷崎のこうしたジレンマは、ハリウッドの照明と日本の撮影機材の状況との間で悩む日本の映画カメラマンの現実でもあった。一九四一年六月、映画カメラマン宥吉輿は、谷崎とはわずかに異なるものの、基本的には同じ観点から次のように述べている。

近代建築は健康上からも、生活の手段からも、明るく明るくと考へられるので、時代劇映画の背景となる建築様相なり、明暗の感じは寺院などの暗さから想像せねばならぬが、当時はその暗さから生活が生れ、我国固有の精神文化も生れたのであらう。しかし乍ら、吾々時代映画の撮影者が考へねばならぬのは、考証的に様式化された明暗調を固持してその特殊的リアリズムを固執してゐたならば、近代科学の中に躍動する、新しく生れてくる映画観客大衆は、はたして満足するか如何か、我々にとつて新しき課題がこゝに生れてくる。[160]

谷崎は『陰翳礼讃』に、「早い話が、映画を見ても、アメリカのものと、仏蘭西や独逸のものとは、陰翳や、色調の工合が違つてゐる。演技とか脚色とかは別にして、写真面だけで、何処かに国民性の差異が出てゐる。同一の機械や薬品やフイルムを使つても猶且さうなのであるから、われ〳〵に固有の写真術があつたら、どんなにわれ〳〵の皮膚や容貌や気候風土に適したものであつたかと思ふ」と記している。[161]「影の美学」が誕生したのは、このような状況においてであった。[162] 限られた機材などの状況を正当化するために日本の伝統文化という考えが作られる。それは、ハリウッドのロー・キー・ライティングの流行を戦略的に「曲解」したものであった。

「曲解」についてさらに言えば、一部の批評家や映画カメラマンたちは、ハリウッドのロー・キー・トーンと日本で実現可能なダーク・トーンを区別するためにドイツ映画にも目を向けていた。ドイツ映画はロー・キー・トーンとダーク・トーンとの中間に位置すると考えられたのだ。一九三六年九月、批評家・宇野眞佐男はドイツ映画におけるダーク・トーンの使用を好意的に論じ、それをドイツの国民性と結びつけて、ハリウッドのロー・キー・トーンと対比した。宇野はそのようなダーク・トーンこそ、日本の映画製作者が見習うべきものと提案している。宇野は次のように述べる。

アメリカには所謂クリヤー・トーン(明調)、及び最近我邦などでも盛んに使用されてゐるローキー・トーン等の表現方式が主として採用されてゐる。〔中略〕撮影技術に於いても同様に暗調なキャメラの駆使と云ふ一つの立場を保持してゐる。〔中略〕此の暗調と云ふ表現形式が進展した最大の原因には経済的な問題が相当大きい。即ち、機械的設備、キャメラ、レンズ、レフレクター、スクリーン、ディフューザー及び電力、ライト等照明方面の不足が根本に横たわつてゐたのである。〔中略〕だから暗調と云つてもアメリカあたりで盛んに使用されてゐるローキー・トーンとは別個なものである。一見して同様な画調と考へられるが、発生を異とした点は非常に興味ある問題である。即ち、ドイツの場合、アグファのフィルム性質の欠点を補足利用して内容を巧みに表現した一方法であるが、アメリカに於いてはイーストマン・コダク、デュポント等のフィルム会社のSSパン式或はスーパー・Xの高感光度並びに超整色性を利用し、〔中略〕ドイツに於いては暗調と云ふ一つの調子が比較的他の調子に較べて抜き出て多いのである。此の調子はドイツの国民性に迎合してゐるのであらう。〔中略〕ドイツの撮影者で先づ第一に問題となるのは偉才カール・ホフマンである。〔中略〕暗い中にすべてを表現せんとする彼の意図はクリヤーの中でクリヤーに表現せんとするアメリカ映画に対して一つの存在価値を有してゐる。〔中略〕無限の暗闇の中に、内容的精神的に優れたものを持つてゐる。ここで一寸説明して置く必要があるのはアメリカのローキー・トーンである。それはフィルム並びにライトの完全な設備で黒色の中にまで多くのグラデーションを描かうとした一つの斬新な表現形式なので、シネマトグラフィック・サイエンスの立場からも非常に優れた一方法には違ひないが、外的表現は如何に完璧であつても内的なもの無くしては感覚に訴へないと云つた場合が度々生じてゐる。兎に角視覚にはつきり映じないハーフ・トーンの階調の中に認識出来るグラデーションは映画を愛する人々のみの知る美であらう。[163]

一九三七年から三八年にかけて、雑誌『日本映画』には、スイス生まれの映画カメラマン・リヒャルト・アングストによる記事が連載された。アングストは、山岳映画の撮影経験があり、日独合作映画『新しき土』（一九三七年）の製作のため、監督のアーノルト・ファンクとともに日本を訪れた。ファンクは、ファシスト美学のさきがけとみなされてきた映画ジャンルである山岳映画で名を馳せた映画監督だった。[164] アングストは、連載記事の中で、日本映画がアメリカやドイツに特に後れをとっている部門として、「「光」、「現像工場」及びそれに附随する撮影材料、並、化粧技術」をあげた[165]。ダーク・トーンの重要性を強調するために、アングストは彼自身が用いた「照明で殺す（todbeleuchten）」という言葉を引き合いに出した。アングストは次のように説明する。「これは別に俳優の顔を死人の様に見せると云ふ意味のものでなく大きな欠点に注意されてゐない事を云ふのである。例へば顔に受ける光線が多過ぎると云つた様な事である」[166]。加えてアングストは、「光線が何処に落ち、何の方向から来てゐるかといふことについては観客は決して頭を悩ましはしないであらうが、俳優又は女優を興味深く美しく見せるためには、極めて重要な事である。無数な光源から発するスタジオ中の光線を殺人的に俳優の上に投射してはならない」と述べている[167]。批評家・菅忠雄は、そうした照明法を用いたアングストに「曲解」されることによって、映画『新しい土』では日本が新しい照明で表現されたと考え、「あの阿蘇の大噴火口がキヤメラにすつかり呑まれ、征服されてゐるのは愉快限りない次第である。アングストなんて、とてつもない人間である。其処で私がひそかに思つた事は、斯んな超カメラマンが折角日本に来てゐる以上、日本政府が二三ヶ月雇いきつて、日本の風情を無茶苦茶に撮つてをいて貰ふ可きだ」と記した[168]。ドイツの映画カメラマンの言葉と彼が用いた照明は、「影の美学」を別の方面から正当化する手段となったのだ。

言い換えるなら、日本の映画カメラマンは、「影の美学」という考えによって、ハリウッド映画の技術力への不安に立ち向かったのだ。憧れは容易に失望へと変わりうる。ハリウッド映画の近代性、そして魅力的な技術に対する強い憧れと大きな失望。それらを乗り越えるために、彼らはノスタルジー――そのようなノスタルジーや過去や伝統は、思い出されたものというよりは新たに創造されたものであるが――によって「美学」を考え出した。日本の映画カメラマンや批評家たちは、日本映画が実現可能なテクノロジーや映画製作のテクニックをただ捨て去ることはしなかった。むしろ彼らは、それらを何とか救おうとしたのである[169]。

逆に言えば、日本の映画カメラマンや批評家たちは、「魅惑的な」ハリウッド映画で見せつけられる撮影機材の豊かさから日本映画の技術を救うために「影の美学」に救いを求めた、と言うことも可能だろう[170]。その意味で、写実主義《ドキュメンタリズム》は日本の映画製作のテクノロジーに関連して、重要な意味を持つことになった。その過程で、「崇高」の概念が技術的なものから自然のものへと変化していったと言うこともできる。

写実的精神と日本の崇高

照明のリアリズム、とりわけ日本建築の空間における照明のリアリズムが、「影の美学」をハリウッドのロー・キー・ライティングから区別するための鍵となった。(171) 一九四一年に法務省の援助を受けて製作された『罪なき町』(森一雄)と『母代』(田中重雄)という二本の映画についての批評は、この「影の美学」についての典型的な議論である。『映画技術』の批評家・花村禎次郎は、『罪なき町』と『母代』の暗さをリアリズムの観点から高く評価した。『罪なき町』について、花村は「あの程度の配光量が実際の日本家屋の配光量として適当なものであるといふ事が出来様、松竹映画の如くやたらに明るいのはむしろ感じが悪いといふべきだ」と述べる。(172)『母代』に関しては「かつての〔映画カメラマン〕青島順一郎を回想させる美事な効果的撮影をもつて暗調の中に立派なグラデーションを保持して描写している。特に一日の時間の変化をその暗調の廊下をもつて表現し得た点偉とするにたりよう。この廊下のシーンは恐らくライトの使用は全然不可能であつた事と考へられる故にそれだけ青島の手腕はさらに買はれる理である」と書いている。(173) 一方、東宝の映画カメラマン玉井正夫は、短編ドキュメンタリー映画『北洋日記』(一九四二年)の「晴れ渡つた輝く陽の下に漁船が滑るこの美しさが印象に残つた」が、それは「北洋の写実に乏しい」「ピクトリアルなフォトグラフィ」であり、「現実を直視すべき文化映画撮影者の逞しき表現力こそこの映画に望むものであつた」と厳しく批判した。(174) 玉井は、別の短編ドキュメンタリー『砲弾』(一九四一年)にも目を向け、「屋内撮影の落ちつきあるロー・キー・トーン」と褒め称えた一方で、「屋外になつてトーンが一転しハイキーとなり、むしろ軟調なる仕上げとなつて迫力を弱めてゐる」と批判している[175]。

このような日本の空間における照明のリアリズムが、皮肉にも再びハリウッドの考え方によって正当化されていたことは注目に値する。パトリック・キーティングは、一九三〇年代のハリウッドのロー・キー・トーンは、映画ジャンルに基づいていたと論じる[176]。例えば、一九三五年一月号の『アメリカン・シネマトグラファー』の中で、映画カメラマンのヴィクター・ミルナーは、「重々しく劇的なシーンを、憂鬱な雰囲気でゆったりと見せるためにロー・キーの照明を用いることは容易に理解できる。もしくは、スピード感のある喜劇的なシーンのためには、ハイ・キー・ライティングが必要だろうと予測することも」と記している[177]。同様に、映画カメラマンのジョン・アーノルドは『アメリカン・シネマトグラファー』一九三六年一一月号で、彼自身の照明に関する考えを説明している。

それぞれの作品やそれぞれのシーンがユニークであるべきなのと同時に、世界中の人間に共通の心理学的な反応に基づいて確立され映画撮影の中での慣例というものがある。もし我々が重々しく劇的な状況を撮影しているならば、暗い画調が悲劇的な感覚を深めるように「ロー・キー」照明を用いて憂鬱な雰囲気になるように努力するだろう。もしそれがメロドラマであるならば、深く強い影と強烈なハイライトとの迫力あるコントラストが、荒々しい動きに対応するだけでなく、そうした動きをわかりやすく迅速にしっかりと見せることにも役立つだろう。『激怒』〔フリッツ・ラング、一九三六年〕のように、もし映画がリアリスティックな雰囲気を持つならば、ざらつきのある、ニュース映像のような撮影が現実のイメージを作り上げるだろう。〔中略〕他方、もし映画がロマンスであれば、より柔らかでより滑らかな撮影が、詩的で美しい華やかなイメージを繊細に作り上げるだろう。最後に、もし我々の映画が下世話なコメディであれば、カメラや照明は、喜劇的な状況をテクニックや芸術めいたやり方でなくわかりやすく見せなければならない。小さなジェスチャーや、わずかな顔のゆがみさえも見過ごされることがないように[178]。

日本の批評家や映画カメラマンたちは、そのようなハリウッドにおける、ジャンルに合わせた照明についてよく理解していた。一九四二年二月、映画批評家であり映画カメラマンでもあった田中敏男は「「喜劇は明《ハイキー》るく、悲劇は暗《ロオキー》く」といふＭＧＭのカメラ部長であり且つＡＳＣの副部長であるジョン・アーノルドの言葉は、〔ハリウッドにおける〕極めて通俗的な映画写真術の原則《モットウ》であ」ると記した。[179] また、一九四二年の映画『水滸伝』（岡田敬）のレビューにおいて、河崎喜久三は「此の作品の如く、殆どナンセンス的笑劇であり、俳優の動きの非常に多い作品においては、或る程度まで配光上のリアリティを省略して、明るい画調を基本とすべきは当然であるかも知れない」と述べた。[180] 河崎はコメディにおけるハイ・キー・トーンと、リアリティがある照明とを明確に区別していた。

また、一九四一年の『映画技術』の第一号には、ハリウッドのメジャースタジオでの照明レベルに関するウィリアム・スタルの研究の日本語訳が掲載された。このスタルの論文では、個々のスタジオによって照明レベルには大きな違いがあると結論づけられた。スタルは各スタジオ、各撮影監督は理想的なネガを得るための方法や、目標を達成する方法について、それぞれ独自の考えを持っていると述べた。[181]

ハリウッドのジャンル、そして各スタジオによる照明の違いは、十分な技術的設備を持たない日本の映画カメラマンたちを勇気づけたと言える。とりわけ、松竹のために仕事をしていなかった映画カメラマンや批評家は、日本映画というものを、特定の照明法を用いた映画ジャンル、つまり写実的なやり方で日本の空間を記録する映画ジャンルだと考えた。この意味で、彼らはすべての日本映画をドキュメンタリー映画にしていかなければならないと考え始めたと言えるだろう。[182] 実際、「写実的精神」は、一九三〇年代後半から四〇年代初めに、多くの映画カメラマンや批評家の間で重要な概念となった。[183]

「写実的精神」という言葉は、一九三四年に映画批評家・岸松雄が、小津安二郎の映画『母を恋はずや』（一九三四年）の批評で初めて導入したと言われている。[184] 岸は、『母を恋はずや』はロー・キー・ライティングを重視する小津の「写実主義の根気の要る努力に満ちている」と述べた。[185] 一方、岸は、「小津安二郎は写実的な精神を尊びすぎた傾きがありはしなかつたか。日本映画はいつも明るい野原ででも撮つてゐるかのやうに、明るくさえあれば宜いといふ観念が蔓延してゐるが、それに対する反逆を恐らく小津安二郎は意識してゐたに違ひない。室内で、おまけに電燈まで点いてゐるのに、それが屋外で撮られたと同じやうに明るいなどといふことは、誠だつて大箆棒だと思ふだらうが、小津安二郎はそんな箆棒さを叩き壊さうといふひたむきな反抗から出発しながらやはりその写実の小さな穴に囚へられてしまつたのであつた」とも論じた。[186] 岸は、機械的に現実を再現するカメラの役割をいくぶんナイーヴに力説するために「写実的精神」の語を用いたと言える。さらに彼は、「われわれはキャメラをもつて自由な気持で街に出よう。旅に出よう。そしてそこで目に触れ耳にとまり、心動かされたものをキャメラに収めよう」とも述べた。[187] 岸はまだ、ハリウッドのロー・キー・ライティングや、日本の撮影所の機材の状況、新しく現れた「影の美学」という考えを踏まえた上で「写実的精神」という言葉を使ったわけではなかった。

映画カメラマンや批評家たちの多くは、彼ら自身の映画と、ハリウッド映画や明朗な松竹映画とを区別するために、「写実的精神」という言葉の使用を始めたのである。一九四一年、映画批評家・筈見恒夫は、「この二三年前から、映画の実写性といふことゝ、実写精神といふことゝ、それから記録映画の台頭に伴ふ記録映画趣味、この三つのものが、ごつちやになつて、劇映画のジヤンルを土足で荒し廻つてゐる感じが、しきりです」と記した。[188] 筈見は、「写実的精神」を大衆的なドキュメンタリーとも、機械的な再現という映画のカメラが持つ資質とも区別していた。筈見は、この文章ではまだ定義が曖昧だとはいえ、新しい考え方としての「写実的精神」を主張したのである。

一方、島崎清彦は、「映画の画調について――画面の明るさに関する一考察」(一九四二年)と題した文章の中で、日本では生フィルムの質と照明機材はハリウッドのロー・キー・トーンを達成するためには十分ではないと認めた上で、「然し私はこの科学的、物質的解決案がすべてだとは思はない」と主張した。[189] 彼が提案したのは、機材の限界を克服するための方法を「芸術性や文化的能力」に求めるということだった。[190] 彼の主張は、当時の支配的な考え方の一つであった「精神論」に近いと言うこともできる。一九四二年二月、内務省事務官の中野敏夫は「勿論其の間製作に処して、フィルム質材の不足、撮影用附属用具、キャメラ、其の他の機械の不足等多くの困難なる事情に遭遇する事多きは、想像するに難くはない。併しながらそこにこそ、新たなる日本映画発展の途も、映画技術の進歩もあり得ると考へる。換言すれば、其の様な苦難を乗り越えてこそ、始めて本当の日本映画技術の正しい出発点となり得るのである。更に新なる機材発明、進歩的技術展開にも、撮影技術者の使命、益々大なりと云はねばならぬ。然して確固たる真の報国精神を発揮すべきである」と強く述べた[191]。同様に、内務省情報局の課長・不破祐俊は、一九四一年四月に「技術は国際的な性格を持つてゐる。やつてゐる仕事は普遍的な性質を持つてゐるが、深く技術に徹するには、本当の日本人としての考へがあるべきなのである」と述べた[192]。このような映画についての政治的な発言を受けて、映画雑誌『映画評論』では一九四二年九月に「映画の技術と精神」という特集が組まれた。この中で、映画批評家の飯島正は、「芸術の作品は、精神の産物でなければならない。物質を科学的に処理する映画技術のみでは、精神の産物である映画芸術とはならないのである」と断言した[193]。同じように、大映の映画カメラマン相坂操一も、一九四四年に「日本的技術は米英の模倣技術でなく、日本人としての精神のある技術であり、他国にない精神、日本人独特の精神のみに依つて作り上げられたる技術である」と記した[194]。

島崎は、国民精神に関する狂信的とも言える考えを強く支持していたわけではなかった。むしろ、映画技術に対する彼の深い知識に基づいて、国民精神と写実主義とがいかにつながるかを理論的に考えていたのだ。島崎は、画面の構図のために照明の果たす役割の重要性について議論した。照明のリアリズムを重視した島崎の議論は、日本の映画カメラマンが抱いていたハリウッドのロー・キー・ライティングへの憧れと、物質的な限界がある日本の状況への失望の両方と結びついていた。島崎の主張する照明法の根拠となったのは、いわゆる伝統的な日本の美学だけではなく、特定の照明のスタイルが特定のジャンルのために用いられるべきだという、ハリウッドの照明に対する考えでもあった。島崎は、構図のための照明の役割についてのハリウッドの考えが、日本の映画製作にも適用できると考えたのである。彼は、「日本映画では、真に映画的な画面の構図すら、未だ確立されてゐない」ため、「映画が包含し得るあらゆる表現の様式と技巧技術とを、たゞ平面的に敷列するのではなくして、それ等を上下表裏へ能ふ限り緊密有機的に組み合わせること」が重要であると述べた[195]。そして、「私の云ふ構図とは勿論、直線、曲線、マッス等の配置のみを要素とする平面的な意味ではなく、配光効果やトーンを加へ、焦点を組み合はせた立体的な写真的構図の意味であり、それ等のあらゆる要素があらゆる方向に移動し、流動して益々複雑なスリー・ディメンショナルな意義を有つて来る映画的構図の事である」と論じた[196]。そのようなリアリティがある立体性を実現するために、島崎は照明における暗さを重視し、次のように述べる。「画像は畢竟ハイライトからシアドォまでの諧調によつて描写されるのだから、何も大船映画の様にその諧調を明るい所だけに限定してしまはなければならない理由はないと、僕は思ふのです。僕も大体映画はなる可く明るく少しでも鮮明である可きだと思ひます。たゞ暗さの表現は絶対に必要ですね。その暗さの表現が行はれずに、スタァの顔を見せる為か何かの為に、場面描写に当然必要な光の方向や強さや諧調を無視して意味なく明るい画面にする事は絶対に排除されなければならないと思ふのです[197]」。島崎は、ハリウッドにおける構図のための照明の理論を拡大解釈することで、「影の美学」を確立しようとしたのだ。

島崎は、『五人の斥候兵』（田坂具隆、一九三八年）における伊佐山三郎の撮影を、構図のための「大胆極まるロオキイ・トーン駆使の極致」という点から高く評価した[198]。一九三七年七月、中国の膨大な地下資源などの獲得を目指した日本の帝国主義的政策の結果、第二次日中戦争が始まった。その後の何年かの間、日本では、日中戦争を題材にした夥しい数の映画が公開された。なかでも、『五人の斥候兵』は、批評的にも興行的にも最も成功した映画の一つであった。中国北部を偵察するため、五人の兵士が召集される。途中、五人は攻撃を受け、四人だけが帰還する。その夜、戻らなかった兵士を四人が悼み始めたとき、その兵士が帰って来る。批評家をはじめ、政府や軍の関係者、そして一般の観客は、『五人の斥候兵』が「理想的」な日本の戦争映画だという意見で一致した[199]。文部省、内務省、陸軍はこの映画を高く評価し、この年の日活の作品の中でも四番目のヒットとなった。[200] そしてこの映画は一九三八年の『キネマ旬報』ベスト・ワンに選ばれ、ヴェネツィア国際映画祭でもイタリア民衆文化大臣賞を受賞した。

戦争映画は、「写実的精神」に向いていたと言うことができる。ノーネスは、「写実的精神」が「メディアが持つ記録するという力によって、日本の植民地政策の成功を観客に見せる」ために生まれ、また「戦争という題材には、ドキュメンタリーの方がフィクション映画より単純に向いていた」と論じた。[201] キーティングによると、ハリウッドでも、男性向けの映画ジャンルとして「戦争映画はリアリストのテクニックの実験のための理想的なジャンル」であったと述べる。[202] 実際、映画脚本家・荒牧芳郎は、「戦争は不可抗力の事実なのである。だから、この事実を事実として、描いて見ようと云ふ以外には、他に何等の野心も持たなかつた、いや、持つてはならぬと思つたからである」と述べている。[203] 批評家・村上忠久も、『五人の斥候兵』は「宣伝と人心喚起」という以上に、「本当の意味の優れた軍事映画」のための「ルポルタージュ的な」現実的表現であったと論じた。[204]

島崎は、松竹大船撮影所で製作されたメロドラマ的な映画に典型的に見られた「ライティング自身のキャラクターもないし、撮影者の個性や狙ひも出て来ない」「真正面からフラッドなライト」とは異なる、『五人の斥候兵』の「奥行きのあるライトイフェクト」を高く評価した。[205] カメラマンの伊佐山は、島崎との対談で、特に夜のシーンで、構図のために照明を使用することにいかに注意を払ったかを、次のように説明した。「前景的主役へのライト、中景の人物、後景に居るアトモス的人物――この三つのものに対して各異なる高さと各異なる角度より各異なる効果のライティングを試み、〔中略〕三つの場合を巧みに統制します」[206]。

ある場面では、ロング・ショットでとらえられた兵士たちはシルエットとなり、構図的に、そして象徴的に、眩いスポットライトの当てられた部分と対照的な存在となっている。岡田隊長（小杉勇）が部隊の兵士たちに向かって天皇からのメッセージを読み上げるとき、兵士たちは、画面の下半分以上を占める暗い影の中にいる。天皇の言葉を口にする隊長だけに、明るいスポットライトが当てられている。同様に、部隊が出陣する直前、隊長は剣を掲げながら兵士たちに語りかける。彼が動くと、影の中にいる部隊の前で剣が上からの光を反射して輝く。続くロング・ショットで、兵士たちは、影の中から門を潜り、眼前に広がる明るい平野に向けて行進を始める。

クロースアップの使用についても、伊佐山は自らの構図に対する感覚と、この映画のベーシックなトーンである「黒の力」とを強調した。伊佐山は、「『上海特急』に於けるリー・ガームスの撮影のあの感じ、あのトーンを参考として僕は僕流に、映画の性質から云つて、もつと調子を強めて出し度いと思つた」と述べている。[207]

ガームスは、マレーネ・ディートリッヒに真上からのみライトを当てた照明で知られていた。暗いセットの中で、限られたスポットライトが当てられ、ディートリッヒの顔にできた影は、彼女のセックス・アピールを高めるのに役立った。伊佐山は、『五人の斥候兵』でガームスの照明のテクニックに倣おうとした。彼は俳優の顔から四尺の高さに、三五度の角度をつけて二キロワットのスポットライトを設置し、上から一方向の照明を当てた。「斜上からのハイライトを浴びせると帽子の上へ嫌なハイライトが出て顔の印象を歪めるんだ」と伊佐山は言う。「それを避ける為」に、伊佐山は、俳優の帽子の頭頂部を切り落としたりもした。[208] しかし、伊佐山の狙いは、日本人兵士の顔の魅力を高めることにあったのではなく、構図的に「帽子の庇で顔の上部が暗い蔭になつて、それでゐて蔭の顔の肌のディテールも出さうとした」ことにあった。[209] 木口一等兵（伊沢一郎）が雨の夜に偵察の任務から帰還したとき、他の兵士は喜んで彼を迎える。兵士たちの顔は、一人ずつクロースアップで見せられる。上から照明が当てられているため、それぞれの顔の上半分は影になっているが、彼らの目は輝いている。これらのクロースアップは、光と影を構図的に用いた伊佐山の照明テクニックの例である（図4-9）。[210]

それに加えて、構図のバランスをとるために、伊佐山は「今までの習慣的な黄色のメイキ・アップを廃めて、セピア色を基調としてこれに少し黒を帯びたメイキ・アップ」を選択した。[211]『五人の斥候兵』での小杉勇のメイキャップに影響を与えたのは、前年の『新しき土』の撮影時にリヒャルト・アングストが小杉に施したメイキャップである。アングストは、「色々やってみた上で」、黄色や白のメイキャップをしないことに決めた。[212] アングストによると、この選択は「素顔の方があの映画として適当してゐると認めたから」であった。[213] 東宝の脚本家で、軍国主義政府による映画政策の中心人物でもあった沢村勉は、『五人の斥候兵』の照明について「斜め側方からくる配光に非常な意を用い、人物に陰影を与えて、重々しい奥深さを表現している」と述べた。[214] 沢村は、『五人の斥候兵』の影の使用と日本の伝統とを結びつけようとした。日本研究者のトマス・ラマールは「彼〔谷崎〕が電灯や写真のような西洋のテクノロジーについて探究した一九三〇年代初頭の随筆の中心となる論点は、ある種の照明が日本人の顔に崇高さを与えるということであった」と論じている。[215] 島崎や伊佐山の写実主義は、谷崎の『陰翳礼讃』を踏まえて考えられたものだったと思われる。島崎と伊佐山は、彼らの「影の美学」を構築していく過程で、「西洋のテクノロジーの探究」を行うだけではなく、ジャンルによる照明の使い分けや構図的照明などの、ハリウッドの照明のアイデアを「曲解」した上で用いもしたのである。

図 4-9 兵士の顔は「写実的精神」を表現した。『五人の斥候兵』(1938 年)

『五人の斥候兵』で実現され、批評的にも賞賛されたこの「影の美学」は、別の観点から考えると、テクノロジーによる崇高《サブライム》さから自然の崇高さを取り戻す試みだったと言えるかもしれない。レオ・マークスやジョン・F・カッソン、デイヴィッド・ナイらのアメリカ文化史家は、テクノロジーによる崇高さが一九世紀から二〇世紀初頭のアメリカの国家意識の形成において重要な役割を果たしたと考え、映画史家のクリスティン・ウィッセルも同様の指摘をしている。[216] ナイは、テクノロジーによる崇高さの経験は、一時的に観客を身動きできなくさせてしまうような畏敬の念、驚き、ショック、あるいは恐怖さえも発生させるが、最終的には、観客が最初は想像もできなかった合理的理解につながる精神活動へと進ませるのだと論じる。この考え方は、発明家や技師、資本家に特権的な地位を与えることにつながり、ひいては彼らをかかえる国家が特権的な地位を持つことになる。これは、ナイによれば「アメリカの崇高さが、個人の経験や畏敬の念を国家の偉大さへと変質させる」ということなのである。[217]それに対して日本の批評家や映画カメラマンたちは、日本という国に特権的な地位を与えるのは自然の崇高さであると主張した。機材の不足は、彼らがテクノロジーによる崇高さを達成することができないことを意味したが、逆にそれは自然の崇高さを表現する方法の探究につながった。人間を描くときに影を重視した自然主義的な照明は、その一つの方法であった。人間の精神もまた、自然の崇高さの一部であると考えられたのだ。

フランシス・ゲリンによると、光については二つの考え方があった。一つは、プラトンから中世を経由し一九世紀に至るもので、形而上学的な真実を捜し求めるために神話的な儀式や神秘的な物語で用いられてきた考え方である。もう一つは、ユークリッドからガリレオを経てアインシュタインの光量子論に至る、万物を定量化し合理的な説明を試みようとする科学の領域において機能してきた考え方である。[218]神話的であり、科学的であるという二つの光の用法は、「影の美学」に緊張した状態で共存していたと言うことができる。それは、近代の科学テクノロジー——すなわち、ハリウッドのロー・キー・ライティング——の魅力と、神話的な崇高さという前近代へのノスタルジックな憧れである。「写実的精神」とは、使用可能であった科学テクノロジーを使って、自然の崇高さを実現しようとする一見矛盾した方法だったのだ。

その意味で、日本映画技術協会が、『駅馬車』（ジョン・フォード、一九三九年）を賞賛したことは注目に値する。『映画と技術』一九四〇年七月号で、『駅馬車』は「近来での稀に見る快作」と呼ばれ、その撮影は「米国映画最近での傑作」と評された。[219]一九二〇年代のハリウッドでキャリアをスタートさせた日本人映画カメラマン三村明は、

『駅馬車』において「最も印象的なのはやはりあの広大な砂漠のローケーションであ」り、「無限の広さを持つてゐるが如き大平原は見る人々にも何か遠大な思想を起させる。〔中略〕バート・グレノンの撮影については特筆すべき点もないが立派なものである」と記した。[220] 三村が『駅馬車』で再現されたアメリカの自然の崇高さに心を打たれたことは確かである。しかし、それを可能にした技術的な方法については、「特筆すべき点もない」と厳しい批評をした。代わりに三村は、「私は時に思うことであるが〔中略〕もつと天然のバックを持つた戸外にストーリーを持つて行けないものだらうか」と述べた。[221] ここで三村は、「影の美学」自体については語っていないが、日本の映画カメラマンが完全にハリウッドの方法を模倣をせずとも取れる道を示したと言うこともできる。それは、自然の崇高さを記録する方法を追求するということであった。

『映画と技術』の同じ号には、『駅馬車』ではハリウッドの慣習にとらわれない照明を用いたと語ったバート・グレノンのインタビューの日本語訳も掲載されていた。それによれば、彼は、二五ミリのワイド・レンズを使うときはセットの低い天井を取り払った。また、いわゆる「ハリウッドの後光」と呼ばれるバックライトも使わなかった。バックライトを使用せずに奥行きのある立体感を作り出すことは難しかったが、その当時の西部の雰囲気を再現するためには、ドアや窓の外からさす光や街灯からの光といった物語世界内の光源が使えるときだけ、バックライトを使用すべきだとグレノンは考えたのだ。[222] 彼が『駅馬車』で追求したリアリズムや照明の構図的な使用は、日本の映画カメラマンが見習うべきものであると考えられた。もしグレノンの試みがハリウッドで型破りなものであったのなら、なおさらよかった。日本のカメラマンたちはハリウッドとは違う方法論を模索していたからだ。加えて、「こう云ふライティングだと制作費は安く済むでせうね」というインタビュアーの質問に対して、[223] グレノンは「この映画の場合さうなるでせう」と答えていた。[224] これも日本の映画製作にとって理想的だった。

『五人の斥候兵』への高い評価とは対照的に、島崎は、松竹の戦争伝記映画『西住戦車長伝』（吉村公三郎、一九四〇年）を厳しく批判した。この作品には、『五人の斥候兵』と同じく千葉県志津で撮影された戦場のシーンがある。島崎は、蠟燭だけで照らされているはずの兵舎の屋内が明るすぎて「不自然」であると考え、この映画の撮影が「表面的な綺麗事に終つた感じ」であると述べた[225]。西住小次郎本人と戦場に行ったことがあるニュース映画カメラマンの開田靖一は、島崎に賛同し、この映画の夜の戦場シーンでの照明について「ライティングの責任ですね。戦争の夜の場面があんなに綺麗事ではあり得ないですよ」と批判した[226]。

『西住戦車長伝』では、オープニング・クレジットの前に、この映画の監督である吉村公三郎からの「私は茲に西住戦車長を通じて我が戦車隊将兵の精神と今次事変に於ける戦車戦闘の実相を描かうと試みました」というメッセージが挿入されている。西住小次郎について歌った主題歌が流れるオープニング・クレジットでは、彼の故郷・熊本の風景をとらえた一連のショットや、中国での戦闘を収めたニュース映像が流れる。さらに、男性のナレーションで、西住が戦車隊長になるまでの生い立ちが語られる。

これに続くドラマ部分で見られるのは、ハリウッドのようなジャンルに基づく照明である。だがそれは、「影の美学」に基づいたものではなかった。ここでも影は使われているが、ほとんどの場合、その後に続くショットでの華やかなスリーポイント・ライティングの効果を高めるためのものであった。松竹のトップスターだった上原謙が演じた超人的な英雄の奮闘と決断は、このような明朗な照明によって強調された。次のようなシーンでも、明るさが強調され、暗さはその効果を高めるために使われているだけである。明るい太陽の下での食事の支度のシーンに、死んだ兵士を運ぶ医療班の列をとらえたショットが続く。西住の表情が変化するのをクロースアップがとらえるとき、暗い影が彼の顔に落ちる。西住は、雨の夜の戦闘シーンで脚に怪我をする。開田が「綺麗事」と言ったシーンである。爆弾や銃、戦車の車体の光る金属が、光と影のスペクタクルとなっていることは確かである。だが、こうした象徴的な意味での暗さは、その後の典型的なスリーポイント・ライティングでの西住のクロースアップと明らかに対比されている。負傷した西住に対して上官が後方基地で入院するように提案するが、彼は「絶対後退いたしません」と断る。彼のヒロイックな決断は、ハリウッド式のスリーポイント・ライティングで強調される。続けて西住は、日本に帰らず中国大陸の土になるつもりだと仲間（笠智衆）に語る。ここで西住は、軍神とみなされるようになる。こうしたスリーポイント・ライティングは、雪の夜のシーンでも繰り返される。西住は、荒廃した家の中で、娘を生んだばかりの中国人女性（日本人の若手女優・桑野通子が演じている）を助ける。家の中には蠟燭しか見えないが、桑野のクローズアップ（図4-10）も、西住のクローズアップも（切り返しショット）、ともに柔らかいトーンでキー・ライト、フィル・ライト、バックライトが用いられている。ここでは、日本軍が残忍な抗日中国兵から無垢な現地の人々を守るという、日本の軍国主義のわかりやすい道徳的な構造が、スリーポイント・ライティングによって誇張されているのだ。[227]

図 4-10　中国人女性の顔（日本人女優・桑野通子が演じた）はスリーポイント・ライティングで照らされる。『西住戦車長伝』（1940 年）

「影の美学」の議論の中で映画カメラマンや批評家たちは、こうした松竹映画が明るすぎると批判した。例えば、田中敏男は、「日本趣味」に基づいて松竹の照明を批判した。一九四〇年、田中は、アングストの照明やクロースアップについての見解（特にアングストの「光で殺す」という言葉）を紹介し、スタンバーグの『上海特急』を賞賛する一方で、松竹大船撮影所で製作された映画を批判し、さらに日本の映画照明が独自の発達を遂げていかなければならないことを強く主張した。田中は、

『上海特急』はアメリカで使ふレリース・プリントだつたそうですが、綺麗でしたね。真ツ黒な夜の場面に塵一つないあがりを見せられて吃驚しました。寧ろオーヴアーライティングと思

はれる照明からあゝしたロウ・キイの仕上げをして見せるのに大船の作品なぞは、オーヴアー・デヴエロ－ピングらしいから救はれませんよ。ハイ・キーとふのでも無いし、デパートの写真部みたいに、単に白いだけでは、顔といふよりはマスクといつた感じが強くなつて困る。デス・マスクを思ひ出すやうな画調では、フオトグラフイーとは言へますまい」と述べた。[228]加えて彼は、「〔写真家は〕もつと「翳」といふもののよさを知つて貰ひたい。価値と味ひとを知つて貰ひたい」と続けた。[229]田中は、日本の映画カメラマンは伝統的な織物に見られる「繊細な」感覚や色彩と照明のテクニックを持っているのだから、彼らがそれを成し遂げられると信じていると述べ、[230]他方、「「翳」といふもののよさ」や「価値や味ひ」を理解せず、「もつと明るくしろ」と言う松竹の経営幹部を非難した。[231]松竹映画は、日本性が欠如していると批判されたのである。例えば『東京朝日新聞』の津村秀夫は、一九三八年の最大のヒット作である松竹の『愛染かつら』（野村浩将）を「催涙映画の陳腐さ」と斬って捨て、この種の松竹映画が「積極的に日本文化のために働きかけようとする強い意欲に燃えているとも、どうしても思へない」と述べた。[232]

それまでの松竹の照明法を考えるならば、こうした批判を松竹映画が受けるようになったのは皮肉である。なぜなら、松竹はハリウッドの模倣というよりも、むしろ日本の歌舞伎の様式を映画で用いたからである。スリーポイント・ライティングにしても、それは林長二郎のスター・イメージに端を発するものとも考えられ、歌舞伎のスタイルからことさら離れたものではなかった。対照的に、「影の美学」は日本の伝統から生まれたというよりも、むしろハリウッドのジャンル映画の照明を日本映画のために「曲解」したものだった。これはまったく運命の逆転であった。「影の美学」の支持者たちは、日本建築の影と暗さに言及することで、ハリウッドの照明への彼らの憧れと失望を正当化したのだ。つまり、「影の美学」と明朗な松竹映画との対立は、東宝の映画カメラマンや映画産業内で松竹の権勢に挑もうとした映画批評家たちと松竹との間でのものであり、本来的には日本とアメリカとの間の対立ではなかった。松竹に挑むため、東宝グループはリアリズムや写実的精神、そして日本の美学という名目で、ハリウッドの映画撮影を「曲解」することによって、「影の美学」を創り上げていった。真珠湾攻撃の後、ハリウッド映画が敵国のメディアとなったとき、映画業界内の対立が意識的に国家間、異文化間の二項対立へと変化していったのだ。「影の美学」は日本文化の記録であり、明るい映画は猥褻な娯楽映画であってアメリカニズムの表象であるという二項対立の成立である。一九二〇年代からハリウッド式の照明を拒否してきた城戸四郎は、このような状況の中でハリウッド映画を擁護する立場に回り、日本社会におけるその価値を主張し始めた。それは、「明朗・健全にして娯しい」松竹映画を守るための方向転換であった。城戸は次のように語った。

何？　大船映画はむやみに明る過ぎる？　陰影に乏しい？　さういふ事を言ふからいかんのだよ。映画は明るくなくちやいけないよ。東宝の悪口を言ふわけぢやないが、「川中島合戦」は暗くてよく見えないといふぢやないか。さういふ映画を作ることは僕は反対だね。大船映画は地方へ行つてもどんな田舎の館でも、ちやんと映る。これが一番大切なんだよ。田中絹代や上原謙の顔がボンヤリしか見えないんぢや困るよ。それでは観客に相済まんからね。僕はうちの監督にも、キヤメラマンにもいつも言つてるんだが、明るさの中にディテイルを出せといふんだ。もつとも日本の写真界の現状は、影の中に、陰影のディテイルを撮ることが優れた技術であるとされてゐるらしいがね。映画の場合、そんな努力をいくらしても無駄だと思ふ。地方の館で暗さのディテイルを鑑賞出来るもんぢやないよ。大体アメリカ映画を見給へ。アメリカ映画は大船映画より明るいぜ。映画は明るいものであるべきなんだよ。(233)

照明に対する厳しい批判があったにもかかわらず、『西住戦車長伝』は成功を収めた。一九四〇年の『キネマ旬報』ベストテンの二位に選ばれ、その年に松竹で最も収益をあげた映画にもなった。この映画の成功は、戦時下の日本映画が置かれた状況の複雑さ、あるいは「混淆性」を示す証拠である。「影の美学」が、当時最も人気があったスター（長谷川一夫と山田五十鈴）が出演する映画にすら影響を与えた映画照明の強い傾向だったとしても、それが日本映画におけるただ一つの方法ではなかったのだ。また、どれほど強く写実的精神が推し進められたとしても、それが日本の国民映画に対する公定の指針にはならなかったのである。例えば、松竹大船撮影所の映画カメラマン武富善男は、影のアイデアを支持せず、日本社会で求められているものは何かという立場から松竹映画の明るさを正しいものとした。武富によれば、大船撮影所はその企画に「健康」や「建設的なテーマ」を含んでいるため、明るいトーンを目指していたという。武富は、「健康な映画はその画調の明るさが大事である。我々の努力は内容表現であつて建設的なテーマは国家の要求であり、国民の期待する処である。大船映画流の明るさは、芸術的ではないかも知れないが実際的として、社会に益する所が大であらうと信じ」ると記した[234]。また、『西住戦車長伝』が

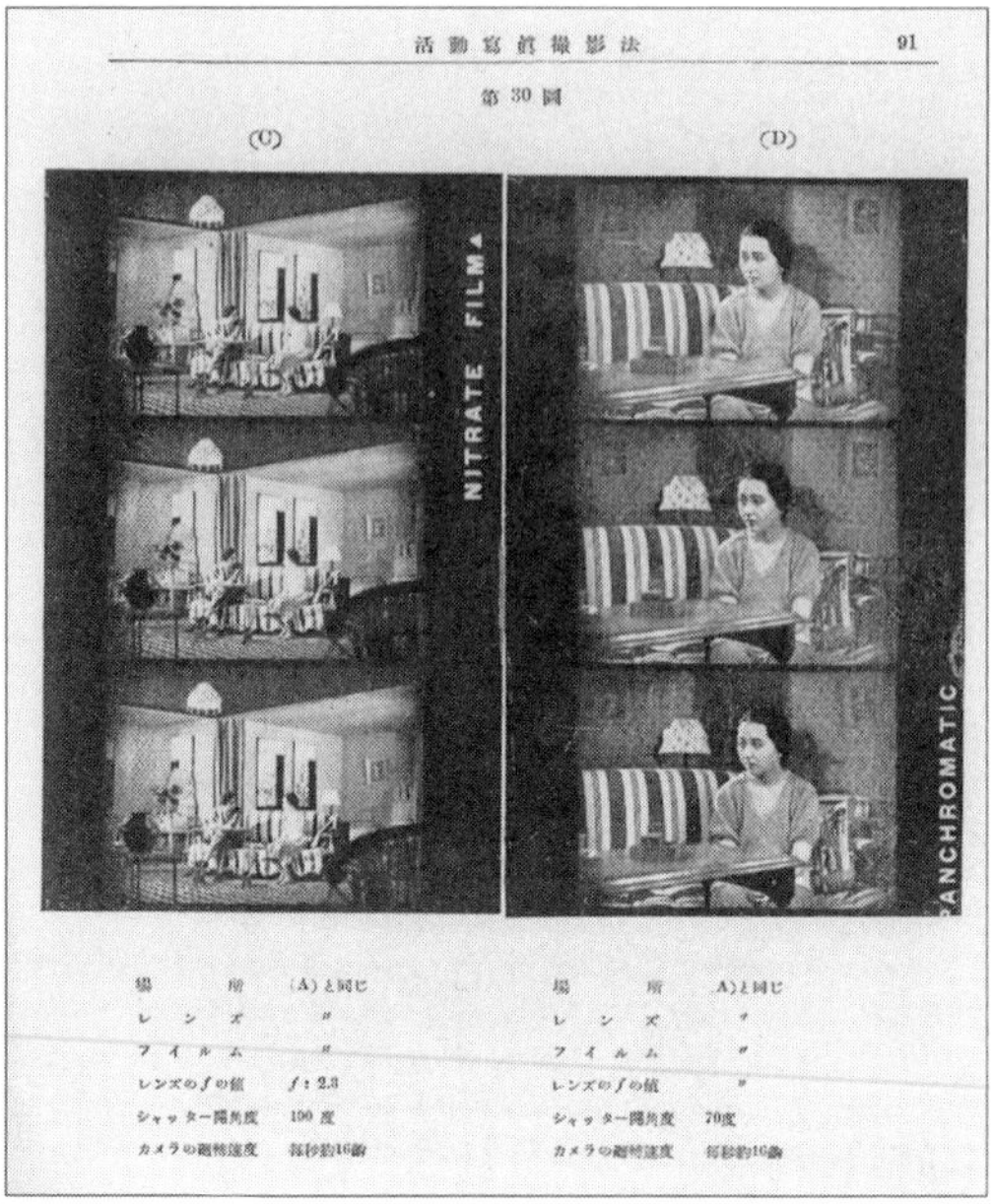

図 4-11　松竹映画で「比較的明るい照明を行つた」例

成功を収めたにもかかわらず、城戸は、松竹映画の女性観客を逃さないためにも、「第二、第三の『西住』を作ることは避けたいと思ひます」と語った[235]。城戸には、『西住戦車長伝』ですら暗すぎたのである。上原謙のクロースアップは、『五人の斥候兵』での兵士の顔のように崇高なものではなかったが、明朗な松竹映画になくてはならないセックス・アピールに溢れるものだったのだ。

一九三六年、松竹の現像部部長・佐々木太郎は、自身の映画照明法を解説した「活動写真撮影法」という文章を著した。これは、映画カメラマンのための教科書シリーズ『最新写真科学大系　第六回』の中で発表された。他の

寄稿者には牛原虚彦（松竹の映画監督）や増谷麟（松竹の現像技士）がいた。『映画撮影学読本』が、主に東宝を中心とする日本映画撮影者協会の会員によって編集されたとするなら、『最新写真科学大系　第六回』はその松竹版だったと言える。佐々木の仕事は、「影の美学」と並ぶ一九三〇年代のもう一つの主要なトレンド——明朗な照明——の存在を明らかにするものだった。

佐々木の文章には、実際の映画のスチール写真が添えられていた。その中の、クロースアップのものを見ると、ハイ・キーとロー・キーの明確な区別を見てとることはできない。例えば、「セット及び俳優共に比較的明るい照明を行つた」という例（図4-11）で、彼は八台のキノ・ライト（二台の一キロワットのLG-127マッダ・ランプを用いた正面のディフューズ・ライト）、部屋のロング・ショットのために五台のサン・スポットライト（三キロワット）、女優のクロースアップのために二台のキノ・ライトと一台のサン・スポットライト（三キロワット）を用いた。一方、「比較的低調の照明を行つた」例（図4-12）では、部屋をロング・ショットで撮影するために三台のキノ・ライトと四台のサン・スポットライト（それぞれ三キロワット）、一台のキノ・ライトと二台のサン・スポットライト（三キロワットと二キロワット）を用いた。どちらの例でも、佐々木は同じレンズ（カール・ツァイス・ビオタールF＝四〇ミリ、f：1・4）、同じフィルム（イーストマン高感度タイプ

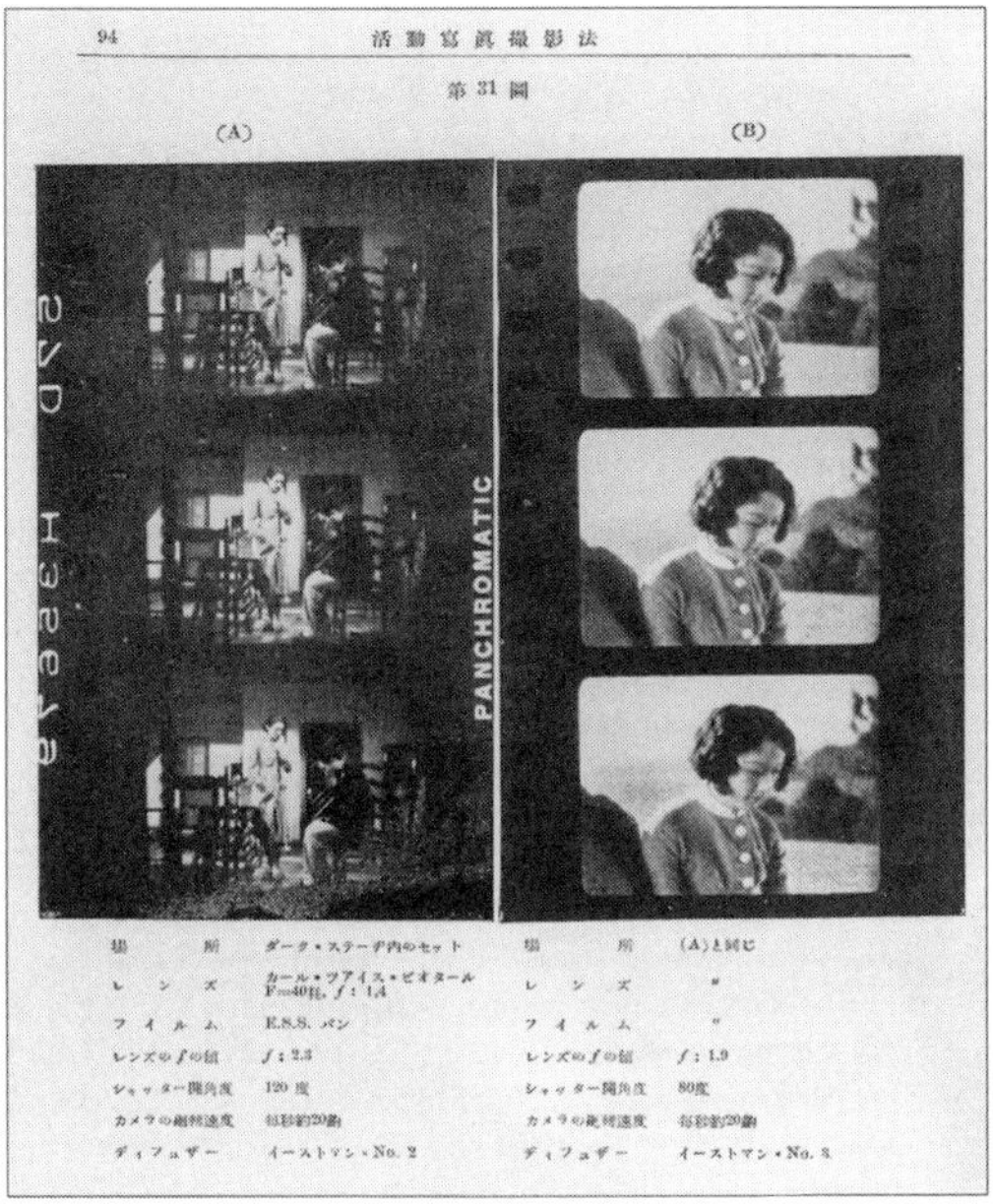
94　活動寫眞撮影法

第31圖

(A)　(B)

	(A)		(B)
場所	ダーク・ステージ内のセット	場所	(A)と同じ
レンズ	カール・ツアイス・ビオタール F=40耗, f：1.4	レンズ	〃
フイルム	E.S.S. パン	フイルム	〃
レンズのfの値	f：2.3	レンズのfの値	f：1.9
シャッター開角度	120 度	シャッター開角度	80度
カメラの廻轉速度	毎秒約20齣	カメラの廻轉速度	毎秒約20齣
ディフューザー	イーストマン・No. 2	ディフューザー	イーストマン・No. 3

図 4-12　松竹映画で「比較的低調の照明を行つた」例

２パンクロマティック）、同じレンズのｆ値（ｆ：２・３）を使用した[236]。例外はロー・キー・ショットのクロースアップだったが、それでもｆ値は１・９で、大した違いはなかった。佐々木はｆ値１・８から２・３を、高感度パンクロマティック・フィルムを用いて「比較的平衡のとれた明るいプリントが得られる」としていたからだ。

〝ハリー〟・三村明——ハリウッド帰りの東宝の男

日本で最初のハリウッド出身の映画カメラマンであるヘンリー小谷は、アメリカ化を進めるはずだった一九二〇年代の松竹で成功を収めることができなかった。もう一人のハリウッド帰りの映画カメラマンである〝ハリー〟・三村明は、国粋主義が強まっていた一九三〇年代後半から四〇年代初頭の東宝において、映画カメラマンの第一人者となった。三村の成功は、戦時下の日本における「混淆的」な映画文化の例であると同時に、「影の美学」とハリウッドの間の複雑な関係を示す典型的な例とも言える。

三村は、他のカメラマンたちと同じように日本映画の機材の不足に気づいていたが、同時にハリウッドにおける技術的革新にも深い関心を抱いていた。彼は、ハリウッドでの仕事仲間であったグレッグ・トーランドに関する記事の中で、たびたび自らのリアリスティックな照明に対する考え方を紹介した。ハリウッドとは異なる地政学的な場所と不利な技術的状況下でも、トーランドの成果に倣おうと努力していたのである。戦後の一九四八年に書かれたものではあるが、『我等の生涯の最良の年』（ウィリアム・ワイラー、一九四六年）でのトーランドの仕事についての記事で、三村は、トーランドがドキュメンタリー方式の撮影に対して深い関心を持っていることを論じている。三村は、「この撮影で特筆さるべきはライテイングの巧みさであります。全編を通じて、鮮鋭な画面で仕上げてゐますし、其の内容から来る狙ひではありますがむしろドーキユメンタリー映画を思はせる様な画調でまとめあげてゐるのです」と記した。[237]トーランドはハリウッドでは例外的な、スクリーン上の「存在感の幻影」を粘り強く探求する人物であり、典型的なハリウッドの映画カメラマンではなかった。[238]トーランドのリアリズムの探求は、日本における写実的精神と相通じるものがあった。三村は、日本の映画製作における「影の美学」の支持者となる一方で、映画撮影のドキュメンタリー様式についての考えを主張するなど、ハリウッドとの結びつきを保ち続けていたのだ。これは、「影の美学」とハリウッドが必ずしも二項対立的なものではなかったことの証拠の一つとなる。

三村は、ハリウッドの映画カメラマン組合のメンバーとなった初の日本人であった。D・W・グリフィスの下で仕事をしたカール・グレゴリーとともにニューヨーク写真専門学校映画科で学んだ後、ハリウッドの有名な撮影監督であったジョージ・バーンズのアシスタントとして、一九二〇年代の後半にそのキャリアをスタートさせた。トーランドも、当時バーンズのアシスタントだった。三村がバーンズやトーランドと最初にかかわった仕事は、グロリア・スワンソンのスター映画『トレスパッサー』（エドマンド・グールディング、一九二八年）だった。[239]偶然にも、この映画のカメラ・オペレーターは、ヘンリー小谷の指導者だったアルヴィン・ワイコフだった。バーンズがゴールドウィンのスタジオを去った後、三村は一九三三年一一月までトーランドの下で仕事をした。

一九三二年、三村は病気の父親の世話をするため、日本に一時帰国した。日本での滞在中、新興のオリエンタル映画社が、田中栄三監督の『浪子』の撮影を三村に依頼した。[240]一九三二年五月一九日に公開された『浪子』は、世界三大トーキー・システムの一つであるウェスタン・サウンドシステムを用いた、日本で最初のトーキー映画だった。三村は、それまでにもハリウッドから新しい映画技術に関する記事を『キネマ旬報』などに寄稿しており、オリエンタル映画社は、アメリカの新しい技術を使った映画製作のサポートをしてもらうため、彼を起用したのだ。[241]

かつてヘンリー小谷がそうしたように、三村も日本映画の照明の慣習に挑戦することになった。三村によれば、彼はハリウッドの照明法に従い、撮影ではトップ・ライトを全面的に使用することに決めた。三村は「『浪子』の撮影で、キヤメラマンとして一番仕事の仕やすかつたのは、ライトが充分に使用できた事です。ライトをタップにのせて照明することは非常に少なかつたのですが、サンスポットを十一台も備え、主として之によつて人物やセットの照明を行ひ、下のサイドライトは殆ど使用しませんでした。その結果、従来の日本映画とは可成異つた感じの映画が出来上つたやうに思はれます」と述べている。[242]『キネマ旬報』に掲載された記事によると、オリエンタル映画社に新しく建てられたステージには九台の三キロワットのサン・スポットライト、二台の二キロワットのスポットライト、三〇台のサイドライト、二〇台のトップ・ライト、二台のストリップが備えられていた。[243]だが、三村はハリウッド式の照明を再現するために、オリエンタル写真工業の設立者・植村澄三郎の息子の植村泰二を頼り、さらにPCLから三キロワットのランプを借りなければならなかった。[244]

後に東宝の取締役となる森岩雄が、脚本家として『浪子』を何かしら新しい作品にしたいと思っていたことは事実である。『浪子』は、徳富蘆花の人気小説「不如帰」を原作としている。この小説は、何度も新派劇に翻案され、本書の第1章でも議論した栗島すみ子主演のものをはじめとして何度も映画化された。「不如帰」は、一八九四年から九五年の日清戦争の時代を舞台にした物語であるが、森は、この作品の舞台を一九三二年に移して、同時代のドラマに改変した。[245]主要な光源としてトップ・ライトを用いることにした三村の選択も『浪子』の新しさの一つだった。

『浪子』のエンディングでは、当時の三村のハリウッド式の照明の試みを目にすることができる。浪子は、布団ではなくベッドの中で死期を迎えており、自分が結婚するという内容の夢を見ている。三村が記していたように、照明は上部から当てられている。そのとき、浪子の分身が、彼女の身体が横たわっているベッドの上に立つ姿が二重露光で現れる。次に、浪子の分身は、彼女の敵のクロースアップとなる。二重露光のせいでイメージははっきりしないが、ここでのクロースアップにはスリーポイント・ライティングが用いられている（前方からのキー・ライト、左からのフィル・ライト。バックライトの代わりにトップ・ライトが、浪子の髪に光る輪を作り出す）。そこに、結婚指輪がはめられた彼女の指のクロースアップ——浪子の視点から撮られたもの——が挿入される。効果的な照明によって、指輪はフレームの中央で光り輝く。批評家・武山政信はこのラストシーンを「日本映画としては誇つていゝシイン」であると賞賛した。[246]だが、『浪子』は興行的にはまったく成功しなかった。この映画の後、ウェスタン・トーキーから高いフランチャイズ料を請求され、オリエンタル映画社は解散してしまう。『浪子』以降、ウェスタン・トーキー・サウンドシステムは日本で用いられることはなかった。[247]

しかし、三村が撮影を担当した『浪子』という作品によって、日本の批評家や映画カメラマンたちはハリウッドの技術への憧れを募らせることになった。一九三二年三月二〇日の『キネマ週報』は、『浪子』に関する特集を組んだ。これは一本の日本映画をこの雑誌の一つの号全体で取り上げた最初の例となった。この号では、多数のスチール写真とともに『浪子』のストーリーが紹介され、批評家だけでなく、監督や脚本家がこの作品について詳しく論じた。三村が寄稿した文章も掲載された。三村は、自分がいかに日本の映画照明の慣例を変えようとしたかを述べた。一九三六年からJ・Oスタジオに所属し、後に東宝で映画カメラマンとして高い評価を受ける玉井正夫によれば、このとき三村は京都で映画カメラマンたちを前に講演を行い、アメリカ撮影者協会の現状について話したという。一六〇名以上の映画カメラマンとその助手たちは、一九三二年六月一五日にアメリカ撮影者協会に対応する組織へと日本映画撮影者協会を改組した。[248]「影の美学」が現れる前に、日本の映画カメラマンたちはハリウッドの動向を熱心に取り入れようとしていたのだ。

松竹が、こうしたオリエンタル映画社や、一九三三年一二月に「日本最大のトーキー撮影所」を開いたPCLの動きを意識していたことは確かである。松竹は『浪子』の公開後すぐに、浪子の恋人・武男役に林長二郎を迎えて『不如帰』を製作することを発表した。この映画は現存していないが、『キネマ週報』の記事によれば、「現代に鮮やかに甦へる」ものだったという。[249]一方、『キネマ週報』は、PCLが二二台のサン・スポットライト、四〇台のユーイング・ライト、一〇〇台のトップ・ライト、サイライトーン・コントロール（スタジオ全体の照明の調節をすることができる装置）などの「贅沢」な「ライト丈けで六万五千円ばかりかけた」ことを伝えた。[250]一九三一年には、松竹の現像部部長・増谷麟がPCLに移籍していた。[251]彼は、現像促進剤として炭酸ナトリウムのかわりにホウ砂を用いる微粒子現像のようなハリウッドの最新の現像技術を導入していた。松竹がPCLのすべての行動に対して過敏になるのは当然のことだった。一九三六年、業界内の競争の中で、松竹は古い蒲田撮影所から、さらに広い新設の大船撮影所に移転した。大船では、トーキー映画のための設備に加え、「トップライトの強化」のため、それぞれのステージで一坪につき一台の一〇キロワットのサン・スポットライトを天井に設置し、東宝の照明システムに挑もうとした。[252]

一九三四年、PCLは、三村明をハリウッドから招くことに成功した。三村が東京の砧にあるPCLの撮影所に到着した直後、PCL撮影所は、前方四五度、上方四五度のキー・ライトを実現するために、セットの高い位置に多数のランプを設置した。これは、三浦光雄が『映画撮影学読本』の中で、スリーポイント・ライティングを実現するために「最も理想的」と呼んだ角度である。[253]三村は、この照明のセッティングで、一〇〇ミリの長焦点レンズを好んで使用した。このレンズは、俳優の目や鼻、口に焦点を合わせたり、ディフュージョン盤をかけて背景を簡単にぼかしたりすることができた。[254]東宝の映画カメラマン宮島義勇は、一九三三年の時点で他の撮影所が五〇〇キロワット台の電力しか備えていなかったのに対し、東宝の撮影所では六五〇〇キロワットの電力を備えており、キー・ライトを十分に補うために大量のトップ・ライトやサイドライトを用いることができたと証言している。[255]東宝は一九三〇年代の早い時期から、ハリウッドのテクノロジーとテクニックを三村と共に日本に持ち込もうとしていたのだった。

『放浪記』(木村荘十二、一九三五年)は、PCL移籍後に三村が撮影に携わった二つ目の作品である。この映画では、批評家らが「ソフト・トーン」と呼んだ、彼のトレードマークとでも言うべき繊細なハイ・キー・ライティングを目にすることができる。[256]物語は女性作家・林芙美子(この映画での役名は芙佐子)の前半生の苦闘の日々を追っているが、三村はこの主人公に、特にクロースアップでスリーポイント・ライティングを当て続けている。カフェの女給をしていた芙佐子がプレイボーイの大山との別れを決めるという暗い場面でも、彼女の顔のクロースアップは理想的なスリーポイント・ライティングで観客に見せられる（図4‐13）。その前のロング・ショットによって、物語世界内の灯りは天井から吊り下げられた白熱電球だけしかないことは明らかだが、彼女の涙や髪は美しく光っている。クライマックスで芙佐子が服毒自殺を図る悲劇的なシーンであっても、スリーポイント・ライティングが使用され続けるため、彼女の目や髪は輝き続ける。

図 4‐13　芙佐子（夏川静江）の顔はスリーポイント・ライティングで照らされる。『放浪記』（1935 年）

同時代的なベストセラー小説の苦闘するヒロインにこうした照明を用いる描写は、観客には好意的に受け取られなかった。例えば、この映画を批評した篠原泰は、『放浪記』の芙佐子の性格はアナーキステイツクな所でめそめそしてゐたかと思ふと急にパツと明るくなり、さうかと思ふと急ににやけになつたりするところだが、〔映画版の〕主人公の気持の暗い時と明るい時との変目が平板であるのが惜しい。これは夏川〔静江〕のせいであると思ふ。一体に夏川が芙佐子としては美人すぎる。それに、どこか綺麗事で行かうとしてゐる。芙佐子があれではいけない」と述べている。[257] 大塚恭一も同様に、「夏川静江の芙美子は、勝気な所は買えるがつんとすましたお嬢さんが、酒場で酒を飲んだり詩を書いたりしてゐるみたいで、流石は舌足らずの駆出し女優とはちがつて、言つたり仕たりすることはしつかりしてゐるのだが、只しつかりしてゐるだけで少しも作の人物になつてゐない。料理屋で破れのある借着を左前に着て客の前に出る所でも、そのあはれさ、おかしさが、少しもにじみ出ない」と述べた。[258] ヒロインの芙佐子は、一九二〇年代と三〇年代に最も人気があったスター女優・夏川静江によって演じられた。藤木秀朗は、夏川が「一九二〇年代の後半と一九三〇年代の間に製作された傾向映画と国策映画に共通するモチーフである精神主義を、洗練されたファッション感覚や消費という新しい価値と調和させる中で社会的敬意を集めた」という。[259] 芙佐子のクロースアップは、表面的には洗練されたモダンガールだが内に秘めた精神性を持つという、夏川のスター・イメージにかなうものであった。クロースアップでの三村による柔らかなスリーポイント・ライティングは、この映画のヒロインの「美人すぎる」容貌を強調するものだったが、観客の中にはそのような照明によって日本女性の「精神性」が完全に表現されないと批判する人々もいた。[260] 窪川いね子（佐多稲子）はこの映画について、「これほど生きた個性のある映画の主人公をまだ日本映画では見ません」と述べている。[261] つまり、三村の照明の下では、夏川はハリウッド・スターのように見えたのだ。

林長二郎が松竹からの移籍を決めた際、東宝での三村の仕事が頭にあったことは間違いない。林は「アメリカをならつ」た東宝のスタジオ・システムを賞賛し、同社の「撮影所の生命である」カメラと照明の設備にとりわけ感銘を受けていた。[262] ファン雑誌の『長二郎ふぁん』では、結局実現することはなかったものの、三村が『藤十郎の恋』の撮影を担当することが伝えられていた。[263]

すでに見てきたように、長二郎が長谷川一夫として東宝での仕事を始めたとき、三村は、ロー・キー・ライティングの発達をもたらすことになった高感度パンクロマティック・フィルム出現以降のハリウッドでの映画撮影のトレンドを追っていた。一九三〇年代を通じて、ハリウッドの映画カメラマンたちのモノクロの映画撮影についての主要な関心事は、画調の柔らかさと明瞭さであった。トーキー映画への移行とともに、カーボン・アーク灯よりも柔らかな効果を与える白熱電球が導入されることによって、画調の流行は柔らかなものへと変化していた。映画史家のパトリック・オーグルは、「ひどくぼやけた映像や、柔らかなトーン、被写界深度の浅さ」が一九三〇年代後半までのハリウッド映画の特徴であると述べる。[264] また、映画史家のバリー・ソルトも、一九三一年の映画照明の八〇パーセントを占めるようになっていた白熱電球は、「顔に魅力的な柔らかな輪郭の影」を作り出したと記している。[265] 一九二八年に（オルソクロマティック乳剤より）柔らかく細かな粒子のイーストマン・タイプ1・パンクロマティック乳剤が発売され、同じ年の年末には、それよりわずかに速くかつ柔らかなイメージを作るタイプ2の乳剤が、そして三一年二月には、先述したように、それまでの製品よりもさらに速く、さらに粒子が細かく柔らかなイメージを作るイーストマン高感度パンクロマティックネガが、さらに三五年にイーストマン・スーパーXパンクロマティックネガが発売された。[266] 映画史家のチャールズ・H・ハーポールは、一九三〇年代に製作された映画の中からグレッグ・トーランドやジョージ・バーンズの作品を含む「奥行きのあるスタイル」を用いた映画、すなわち「一つのフレーム内においてゾーンごとに複雑な照明を用いることで、相互に影響しあう重要な「出来事」を画面手前から奥までの二つか、三つの異なる面で展開」させる映画を選んで論じている。[267] だが、ハーポールは「この奥行きのあるスタイルは、細部にいたるまでシャープにフォーカスが合っているわけではなく、奥行きをうまく利用することで表現されている」と述べて、それをいわゆる「ディープ・フォーカス」とは区別し、この時期のハリウッド映画の柔らかなトーンの傾向についてオーグルに同意している。[268]

しかし、「影の美学」へと向かう一九三〇年代後半に賞賛されたのは、三村の撮影した微妙なハイ・キーや柔らかなトーンではなかった。一九三八年、日本撮影者協会の会員である批評家・土屋精之は、ディフューザーを用いた三村の撮影を批判した。土屋によれば、ディフューザーの使用はハリウッドの「ある種の流行」に従ったものだった。[269] アメリカ撮影者協会の映画カメラマンであるチャールズ・B・ラング・ジュニアは『アメリカン・シネマトグラファー』誌の一九三三年九月号に次のように書いている。

ディフュージョンが、優れたドラマティックな映画撮影のためにこれまで開発された技術の中で、最も価値あるものであることに疑いの余地はない。〔中略〕が、ディフュージョンは、製作において物語の性質に合わせてコントロールされなければならない。極端にリアルな、あるいは極端にメロドラマ的な物語――一方は『暗黒街の顔役』、もう一方は『ジキル博士とハイド氏』――には、撮影においてはっきりとしたざらつきやコントラストが求められる。明らかに、ディフュージョンはここではほとんど役に立たないだろう。同じことは下世話なコメディにも当てはまる。そこでは、どんな微細な動きも見逃さないように、ハイ・キー・ライティングがセットの隅々まで溢れていなければならない。一方で、より洗練されたドラマに重点を置いたコメディや、コメディ・ドラマには、全体を通してわずかばかりの一貫したディフュージョンを使うことで効果が強められる。もちろん、ドラマのジャンルではディフュージョンがより多く求める。そして、ロマンティックな話やセンチメンタルな話は他のどんな話よりも多くのディフュージョンが求められる。[270]

すでに自然主義的な照明法に傾倒していた土屋は、ハリウッド的なディフューザーの使用を支持しなかった。彼は「三村明氏の『綴方教室』に於ける豊田正子のクローズ・アップはディフューザーの使用によつて全篇を通じて一体に明るすぎ、彼の女の環境が歪めて描かれてゐた三村の失敗作品であつた」と述べている。[271]

批評家や映画カメラマンたちが三村の映画撮影の中で高く評価したのは、「影の美学」の議論と合致する部分だった。批評家たちは、三村が機材の不足を乗り越えたことを賞賛した。特に、三村が、低品質だった富士の生フィルムを使用したものの、効果的に照明を用いることでリアリスティックに日本の空間を描写し、自然の崇高さに対する感覚を高めたと評価した。

『映画技術』は、「国産富士フイルムの特性に完全に適応する周到細心なライテイングを全巻を通じて一カットの卒もなく実行し通した良さ」を理由に、三村の一九四〇年以降の仕事を高く評価した。[272]一九二〇年代から三〇年代の初頭にかけて、日本のほとんどの映画製作会社はイーストマン・コダック社の生フィルムを使用していた。一九三七年一月になって、ようやく富士写真フイルム株式会社が国内最初のトーキー用の映画フィルムを発売した。同年九月に、輸出入の規制をする輸出入品等臨時措置法が施行され、生フィルムの輸入数が減少した。それから一九三九年までに輸入された生フィルムは、全体のわずか六・五パーセントで、四一年にその数はゼロになった。その結果、富士は映画製作会社への生フィルムの唯一の供給元となったのだ。[273]

しかし、富士のネガ・フィルムの品質はかなり低かった。一九四一年七月、『映画旬報』では、田村幸彦（日本パラマウント社日本支社支配人）、碧川道夫、茂原英朗（松竹でのかつての小津の映画カメラマン）、浜村義康（松竹の編集課長）、岩淵喜一（東宝の特殊撮影課主任）、村山絢二（東宝録音課）が富士のネガ・フィルムについて厳しい意見を交わした。[274] 一九四二年にも、映画カメラマンの杉山公平が「此の頃の国産フィルムの質では、光った部分が暗い部分とコントラストがつきすぎて、その方に観る人の視覚を奪いがちにな」ると記している。[275] 同年、東宝現像部の部長・西川悦二が、東宝の研究所による、新しいネガ・フィルムについての報告を参照し、富士が新しく導入したネガ・フィルムは以前のものより光感度が低いと指摘した。西川は、影のディティールを描くためには、明るい部分を「犠牲」にしなければならないと論じた。[276] しかし、彼は「我々は唯単にトーンの不均衡な艶のない画質の低下の責任を資材のみに転嫁する事は出来ないであらう。我々は与へられた資材を如何にマスターすべきか、それが現在の我々に課せられた任務でなければならない」とも述べている。[277]「影の美学」はリアリズムの名の下に富士の生フィルムの光感度の低さを正当化する理論的な戦略ともなったのだ。

西川は、『馬』（山本嘉次郎、一九四一年）における富士のネガ・フィルムの特性とリアリズムの感覚や写実的精神とを混合するような三村の照明に注目した。この映画のそもそものアイデアは、日本の東北地方で馬の繁殖をする一家の生活を記録するというものだった。監督の山本嘉次郎によれば、彼が「いつもやりたいと思っていた」ことは、「セミ・ドキュメンタリー」で、この作品は彼の夢を「実現したもの」だった。[278]『馬』の現像を行った西川は、「元来三村氏の画調は何れかと云へば繊細な明調であるが、本映画は従来と相当異つた点が窺はれるのである。例へば前作蛇姫様（全編）〔衣笠貞之助、一九四〇年〕で見る夜の場面の陰影部のディティールと本映画冬の小野田家のセットの夜の陰影部のディティールとは画調に於て線の強弱を感ずるのである」[279]。実際に西川は、三村が「ローカル・カラー豊かな放牧場の表現には特に関心を持」っていたので、現像を行った際には「陰影部のトーン・ディティールの描出に重点を置」いたと語る[280]。そして「中間濃度（半調部）の描出に欠けてゐると云はねばならないであらう」と指摘した[281]。西川は、古い田舎の家屋を再現したセットが光と影の十分なグラデーションを実現することを難しくしていると推測した。そのため、いくつかのシーンにおいて、西川は、三村が光輝部（ハイライト）密度一・四を可能にする十分な光量を使用したことに注意を払った。その結果、西川は、「中間濃度の描出に欠けてゐる」ことが「劇的内容のリアルな描写を狙った」三村の戦略であったと結論づけた[282]。西川は、「ローキー・トーンを狙つた此の『馬』のセット・ネガティヴにもう一段の中間濃度があれば充分なる焼付光量を与へ、トーンのディテイールの描写をして識者の〔ハリウッド映画における〕ローキー・トーンなる語に当嵌め得たかも知れない」と付け加えている[283]。

三村の極端に暗い照明のトーンへの転向は、批評家たちを驚かせた。田村幸彦は「三村氏のロー・キイの撮影も今度は聊か度が過ぎはしなかつたか。全体が暗くても、その暗さのディテイルが出て居なくては成らぬものだが、しばく暗部が潰れてしまつた場面のあつた事は指摘しなくては成らない。〔中略〕尤も大船作品の大部分の如く、徒に明るい画面のみを見せる事は、絶対に私は反対である」と記した[284]。だが、三村の照明の変化は「影の美学」の議論の中で高く評価された。映画カメラマン小倉金彌は、とりわけトップ・ライトの使用法に注目した。一九三四年に三村が東宝で仕事を始めた際に、ハリウッド式にトップ・ライトを使ったことは先述した通りである。そのことについて、小倉は次のように論じた。「日本家屋の撮影で何時も悩むのはトツプライトの使ひ方であつて、その使用法を誤ると屋根も天井も無い家の如き照明になり、日本家屋の陰翳を失つて欄間の上にはサンスポットが、並んでゐますと云はんばかりの照明になり勝ちなのである。〔中略〕『馬』では〕東北の百姓家の暗い感じを現すロー・キー・トーンは全体に於いて成功であつた。三村氏の注文に応じて、これだけ効果的に配光した照明担当者の周到なる技術もみとめられるべきだ」[285]。批評家・立花伸夫も、この映画で「従来の彼〔三村〕の画調とも云ふべき明るさを離れて終始東北の暗調である家屋内のセットその他のシーンに於いてローキー・トーンを以て描写し、ラボラトリーからこれで写るかと迄云はれる程度の最も暗い画調をもつて全編を仕上げてゐる」ことを高く評価した[286]。

このように批評家や技術者たちが、「影の美学」と三村の照明とを結びつけて考えようとしたにもかかわらず、三村がそのキャリアを通じてハリウッドでの技術的革新に強い関心を抱き続けていたことは特筆に値する。別の言い方をするなら、『馬』における三村の照明が写実的精神の表現であるとして高く評価されたのは、三村が日本のそうしたトレンドに歩み寄ったからというよりも、サミュエル・ゴールドウィン・スタジオでのかつての同僚であるグレッグ・トーランドとの競争関係の結果であったと言える。前述のようにトーランドは、一九三〇年代後半から四〇年代のハリウッドにおいて、その典型的な映画カメラマンではなく、むしろ例外的な人物だった。日本の写実的精神のトレンドとハリウッド帰りの人物がもたらしたハリウッドの映画撮影法とが予想外に結びついたことで、「影の美学」はより複雑なものになったと言えるのである。

使用できる機材――例えば生フィルムの質と量――が限られてはいたものの、三村は日本へ帰国してからも、常にトーランドのスタイルを意識していた。一九四一年、三村は日本の映画技術の乏しさについて不満をもらす一方、トーランドのハリウッドでの成果についても研究し続け、異なる地政学的、経済的境遇にいる自分にできることを探究していた。三村は「〔アメリカの映画カメラマンは〕世界中で一番優秀な機械器具を与へられ、然もすべてベストコンデイシヨンの下で仕事をすることが許されてゐるからである。其の映画の狙ひによつてハイキイ、ノーマルキイ、ロウキイと思ふがまゝの撮影が出来る。デイスクであらうとフイルターであらうと、プロセスや特殊技術は勿論のこと凡そこの世の中で可能なることはすべて彼等の望み通り何物たるとを問はず与へられての仕事である。うまくゆかない筈がないではないか。此を一方日本の我々キヤメラマンの場合と比較した場合、あまりにも其差の甚だしいのに我も人も驚くばかりである。〔中略〕レンズの不足、ファインダーの不完全、三脚の不備、フィルター、ディスクの不揃等、挙げて来れば我々には何一つ完備されたものはない様である」と記している。[287] 一九四一年八月には、トーランドが撮影を担当した映画である『怒りの葡萄』（ジョン・フォード、一九四〇年）や『西部の男』（ウィリアム・ワイラー、一九四〇年）の「鮮明なる画調、極度に狙つたロウキイ調」に感銘を受けたと述べた。[288] また三村は、「我々とても決してキャメラの操作や人物の配光、コムポヂション等に於ては欧米の技術者に決して負けるとは思はない」とも書いた。[289] 三村の『馬』での照明は、『馬』の一年前にアメリカで公開された『怒りの葡萄』でのトーランドの照明と競い合うことを意図したものだったと考えられる。

大恐慌期の農夫の過酷な生活を描いた『怒りの葡萄』の撮影で特徴的なのは、屋内のシーンでのコントラストの強い、いわゆる「キアロスクーロ照明」である。映画研究者のヴィヴィアン・ソブチャックは、「蠟燭の光と懐中電灯の光だけが時々差し挟まれる暗い中で撮影された」シーンの二つの効果を指摘している。[290]「この映画の大部分のキアロスクーロ照明は、具体的に雰囲気を作ることと、映画のテーマとなるジョード一家の遍歴の暗さを示すこと以上の働きをしている。それは抽象化の機能である。フレーム内の様々な物と物の間の関係を曖昧にすることでスクリーン上の空間に閉塞感を与え、観客の注意をジョード家の人々の内面に向かわせる機能を果たしている。〔中略〕黒さは怖さよりは曖昧さであり、厳しさよりは優しさである。ジョード一家と観客は、視覚的に、執拗に人を引きつける物語の文脈から引き離される。その結果残るのは、高度に美化された、フレーム内のイメージである」。[291]

後に、批評家・山根貞雄は、「『馬』のなによりの魅力は、セミドキュメンタリーとも呼べるなまなましさにある。ことに子馬の生れるシーン、二度出てくる馬市のくだりは、感銘深い場面として名高い」と述べた。[292] 映画の冒頭と結末に登場する馬市のシーンの、特にロング・ショットは、人工的な照明が使われず、ただの日光の下で撮影され、この映画の基調をなす自然主義的な画調を作り上げたと言える。しかし、山根の言葉に反して、この映画で最も印象的なのは、光源が一つで、登場人物を影が取り巻いているように見える、暗いキアロスクーロ照明が採用された屋内のシーンである。ヒロインのいね（高峰秀子）が暮らす農家の中では、裸電球が天井からぶら下がっている。これがこの屋内のシーンの物語内に存在する唯一の光源である。囲炉裏のまわりに座ったり、土間に立ったりする人物たちは、上から照明が当てられる。実際の光源は、画面上に現れる裸電球ではなくスポットライトだろうが、ほとんどの時間、それぞれの人物の顔はほぼ半分が影の中にある。そのような照明が作り出す強烈なコントラストは、家族一人ひとりの個性を際立たせるだけではなく、実際に彼らが生きている時代や空間から彼らを切り離すようにも機能する。つまり、この映画のキアロスクーロ照明も二つの機能を持っているのだ。一つは、西川悦二が主張したような、東北地方の農家を自然主義的に描く写実的精神を具現化する機能である。もう一つは、『怒りの葡萄』のように、日本の農村の一家の、時間を超越した神話的なイメージを作り上げることである。

ソブチャックは、『怒りの葡萄』について、「この映画の中には、一つの家族をある土地や彼らの周囲の住人、そして当時の政治的な風潮に結びつける多くのダイアローグがあるが、他方、この映画が視覚的に強い興味を持って描くのは、孤立した、時間や空間を超越した家族としてのジョード一家にある」と論じた[293]。ソブチャックの議論は、『馬』に対しても適用できる。『馬』の画面構成は、『怒りの葡萄』と同様に、閉塞感に満ちている。特に『馬』の屋内シーンのアクションは、『怒りの葡萄』でそうであったように、視覚的に制限された空間――狭苦しいフレーミング、あるいは観客が見えるものを極端に制限する照明――で起こる[294]。物語の重要なポイントで現れるいねと馬のミディアム・クロースアップも単一の光源――上からぶら下がったランプ――によって照らされ、他のものは何も見えない。

ソブチャックは『怒りの葡萄』について「暗さによるマスキング効果を使って、登場人物の青白い顔とぎらぎら光る目を強調する表現主義的なクロースアップやミディアム・クロースアップがたくさんある一方で、現実的でニュートラルなイメージが実のところほとんど存在しない」と主張する（図4-14）[295]。

映画『馬』は、いねのクロースアップによって幕を閉じる（図4-15）。彼女は育てた馬とちょうど別れたばかりで、その目は涙に濡れている。いねは、別れた馬の声を聞くために、右手を右耳にそっと添える。おそらく夕日と思われる強い左からの光が、彼女の顔の右側に影を落とす——スリーポイント・ライティングは使われていない。これは農家の少女の顔を記録するクロースアップと照明であるが、神話的で抽象的な精神性を表現しようとしているると言える。このように、『馬』での三村の撮影は、写実的精神と『怒りの葡萄』の「抽象的」な黒さとを結びつけようとした。つまり、三村は、限られた照明で日本の農家の空間をリアリスティックに見せることを目指し、そ

図 4-14　トム・ジョード（ヘンリー・フォンダ）の顔のクロースアップ。『怒りの葡萄』（1940 年）

図 4-15　いね（高峰秀子）の顔のクロースアップ。『馬』（1941 年）

れと同時にトーランドがアメリカの歴史とハリウッドの神話という文脈で目指した抽象性と神話性を作り出すことを成し遂げたのである。

しかし、三村はただトーランドに追いつこうとしていただけではなかった。異なる政治的、経済的状況に二人の映画は存在していたにもかかわらず、トーランドと三村は同時に、パトリック・キーティングの言う「存在の幻影《イリュージョン》」を追い求めていたのだ。[296] その意味で二人は、ハルトゥーニアンの言う「同時代的モダニティ」を体現していた。アメリカと日本では、多くの葛藤や交渉の末、映画撮影のテクノロジーやテクニックが別々の形で発達したが、トーランドと三村はともに、物語を単純にわかりやすくすることに集中するのではなく、むしろそこに現実の複雑さなどを加えるために、奥行きのある構図を探究した。また、二人は、ソフトなトーンの流行に対し、スリーポイント・ライティングを用いてスターを魅惑的に見せることにはあきたらず、実験的な強い照明を採用した。[297]

にもかかわらず、一九三八年九月、島崎清彦は、「直接現場で米国の撮影技術から学」び、「早く云へば模倣に終わつてゐる」三村の仕事を批判した。[298] すでに論じたように、島崎は「真に映画的な画面の構図」の「確立」が必要であると強く主張し、「立体」を引き合いに出していた。[299] 島崎の批判は、三村のハリウッドとのつながりを指摘した点では正しかったかもしれないが、三村もまたスクリーン上での「立体感」を作り上げる方法を模索していたということを見落としていた。時代劇映画『人情紙風船』（山中貞雄、一九三七年）では、トーランドの代表作『市民ケーン』（オーソン・ウェルズ、一九四一年）と同じように、奥行きのある構図の効果が存分に用いられ、三村の映画撮影と照明に対する探究を見て取ることができる。

トーランドは『市民ケーン』を撮影するにあたり、「単に映画を見ているというよりも観客が現実を見ていると感じるような映像をスクリーンに映し出さなければならない」という議論を、監督のオーソン・ウェルズと交わした。[300]「まずはじめの段階」でトーランドとウェルズが行ったことは、「現実感を与えるようなセットを設計すること」であった。[301] その結果、『市民ケーン』のセットの多くには、天井がつけられていた。ハリウッドでは慣習的に、

「セットと並行する照明レールに設置された上方からのスポットライトによってセットが照らされる。その光は、「もし実際に天井のある部屋ならば明らかに不可能であろう」角度から当たっている。[302] トーランドによれば、『市民ケーン』のセットは天井を作ったため、こうした頭上からの照明を使うことができず、ほとんどすべてのものには、床に置かれたライトから照明が当てられた。[303]

こうしたプロダクション・デザインや照明の角度の工夫に加え、トーランドとウェルズは実際の人間の眼の「解像度と奥行きを獲得」しようとし、観客が「単一の点だけに完璧に焦点が合っていて、その特定の点の手前や奥ではすべてのものがぼやけているような」画面を作ることを避ける努力をした。[304] 画面上のすべてのものに焦点が合っている、いわゆるディープ・フォーカスを実現するために、トーランドとウェルズは、「感光速度の速い乳剤が使用された」スーパーXXフィルムに加え、テクニカラーで一般的に使用されていたやアーク・ボード・ランプを採用することで、照明レベルを高めた。[305]

映画史家のパトリック・オーグルによると、一九三八年一〇月下旬のイーストマン・プラスXパンクロマティックネガと、そのちょうど二週間後に導入されることになった「本来は照明を当てるのが難しい状況で撮影されるニュース映像や、その他特別にリアルな撮影のために開発された」感光速度を持つスーパーXXは、三〇年代のハリウッド映画を特徴づける「画調の柔らかさ」を「覆し」うるものだった。[306] 実際、ヴィクター・ミルナーのような何人かの映画カメラマンは、画面の明瞭さや奥行き感が増すという、このフィルムの可能性にすぐに気づいた。ミルナーは、「〔超高速度感光パンクロマティック・フィルムは〕我々がレンズの絞りをいっぱいに開いた状態で撮影する非常に柔らかく、より自然な低いレベルの照明（五〇フートキャンドル以下〔一フートキャンドル＝一〇・七六四ルクス〕）から、その逆に、より大きな深度と明瞭さを得るために、非常に狭い絞りで露光させる非常に高いレベルの光量（おおよそ二〇〇フートキャンドル以上）まで、その尺度を調整することを可能にする」と述べている。[307] しかし、オーグルによると、ミルナーも含めた映画カメラマンの大多数は「本質的に保守的であり、新しいプラスX乳剤によってコントラストの強さが増したことに悩んでいた」。そのために彼らは、意図的にコントラストを弱める現象方法を使って柔らかな画調を守ろうとしたと言う[308]。したがって、『市民ケーン』でのトーランドの選択は、感光速度が速いスーパーXXフィルムの可能性を最大限に利用したものではあったが、それは、ハリウッドの映画撮影の柔らかな画調の流行には反するものだった。

また、パトリック・キーティングが指摘するように、トーランドのディープ・フォーカスへのこだわりは、映画ジャンルに基づく照明から説明できるものでもなかった。トーランドが目指したのは、観客に「存在の幻影」を感じさせることだった。キーティングによると、これは、「俳優の肉体的な魅力や曲線の幻影に代表されるハリウッドの他の理想とは相反するものだった」。ハリウッド映画では、「芸術的な妥協」の産物として絶え間ない「変化」を前提に一本の映画の中で、強調されるポイントが物語を語ることからリアリズムへ、また絵画的なイメージへ、さらにスターの肉体的な魅力へと変化していくために、その映画の照明はシーンからシーンへ、ショットからショットへと違和感が生じないように調節されなければならない[309]。キーティングによれば、トーランドの同僚の映画カメラマンたちは、「一つのテクニックに固執すると、映画が必要とする繊細なバランスをきっと乱すことになるだろう」と心配した[310]。

しかし、こうしたトーランドのリアリズムへのこだわりは、日本では写実的精神についての議論の中で賞賛された。スーパーXXを用いることで映画撮影の可能性が増すことを指摘したミルナーの文章は、原文が『アメリカン・シネマトグラファー』に掲載されたわずか一カ月後、一九四一年一二月号の『映画技術』に日本語訳が掲載された[311]。『映画技術』の河本正男は、「全色に亙る広汎な感色性、甚だしく高速化された感光度」を持つ「ファイン・グレイン・パンクロ・エマルジョン」によって黒と白の間の鮮明さを強調する「ハーフトーン・フォトグラフイ」の出現を強調した[312]。その際、河本は「そのような新しいフォトグラフィの研究に熱心」な重要人物としてトーランドの名をあげた[313]。そして河本は、三村とのインタビューの中で、『放浪記』のソフト・トーンとは対照的に輪郭が明瞭な『人情紙風船』の暗いトーンを褒め称えた[314]。

一九四一年八月に、三村は『市民ケーン』の映画撮影を褒めた文章の中で、「光感度の高いフイルム。スピードを一倍或は一倍半速めるコーテッド・レンズ。そしてハイ・インテンシティ・カーボン・ライトの使用と、アメリカ映画技術に対抗し得る、国産品の出現を期待せずにはおられない」と記した[315]。三村は、ハリウッドの照明や生フィルムを使わずに同様のこと——存在の幻影——を試みていたからである。

同じ年に、批評家・杉山平一は、映画監督の山中貞雄が「「縦の構図」といふのを創始した」と論じた[316]。「影の美学」の議論の中で、映画は日本の伝統と結びつけられるようになっていたが、杉山は山中の奥行きのある構図と伝統的な日本の絵画とを結びつけた。杉山は「広重の、特に晩年の名所江戸百景の、特徴的な風物を絵の前面に大胆に配置したあのいくつかの風景画に、この俊秀の時代劇映画の作者〔山中〕が目をつけたといふことに何故だか私は感動する」と書いた[317]。杉山は、前景のクローズアップと広い後景の関係を雪舟の山水画に言及しながら論じ、「映画において、前景を大きくとる或ひはクロオズ・アップすることに、このやうな大いなるものを見る「伝統」が思ひ出される」と記した[318]。

杉山が示唆したように、『人情紙風船』の中で用いられた奥行きのある構図は、木版画あるいは山水画のある種の構図と結びつけることも確かにできるだろう。しかし同時に、それは、「存在の幻影」の実験の成果でもあった。山中の映画を称える際に「縦の構図」という言葉を最初に用いた批評家・相川楠彦は、「画面に於る人物と人物の相互関係、人物と物との相互関係、等々を絶えず遠近的に、立体的に、縦に構成しながら、監督者、山根貞雄は、時間経過、人物の心理の表現、画面に於る雰囲気の醸成、等々のあらゆる場合々々の為に、この「縦の構図」を素敵に効果的に使用してゐる」と論じた[319]。

『人情紙風船』は夜の静かな通りのロング・ショットから始まる。通りは雨に濡れているようで、どこからかさす光を反射してきらめいている。若く野心的な元髪結い・新三（中村翫右衛門）は、質屋の店主の一人娘を誘拐して、やくざの親分を困らせる。親分は質屋の用心棒をしており、その店主は、町の有力者である武士・毛利の息子に自分の娘を嫁がせることを約束しているからである。この映画の多くのシーンでは、コントラストが強いロー・キーの照明が採用されている。これは、ハリウッドのギャング映画のジャンルで用いられる照明の型を模倣しているようである。新三の賭場は行灯の光のみ、賭場の脇の道は蕎麦屋の屋台の提灯の光のみ、誘拐した質屋の娘を連れ込む新三の長屋の部屋は行灯の光のみで照らされている。新三とヤクザが最後に対決するのは、月明かりの下のえんま堂橋である。彼らの身体が暗い影を作り出し、彼らの刀は無気味に光り輝く。

図 4-16　奥行きのある構図で長屋は描写される。『人情紙風船』（1937 年）

やくざ時代劇映画というジャンルに合ったこのような照明に加え、この映画において光と影は奥行きのある構図のために用いられている。長屋のセットもまた、画面上の奥行きを深めるように設計され、二つ長屋が、画面の前から後ろに向けて両脇の空間を占めるように並んでいる（図 4-16）。画面の奥には倉庫のような建物があり、そこは丁字路になっている。後景の丁字路は明るく照らされ、画面の奥行き感を高めている。長屋の住人たちは、奥行きのある構図の中で、通りを行ったり来たりする。二つの長屋の前の通りをとらえたロング・ショットは、シーンの合間にたびたび挿入される。それらのショットでは、人々の気ままな動きが実は重要である。その勝手気ままな行動が、画面のつきあたりの最も明るい領域を絶えず遮り、画面の立体感を高める働きをしているからである。奥行きのある構図は、その立体感によって長屋の住人たちの現実の生活を記録しているかのようである。

主要な登場人物たちも、物語の中でとりわけ特権的もしくはメロドラマ的に描かれるわけではない。長屋の他の住人たちと同じように、日々彼らは前景の暗い部分から後景の明るい部分へと歩く。その結果、彼らの背中はいつもシルエットで観客に見せられる。例えば、長屋に住む浪人の海野（河原崎長十郎）は、仕官先を探しているが、上級武士の毛利に追い返された後、前景の影になっている部分から後景の光に照らされた部分に歩いていく。海野の妻は、長屋の女たちから海野が新三の悪行の片棒を担いだというわさを聞いた後、長屋の間の道を、画面の奥の方にある自宅まで歩いていく。長い彼女の影が印象的である。

家の中でさえ奥行きのある構図が使われている。あるシーンでは、海野の妻が光る短刀を手に手前の部屋の暗い隅から、部屋の奥にある行灯の側で酔っ払って眠る海野にゆっくりと近づいて行く。彼女が行灯の灯りを吹き消したとき、画面奥にある窓が、スクリーン上で唯一光が当たって観客が見ることのできる部分となる。翌朝、長屋の住人たちは海野とその妻の心中について知る。側溝に落ちた紙風船（おそらく海野の妻が生活を支えるために作っていたもの）が一つ、前景の影になった場所から後景の明るい場所へ動いていくのを収めたロング・ショットで、この映画は終わる。ハリウッド映画の模倣——とりわけ長谷川一夫主演のスター映画——を嫌っていた批評家・津村秀夫は、この巧みに構築されたセットと「季節感を十分に伝える豊かな画調」を賞賛し、「季節感（但しそれは梅雨晴といふより盛夏だが）ここには兎にも角にも豊かな画調に助けられて従来の時代劇映画に欠け勝であった「生活」がある」と述べた(320)。

三村明のハリウッドのテクノロジーとテクニックへの執着と日本の映画製作の状況への失望とを考えるならば、『ハワイ・マレー沖海戦』（山本嘉次郎、一九四二年）の「撮影監督」に任命されたとき、彼が喜んだことは想像に難くない。「撮影監督（ディレクター・オブ・フォトグラフィー）」という肩書きは、ハリウッドでは映画カメラマンを表す用語として一九三〇年代から一般的に使われているが、一九四二年以前の日本ではそのような言葉や概念は存在しなかった。真珠湾攻撃一周年を記念するために海軍省の支援を受けて製作された映画で、ハリウッドから直接輸入した「撮影監督」という言葉が使われたことは奇妙だったが、それはともかくハリウッドでは、「撮影監督」があらゆる照明の仕事の責任者である。日本では映画カメラマンとは「カメラマン」という呼び名の通り、常にカメラに対してのみ責任を負う者である。日本のカメラマンはその照明プランを照明技師に伝えるが、どの照明を使用するかを決めるのは照明技師である。日本では、映画カメラマンと照明技師はいまだに同等の権威を持つ別々の存在であり、日本の映画カメラマンが照明法を一人で決めることはない。一九二九年に、映画カメラマン伊佐山三郎が、「私が最も苦労するのは照明部の人達が私の良き友達になつてくれない事である」と述べたほどである。[321] 一九二〇年代から、照明は撮影所の中で、撮影とは独立した部門（多くは電気の部門）だったためである。そして一九三六年、日本映画照明協会の設立とともに、照明技師制度が確立された。[322] ここまで、日本の映画製作における照明について論じるために、杉山公平や厚田雄春、三村明のような、映画照明に対する責任も負っていた映画カメラマンの名前だけをあげてきた。しかし、実はそうした照明は、映画カメラマンと照明技師との交渉の産物だったのだ。映画撮影と映画照明が分かれていたことは、自身の照明プランを実現しようとするハリウッド帰りのヘンリー小谷のような映画カメラマンを困難な状況に置いたと言える。照明技師には、機具を用いるための彼ら自身の慣例があったからである。残念ながら、映画撮影の部門と電気の部門が分かれている理由を明らかにする記録は、私が知る限り存在していないが、そうした分離は、舞台芸術の伝統に由来するのではないだろうか。映画以前から歌舞伎の舞台ではすでに電気と照明の技師を導入していた。歌舞伎の世界から映画ビジネスに参入した松竹のような会社では、それまでなかった機材である映画カメラの担当者を新たに必要とした。つまり、撮影部門が新たに付け加えられたのだ。

このような状況の下では、『ハワイ・マレー沖海戦』の製作での「撮影監督」は、ハリウッドとは違って名ばかりの存在だったとも言える。三村はこの大作に携った四人の映画カメラマン（三村、三浦光雄、鈴木博、平野好美）のチーフであるだけだったようだ。四人の映画カメラマンが、短期間で多様なロケーションで撮影するこの大作映画に必要だったのだが、その中で三村のために、カメラマン長、もしくはチーフカメラマンと呼ばれる代わりに、すでにハリウッドで用いられていた「撮影監督」という肩書きが借用されたのだろう。

しかし、三村はこの好機を利用し、できる限りハリウッドの「撮影監督」のように活動しようとした。同時期のハリウッドでは、「撮影監督」が監督や美術監督と映画の見た目について常に議論していたのに倣って、『ハワイ・マレー沖海戦』の製作期間中、三村も、映画カメラマンやそのアシスタント、照明技師を集め、映画の照明の構想を伝えていた。[323] おそらく三村が写実的精神の考えを意識的に採用したために、彼が「撮影監督」として主導権をとろうとしても大きな反対は受けなかった。彼がこの映画の製作の間に重視したのは、「写実的効果」であった。[324] マーク・ノーネスが指摘するように、この映画の、特殊効果による映像が、戦後のドキュメンタリーやニュース放送で真珠湾攻撃の実際の映像として使われ続けてきたという事実は、この映画の写実主義を証明していると言える。[325] また、三村の撮影日誌によると、彼はリアリズムについて語る際には、それを「影の美学」と結びつけていた。彼は「黒潮にやけた帝国海軍々人を画面上に躍如たらしめる為」に通常のメイキャップを使わなかったと明かし、同時に「ロケーションに於いては出来得る限りレフレクターの使用を禁止して、その写実的効果を狙った」という。[326]

撮影中、三村は、不足がちの照明で影についての彼独自のアイデアを実現するために考えられることはすべて実行した。彼は「母艦内セットの最も苦心したことは全部天井に実際感を狙った為其の配光に極度の制限を受けたことである。天井の一部分に穴をあけて其処から二キロのスポット数個、一キロ・ベビースポット数個のみで撮影し三キロスポットは一台も使用せず」と記している。[327] 三村は、彼が先に撮影した箇所の照明が明るすぎてコントラストが強く見えたため、B班が「最も苦心する所は私が撮つたものにカットバックする各場面を撮ることであつた」とも明かした。[328] 同様に、一二月九日夜の仏領インドシナ基地のシーンのセットでは、「灯火管制中の飛行場の事ではあり、美しき月夜であった事実に鑑み」て、『三村は、明るいランプを使うことを避けたものの、前例のないやり方でフィルターを用いた[329]。

島崎清彦は、東宝での三村の仕事をハリウッドの隷属的な模倣だとして批判し続けてきたのだが、この映画でようやく三村の成果を賞賛することになった。島崎は、『ハワイ・マレー沖海戦』の「撮影監督」はハリウッドとは異なり、映画監督のためにすべての視覚的要素を計画し、また撮影や照明、現像を管理する「一映画に於ける写真的成果に対する総責任担当者」ではなかったと論じた[330]。そして日本では、「撮影監督」は「撮影技術の方針と設計を樹て、それに対応して適材適所的に、三浦光雄、鈴木博等の撮影者を共力者として選任し、〔中略〕決定した方針と設計に添つてあらゆる技術処理を規制し統一する」者でしかなかったと述べた[331]。このように、島崎にとって、日本とハリウッドの「撮影監督」の違いは歴然としたものだったと言える。だが、島崎は『ハワイ・マレー沖海戦』での撮影監督システムを「我国独特の形」と呼んだ。そしてこのような独特なシステムは「国産資材の愛用」という、また「強靭な新国家観、世界観の体得」という「新しい使命」を成し遂げるための「揺ぐことのない素地として立ち上がった」と結論づけた[332]。島崎の「撮影監督」についてのねじれた主張は、戦時下の日本の映画政策の「混淆性」の一例と言うことができる。

なお、付け加えるなら、戦後、島崎は、日本でハリウッド式の撮影監督制度を確立することを訴えた。彼は、日本の映画カメラマンがただカメラを操作する者でしかなかったことを嘆き、そのような「過重な負担にせいいっぱい堪えてぎりぎりの努力を続け」る立場から彼らを自由にすることを主張した[333]。

終　章　宮川一夫の映画撮影

日本の美を伝える

「その国で最も優れた技術を持つ映画カメラマンの名をあげることは難しい作業である。日本ではこの作業は、宮川一夫が国際的な評価を得たことでいくぶん簡単になってきた」。批評家のクリフォード・V・ハリントンは、一九六〇年一月に『アメリカン・シネマトグラファー』誌にこう記した。[1]第二次世界大戦後の、いわゆる日本映画の黄金期は、国際映画祭における数々の受賞で幕を開けた。黒澤明の『羅生門』（一九五〇年、一九五一年のヴェネツィア国際映画祭で金獅子賞受賞）、溝口健二の『雨月物語』（一九五三年、同年のヴェネツィア国際映画祭で銀獅子賞受賞）、『山椒大夫』（一九五四年、同年のヴェネツィア国際映画祭で銀獅子賞受賞）といった受賞作品の多くを手がけた映画カメラマンが、宮川一夫であった。アメリカでは、『羅生門』は「アートシネマ」運動のさきがけとなった。ヨーロッパでは、『雨月物語』と『山椒大夫』は、ジャン＝リュック・ゴダールやフランソワ・トリュフォーといったフランス・ヌーヴェル・ヴァーグを牽引した若い映画作家たちを驚かせた。多くの海外の観客はこれらの映画を通して、宮川の映画撮影とともに、日本映画を初めて見ることになった。それから数十年後の一九八五年になっても、ポール・シュレーダーが三島由紀夫の伝記映画『ＭＩＳＨＩＭＡ』を監督した際、アメリカ撮影者協会の撮影監督ジョン・ベイリーは日本の宮川のもとを訪ね、日本の風景の撮影方法について助言を求めた。

宮川は、日本政府によって公式に、戦後の日本映画の主要な人物とみなされた。一九五三年には早くも、文部省が「日本美を映画に導入し発揚した」という功績を称えて、芸術選奨文部大臣賞を授与した。[2] 宮川の戦後のキャリアを通して、彼の仕事は日本の伝統美と結びつけられてきた。『用心棒』(黒澤明、一九六一年)の批評では、映画カメラマンの渡辺浩が、宮川が「日本的ともいえるきわめてきめのこまかいライティングで巧みにミクロコスモスを作り上げている」と述べた。[3] 渡辺は、宮川の伝記の中で「宮川の生涯も、日本的な美の追求と、時代劇の表現の発展のために捧げられたといってよいくらい」だと論じている。[4] 一九七九年には、溝口健二との仕事によって名を馳せ、高い評価を受けていた脚本家・依田義賢が、「風土というものを、歴史のうちに、フィルムの上にも定着させていったということですね。特に宮川キャメラマンはそれをやられたんじゃないかというふうに思うんです。他の先生は、そこまで意識していなかった」と語った。[5] 宮川自身も一九六〇年に、自身の仕事について、「これらの映画は現実の日本の本当の印象を与えられるところにまで近づけることができたと信じている」と述べている。[6] こうした宮川の仕事に対する評価によって、一九三〇年代の後期に現れた「影の美学」は、戦後になって日本の美の表現として自然に受け容れられるようになっていった。

多くの場合、宮川の仕事――とりわけ照明のアイデア――と結びつけられた日本の美は、京都のイメージであった。渡辺浩は、宮川が生まれ育ち、彼のキャリアをスタートさせた土地が京都であったからこそ、彼の映画撮影はロー・キーの「画調」を目指していたと論じる。渡辺は、京都の典型的な住宅を「家の中はどこからともなく入ってくる光でほの暗い。奥の庭と縁側の金魚鉢だけが、明るく浮びあがっている。〔中略〕宮川一夫が『西陣の姉妹』『夜の河』などで、鮮やかにフィルムで描いてみせてくれる、京都の市井の家そのものといったところで、生まれ育ったのである」と描写する。[7] 渡辺の議論は、映画史家・太田米男の京都の景観や雰囲気に関する議論と一致する。太田は特に京都の建築物の中の照明を次のように記述する。「中庭に差し込む光。格子越しの光。枯山水の白砂の照り返しは奥深い部屋の中まで光を送り、障子戸は直射日光を柔らかく散光させる。何よりも、時代劇の照明は行灯の光が主光線になる。〔中略〕このような光のあり方がドラマを引き立て、情緒性だけでなく、感情表現や情感、格調をも生み出している。これが京都映画の基調となる重厚さを創りだしてきた」[8]。

宮川の撮影スタイルは、京都の文化だけではなく、彼の人生とも結びつけて語られた。一九八五年、宮川自身が、「私は京都に生まれ、京都に育ちました。京都の風物はご存知のように、色彩をおさえた渋いものが多い。それが自然に私の目に残って、私の色彩感覚を形成していったと思います。それと日本画、それも水墨画を原田先生について習っていたことも影響があると思います。〔中略〕原田先生という方が変わった方で、色を使わせてくれないのです。絶対に墨だ、という。墨というのは、白と黒の世界です。その間に無限のねずみ色の段階がある。その濃度によって見る者に色を感じさせよ、ということだったのです。この墨絵の修行は、その後私がキャメラマンになってから、非常にプラスになると同時に、私の〝画調〟も生みだしたと思っています」と書いた[9]。また、一九九九年に行われたインタビューに、宮川は次のように答えた。「〔宮川の京都の生家は〕真っ暗なおくどさん（かまど）の向こうに中庭があって、そこだけに天窓からの光が射して、井戸のつるべが光って見えた。子供の頃から眺めてきたこういう情景って意外に印象に残るのね。〔中略〕暗くて、隅っこでウジウジしているような子供だった」[10]。

松竹ヌーヴェル・ヴァーグの映画作家として著名な篠田正浩は、そのような宮川と京都を結びつける論調に対し、「京都人はコントラストの厳しい西欧的世界に住んでいる。京都が日本的だなんて、僕は信じない。宮川一夫さんなんて日本料理より洋食が好きなんだ。京都の朦朧とした景色なんて俗説だよ」と異を唱えた[11]。とはいうものの、篠田は、宮川と映画を製作したとき、「日本が日本だったという風景は、日本のキャメラマンの誰が撮ったかと考えると、宮川一夫以外思い当たらなかった」とも語った[12]。篠田との仕事の直後、宮川はニューヨークの日本協会での講演で「こうしたアメリカ文明の生んだ最高の工業製品をつかい、東洋の中でも独得の美しさを持つ日本の山河を、フイルムにどの様に定着させるかが私終生のテーマであります」と語った[13]。

戦後、宮川が日本の美の探求者とみなされ続けてきたことは注目に値する。なぜなら、京都の建築の照明についての分析が正しかろうが間違っていようが、戦前に日活撮影所で働いていたとき、宮川は、それらを撮影したり、それを日本の美と呼ぶことを目指してはいなかったからである。[14] 宮川は、自身の照明のスタイルの基礎にはハリウッド映画とドイツ映画の強い影響があることを認めていた。かつて宮川はカメラの設置の仕方や動かし方を主にハリウッド映画から学んだと語った。[15] 彼にとってその「画調がただ明るいだけの印象」であったにもかかわらず、である。また宮川は、「一番むずかしい構図を絵コンテにまかせ、配光を勉強させてもらいましたが、次にキャメラマンが身につけなくてはならないのは、キャメラワークです。ところが、これは教えてもらうとか、教えられるものではありません。キャメラを自分の体の一部と考え、自分の感覚で動かす。自然にマスターしていくより仕方がありません。私はこのキャメラワークを勉強するために、洋画、とくにアメリカ映画をずい分観ました。特にその中でも昭和十四年、五年に観たミュージカルなど、クレーン車や移動車を縦横に使用して、すごい絵を撮っていました」とも述べた。[16]

宮川の映画カメラマンとしてのデビュー作は『お千代傘』（一九三五年）である。これは、ジョセフ・フォン・スタンバーグが監督を務めた、マレーネ・ディートリッヒ主演のスパイ映画『間諜X27』（一九三一年）をリメイクした時代劇映画である。『間諜X27』は、宮川をはじめ日本の映画カメラマンたちがそのロー・キー・ライティングのスタイルを高く評価していたリー・ガームスによって撮影された。『お千代傘』は現存しないが、宮川自身の手書きのシナリオによると、ガームスのロー・キー・ライティングやコントラストの強いいわゆる「北の光《ノース・ライト》」のテクニックを真似ようとしていたことは明らかである。この映画は真夜中のシーンから始まり、スポットライトが重要な役割を果たす。女密偵のお千代は、強い光——光源として彼女が手にしている灯り——によって白い壁に現れている暗い影としてまず画面に登場する。シナリオには「お千代が行くバックの室々照明よろしく変化を見せる」と書かれている。[17]

宮川は『お千代傘』の暗い画調について、京都の明かりではなく、ムルナウのようなドイツの映画作家によって用いられた照明、とりわけそれらの中の「沈みがちな」「白と黒のコントラスト」を目指したと語っている。[18] 宮川はインタビューの中で、「端的に言ってね、フランス映画は軟調、アメリカ映画はハイキーでヌケのいいスカーッとした感じ、ドイツ映画は白と黒のコントラストがいい感じ。この三つに分かれてて、僕はその内でもドイツの配光が好きでした」と述べた。[19] 彼はまた、「〔ドイツ映画は〕白と黒のコントラスト、どちらかというと沈みがちですが、きちっとした、固い調子でしょ。時代劇をやっていたんで、これは勉強になりましたよ」と述べている。[20]

もしそうだとすれば、宮川と京都の伝統文化、そして日本の美との結びつきは、戦後日本の映画政策の中で作り上げられたものと言えないだろうか。ヴェネツィア国際映画祭での『羅生門』の成功の後、映画の国際的な配給は、日本の映画産業にとって実現可能な夢となった。海外の観客にアピールするために日本の映画産業がとった戦略は、伝統的な日本のイメージである能や歌舞伎、禅、侍、芸者のような文化的モチーフを強調することであった。エキゾチックな日本のイメージは海外の観客に向けて商品として販売され、また日本の文化的アイデンティティのシンボルとして宣伝された。

宮川が契約していた大映（大日本映画製作株式会社。日活と新興キネマと大都映画を合併して一九四二年一月二七日に設立された）は、社長・永田雅一の下で日本映画のエキゾチック化を進めていた。永田は、伝統的な能の世界を描いた時代劇映画『獅子の座』（伊藤大輔、一九五三年）に、二〇世紀の初めに国際的な名声を獲得していた俳優である早川雪洲をキャスティングしていた。[21] 永田に説得され、早川は一二年ぶりに日本に戻る。国際的なスターだった早川は、海外の観客から日本映画の評価を得るための日本の代表となることが期待された。[22] 一九四九年には、早川自身が「本当に外人にみせる日本映画を企図している、〔中略〕あくまで今までの日本映画のワクにとらわれず新しい型のものを創造したいと思つている」と公に口にしている。[23] また早川は、「これから日本で仕事をするとすれば、国際的な面でひろげて行かなければ駄目だと思う」とも言っている。[24] 早川の国際的な名声は、連合国占領政府にとっても、安全弁になると考えられた。終戦直後、日本は連合国軍の占領下にあった（一九四五年九月から五二年四月）。占領の目的は、戦前・戦中に日本の政治や文化に浸透していた軍国主義と国粋主義を撤廃し、アメリカ式の自由主義と民主主義によって日本人を教育することだった。占領政府は、この新しいイデオロギーを広く宣伝するため、メディア、特に映画の影響力に目を向けた。早くも一九四五年九月には、占領政府は、日本の映画撮影所の幹部たちと面会した。一九四五年一〇月までに、情報宣伝局（後の民間情報教育局 Civil Information and Educational Section : CIE）が設立され、映画会社が提出した映画の企画や脚本の英訳、そして完成した映画の検閲を開始した。[25]

占領政府は、戦前の早川のハリウッドでのスター・イメージを高く評価していた。早川の国際的なスター・イメージは、軍国主義的であった過去からの脱却と、新しい民主主義とのシンボルになりうると考えたのである。クローデット・コルベール主演のハリウッド映画『三人帰る』（ジーン・ネギレスコ、一九四九年）で、早川は日本の将校を演じた。その際、日本の雑誌に掲載された記事の中で、早川はアメリカの生活様式を伝える講師の役割を果たした。また、戦後の日本で最も人気があった女性スター田中絹代が渡米するにあたり、彼女にアメリカでの振る舞い方を教えた。彼は「とにかく日本流の遠慮は一切無用ということ、生まれ変つた気持ちで、向う流に、大胆に振舞う事だね。〔中略〕まずハワイに着いて、日本人が、とても乱暴な態度や口のきゝ方をしているので驚くかも知れないけど、これはフランクリィにというアメリカ人の態度なので、馴れると却つて、さつぱりしていていゝものだよ。〔中略〕〔ハリウッドでは〕スタッフ全員が演技者のやりよいような状態をつくり出すよう努力するし、演技者もスタッフの努力を生かすようにやる。つまりお互に援け合うハーモニィ、この道徳観念をつくり出すこと、これは、ぜひ学んでもらいたいね」と語った。[26]

にもかかわらず、占領期が終わった後に公開された『獅子の座』に早川の姿はなかった。早川に取って代わったのは、そのスター・イメージが日本の舞台芸術と関係を持ち続けた長谷川一夫だった。早川から長谷川への突然の主演スターの交代は、「強制された」アメリカのスタイルや民主的な「上からの革命」から自由になるという日本映画産業の方向性を示していたと言える。[27] 日本映画産業が伝統やエキゾチシズムへと向かったのは、『羅生門』の国際的な成功のみならず、占領政府による急進的な変革に対するナショナリストたちの反応とも考えられるのだ。早川自身、日本の映画製作の方向性の変化に気づいていた。「〔日本映画は〕アメリカ映画の真似では絶対に成功しないと思う。日本独特の伝統を生かした——例えば腹芸といったような演技など——を忘れるようなことがあれば、アメリカでは歓迎されまい」と早川は語った。[28]

「日本の美学」は、こうした戦後日本の新しい文化的な目的に適するように再考された。その中で、宮川の仕事は重要な位置を占めていたのである。この流れの中で、「影の美学」もまた、京都の建築や文化への言及とともに、宮川の仕事に当てはめられた。こうして日本の伝統を創出した戦前の議論は戦後に蘇った。美学と国際的な政治とが再び結びついたのである。「影の美学」は、国際市場における他国の映画との関係の中で、日本映画の地位を固めるために必要とされ利用されたのだ。

宮川は、日本の美を宣伝するという公的な役割を果たしてはいたが、大映のエキゾチシズム戦略が日本の映画製作の大きな流れの一つだったときでさえ、単純に「影の美学」を支持していたわけではなかった。むしろ、宮川が映画のシナリオの頁に記した照明に関する詳細なメモは、彼が映画撮影の潜在的な可能性に対して、より強い関心を抱いていたことを示している。彼が「影の美学」を意識していたことは確かである。だからこそ、宮川は、自分の仕事が京都の文化と強いつながりがあると公言していたのだ。そして実際に、宮川は映画における「影の美学」がどういうものであるのかを検討していた。しかし同時に彼は、映画的リアリズムとは何かも探究していた。宮川の照明に見られるのは、日本の美学の宣伝を超えた、映画撮影についての様々な努力なのである。戦時下の日本映画が決して一枚岩ではなく、むしろ複雑な混合物であったのと同様に、エキゾチシズム戦略で国際的な成功を果たした大映の映画製作も一枚岩ではなかった。

「影の美学」の実現――第二次世界大戦期

ハリウッドやドイツの映画撮影をより好んだにもかかわらず、宮川一夫もまた一九三〇年代の後半までに、「影の美学」に傾倒するようになっていた。近年カルト映画の傑作としての地位を獲得した『鴛鴦歌合戦《おしどりうたがっせん》』（マキノ正博、一九三九年）は、写実的精神とハリウッド式スリーポイント・ライティング、そして時代劇のスペクタクルな照明とを、宮川が巧みに組み合わせた例である。

『鴛鴦歌合戦』は、偶然製作された作品だった。一九三九年一一月中旬、監督のマキノは、別のミュージカル映画『弥次喜多 名君初上り』の製作中だった。主演の片岡千恵蔵が病気で二週間の休養を取ることとなり、日活はテイチクから派遣されていた歌手を無駄にしないために、彼らを使った別の映画を製作するようマキノに要請した。『鴛鴦歌合戦』は「九日間」で撮影された代用品の映画だったのだ。[29] この映画は、マキノが『弥次喜多』の撮影に戻った一二月一〇日までに完成した。『宮本武蔵』三部作（稲垣浩、一九四〇年）の撮影が滞っていたわずかな期間に、宮川は『鴛鴦歌合戦』の撮影を担当することになった。[30]『鴛鴦歌合戦』はこのような限られた日程と予算の中で製作されたため、当時の宮川のテクニックやスタイルを典型的に示している可能性が高い。

この映画のオープニングで、ヒロインのお春はたくさんの紙の傘を乾かしている。傘は日光を反射し、この映画が明るいハイ・キー・トーンであるという印象を強めている。だが、この映画は単にハリウッドや松竹の照明法をそのまま用いているわけではない。一見、お春はスリーポイント・ライティングで照らされているようであるが、彼女の立ち位置は複数の光源に取り囲まれた中で慎重に決定されている。強い日光が、背後の窓や開け放たれた障子を通して部屋に降りそそいでいる。彼女の顔や髪は、これらの光によって美しく縁取られ、背景から浮かび上がっているが、これはハリウッドのスリーポイント・ライティングではなく、写実主義的なやり方によってである。

夜の屋内のシーンでも、写実主義的な照明が使われている。照明は唯一の光源である行灯からさしているように設計されており、お春と彼女の父親が、買い集めた骨董品がすべて本物ではないことを知るとき、強い横からの光として二人の顔に当てられる。ここでの部屋の暗さは、日本家屋の一室を写実的に描いているだけでなく、このシーンの悲劇的な雰囲気を表現し、登場人物たちの心理状態を伝えるという、物語を支えるハリウッド式の機能も果たしている。

この映画の最後のシーンは基本的に写実的に見せられるが、チャンバラが始まると、おそらく影の美しさを高めるために、昼間に撮影されたコントラストの強い夜の画調から明るいハイ・キーの画調まで、様々な照明を巧みに組み合わせて使っている。まず、お春がやくざの一味に襲われる際、くっきりとした彼女の影が家の壁に映る。そこへ片岡千恵蔵の演じるヒーローが彼女を救いにやって来る。ヒーローとやくざたちの闘いは、ルンバの音楽に合わせて、むきだしの丸太で組まれたさしかけ小屋の下で演じられる。小屋の影と、絶えず動き回る登場人物たちの光り輝く刀とが、光と影の強いコントラストを作り出す。闘いの後、ヒーローがお春に愛を告白するとき、夜明けの空はそれまでよりはっきりと明るくなっている。片岡千恵蔵のスター映画は、その笑いを誘うスタイルから「明朗時代劇」と呼ばれるが、『鴛鴦歌合戦』では、リアリスティックな照明がその明るいトーンを高めているのだ。

「影の美学」の再検討——第二次世界大戦後

一九五七年三月に発表された文章の中で、宮川一夫は「ぼくは元来リアルなライティングで黒白をやっていたのですが、カラーでは色が再現できずに困りました。〔中略〕黒白のリアルさは出来上がった画面のリアルさですが、カラーでは本当に物そのもののリアルさです」と打ち明けた。[31] ここで宮川は、白黒映画のリアリズムは現実とは異なるものであることを認めている。彼の発言は、現実を記録することよりも、むしろリアリティ効果を生み出すことについてであったと言える。[32] 宮川は、白黒映画の『雨月物語』の中でリアリティ効果を生み出すために色彩を用いることもした。若狭（京マチ子）が自分が亡霊であることを打ち明けるシーンで、宮川は照明を赤、そして青に変えていった。京には能面を模したメイクを赤色で施した。赤い照明によって、彼女の顔は白黒の画面上でより白く見える。そのすぐ後に、彼女に当てられたスポットライトが赤から青に変わった際、「赤が強調されて黒になってきます。だから目つきが変わってくる」と宮川は語っている。[33] 宮川はかつて、リアリティ効果を高めるという点から、色彩について次のように語った。「赤は最もインパクトのある色だけど、モノクロにすると他のグレーの中に消えてしまう。だから、血を撮るときなんかは墨汁を使うことが多かったですね。その方が赤を感じさせるということもあった。僕が撮影所に入った頃は、パンクロマチック（金整色性）フィルムになっていたけれども、それ以前のフィルム〔オルソクロマティック〕は赤い色を感光しなかったのね。だから、赤は黒いイメージがあった[34]」。つまりそこでは、墨は日本の美のためにではなく、映画的なリアリティ効果のために使われたのだ。

「影の美学」についての戦時中の議論は、現実的なドキュメンタリーの方向を向いていた。当時のハリウッド映画は、一貫してリアリティ効果を生み出す、いわば透明性を目指していた。一九三〇年代の日本の映画カメラマンたちは、そうしたハリウッドの透明性を達成したいと思ってはいた。だが、機材不足のためそれが難しいと悟ったとき、彼らは素材に対してハリウッドのような操作を加えることなく、日本の文化や人々の現実、そして日本の戦争の遂行を忠実に記録する「写実的精神」という考え方で、彼らの仕事を正当化した。戦後の宮川の仕事は、そうした映画のリアリズムについての二つの方法を考え直し、結果的には日本映画の歴史における「影の美学」を再検討するものとなった。

渡辺浩によるインタビューの中で、篠田正浩は宮川の戦後の仕事を「戦後リアリズム」とは区別している。[35] 渡辺も篠田も具体的に「戦後リアリズム」とは何かを明らかにしてはいない。だが、篠田は、宮川とグレッグ・トーランドの仕事を並置し、この二人の映画カメラマンを、光と影の間の「ほんとうの線」と「コントラスト」を用いて「フォトジェニーを作る芸人」と呼んだ。[36]

たしかに、宮川の戦後の映画撮影を特徴づけたものは、イメージの明瞭さや、光と影のコントラストであり、それらはともに日本の伝統的な美学とは無関係と言えるものだった。トーランドの仕事同様、宮川の仕事でも、スクリーン上の「存在の幻影」と言える立体感は、ディープ・フォーカスやコントラストの強い照明によって高められた。照明によって明瞭さやコントラストを執拗なまでに強調することによって、宮川は戦中の「写実的精神」が追求しなかった、映画におけるリアリティ効果を探究した。例えば大映撮影所の幹部が宮川に電気を節約するために照明を暗くしてカメラの絞りを開くよう求めた際、宮川は映像の鮮明さを失うと言ってそれを拒否した。[37] 前景の落ち葉から後景の小さな人物と犬まで一つひとつのディテールを描く「パンフォーカス」の手法が使われたセザンヌの森の絵（「狩りの森」〔原題不明〕）に、宮川は「衝撃を受け」ていたという。[38] また、宮川は前田青邨の絵画作品について、次のように述べた。「レンズを絞り込み、焦点深度を深くしてとった写真のように、画面の隅々にまでピントが合っている。端のほうにいる小さな人物まできちんと描かれています。画面が実にシャープなのです」。[39]

映画研究者の吉本光宏は、「同時代の社会や日常生活の記録としてのリアリズム」というリアリズムについての新しい支配的な考えが戦後の日本において出現したことを論じた。[40] これが、おそらく篠田や渡辺が言う「戦後リアリズム」だろう。一九四九年に日本で公開され、『キネマ旬報』ベストテンでその年の一位に選ばれた『戦火のかなた』（ロベルト・ロッセリーニ、一九四六年）や、一九五〇年に日本で公開され、同様に『キネマ旬報』ベストテンで一位に選出された『自転車泥棒』（ヴィットリオ・デ・シーカ、一九四八年）のようなイタリア・ネオレアリズモ映画は、この「戦後リアリズム」の成立に影響を与えた。イタリア・ネオレアリズモ映画はヨーロッパの戦後の荒廃から生まれた。「生の素材に造形的に手を加えること」をせず、いくら暗く見えようとも自然光だけを使った撮影は、極めて限られた状況の下で行われたネオレアリストの映画製作を正当化した。[41] 地政学的、歴史的な違いがあるにもかかわらず、そのような考えは戦時下の日本の「写実的精神」と大きな違いはなかった。だが、宮川の仕事はそれと異なり、映像の明瞭さや光と影のコントラストを強調した。それは、写実的精神でもなく、戦後のリアリズムでもなく、映画のリアリティ効果を探究するものだったのだ。

『羅生門』は、宮川の国際的な名声を打ち立てた最初の映画である。実は宮川はこの映画の製作中、日本の美や伝統的な美学については何も語っていない。「人間の業を表現した」『羅生門』の物語における「シリアス」さを描くためには、コントラストで撮影するしかないということだけを強調していた(42)。宮川は『羅生門』について、「黒と白で、グレーのないようなコントラストの強い絵を撮りたい」と語った(43)。そして、まるで戦時下の映画製作の状況を追体験し、制限された機材の潜在能力を確かめるかのように、用いる機材を意図的に制限し、コントラストを追求した。リアリティの効果を使って「人間の業」を見せるという宮川の狙いは、批評家たちに認められた。ただし、それは批判的に、であった。『映画技術』で『羅生門』を評した批評家は、「宮川氏はこの中でリアリズムには一顧も与えず簡単にホルマリズムに追従してしまった」と記した(44)。

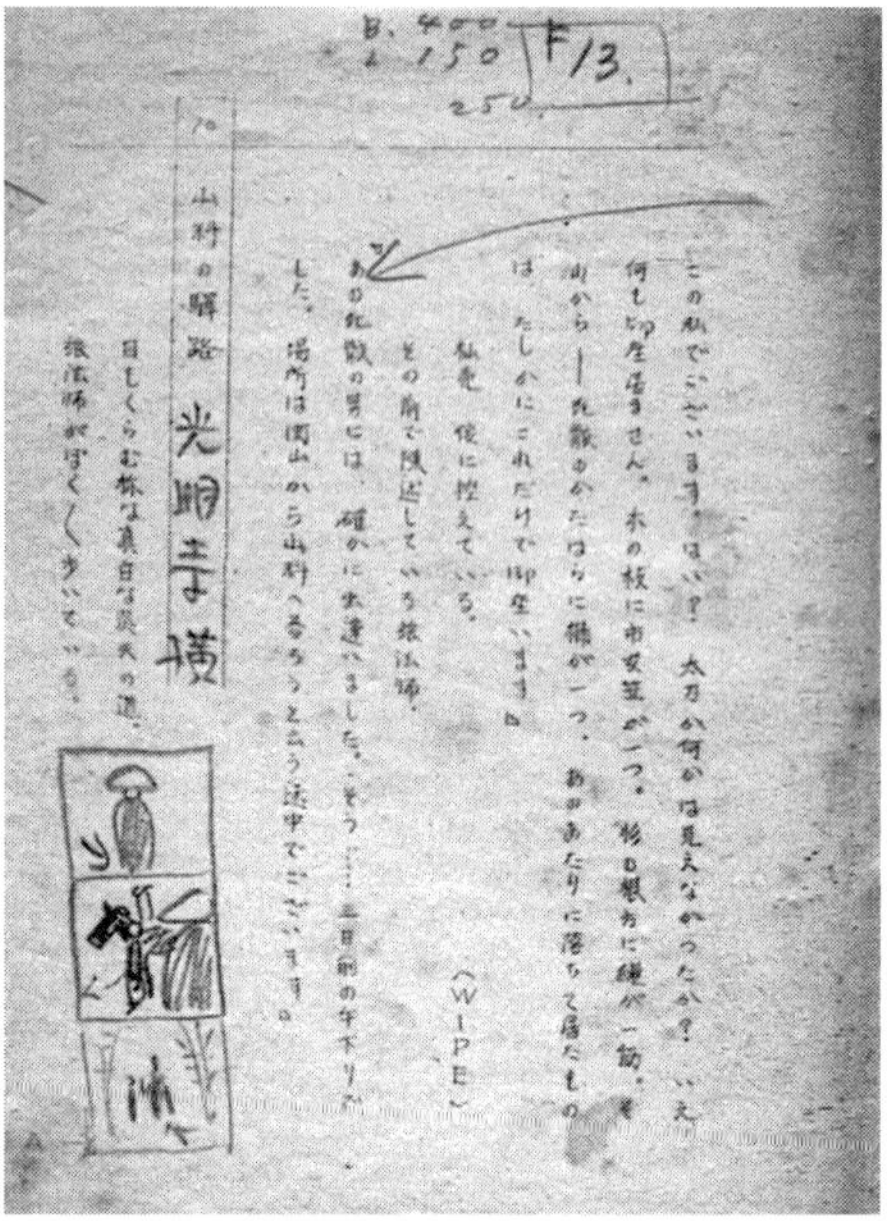

図終-1　『羅生門』のシナリオに書き込まれたF値と乳剤に関する宮川のメモ

光と影のコントラストへの宮川の関心は、たしかにドキュメンタリー的なリアリズムとは区別されるものだった。まず第一に、宮川は戦中に唯一使用することができた「硬い」富士フイルムを選択した(45)。『羅生門』のシナリオに、レンズの絞り値や乳剤に関する宮川の手書きのメモが残されている（図終-1）。検非違使庁の庭の光り輝く白砂の上で杣売り（志村喬）が証言をするシーンの頁には「400、150、250、F13」とメモがあり、旅法師（千秋実）が証言をするシーンには「200、300、F14」と書かれている。[46] 13や14のような比較的速いf値は、被写界の深度の浅さを示す。明らかに宮川は、このシーンで極めて明るい照明を使用していた。宮川はこのシーンについて、「パン・フォーカスをやったんで光りをうんと当てて、F16くらいに絞ってね…〔強すぎる光のせいで目を傷めた俳優たちに〕悪い事したなあ」と語った。[47] 400や150、250、200、300といった数字は、宮川が異なるタイプの富士の生フィルムを用いて、いかに深度の実験をしようとしたかを示している。宮川の実験の結果、検非違使の庭の前景から後景までのイメージの鮮明さは、非常に印象的なものとなっている。グレッグ・トーランドの仕事と同様に、そのような被写界深度とともに、スクリーンの上の「存在の幻影」が達成されたと言ってよい。

第二に、宮川は森の中のシーンを撮影した際、日光を直接反射する鏡を使用した。深い森の中では電灯を用いることは不可能だった。撮影場所が、使える機材を制限したのだ。[48] さらに宮川は、白と黒のコントラストを強調するために、木や草、葉を黒く塗りさえした。[49] 宮川は、「影は、何も照明や光だけでつくるものじゃない。打ち水をするだけでも黒くなって影に見える」と話した。[50] ハイパーリアリズムとも言えるそのようなリアリティ効果の探究は、『川中島合戦』の森のシーンで三浦光雄によって採用されたドキュメンタリー的なリアリズムとは区別されるべきものである。三浦もまた、『川中島合戦』で照明によって「脚本内容の描かんとするもの」のために「烈しいコントラスト調を狙ふ事に基本態度を決めた」。だが、彼の照明は、その時に使用できる照明をその都度活用していくというものだった。[51] 森の奥深くに照明の機材を持ち込むことが不可能となったとき、「感度の鈍い被写体」である鎧武者の軍勢を観客に見せるのに「啻ならぬ難しさに少らず苦悶し」た三浦は、「密林の暗さの概念を基礎」にして「ディテールの抹殺」を決めた。[52] 対照的に、同じ状況下で宮川は、映像の鮮明なディティールにこだわるのと同時に、光と影の強いコントラストを獲得するために「生の素材に造形的に手を加えること」を取り入れたのであった。

『羅生門』の国際的な成功に続く宮川の仕事は、コントラストの強い映画撮影ではなく、伝統的な日本の美学とも受け取られるような、黒と白の間のグレーの無限の段階を実現しようとするものであった。宮川は『雨月物語』を「人間の目には一番落ちついた感じを与える」「無限のグレー」に「基調をおいた」映画だと言った。[53] さらに、「とくに映画館では周囲の黒さに溶け込むんですよ。映画館で見てると、確かグレーがフレームの中から出て広がりがあるように見えるんですね。そしてね、それを感じとらせるっていうことは、キャメラマンが一番考えなきゃいけないことなんですよ」とも述べた。[54] 渡辺浩は「宮川の撮った優れたモノクロームの作品にも、水墨画と同じよう」な「白と黒の間にあるグレーの部分が大き」く「多段階」なものがあると評している。[55]

そのようなグラデーションの強調は、日本や京都の美学をエキゾチックに強調するという宮川の公的な態度を体現しているようにも見える。だが、実はそれもまた宮川のリアリティ効果の探究の結果と考えることができるのだ。宮川は、多様な「グレーの段階」について論じていた。「無限のグレー」について語る中で、宮川は「技術的にはアーク・ライトの照明を使ったわけね。アーク・ライトは光源が点だから、シャープな影ができる。〔中略〕アークを正面から当てると、パァーと広がる柔らかい光をつくる」と矛盾するようなことを述べた。[56] 柔らかなトーンとシャープな影をいかに共存させるのか。そのために宮川は、特別な現像さえ試みた。「黒を際立たせるためには白の艶、グレーの諧調の鮮明さが必要なんでね。銀残しという手法も、黒を黒らしくするための表現の一つなんですね」。[57] 銀残しは、カラーフィルムのすべてを緑がかったグレートーンにする特別な現像のテクニックである。[58]

『雨月物語』のシナリオにも、この映画の照明に関する宮川の手書きのメモが数カ所だけ残っている。宮川がとりわけ強い関心を寄せたシーンの照明についてのメモだろう。主人公の一人である百姓の藤兵衛（小沢栄）が侍になりたいと頼む野外撮影のシーンに、宮川は「35㎜、F／5・6、1／175」、「F／8、3N5フィルターで1／90」もしくは「F／8、3N5フィルターで1／175」と書き込んでいる。藤兵衛がついに侍になり、得意げに馬に乗って歩いているとき、宮川は三五ミリと五〇ミリのレンズを両方、絞り値にはf／6・3を、絞りのスピードには1

／175を、そして再び3N5フィルターを選択した。[59] f／8やf／6・3のようなより早い絞り値が3N5イエロー・グリーン／ニュートラル・デスティニーフィルターとともに使われたことと、ノーマルの三五ミリか五〇ミリのレンズが使われたことを考えると、明るい照明によって、鮮明なコントラストを持つように設計されていたことがわかる。この時期の別のモノクロ映画『おとうと』（市川崑、一九六〇年）についても、宮川は「セットで大体ノーマルのF8でしたから、〔ひどく暑くて〕そりゃもう大変でした」と語った。[60]

それに対して、藤兵衛の妻が残る村を野武士が襲撃する夜のシーンには、宮川は四〇ミリ、f2・8と1／170を使用した。宮川は、可能な限り暗い映像を保つために余分な露光を必要としていた。こうした暗さの中でも、宮川はコントラストをつけようとしていたのだ。そしてそれは、人々や風景の写実的な記録のためのものではなかったと、宮川の詳細なノートが示している。

宮川が、戦後に監督になった市川崑や増村保造のような若手の映画作家と働き始めたとき、映像の鮮明さや光と影のコントラストによる彼のリアリティ効果の実験はそれまでよりもさらに進むことになった。市川や増村は、日本映画史に造詣が深く、日本の近代性とは何かとか、日本映画はいかにして真にリベラルな新しい世界観を表現できるのかを問う新世代の作家と考えられていた。

『鍵』（市川崑、一九五九年）は、谷崎潤一郎が一九五六年に発表した小説を原作としている。一見、『鍵』は、谷崎が『陰翳礼讃』で賛美した京都の家屋の影の空間を写実的に記録しているかのようだ。特に初老の美術鑑定家・剣持（二代目中村鴈治郎）の家のシーンでそれは感じられる。家の廊下や階段、台所は間接照明が当てられるのみで、昼間でさえ暗いままである。画面の一方向――廊下へ続く白い障子もしくは台所のすりガラスの窓――からサイドライトが当てられているだけである。

だが、それ以外の多くのシーンでは、写実的と呼ぶにはあまりにも大げさなやり方で強いハイライトと深い影の明暗のコントラストが見せられる。『鍵』の原作小説は京都を舞台にしているが、谷崎が『陰翳礼讃』の中で論じた日本建築における「陰のお芝居」を主題にはしていない。[61] むしろ谷崎が『鍵』で強調したのは、蛍光灯のあまりにも白い輝きであった。四五歳の妻の意に反し、初老の夫は白い灯りの下に妻の白い裸体をさらすことに取りつかれている。妻が、心臓の悪い夫を過剰に興奮させて殺害するため自らの身体を使うことを決意するとき、この物語はクライマックスを迎える。強い照明、眼鏡、そしてポラロイドカメラは、夫の視線や欲望を強調する。

宮川の関心は、谷崎が強調した蛍光灯にとどまらなかった。宮川は、京都の建築のすべての空間を、光と影のコントラストが誇張された空間に変えたのである。ディープ・フォーカスの鮮明な映像は、そうした光と影のコントラストを強調する。ハリントンが指摘するように、宮川は「フレーム内に、暗さに覆い隠された大きな部分」を残した「が、同時に、彼の巧妙な照明は、監督が見せたいものに観客の視線を導く」。[62] 宮川の誇張したコントラストの使用と奥行きのある構図のために、観客はその視線を「照らされたものに」向けざるをえないのだ。[63]

谷崎の原作小説は、夫と妻のそれぞれの欲望の間を行き来するクロスカッティングの形式で語られる。映画版は、二五歳の研修医・木村（仲代達矢）が、ファム・ファタールに魅かれてしまった男の異常な経験をカメラ（観客）に向かって語りかけるクロースアップで幕を開ける（図終-2）。『深夜の告白』（ビリー・ワイルダー、一九四四年）や『湖中の女』（ロバート・モンゴメリー、一九四七年）のようなハリウッドの犯罪スリラー映画でのヴォイスオーヴァーやフラッシュバックのテクニックを見てとることもできるだろう。ハリウッドの犯罪スリラー映画の多くは、日本の占領期が終わる一九五二年までに公開された。フィルム・ノワールとも呼ばれるこれらのハリウッド映画には、登場人物の心理的な不安や、都市の魅力と危険などを表現するために、明暗のコントラストが強い照明がたびたび採用された。『鍵』のオープニングでも光と影のコントラストが目立つ。強いキー・スポットライトは、白いメイキャップとともに、木村の顔を背後の黒く塗りつぶされた壁と対照的にひどく青白く見せる。このショットは、シナリオの中で「画面は黒一色。〔中略〕木村の顔が白く浮き出している」と記述されている。[64] 宮川はその部分に赤い傍線を引いている（図終-3）。加えて宮川は、シナリオにこのシーンの絵コンテを書き込んでいる。木村はまったく瞬きをせず、彼の目はキー・スポットライトを反射し、少し狂気じみた表情を作り上げる。

木村が話すのをやめ、画面の前の方に近づいてくると、カメラはその動きに合わせて後退し、木村の動きを追って左へパンする。このショットはカットなしに診察室のロングショットとなる。このロングショットには強い

図終-2　『鍵』の冒頭，木村（仲代達矢）はカメラに向かって語りかける

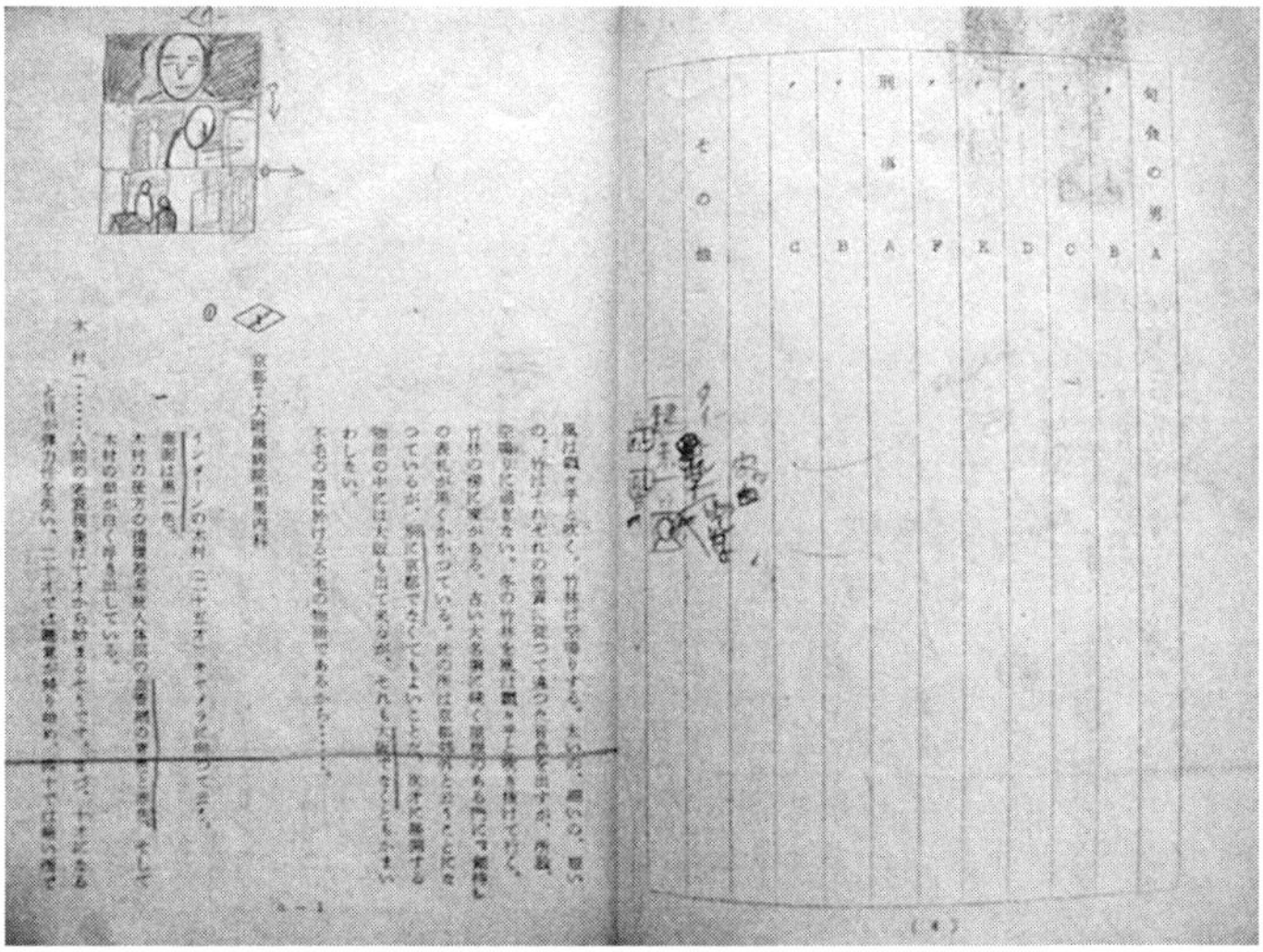

図終-3　宮川の絵コンテが描かれた『鍵』（1959 年）のシナリオの冒頭

キー・スポットライトは使われておらず、おそらくディフューザーを使った照明で撮影されている。光がすりガラスの窓から部屋に入ってきているということを表現した照明設計なのだろう。シナリオには「同時に、照明は写実的になり、病院特有の白々しい画調になる」と記されている。[65] ここでの照明は、ショットスケールの変化とともに、コントラストが強いものからかなり平板なものへと変移し、主人公がその妄執を告白するシーンから、客観的な三人称の物語の空間へと観客を滑らかに導く。このオープニングのショットで、照明が途中で変化し、主観と客観という二つのリアリズムを表現していることは注目すべきであろう。客観的に見れば、平板な照明で照らされた診察室の方がより現実的に見えるが、その一方で、明暗のコントラストの強い照明は、木村の狂気や妄執をリアリスティックに描いていると言える。つまりここでは、照明によって二つのリアリティ効果が、一つのショットの中に次々と現れるのだ。

また、照明のコントラストは、妄執にとりつかれたまなざしを強調する。まなざしを送る主体である剣持がほぼ常に闇の中にいる一方、そのまなざしの対象である若い妻・郁子（京マチ子）は、ほとんどの場合光の中にいる。彼の書斎で、使用人のはなが灯りを点けたとき、暗い部屋の隅から剣持はそれを消すように命じる。[66] 剣持が部屋にいたことに気づかなかったはなはびっくりする。

対照的に、宮川は、郁子の輝く白さを際立たせるため、極端なやり方で蛍光灯を用いた。ワインを飲んで気分が悪くなった郁子は、明るく照らされた浴室で裸のまま失神する（図終-4）。木村がそれを発見するのだが、これは若い医師が郁子に恋をするようにしむけることで、自らの性的な欲望を刺激しようとする剣持の倒錯したたくらみであった。ディープ・フォーカスのショットで、木村は、障子から部屋の灯りが弱くさし込む暗い廊下を通り抜け、浴室へ向かう。この薄暗い廊下のショットの直後、浴室で失神した郁子のバストショットが続く。このショットは、木村もしくは剣持の視点ショットと考えることができる。視線の対象である郁子の裸の肩は、明るい浴室の中で白く輝く。宮川によるこのショットの絵コンテも、郁子の身体の白さを強調している。彼女の身体を取り囲む空間は、まるで身体そのものが白い光を放っているかのように描かれている。直前のショットの絵コンテでは、剣持と木村は分厚く暗い影に覆われた廊下に立っている（図終-5）。郁子の身体の白さは彼らの主観的なリアリティを表現していると言えるだろう。(67)

図終-4　郁子（京マチ子）は明るく照らされた浴室で気を失っていた。『鍵』(1959年)

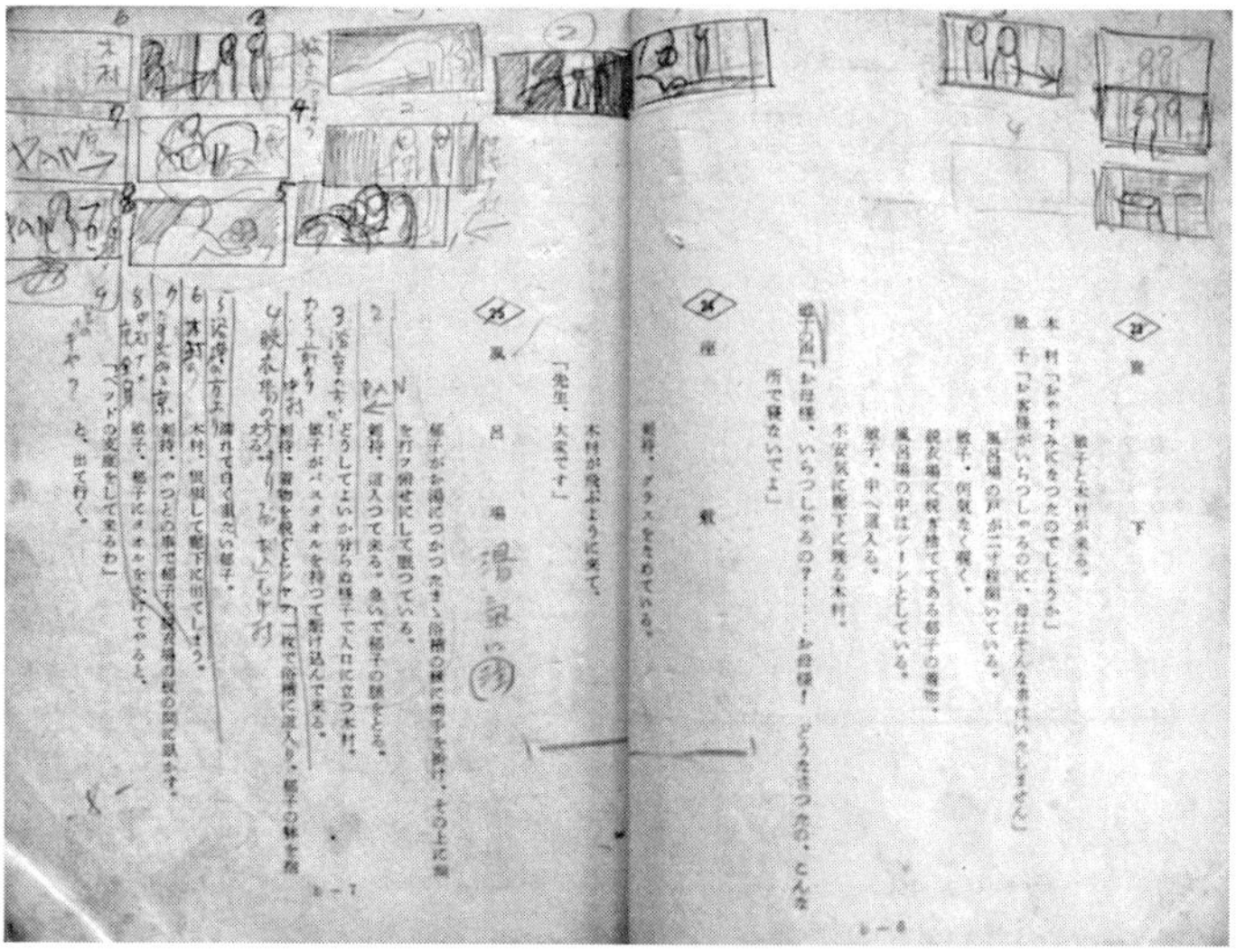

23 廊　下

郁子と木村が来る。

木　村「おやすみになったのでしょうか」

敏　子「お客様がいらっしゃるのに、母はそんな事はいたしません」

風呂場の戸が二寸程開いている。

敏子・何気なく覗く。

脱衣場に脱ぎ捨ててある郁子の着物。

風呂場の中はシーンとしている。

敏子・中へ這入る。

不安気に廊下に残る木村。

敏子の声「お母様、いらっしゃるの？……お母様！ どうなさったの、こんな所で寝ないでよ」

24 座　敷

剣持、グラスをなめている。

木村が飛ぶように来て、

「先生、大変です」

25 風　呂　場

郁子が浴槽につかったまゝ浴槽の縁に両手をかけ、その上に顔を打ち伏せにして眠っている。

剣持、這入って来る。急いで郁子の脈をとる。

どうしてよいか分らぬ様子で入口に立つ木村。

図終-5　郁子が浴室で気を失っているシーン。宮川の絵コンテが描かれた『鍵』(1959年)のシナリオより

剣持と木村に寝室のベッドに横たえられた後も、彼女の身体の白さは強いスポットライトの中で強調され続け、それに対して二人の男たちは部屋の暗い場所からそれを見つめる。前後に暗い廊下のショットが存在することで、彼女の白さはさらに強調されている。木村が帰宅した後、剣持は懐中電灯を手に、妻が休んでいる部屋に戻ってくる。冷たく白い光を強く放つ懐中電灯で、剣持は妻の身体を照らし、カメラのファインダーでそれをとらえる。シナリオの中の宮川の手書きメモ「光↓PAN」は、宮川の意図が、光とともに剣持の視線の動きを強調することにあったことを示唆する。(68) シナリオによると、部屋は「皎皎と陰一つない室内」になり、そこでは全裸の郁子がベッドの上でまったく動かないが、「陶酔しきつた顔」をした剣持が彼女の写真を撮り続けている。(69) 郁子が動くと、剣持は慌てて懐中電灯を消し、影の中という安全な場所に身を隠す。だが、皮肉にも、剣持が妻の身体を「見る」ために眩い光の中に身をさらしているとき、彼もまた見られる対象になる。暗い廊下から、剣持の娘の敏子が父の倒錯した行為をのぞき見しているのだ。

この映画の後半、重態の剣持は暗い部屋のベッドに横たわっている。口を動かすこともできない剣持は、その視線で郁子に服を脱いでくれるように頼む。シナリオには「郁子の裸身が障子を通したにぶい光線に白く浮き上がる。〔中略〕剣持の視線は郁子の足から徐々に上る――しなやかに上に伸びる脚線、ぬけるような白さ。忽然として、砂漠が出現する。果しない不毛の地が」と記されている。(70)

このシーンの宮川の絵コンテは、偏執狂的なまなざしを持つ、影の人物・剣持と、まるで光を放つかのような白さとしての郁子の身体とをくっきりと対比している(図終-6)。このように、『鍵』における照明のコントラストは、リアリティ効果を高めることと、偏執狂的なまなざしを強調するために使用されていると言ってよい。

『鍵』はカラー作品であるが、色彩の使用がかなり抑えられており、モノクロ映画のようにさえ見える。一方、谷崎の別の小説――デビュー作「刺青《しせい》」(一九一〇年)と、その後の作品である「お艶殺し」(一九一五年)――を原作にした『刺青』(増村保造、一九六六年)は鮮やかな色彩が目立つ作品である。宮川は、この映画でも照明のコントラストやイメージの明瞭さ、そしてリアリティ効果を追求した。『刺青』は、宮川が「カラーでは色が再現できずに困りました」と語った九年後に製作された[71]。宮川は、この映画のすべての屋内のシーンで、行灯を唯一の光源として用いるという照明の設計をした。その結果、この映画のすべての屋内空間では一方向からさすライトを用いたロー・キー・ライティングが用いられて、その結果、光と影のはっきりとしたコントラストが作り出されている。

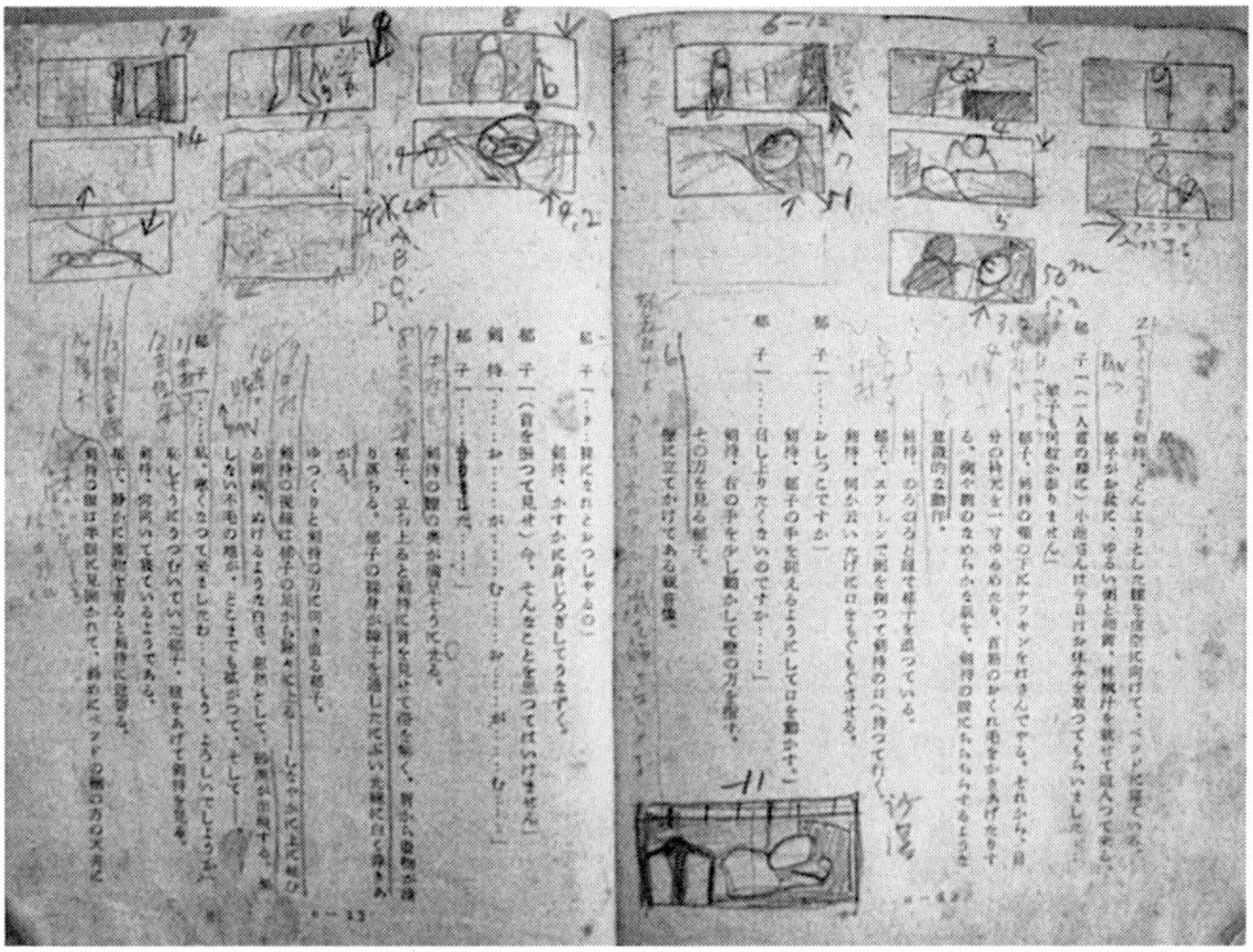

図終-6　シナリオに描かれた宮川の絵コンテ。『鍵』（1959 年）における郁子の身体の白さ

渡辺浩は『刺青』が「フィルムで墨絵の調子を作り出すという宮川の理想に一歩近づいた作品である」と述べたが[72]、『刺青』は墨絵にはあまり似ていないと言わざるをえない。映画全体を通して、ヒロインであるお艶（若尾文子）の肌は、『鍵』における郁子の肌のように驚くほど白い。決定的に異なるのは、『刺青』での白さは、フレーム内の暗い空間だけではなく、そこにある鮮やかな赤い着物や、刺青用の赤い墨、そして真っ赤な血とも対照的だということである。黒と白だけではなく、赤と白の間にもコントラストがあるのだ。また、部屋の唯一の光源という点では現実的な照明と言える行灯も、多くのシーンで非現実的なまでに強い光を発してヒロインの裸の肌が内なる光とともに白く輝いているかのように見せ、赤い着物とのコントラストを際立たせる。ヒロイン

の背中に赤い墨で力強く描かれた蜘蛛の刺青は、まるで光を発しているように見える白い肌の上で生きているかのように動く。

事実、宮川のこの映画についてのアイデアは、墨絵を再現したり、行灯に照らされた日本間をリアリスティックに再現したりすることではなかった。彼が目指したのは、より鮮やかではっきりしたイメージを作り出すことだったのだ。「宮川レポート」の中で、宮川は次のように書いている。

増村監督の意向や、お互いの意見の交換の末創作に近く歌舞伎調のセリフや情景が多いストーリーとして、浮世絵的なあの時代の風俗みたいなものを加味して、昔の女性も現代の女性も変りはないということで、お艶（若尾文子）という女を描いてゆくことにした。浮世絵の色彩と版画のようにシャープに感じとれればと基準のF値をF・6にした。実際には演出面で縦構図の演技が多く、F・11、9、8のパンフォーカスもショットが三〇カット近くもある。ドラマそのものも相当強烈だが、濃厚な色彩によってそのシーンの強烈さをさらに一層高める様つとめた。[73]

宮川は、鮮やかな色彩は画面の奥の方にあっても、スクリーン上ではくっきりと目立つため、奥行きの感覚をよくわからなくしてしまうと語ったことがある。背景の色彩を目立たせないようにするため、宮川は緑や赤の葉にグレーの色を吹きつけたこともあった。[74]それを避けるため、『刺青』では、照明によって暗い空間と明るい空間とを隔てることによって奥行きのある構図が作られた。宮川が、シナリオの中に鉛筆で記したf／11というメモは、そうした照明のためのものであっただろう。[75]

また、宮川が『刺青』のためにイーストマンのネガフィルムを選んだことは、コントラストやイメージの明瞭さへのこだわりを示している。[76]実はイーストマンのネガフィルムはコントラストが強い映画撮影には合わないと考えられていたのだが、宮川はそれを使って、他の作品には見られないようなコントラストの強い映像を作ることに成功した。それはハリウッドのテクノロジーを、その潜在能力を探究することにより自分のものにするという彼の姿勢を典型的に示した例であった。

一九五〇年代の初頭、イーストマン・コダックは、高額なテクニカラーに対抗するため、シングル・ストリップ・カラーフィルムとデイ・カップリング・プロセスを発表した。その結果、一九五四年までにハリウッドで製作される映画の少なくとも半数がイーストマンカラーで撮影されることになった。映画史家のジェームズ・ネアモアによれば、「イーストマンカラーの相対的な明るさのため、一九五五年から一九七〇年までの過渡期の間は」コントラストの強い画面を作るのが難しかったという。(77)

実はそうしたイーストマンカラーの明るさは、大映の政策にとって都合がよかった。大映は輸出用映画のエキゾチシズムを高めるため、一九五一年の四月初めからカラーフィルムの調査を始めた。(78) 翌一九五二年、永田雅一は、碧川道夫をアメリカに派遣した。碧川は、まずニューヨーク州にあるイーストマン・コダック社のエメリー・ヒューズ博士を訪ね、発売されたばかりのイーストマンカラーのフィルムを手に入れた。さらに碧川はミッチェル社を訪問し、カラーのスクリーン・プロセスを可能にした新しいミッチェル・カメラとプロジェクターを購入した。また碧川は、ユニヴァーサル撮影所にも行き、『ミシシッピーの賭博師』（ルドルフ・マテ、一九五三年）の撮影を見学した。そこで碧川は、常にモノクロ映画の二倍から三倍のライトを必要とするカラー映画の明るい照明に感銘を受けた。『地獄門』（衣笠貞之助、一九五三年）は、碧川がアメリカから持ち帰った技術を用いた最初の映画だった。碧川はこの映画に技術顧問として参加した。『地獄門』は、一一六〇年に起こった平治の乱を描いた色彩豊かな一二世紀の絵巻物が広げられるというオープニングから、鮮やかな色彩が目立つ作品である。この絵巻物の物語は、色鮮やかな着物や小道具、そしてセットによって立体的に表現されていく。絵巻物がオープニングで見せられるため、セットなどの明るい色が、歴史的な出来事のリアルな描写として違和感なく見える。当時最も革新的であったカラー映画の技術によってエキゾチシズムが強調されたこともあってか、『地獄門』はその年のカンヌ映画祭でのグランプリと、アカデミー賞外国語映画賞を受賞した。

だが、宮川が『刺青』で重視したのは、カラー撮影の明るさやエキゾチシズムではなく、白と赤の鮮やかなコントラストであった。宮川は、蜘蛛の刺青が彫られたお艶の白い肌と赤い血のコントラストを強めるべくクライマックスのシーンを構想した。[79]『刺青』の初期ヴァージョンのシナリオの最後の頁に、宮川は赤鉛筆で「ラストの件くもと血が出る」と書き込んでいる。この初期段階のシナリオでは、雨が激しく降る川岸を舞台にした屋外のシーンで、お艶と清吉と新助（お艶に熱烈に恋をしており、嫉妬のあまり彼女を殺そうとする）は三人とも死んでしまう。最後のショットは三人の死体と、その上空に浮かんでいる三日月をとらえたロングショット――ロー・キー・ライティングのショットだと推測される――であるが、宮川はこの箇所の「雨はまつたくやんでいる」という記述を「雨は強く降り出す」と鉛筆で書き直している。[80]

しかし、シナリオの最終稿では、夕方のお艶の部屋が舞台となっている。外では雷が轟き、白い稲光によって蜘蛛の刺青とクローズアップでとらえられた新助の短刀が光る。お艶は新助から短刀を取り上げ、彼を刺す。さらに、「みつめて立ちつくす染吉〔お艶〕に蒼い稲妻がはしる」[81]。そのとき、「その后から、影のように静かに入つて来る清吉」[82]。宮川は最初の演出に赤鉛筆で傍線を引き、二番目のものには黒い傍線を引いている。お艶が着物を脱いで背中の蜘蛛の刺青を清吉に見せるとき、宮川が再度赤い傍線を引いたシナリオの記述によれば、「青白い稲光りが、女郎ぐもを照し出し、その異形の彫物に雷鳴がとどろく」。「大ぜいの男の血を吸つて、いきいきとしているな。これから、何人食いころすことだろう〔中略〕そのたびに俺は自分が人を殺しているような気がする……」と清吉が言う。そしてお艶が「染吉〔お艶〕、青ざめる」という箇所に、宮川は傍線を引いている。彼女が襦袢を羽織ろうとした瞬間、清吉は新助の短刀で彼女の背中を刺す――「血を噴く女郎ぐも」。お艶は「すさまじい電光と雷音」の下に崩れ落ちる。クローズアップで、蜘蛛の刺青からお艶の背中の白い肌に赤い血が流れ続ける。月灯りの屋外からコントラストの強いハイ・キーの屋内へという撮影場所の変化は、肌と血、すなわち白と赤の色彩の鮮やかなコントラストを強めるためだったと考えられる。(83) 宮川が重視したのは、日本間のリアリスティックな記録ではなく、鮮やかなコントラストによってまなざしの主体――ここでは、清吉――の心理的なリアリティを表現することであった。

宮川にとって、カラー映画の到来は、彼の映画製作のキャリアの中で「一番ショック」な変化だったという。(84) カラー映画では、照明によって白と黒のコントラストをつけるのではなく、多様な色彩の効果を最大にするために、セット全体に光を当てる傾向がある。この意味でカラー映画では照明の重要性が低くなるとも言えるのである。例えば三村明は、「黒白映画からみると、〔色彩映画は〕より多くの光量を必要とする〔中略〕。撮影に当つても、今までは主としてハイライトとシャドウの使ひ分けによつてその味を出してゐたが、色彩映画に於ては撮影術第一歩に於て禁止されてゐるフラット・ライティングが最も重要なライティングとなつて来る」と記している。(85)

宮川は『鍵』の撮影に色彩をあまり取り入れようとしなかった。『鍵』は白黒映画のように見える。唯一の例外的な色彩の使用は、使用人のはなにまつわるものだ。色覚障害のはなは、殺虫剤と磨き粉の缶を区別することができない。その結果、思いもよらぬ事態で映画は結末を迎える。一方、『刺青』では、宮川は全面的に赤色の使用を取り入れた。だが、それでもこの映画での色彩の機能はモノクロ映画での照明に基づいていると言える。コントラストと明瞭さのために色彩が使われているからだ。宮川は「今はカラー時代になって、色の発色を重視して、光を全体に当てるようになったでしょ。しかし、光源が多くなると、影も多くなる。だから、カラーの場合、影の出ない照明方法を工夫する必要があるんです」と述べた。(86)

日本映画と照明

本書で私は、「影の美学」を「正しく理解」するために、その歴史を振り返ってきた。[87] 一九二〇年代以前は、日本の映画製作に「影の美学」は存在しなかった。当時、影の使用は「一ヌケ」のスローガンの下では考えられないことだった。最初の「影の美学」の可能性は、ヘンリー小谷と彼がもたらしたハリウッドの効果照明により、一九二〇年代に現れたが、それが実現することはなかった。映画産業界が資本主義的に発展する過程で、松竹はハリウッド式のビジネスモデル、特に合理化戦略やスター宣伝方法を取り入れた。だが、同時に松竹は、興行者や観客の要求を満たすために、様式化された歌舞伎スタイルの照明法を用いることを決め、ハリウッドのスタイルを取り入れることをあきらめた。この意味では、日本映画がまず経験した資本主義の産業的近代性とは、単に欧米のシステムを日本で局地的に採用したということではなく、社会政治的、社会経済的な交渉の結果として、日本の慣習と外国のテクノロジーを混合したものであった。一方、ハリウッドの冒険活劇映画やストリート映画やワイマール期のドイツ映画、フランス印象派の映画理論などを参照した、時代劇映画やストリート映画における光と影のコントラストは、革新的で魅力的で社会批評的であった。こうした動きに、松竹はスター映画で複雑な光と影を巧みに使うことで対応した。こうして日本映画における光と影の文化は一九二〇年代末までに多様なものとなったが、松竹が確立した明朗さが、日本映画の支配的なモードであり続けた。

トーキー映画初期の東宝の映画産業参入、日本の映画カメラマンや批評家たちの間でのハリウッド映画におけるロー・キー・ライティングの賞賛、戦中に日本の映画製作者たちが直面した機材不足、軍国主義的、国粋主義的映画政策など、様々な影響が入り混じりながら、「影の美学」は、日本の映画製作と批評における大きなトレンドとなった。それは、一九三〇年代の後半から一九四五年の間のことであった。だが、暗さを伝統的な日本文化の表象として評価する「影の美学」は、この時期唯一の支配的なトレンドというわけではなかった。ハリウッド映画（ロー・キーによるソフト・トーンの映画撮影、ディープ・フォーカス等）の崇拝、ドイツの映画照明の評価、明朗な松竹映画の変わらぬ人気、写実的精神、そして日本的崇高など、光と影についての議論の多様性は、日本の戦時期の映画文化が決して一元的ではなかったことを示していた。

戦後、「影の美学」を伝統的な日本文化とみなそうとする動きが存在した。エキゾチシズムを強調する戦略の下で製作された映画は、海外の観客に広く認められ、一九五〇年代には、いわゆる日本映画の黄金期が到来した。その中で「影の美学」は、日本の文化的イメージを代表する重要な役割を果たした。このように、照明のテクノロジーとテクニックは、スクリーン上のイメージを超えて、映画ビジネスの主導権や、日本の文化的アイデンティティの確立などをめぐる、映画製作者、批評家、観客の間での絶え間ない葛藤と交渉の中に存在していたのである。

一九六〇年代にカラー映画がモノクロ映画に取って代わってから、一九七九年に芳野尹孝が「陰翳の美学」は「奥深いところにじっと潜んでいる」と述べるまでの約二〇年間、「影の美学」は忘れられたかのように見えた。[88] そうした忘却は、一九六〇年代の高度経済成長とかかわりがあったのかもしれない。日本の将来は、明るく朗らかに見えたのだ。そして見やすさを重視するテレビの流行の中に、「影の美学」の居場所はなかった。しかし、例えば二〇世紀末にブームとなったJホラー（日本製ホラー）映画の作り手たちは、日本の空間の中にある暗さや影に魅かれると語る。デジタル時代のまっただ中において、そうした作り手たちの「影の美学」に対する傾倒が意味するものは何だろうか。その「影の美学」は、戦時下の議論や、一九五〇年代のエキゾチックな日本映画に存在したものとどのように異なるのだろうか。いや、同じなのではないか。これらの問いに答えていくことは、現代の映画撮影やメディアの今後の課題である。光と影が存在し続ける限り――。

注

序章

（1）芳野尹孝「「陰翳礼讃」によせて——II」一五頁。『映画照明』は日本映画照明技術者協会が発行する雑誌である。
（2）Guerin, *A Culture of Light*, xiii.
（3）谷崎潤一郎「陰翳礼讃」八八頁。
（4）碧川道夫「カメラマンの生活と教養」六五頁。「日本映画撮影者協会」と表記した団体は、時期によって「日本キャメラ協会」「日本映画撮影者クラブ（NSC）」と名称が変わるが、煩雑さを避けるため本書ではすべてこの表記で示すことにする。
（5）太田三郎「黒の凱歌」一〇二～一〇三頁。
（6）島崎清彦「日本の映画技術発展に果たした円谷英二の役割」三八頁。渡辺浩『映像を彫る』六〇頁。川谷庄平『魔都を駆け抜けた男』一四～一五頁、三八～四一頁。ある資料によれば、マキノ省三は「ヌケ」より「物語」を重視したという。ジョアン・ベルナルディによれば、マキノと交流のあった滝沢修も、そう証言していたという（Bernardi, *Writing in Light*, 301）。一方、映画カメラマンの森田富士郎は、もともと「一ヌケ」だったが、あとで「一スジ」に変わったと述べている（森田「日本映画の時代劇作法第三回」七一頁）。
（7）Mizuta, "Luminous Environment," 342.
（8）小野七郎「スタンバーグを追跡する」四四頁。スタンバーグの日本訪問は、ハリウッドでの苦い経験の後での、大西洋航路を使ったアジア一人旅だった。ウィーン生まれのスタンバーグは、マレーネ・ディートリッヒをハリウッド・スターに育てたが、『恋のページェント』（一九三四年）と『西班牙狂想曲』（一九三五年）の批評的、興行的な失敗により、パラマウントを解雇される。後者はスタンバーグとディートリッヒのコンビによる最後の作品となった（Baxter, *Von Sternberg*, 202-3）。スタンバーグが日本を訪れた経験は、彼の映画に関する考え方に自信を与えたと思われる。スタンバーグ自身は、日本と照明法について特に何も話してはいないが、帰国後、インタビューに答えて次のように述べている。「映画に対する私の考え方は、今回の様々な経験をへて、より明確になった。映画監督の創造的な考え方に、撮影所が反対するのには、本当にうんざりしていた。画家は自分の想像力にしたがって筆やキャンバス、絵の具を使うが、映画監督は、他の人や資材にも気を配らなければならない。世界中を視察して、私は、想像力にしたがって仕事がしたくなった。例えば、文学がそうであるように、表現豊かな効果を生み出そうと考えながら仕事をするとかだ。それで、ますます、もっと自由に働きたいと願うようになったんだ」（Weinberg, *Josef von Sternberg*, 125）。
（9）Sternberg, *Fun in a Chinese Laundry*, 311-12.
（10）三浦光男「キャメラマンのキャメラマン批評」八二頁。三浦光男「ホリーウツドから」四一頁。
（11）瀧井孝二「ミッチエル・ノイズレス」七九頁。

（12）前掲、八一頁。

（13）Hansen, “Vernacular Modernism,” 305.

（14）ロッテ・アイスナーやジークフリート・クラカウアーといった歴史家や理論家はすでに、空間演出（ミザンセン）や照明が作り出す人工的な影の流行に気づいていた（Eisner, *The Haunted Screen*; Kracauer, *From Caligari to Hitler* を参照）。アイスナーとクラカウアーは、初期のドイツで製作された映画に現れる影を、悪魔や、あるいはヒットラー以前からドイツに潜んでいると言い伝えられてきた精神や魂、そして邪悪で恐ろしい力の、視覚的メタファーとみなす。私も、映画の影をメタファーとしても考えるが、さらに「同時に複数の語り、物語世界の複雑さ」を表現できる機能についても考えたいと思っている（Franklin, “Metamorphosis of a Metaphor,” 178–79 参照）。アイスナーやクラカウアーの主眼は、映画における影の物語機能にあるようだが、スクリーンに映し出された影の背後にある、照明技術やその技術を使う人々、それらの技術が同時代にどう批評されていたかについても忘れてはならないと考えるからである。

（15）Burch, *To the Distant Observer*, 49（強調は原文）.

（16）Ibid.

（17）Ibid., 71–72.

（18）高村倉太郎『撮影監督高村倉太郎』三八六頁。

（19）技術的な条件が、影の美学の誕生に及ぼした影響がいかに大きかったとはいえ、技術決定論にならないようにしたい。私の関心は、ある物理的な条件下での、撮影者と批評家たちがどのように考え、どのように映画づくりを行ったかを注意深く描き出すことにある。

（20）技術史委員会「輸入第一号のカメラはバックスター・アンド・レイ」六九～七二頁。田中純一郎『日本映画発達史』I、七〇頁。

（21）枝正義郎「何故我国に優良映画生れざるか」一〇七頁。枝正は吉沢商店で映画カメラマンとして働きはじめた。吉沢商店は日本最古の映画会社の一つであり、日本ではじめてグラス・ステージを建てた会社である。

（22）Bordwell, “Visual Style in Japanese Cinema, 1925–1945,” 7, 23.

（23）Hansen, “Vernacular Modernism,” 291.

（24）Ibid.（強調は引用者）.

（25）「近代性」、「モダニズム」、「近代化」の言葉の定義に関しては、映画史家アーロン・ジェローの用法を参考にした。近代性は物質レベルでの「より新しい状態」をいう。「モダニズム」は「近代においてある特定のビジョンを形づくろうとする」、様々な互いに結びついた「考え方」を指し、しばしば中産階級的価値観に対する抵抗を特徴とする。「近代化」は「諸々の力と歴史的な偶然が、複雑に交差する葛藤の場」における近代のプロセスを指す（Harootunian, *Overcome by Modernity*, xvi–vii）。

（26）Ibid., xvii, xxi.

（27）Stuart Hall, “Encoding/Decoding,” 128–38.

（28）Mayne, *Cinema and Spectatorship*, 92–93 も参照。

（29）Singer, *Melodrama and Modernity*, 91. Zhang, *An Amorous History of the Silver Screen*, 9 も参照。

（30）Burch, *To the Distant Observer*, 154.

（31）LaMarre, *Shadows on the Screen*, 82.

（32）Guerin, *A Culture of Light*, xviii, 170.

（33）Gerow, *Visions of Japanese Modernity*, 3.

（34）Ibid., 4.

（35）Nornes, *Japanese Documentary Film*, xvii, xx.

（36）Ibid., xxi.

（37）LaMarre, *Shadows on the Screen*, 14.

（38）Nornes, *Japanese Documentary Film*, xviii ; Gerow, *Visions of Japanese Modernity*, 3.

第1章

（1）牛原虚彦「蒲田の頃」二一頁。

（2）白井茂『カメラと人生』二五頁。

（3）三浦礼「軌跡」四二頁。

（4）大谷竹次郎「松竹キネマ合名社創設に就て」『演芸画報』一九二〇年五月、引用は田中純一郎編『松竹七十年史』二三九頁より。

（5）脇屋光伸『大谷竹次郎演劇六十年』二〇八頁。

（6）引用は平井輝章「素稿日本映画撮影史　連載5」四七頁より。

（7）田口櫻村「松竹キネマ創立秘話（五）」九五頁。

（8）デヴィッド・ボードウェル『小津安二郎　映画の詩学』一九頁。

（9）田中純一郎『日本映画発達史』I、三〇九～三一一頁。ボードウェル『小津安二郎　映画の詩学』一九頁。

（10）松竹の映画製作百年を記念して出版された三巻本には、「松竹映画の誕生」の最初の二頁に小谷がかかわった映画――『島の女』（監督・撮影、一九二〇年）、『新生』（監督・撮影、一九二〇年）、エドワード田中監督『鉱山の秘密』（撮影、一九二〇年）、『虞美人草』（監督・撮影、一九二一年）の写真が掲載されている（永山編『松竹百年史　本史』四七～四八頁）。他に、ニュース映画の『羅府の鰐魚園』（撮影、一九二〇年）と『浅間山大爆発実況』（撮影、一九二〇年）、検閲で公開延期になった『電工と其妻』（監督・撮影、一九二一年）、『トランク』（脚本・監督・撮影、一九二一年）、『夕陽の村』（監督・撮影、一九二一年）、『闇の路』（監督、一九二一年）、ニュース映画『カーネギー天文台』（撮影、一九二一年）、未公開作品の『トムの帰朝』（監督、一九二一年）がある。

（11）Hansen, "The Mass Production of the Senses," 69. 59–77 も参照。

（12）宮島義勇『「天皇」と呼ばれた男』二七頁。

（13）「摩天楼座談会」五一頁。

（14）小谷ヘンリー「一人前の撮影技師になる迄」八四頁、八六頁。

（15）三木茂「映画は如何にして生れ　如何にして発達したか」二九頁。

（16）牛原虚彦『虚彦映画譜五〇年』九二頁。牛原「蒲田の頃」二一頁。

（17）牛原虚彦「技術的転換期に際して」三二頁。

（18）斎藤寅次郎『日本の喜劇王』二三頁。映画『お父さん』（一九二四年）の映画カメラマンには碧川がクレジットされている。

（19）野村昊「師としてのヘンリー・小谷」『映画テレビ技術』二三八号、一九七二年六月、二二頁。

（20）引用は平井「素稿日本映画撮影史　連載5」四八頁より。さらに小谷は、コスト削減のため、それまで一秒に一二～一三フレーム、あるいは八フレームしか使わなかった撮影速度を一秒一六フレームに標準化した（川口和男「昔の撮影所跡をたずねて（1）」六〇頁）。

（21）秋山耕作「1930NEN＋撮影所展望　三月の巻」四三頁。山本緑葉「下加茂スタヂオの足跡2」一九頁。田中純一郎『日本映画発達史』I、三四四頁。升本喜年『人物・松竹映画史』五一頁。小谷が下加茂で製作にかかわった映画には、『由井正雪』（撮影、一九二四年）、『恋の密使』（監督・撮影、一九二四年）、『黒法師』（監督、一九二四年）、『千鳥啼く夜』（監督、一九二四年）、『汀の桜』（監督、一九二四年）、『繞る秘密』（監督、一九二四年）、『都の船』（監督、一九二四年）がある。

（22）田口「松竹キネマ創立秘話（五）」九七頁。

（23）『活動雑誌』は小谷の松竹退社理由についての記事を掲載する予定だったが、結局、掲載されなかった（花柳多美男「松竹キネマ株式会社々長　大谷竹次郎君への公開状（第三回）」八三頁）。

（24）升本喜年「『キネマの天地』の背景」二三八頁。

（25）松竹の社史には「創業の年大正九年は、多少の迂余曲折があった」とある（田中純一郎『松竹七十年史』二四六頁）。松竹が自社の映画を公開する劇場を所有していなかったことが、経営を難しくした原因の一つだった。

（26）「ヘンリー小谷倉一」七頁。

（27）内務省は一九二五年まで検閲を全国統一しなかった。

（28）田中純一郎『松竹七十年史』二四四頁。

（29）古川緑波「ヘンリーとの半日」一五頁。

（30）三番目の作品は、日本最初の映画理論家・帰山教正が監督した松竹映画『愛の骸』（一九二一年）である（牧野守『日本映画検閲史』一五七頁）。

（31）「舌切雀」『キネマ旬報』一九二三年二月二一日号、五頁。

（32）「ヘンリー小谷倉一」七頁。

（33）白井茂「カメラマン人生」五七頁。

（34）Hansen, "Vernacular Modernisms," 290.

（35）日本演劇の演目に近代の物語を取り入れたのが新派である。もともと新派は、一八八〇年代の自由民権運動を広めるための政治劇であった。新派は同時代の社会問題や西洋的観念を扱ったが、様式は歌舞伎の慣例に従っていた。主題は悲劇的な結末が多かった（波木井皓三『新派の芸』二二六〜二二八頁）。ジェローによれば、これらの舞台は「因襲的なメロドラマ調で、運命や世間に苦しみもがき、悲恋に終わる女性を中心に描くことが多い」（Gerow, *A Page of Madness*, 2）。

（36）Gerow, *Visions of Japanese Modernity*, 100. 40-47 も参照。

（37）Ibid., 101-3.

（38）Ibid., 106.

（39）Ibid.

（40）Cazdyn, *The Flash of Capital*, 29.

（41）Ibid., 45-46.

（42）Gerow, *Visions of Japanese Modernity*, 114.

（43）Bernardi, *Writing in Light*, 133.

（44）Gerow, *Visions of Japanese Modernity*, 114.

（45）「映画プロパガンダ論」『活動写真雑誌』五-五、一九一九年五月、三八〜三九頁。

（46）Gerow, *Visions of Japanese Modernity*, 115.

（47）Bernardi, *Writing in Light*, 13；沼田穣「活動写真の芸術美」一四二頁。

（48）『路上の霊魂』は、一九二三年に松竹を退社し日活に移籍する青島順一郎が撮影した。青島はコントラストの強い、ラスキー風の照明法を好み、レフ板はわずかしか使わず、オルソクロマティック・フィルムの限界に挑んだ。『何が彼女をそうさせたか』を撮影した塚越成治は、師匠の青島について、光と影のコントラストがはっきりしている限り、影の細部にはこだわらなかったと回想する（平井「素稿日本映画撮影史　連載9」五二頁）。

（49）Standish, *A New History of Japanese Cinema*, 64.

（50）大塚恭一「お嬢さん」五〇〜五二頁。

（51）Gerow, *Visions of Japanese Modernity*, 10.

（52）Ibid., 224.

(53) Ibid., 9.

(54) 脇屋『大谷竹次郎演劇六十年』二二七頁。松竹は当初、純映画劇運動を擁護したが、それが松竹の主流になることはなかった。小山内薫は一九二一年に松竹を去る。大谷竹次郎の伝記には、大谷が、「経済面をまったく頭に置かず、理想に挺身する小山内」に耐え切れず、芸術的良心より経済を優先させる「牛歩主義」を選択したと記されている。

(55) Hansen, "Vernacular Modernism," 301（強調は原文）. このプロセスを「盗用（appropriation）」と述べるのは適切ではないかもしれない。ジェローも指摘するように、盗用という言葉は、中心と周縁という二項対立を前提とする。当時の日本における映画スタイルは、二項対立というより、多種多様に選択されたスタイル間の交渉によって定義され形成されたものである（*Visions of Japanese Modernity*, 23）。

(56) Hansen, "Vernacular Modernism," 303.

(57) Gerow, *Visions of Japanese Modernity*, 64.

(58) Burch, *To the Distant Observer*, 83（強調は原文）.

(59) Ibid.

(60) Raymond Williams, *Marxism and Literature*, 115（強調は原文）. Hobsbawm and Ranger, *The Invention of Tradition* と Vlastos, *Mirror of Modernity* も参照。

(61) 渡辺浩『映像を彫る』六三頁。

(62) 引用は鈴木和年『「愛染かつら」とニッポン人』二三四頁より。小林久三『日本映画を創った男』二一頁、Standish, *A New History of JapaneseCinema*, 32 も参照。

(63) 城戸四郎「帰朝第一言」一頁。占領解放から四年後の一九五六年、城戸は一九二九年の発言を次のように言い直している「真実の姿を掘り下げるのが芸術だが、そのいろいろの面を努めてあたたかい明るい気持で見るのと、暗い気持で見る見方とがある。〔中略〕松竹としては人生をあたたかく希望を持つた明るさで見ようとする。結論を云うと、映画の基本は救いでなければならない。見た人間に失望を与えるようなことをしてはいけない。これが、いわゆる蒲田調の基本線だ」（『日本映画伝』三九～四〇頁）。Standish, *A New History of Japanese Cinema*, 64 にも引用あり。

(64) 田中敏男「小原譲治」一四八頁。

(65) 白井茂『カメラと人生』二五頁。

(66) 「陰の名優」九頁。「秘密の花園」九頁。

(67) 伊藤大輔『時代劇映画の詩と真実』六五～六六頁。

(68) 田中敏男「小原譲治」一四八頁。田中敏男「カメラの総和と決算」一二頁。

(69) 「五所平之助聞き書き」六頁。五所は「何しろパラマウント映画というのが非常にきれいで、逆光線で撮ったりして」などと述べている。

(70) 長濱慶三「マキノキネマ・プロダクションと私」六〇頁。

(71) 田中敏男「カメラの総和と決算」一二頁。

(72) ボードウェル『小津安二郎　映画の詩学』一九頁。

(73) Jacobs, "Belasco, DeMille, and the Development of Lasky Lighting," 405.

(74) Birchard, *Cecil B. DeMille's Hollywood*, 17.

(75) Bordwell, Staiger, and Thompson, *The Classical Hollywood Cinema*, 223；Thompson, *Herr Lubitsch Goes to Hollywood*, 37.

(76) Bordwell, Staiger, and Thompson, *The Classical Hollywood Cinema*, 224–25. 日本でワイコフは映画カメラマンとして高く評価されていたようだ。一九二二年の『活動雑誌』に掲載された記事「キャメラマンになるには」を見ると、「映画界の習慣に通じ、勇気があつて、酒を飲まない人」(「キャメラマンになるには」一三二頁)など映画カメラマンに必要な特徴が列挙されているが、名前があがっているのはワイコフのみである。

(77) Jacobs, "Belasco, DeMille, and the Development of Lasky Lighting," 408. ピーター・バクスターによれば、一九一六年以降、デミルの興味は照明から、セットや衣装のデザインに移り、突然、ワイコフとのコンビを解消する("On the History and Ideology of Film Lighting," 97, 101)。

(78) Baxter, "On the History and Ideology of Film Lighting," 99; Jacobs, "Belasco, De-Mille, and the Development of Lasky Lighting," 408.

(79) Jacobs, "Belasco, DeMille, and the Development of Lasky Lighting," 408–9. ドイツでも、一九一四年から一八年まで、マックス・ラインハルトが照明効果の実験を行い、悲劇の舞台に「光と影の衝撃」を与えた(Baxter, "On the History and Ideology of Film Lighting," 100)。由良君美『セルロイド・ロマンティシズム』文遊社、一九九五年、二七頁も参照。

(80) Bordwell, Staiger, and Thompson, *The Classical Hollywood Cinema*, 225.

(81) Thompson, *Herr Lubitsch Goes to Hollywood*, 39; Keating, "The Birth of Backlighting in the Classical Cinema," 46.

(82) Jacobs, "Belasco, DeMille, and the Development of Lasky Lighting," 416(強調は原文)。

(83) Keating, "The Birth of Backlighting in the Classical Cinema," 46.

(84) 川口和男「アメリカ映画とヘンリー小谷先生」二〇頁。小谷は一九一四年頃、ハリウッドで、トマス・インスが監督し、早川雪洲が主演した「東洋的な映画」で脇役として働き始める。インスの日本映画については拙著 *Sessue Hayakawa*, 50–75 参照。また、コントラストの強い照明スタイルで知られているハリウッドの著名な映画カメラマンのジェイムズ・ウォン・ハウの初仕事は、小谷のアシスタントであった(ドキュメンタリー映画 *James Wong Howe: The Man and His Movies*, UCLAフィルム・アンド・テレビ・アーカイブ所蔵)。

(85) "Famous Players-Lasky Corporation: Correspondence and Production Records," Box 240, Folder 9, in the Cecil B. DeMille Archive, Harold B. Lee Library, Brigham Young University.

(86) 青山雪雄「小谷写真技師の撮影談」四九頁。

(87) 岡部龍「アメリカ時代のヘンリー・小谷」二六〜二七頁。碧川道夫「追悼・若き日の足音」も参照。

(88) 青山「小谷写真技師の撮影談」四八頁。

(89) Jacobs, "Belasco, DeMille, and the Development of Lasky Lighting," 413.

(90) Ibid.

(91) Ibid., 415.

(92) マーガレット・ヘリック図書館が所蔵するスチール写真を見ると、小谷が効果照明を使用した他の映画に、『平和の歓び』(ロバート・ソーンビイ、一九一七年)『空中の勇者』(ドナルド・クリスプ、一九一八年)、『パピー・ラヴ』(R・ウィリアム・ニール、一九一九年)、『沙漠の花』(アーヴィン・ウィラット、一九一九年)、『秘密の花園』(G・バトラー・クロンボウ、一九一九年)、『テンプル夫人の電報』(ジェームズ・クルーズ、一九二〇年)などがある。

(93) パトリック・キーティングによれば、二〇世紀初頭、アルフレッド・スティーグリッツの有名な写真雑誌『カメラ・ワーク』

がピクトリアリズム写真を擁護したこともあって、アメリカ撮影者協会の野心的な映画カメラマンは、シルエットを好んで用いたという。

(94) Grodal, "Film Lighting and Mood," 160.

(95) Keating, *Hollywood Lighting from the Silent Era to Film Noir*, 46.

(96) Grodal, "Film Lighting and Mood," 156.

(97) 三浦礼「軌跡」四三頁。映画カメラマン長井信一は、小谷が蒲田近くの新子安の海岸に中国風の大城砦をセットで作ったことに「驚いた」という（平井「素稿日本映画撮影史　連載5」四八頁）。牛原虚彦と野村昊は、小谷がパテ社製のカメラをよく使ったと回想する（牛原「蒲田の頃」二一一頁。野村昊「師としてのヘンリー・小谷」二二頁）。

(98) 引用は「情の光」二三頁より。

(99)『情の光』以降の小谷は、映画のテーマに合わせて光と影の対比を効果的に強調している。教育映画『黎け行く村』（一九二七年、三五ミリ、国立映画アーカイブ所蔵）で小谷は、コントラストの強い照明法で、都会と農村の対立を強調する。この映画のオープニングは、川べりの農村のロング・ショットである。強い日の光に照らされながら、一人の男が泥まみれで穴を掘っている。村祭りの場面では、日々の労働は厳しく貧しいながらも、村人たちが、明るい太陽の下、楽しく暮らす姿が描かれる。祭りの場面は、デイ・フォー・ナイト技法で撮影し、青く染色しているため、明るい雰囲気が加わっている。逆に、都会の東京の場面は、電気照明で照らされているものの、薄暗い雰囲気である。小谷は都会の場面に、「アメリカの夜」（デイ・フォー・ナイト）技法は使わず、闇夜に輝くネオンサインを、ロング・ショットや路面電車からの幻影的な移動ショットで見せる。

(100) ヘンリー小谷「映画が出来上る迄（一）」五頁。

(101) 松竹の第一回公開作品はもともと『島の女』ではなく、『平家女護ケ島』（松居松葉）だったが、その江の島ロケの撮影中、「天候不良」で撮影が何度も延期されたため、大谷竹次郎は急遽、松竹の初公開作品を『島の女』に変更し、千葉県の富浦でロケを終わらせた。大谷によれば、小谷の撮影による『島の女』は、わずか二日で仕上がったという（田中純一郎『日本映画発達史』Ⅰ、三一六〜三一七頁）。

(102)「城戸四郎聞き書き」三頁。

(103) 伊藤『時代劇映画の詩と真実』六五〜六六頁。

(104) 平井「素稿日本映画撮影史　連載5」四九頁。

(105) 升本『人物・松竹映画史』四一頁。

(106) 花房種太「技巧的光線」三頁。

(107) 森田生「本邦製映画の欠点か?」六二〜六三頁。

(108) 一九二八年、批評家の武田晃は「吾々は、映画を云々するに当り、監督を、作者を、俳優を、摘出して、それぞれについて語ることを心得ている——やうに思ふ、一番後廻しになり、殆んど常に（特別な場合を除いて）黙殺されつゝあるのは、キャメラ・マンである。〔中略〕キャメラは、うつればいゝ——正確に、或は奇麗に、間違ひなく、うつればいゝのである〔中略〕と、さう思はれているらしい。〔中略〕実に此の、うつればいゝ程度のキャメラ・マンは無数である。世間も、そしてキャメラ・マン自身も、キャメラをその程度にしか尊重していない」と嘆いている（武田晃「キャメラ・マンについて」五〇頁）。

(109) Jacobs, "Belasco, DeMille, and the Development of Lasky Lighting," 408.

(110) 六車修『映画の小窓』二二三頁。

(111) 大竹徹他編『映像研究別冊　個人別領域別談話集録による映画史体系：白井茂』白6-7。
(112) 岡田宗太郎「白日の下に曝されたる松竹キネマ――理想追随家の悲しき破綻」『活動倶楽部』一九二一年一二月号および一九二二年一月号、引用は平井「素稿日本映画撮影史　連載5」五〇〜五一頁より。
(113)「松竹王国物語」一一二頁。ただし賀古は、『小羊』(一九二三年)で効果的な照明を使っている。例えば、中年の女が彼女の夫と従業員の会話を隣の部屋でふと耳にする場面で、障子に夫の影が映る。これはハリウッドのメロドラマ映画『チート』で、イーディス・ハーディ(ファニー・ウォード)と日本人の美術商トリ(早川雪洲)が、イーディスの夫と同僚の話を立ち聞きする場面で、障子に夫と同僚の影が映るのとそっくりである。『小羊』の三五ミリプリントは国立映画アーカイブが所蔵。
(114) 田中純一郎『松竹七十年史』二四六頁。
(115) 野村芳亭「日本の映画を作りたい」二四頁。
(116) 田中純一郎『松竹七十年史』二四七頁。
(117) 永山武臣編『松竹百年史　本史』五六二頁。田中純一郎『日本映画発達史』I、三四九〜三五〇頁。
(118) 永山『松竹百年史　本史』五六二頁。
(119) 前掲。牛原虚彦は、野村が「蒲田調の基調」を築いたとさえ述べている(牛原「蒲田モダニズムの群像」一三八頁)。
(120)『活動雑誌』の批評は、ラブ・シーンの「白くぼかした」光の「実に柔らかい気分が出ていていい」と賞賛した(『活動雑誌』一九二二年六月号、引用は平井「素稿日本映画撮影史　連載8」五七頁より)。ソフト・フォーカスは、D・W・グリフィスの『幸福の谷』(製作一九一九年、日本公開一九二一年)、『散り行く花』(製作一九一九年、日本公開一九二二年)の封切後、松竹の映画カメラマンの間で流行していた。
(121) 唯一の例外は、駅で浪子が彼女の父と一緒に武男を待つ場面の逆光ショットである。武男の姿は見えない。到着した列車の後方からの強い太陽光のせいで、浪子と彼女の父の姿は完全なシルエットである。この逆光と奥行きの深い構図は、小谷の好んだ照明法とは違うものの、浪子の喪失と絶望の感覚がうまく表現されていると言える。次の場面で浪子は、不治の病に倒れ、武男が到着する前に息絶える。おそらく意図的ではないにせよ、ここで照明は明るいハイ・キー・ライティングに戻り、それが死の床にある浪子の青白さを強調する。明るい光の下、ベッドに横たわる浪子の顔のクローズアップは、極端に白く見える。
(122) 柳永二郎『新派の六十年』二五〜二六頁。
(123) 川田隆子・浅原恒男「舞台照明」五〇頁。松居は劇場照明の刷新者と言われている。松居が季節の移り変わりやドラマを強調するためカラー・フィルターを使い出すのは、六代目尾上菊五郎の舞台においてであった。また、『忠臣蔵』の切腹シーンは、他のシーンより白い照明を使っている(日本舞台照明史編纂委員会編『日本舞台照明史』六八頁)。一九二三年の関東大震災後、一九二五年一月に再建された歌舞伎座のこけら落とし公演で松居は、演目「家康入国」における夕暮れから夜への時の移り変わりを照明で表現した(川田・浅原「舞台照明」五一頁)。
(124) 河竹登志夫「白日光の舞台」一八〜一九頁。
(125) 遠山静雄「劇場のあかり」一六七〜一六八頁。遠山は「舞台の雰囲気を醸成するための表現手段」として照明を使った例もあると認めている。例えば『四谷怪談』の主人公の伊右衛門は、夕方、雨戸をおろし外光を遮断するが、それは日没という時間を示すだけでなく、幽霊が登場する恐ろしいスペクタクルを準備する。

(126) 遠山静雄『舞台照明五十年』五頁。

(127)『演芸画報』一九二五年八月号、引用は社団法人日本俳優協会『歌舞伎の舞台技術と技術者たち』五一頁より。

(128) 柳『新派の六十年』三〇四頁。

(129)「ヘンリー小谷倉一」七頁。

(130) 鹿野千代夫「下加茂訪問」五七頁。

(131) ヘンリー小谷「ハロー！ 青山雪雄氏！」一三五頁。小谷はまた、一九二二年四月に、「私自身も松竹キネマに在つて極少許の映画を製作しては見たが、何れも未だ満足のものではない」と述べている（ヘンリー小谷倉一「日本の映画製作界では監督に対する理解が足りない」四〇～四一頁）。

(132) Okajima, "Japan's Case," 2.

(133) ボードウェル『小津安二郎　映画の詩学』三三八頁。

(134) 鈴木重三郎「夢の浮橋」六六頁。山本緑葉「塚原小太郎」六七頁も参照。

(135) 島崎清彦「日本の映画技術発展に果たした円谷英二の役割」三八頁。渡辺『映像を彫る』六〇頁。川谷庄平『魔都を駆け抜けた男』一四～一五頁、三八～四一頁。

(136) 長濱「マキノキネマ・プロダクションと私」六〇頁。森田富士郎「日本映画の時代劇作法　第三回」七一頁。

(137) 森田富士郎「日本映画の時代劇作法　第三回」七一頁。

(138) 水澤武彦「廃頽せる日活京都派」三頁。

(139) 三浦礼「軌跡II」五四頁。

(140) 引用は三浦礼「軌跡II」五四頁より。

(141) 水澤「廃頽せる日活京都派」三頁。水澤（帰山教正）の著書『活動写真劇の創作と撮影法』（一九二一年）はフレデリック・A・タルボットの『実践的撮影とその応用』（一九一三年）を基にしながら、画面構成やコントラスト、グラデーション、露出など撮影技術について詳述している。帰山は、映画カメラマンの役割を「撮影技師は撮影機械を以て仕事をするものであるが故に、自己の撮影機の各部の機能は勿論、修理の方法を了解すると共に、フィルムの性質、光線と感光度、画面撮影方式、トリックの方法等を十分知つて居なければならない」と明確に定義している（帰山『活動写真劇の創作と撮影法』二二七～二二八頁）。一九一七年、帰山は人工照明の使用法を詳述した記事も発表しているが、『活動写真劇の創作と撮影法』に人工照明の機材についての説明はない（帰山「人造光線及其の写真術」六一～六三頁）。草創期の日活向島撮影所にいた映画カメラマン・内田宗一は、「撮影は太陽光線だけがたより、それ故のグラス・ステージであった」と述べている（引用は岡部龍「日活向島撮影所について」五九頁より）。

(142) 滋野幸慶「活動写真劇の撮影を視た時」三頁。

(143) 藤木秀朗『増殖するペルソナ』八二～八三頁。

(144) 大洞元吾「我等の故郷向島」『向島の会々報』第一号、一九六一年一月、佐藤忠男『日本映画史』I、一三八頁所収。カメラのレンズにはF値と呼ばれる絞りの開放を示す値がある。絞りが大きい（F2・8、F3・5、F4など）と奥行きが浅く、絞りが小さい（F11、F16、F22など）と奥行きが深くなる。したがってF3・5のレンズしかないカメラは、奥行がかなり限られることになる。

(145) 平井「素稿日本映画撮影史　連載3」五〇頁。

(146) Thompson, *Herr Lubitsch Goes to Hollywood*, 39.

(147) 板倉史明は、「ロングショット、長廻し、固定フレーム」が、『忠臣蔵』のような一九一〇年代の映画において「支配的スタイル」であったと論じ、『忠臣蔵』は「映画製作者が積極的に創造」しようとした独創的な演出であると述べる（板倉「「旧劇」から「時代劇」へ」九六～九七頁）。

(148)『忠臣蔵』はほぼ毎年映画化されていた。この時代は、すでに公開された映画を自由に再利用することができたので、一九一一年版の『忠臣蔵』は一一年版の『忠臣蔵』より長くなっている。

(149) ジェローは、『忠臣蔵』と『五郎正宗孝子伝』のフレーミングとカメラの距離は多彩であり、演劇的な映画とは異なると論じる。

(150) この映画では照明がメロドラマを強調するように使われているシーンが一つだけある。家の前に座る幼子とその祖父をロング・ショットでとらえたシーンで、画面右上からの強い光が当たっている。いつもは影の中にいる二人が、このシーンだけは光の中に置かれている。スポットライトは二人の貧困と孤独を強調する。だが、その照明もやはり舞台的な演出の範囲を脱していないと言える。

(151) 藤木『増殖するペルソナ』九三～九九頁。

(152) 小畑敏一「撮影所の照明装置」一二五頁。

(153)『紐育の波止場』と『上陸第一歩』の物語と登場人物の比較についてはワダ・マルシアーノ『ニッポン・モダン』の五九～六三頁を参照。『蒲田』一九三二年一二月号で『上陸第一歩』は、『紐育の波止場』の「立派な模写」と評価された（六六頁）。

(154) Bordwell, Staiger, and Thompson, *The Classical Hollywood Cinema*, 225–26.

(155) 城戸『日本映画伝』四〇頁。

(156) 城戸『わが映画論』二七七頁。

(157) 城戸『日本映画伝』四二頁。

(158) 前掲、二一一～二二二頁。

(159) 城戸「製作者の立場より」一八～一九頁。

(160) 升本「『キネマの天地』の背景」二四七頁。

(161) 武田晃『映画十二講』一七七頁。

(162) 城戸「製作者の立場より」一九頁。

(163) 田中純一郎『松竹七十年史』二六四頁。

(164) 森岩雄「城戸四郎論」三四頁。

(165)「城戸四郎聞き書き」二頁。Cazdyn, *The Flash of Capital*, 18–19.

(166) Gerow, *Visions of Japanese Modernity*, 224–25.

(167) 城戸「映画製作合理化論」二二一～二二三頁。

(168) Gerow, *Visions of Japanese Modernity*, 10–11；Shillony, "Friend or Foe," 187–211；Clark, "Indices of Modernity," 25 を参照。

(169) 碧川道夫もすぐに松竹を退社し、一九二六年に日活に移籍する（宮島・碧川「宮島義勇回想録」一一五頁）。

(170) 永山『松竹百年史　本史』五七〇頁。

(171) 六車『映画の小窓』七三～七四頁。

(172) 吉村公三郎・大庭秀雄・山田洋次「大船調とは何か」八七頁。

(173) 厚田雄春・蓮實重彦『小津安二郎物語』九六頁。

(174)「城戸四郎聞き書き」四頁。升本「松竹映画の栄光と崩壊」二〇～二一頁。

(175) 小畑「撮影所の照明装置」一二三～一二六頁。

(176)「本邦七大撮影所実力調査」一頁。

(177)『国際映画新聞』一九二八年七月一〇日号、一一頁。

(178) 坂本正『日活四十年史』頁なし。佐藤忠男『俳優《スター》の美学』五三頁。

(179) 井上重正「地方開拓に努力」三〇頁。

(180)「本邦各撮影施設陣容比較表」一三頁。

(181) 田中純一郎『日本映画発達史』II、二六三頁。

(182) 平井「素稿日本映画撮影史　連載18」四四頁。
(183) 坂本『日活四十年史』五三頁。
(184) 柴田勝・佐々木秀孝・川口和男「昔の撮影所跡をたずねて（20）」六一～六二頁。
(185) 池田照勝・友田純一郎「一九三四年業界決算」二七七頁。
(186) 升本『松竹映画の栄光と崩壊』二四～三〇頁。
(187) 同じ頃、松竹は七一万八九〇〇円の収益をあげている（『キネマ旬報』一九三六年一月一日号、三二一頁）。坂本『日活四十年史』頁なし。
(188) 『キネマ旬報』一九三七年一月一日号、七七頁。升本『松竹映画の栄光と崩壊』三〇～三三頁、五二～五七頁。
(189) F・K・R「東宝松竹二大ブロックの解剖」九〇頁。
(190) 永田雅一「映画界への公開状」九九頁。この記事で永田は、松竹ブロック内の彼自身の立場にもかかわらず、日本映画産業の六～七割は松竹ブロックが占め、東宝の将来的発展を妨げていると語った。
(191) 城戸『映画への道』二一二頁。
(192) 『国際映画新聞』一九二九年四月一〇日号、二頁。長濱「活動写真の基礎的技術（2）」四六四～四六六頁も参照。
(193) 伊佐山三郎「「キャメラマン」私考記録」三四〇～三四一頁。伊佐山「撮影苦心談」九三頁。
(194) 奥村康夫「映画の照明効果について」三九～四〇頁。
(195) 古川緑波「ヘンリーとの半日」七頁。
(196) 藤木『増殖するペルソナ』七頁、一三三～一三四頁。Keating, "From the Portrait to the Close-Up," 90–108 も参照。
(197) 藤木『増殖するペルソナ』一三一～一三三頁。Kracauer, *Theory of Film*, 45–46 および Doane, "The Close-Up," 89–111 も参照。
(198) 藤木『増殖するペルソナ』一七頁。
(199) 前掲。
(200) 栗島すみ子『虞美人草の頃』二一～二二頁。岡部「アメリカ時代のヘンリー・小谷」二五頁。玉木潤一郎『日本映画盛衰記』一〇九頁。
(201) 野田高梧「創立当時の蒲田映画」六一頁。
(202) Keating, "The Birth of Backlighting in the Classical Cinema," 49. 藤木『増殖するペルソナ』三六九頁。
(203) 『活動画報』一九一七年三月号、頁なし。藤木『増殖するペルソナ』二二七～二二九頁、二六三～二八三頁。
(204) 藤木『増殖するペルソナ』二四〇頁。
(205) 前掲、二五八頁。
(206) 野村芳亭「興行価値映画に就て」『蒲田』一九三一年一〇月、引用は田中真澄『小津安二郎全発言 1933–1945』二五九頁より。
(207) 小川昇『日本舞台照明史』五九頁。遠山「劇場のあかり」一七二頁。
(208) Gerow, *Visions of Japanese Modernity*, 167. 例えば日活は、一九一三年はチェーン劇場一六九館のうち一九館のみ、二三年は三六五館のうち三〇館しか所有していなかった（『日活四十年史』四一～四五頁）。
(209) 板倉「「旧劇」から「時代劇」へ」九二～九三頁。
(210) Gerow, Visions of Japanese Modernity, 164.
(211) Ibid., 169.
(212) Ibid., 170.
(213) 田中純一郎『松竹九十年史』二三七頁。
(214) 城戸四郎監修『映画への道』二二九～二三〇頁。
(215) 森「栗島すみ子論」四五頁。

（216）岩崎昶『映画と現実』六六頁。

第2章

（1）城戸四郎『日本映画伝』四二頁。松竹は、新たに台頭したホワイトカラーの労働者（働く女性も含む）の生活を描いた現代劇映画で市場を開拓した。そうした映画には同時代の批評家が「驚くべき新リアリスト美学」と評したやり方で「日常に近代の特徴があらわれる場所——都会のストリート、デパート、カフェ、バー、ダンス・ホール、映画館、学校や病院、オフィスや工場、東京郊外の工業地域の荒涼とした土地に建つ西洋風のアパートや伝統的な日本家屋、あるいはもっと場末の、様々な階級や文化の入り混じった横浜港界隈の下町」を見せた（Hansen, "Vernacular Modernism," 302）。

（2）「城戸四郎聞き書き」一〇頁。

（3）田中純一郎『松竹九十年史』二三九頁。

（4）Gerow, *A Page of Madness*, 7–8. 一九二五年はまた、活動写真「フィルム」検閲規則が施行された年でもあった。全国の警保局警務課を管理下に置く内務省は、日本で公開される映画すべてを対象に映画内容の統一検閲を開始する。つまり国家が映画内容に統制を加え始めたのである（加藤厚子『総動員体制と映画』二四頁）。

（5）Gordon, *Labor and Imperial Democracy in Prewar Japan*, 257–69.

（6）田中純一郎『日本映画発達史』II、一一頁。

（7）Nornes, *Japanese Documentary Film*, xxii.

（8）Mitsuhiro Yoshimoto, *Kurosawa*, 222.

（9）しかし、歴史社会学者の筒井清忠によれば、日本は他の国よりは大恐慌から回復するのが早かった。日本経済は、一九三〇〜三一年が最低で、一九三三年にすでに立ち直り始め、一九三五年には完全に回復したという（筒井『時代劇映画の思想』一八頁）。

（10）森岩雄「阪東妻三郎論」四五頁。

（11）滝沢一「時代劇とは何か」一三〇頁。日活の現代劇映画は、松竹ほど人気がなかったとはいえ、革新的な照明スタイルを使うことが多かった。例えば村田実の作品である。村田は一九二六年に欧州の映画撮影所を見学したとき、様々な照明機材が使われていることに感動した。帰国後、彼が日活京都撮影所で作った『日輪』（一九二六年）は、「下方よりの強い光線は物に新らしき形を与へ、影は生命を得て監督の息吹に息づく」、「光と影の交響、明と暗の階律、白と黒の円舞」と称され、「近代的」で「映画らしき」映画、「キャメラによつて創造された美」とみなされた（升本喜年『『キネマの天地』の背景』二三九頁。花房虹二「『日輪』讃称と時彦病気の事」四〇〜四一頁。金田重雄「劇時代的映画『日輪』を見る」四六〜四七頁）。

（12）冨田美香「マキノ映画時代劇」一三九頁。

（13）板倉史明「「旧劇」から「時代劇」へ」九六頁。同論文の九四〜一〇二頁も参照。

（14）デヴィッド・ボードウェル『小津安二郎　映画の詩学』三五六〜三五七頁。

（15）竹田敏彦編『新国劇沢田正二郎　舞台の面影』三頁。

（16）藤井康生『東西チャンバラ盛衰記』二〇〜二一頁。

（17）Keating, *Hollywood Lighting from the Silent Era to Film Noir*, 60.

（18）Ibid., 64.

（19）"Lighting to Photoplay Is Like Music to Drama Declares Cecil B. DeMille," *Motography* 29 (January 1916): 249, 引用は Keating, *Hollywood Lighting from the Silent Era to Film Noir*, 63 より。

(20) Keating, *Hollywood Lighting from the Silent Era to Film Noir*, 66.
(21) 国立映画アーカイブに『月形半平太』の三五ミリプリントの一部が所蔵されている。
(22)『月形半平太』(一九二五年)の脚本、反町コレクション040-0160、国立映画アーカイブ所蔵。
(23) 前掲、四一~四二頁。
(24) 水澤武彦「廃頽せる日活京都派」三頁。
(25) 田中純一郎『日本映画発達史』II、一一三頁。
(26) 浦谷年良「チャンバラ・スター列伝」二四頁。
(27) 森田富士郎「日本映画の時代劇作法　第七回」七九~八〇頁。
(28) 藤井康生『東西チャンバラ盛衰記』四五~四六頁。長谷川は日本最初の大衆文学専門誌『大衆文芸』の主要な寄稿者であった。
(29) 時代劇映画の誕生に対応して、旧劇映画を監督していた人々も、照明法を変え始める。マキノ省三は『忠魂義烈　実録忠臣蔵』(一九二八年)に照明を効果的に用いている。仇の吉良を暗殺する見せ場の直前、大石内蔵助は、世間の目をくらますため祇園で芸者遊びをするが、その場面は明るいハイ・キー・ライティングで撮影されている。続く夜の討入り場面は、ロー・キーで撮影され、その見せ場(とりわけ数人の義士たちが吉良の逃げた地下の抜け道に降りていく場面)を強調するため、いくつものスポットライトをサイドライトとして使用した。
(30) 一九四〇年代までに日本刀は、日本精神の象徴となった。アメリカの文化人類学者ルース・ベネディクトは、有名な著作『菊と刀——日本文化の型』(一九四六年)で日本刀と日本魂を並置した。ベネディクトは「各人の魂は、本来は新しい刀と同じように徳で輝いている。ただ、それを磨かずにいるとさびてくる。この彼らのいわゆる「身から出たさび」は刀のさびと同じようによくないものである。人は自分の人格を、刀と同じようにさびつかせないように気をつけねばならない。しかしながら、たとえさびが出てきても、そのさびの下には依然として光り輝く魂があるのであって、それをもう一度磨き上げさえすればよいのである」(二二七頁)と記している。
(31) Yoshimoto, *Kurosawa*, 219.
(32) 板倉「「旧劇」から「時代劇」へ」一〇五頁。
(33) 小林いさむ『映画の倒影』二〇四頁。
(34) 板倉「「旧劇」から「時代劇」へ」一〇二~一一二頁。
(35) 伊藤の帝キネ監督作品は一つも残っていないが、脚本はいくつか残されている。『常夜燈』はその一つである。映画化はされなかったが、ラスキー風の照明を使う予定だったとも考えられる。『常夜燈』は、残忍な継母に虐待されて苦しんでいる信心深い娘が、亡き母との約束を守り、村の山の峠で常夜燈を灯し続けるという物語である。娘は、行商から夜遅く帰ってくる父に村の方向を示すため、常夜燈を灯していた。伊藤の生原稿には次のように書かれていた。「[継母の]情夫は旅先で父と出会て、計画通り毒薬を飲ませた(金を奪う為に)。たちまち父は旅中に病んだ。それとも知らぬお小夜の灯は毎夜ともる。旅に死する父は息を引取る刹那に、輝く常夜燈を、お小夜を見た。「ああ、お小夜の上げる常夜燈が見える——その向こうに見えるのは——ああ極楽だ——ああ女房がいる……」」(引用は磯田啓二『熱眼熱手の人』九一~九二頁より)。
(36) 伊藤大輔『時代劇映画の詩と真実』三二三~三二四頁。北斗星「伊藤大輔の苦闘史」四九~五一頁。
(37)「よき時代とはいえないけれど　嬉しき時代のカツドウ屋」六一頁。

(38) 伊藤『時代劇映画の詩と真実』三七頁。
(39) 田中純一郎『日本映画発達史』II、四九頁。
(40)『キネマ旬報』一九二八年一月二一日号、引用は佐伯知紀「『忠次旅日記』解説」八五頁より。
(41) 磯田『熱眼熱手の人』一七一頁。
(42) 伊藤『時代劇映画の詩と真実』五七～五八頁。
(43) 人物の視点ショットを素早く、あるいは加速度的にモンタージュする技法はフラッシュと呼ばれる。フラッシュは、第二次世界大戦後に日本で外来語として使われはじめるフラッシュバックとは異なる。アレクサンドル・ヴォルコフの『キーン』(一九二四年)が日本に最初に紹介した(板倉史明「「伊藤話術」とはなにか」頁なし)。
(44) 磯田『熱眼熱手の人』一六八頁。
(45) 平井輝章「素稿日本映画撮影史　連載10」四七頁。
(46) 新国劇編『新国劇五十年』二二一～四三頁。真鍋秀夫『新国劇七～一二頁。
(47) 板倉「「旧劇」から「時代劇」へ」一〇七頁。
(48) 小林いさむ『映画の倒影』二〇五～二〇六頁。
(49) 佐藤重臣『阪妻の世界』九四頁。秋篠健太郎『阪東妻三郎』二四六頁。
(50) 一九二九年、松竹は伊藤大輔を下加茂撮影所に迎え、『斬人斬馬剣』を監督させる。
(51) 牢獄の短いシーンだけは例外である。左からの強い光は、投獄された侍(阪東)の大きな影を壁に映し出す。その侍は小刀を盗み、脱獄する。
(52) 犬塚稔『映画は陽炎の如く』七一～七二頁。
(53) 田中純一郎「日本映画史」『キネマ旬報』一九五二年二月一日号、一一七頁、引用は平井「素稿日本映画撮影史　連載12」七一頁より。
(54) 林長二郎「続サイレントからトーキーへ　その2」七九頁。
(55) 田中純一郎『日本映画発達史』II、七一～七二頁、引用は Komatsu Hiroshi, "The Foundation of Modernism," 364 より。
(56) 太宰行道「衣笠映画への言葉」六六頁。
(57) 太宰行道「長さん可愛いや・他雑件二、三」四八頁。近松京二路「帰去来亭日記2　林長二郎の映画に就いて」五二頁。
(58) 浅川清「長二郎雑題」四四頁。
(59) 長谷川一夫『舞台・銀幕六十年』六一頁。
(60) 白井信太郎「新興歌舞伎映画十八番・その他」三二頁。
(61) 橘高廣「映画の観方と味ひ方――活動写真を観る少女方へ」七〇頁。
(62) 林長二郎「林長二郎趣味の漫談」三三頁。
(63)『国際映画新聞』一九二九年七月一〇日号、五二頁。
(64) 上田勇「だつち・どろんと・げえ：意味のあるやうなない話」九二～九三頁。
(65)「蒲田十年の回顧」七〇頁。
(66) 伊吹映堂『マキノ出身のチャンバラスター』一八六頁。
(67) 長谷川一夫『舞台・銀幕六十年』九四～九五頁。林長二郎「忙しすぎる」一一八頁。ファンが長二郎の発言を裏づける。例えば後藤智夜子と林美智子は一月一六日、長二郎が東京駅で朝一〇時頃に京都発の電車から降り立った時の興奮について述べている(K・K生「長二郎氏を迎へて」七三頁。後藤智夜子「思ふまゝに」七四頁。林美智子「愚文一つ」七八頁)。
(68)『東京朝日新聞』一九二八年一月二〇日、六頁。
(69) 浅川「長二郎雑題」四五頁。

(70) 長谷川一夫『私の二十年』八九頁。
(71)「全松竹俳優人気投票」頁なし。
(72) 手島仙造「教師の目に映つた映画と女学生」一一二頁。
(73) 一九三一年、鈴木傳明、岡田時彦、高田稔の現代劇スター三名が蒲田を退社したため、蒲田は男性スターを必要としていた(「長谷川一夫聞き書き」七頁)。
(74)「城戸四郎聞き書き」一〇頁。映画は『不如帰』ではなく『金色夜叉』。長二郎は映画の宣伝のため、映画の衣装を着て、銀座通りを華やかに行進した(長谷川『舞台・銀幕六十年』九六頁)。
(75) Stamp, *Movie-Struck Girls*, 22.
(76)『芝居とキネマ』一九二七年三月号、一三頁、引用は Komatsu Hiroshi, "The Foundation of Modernism," 365 より。
(77) Stamp, *Movie-Struck Girls*, 6.
(78) Doane, *The Desire to Desire*, 24.
(79) 林長二郎「親のない子」五一頁。
(80) Burch, *To the Distant Observer*.
(81) Ayako Kano, "Visuality and Gender in Modern Japanese Theater," 44.
(82) 前掲。映画史家の小松弘は、女性ファンはすでに、一九一〇年代後半の日活向島作品に数多く出演した新派スター立花貞二郎のような女形にもいたと論じる。が、立花の映画の観客は、演劇の客に近かったと考えられる。演じる者と見る者との間の距離を保つと同時にそれをなくしてしまう、長二郎ファンの主体の位置とは区別する必要があるだろう。立花も長二郎も女形出身だが、そのスクリーン・イメージはまったく異なる。立花は女役しか演じないが、長二郎は両方の役を演じ、しかも男役が主である。立花の映画は、トルストイの小説『復活』を翻案した舞台『カチューシャ』やオスカー・ワイルドの舞台『サロメ』など西洋演劇のセットや演技を模倣した、新派ジャンルに特化していた。だが、長二郎はほとんどが時代劇映画である。立花には、ロング・ショット、ロング・テイク、フラット・ライティングが使われるのに対し、長二郎映画の照明法は、もっと複雑である。立花は、妖艶な魅力ではなく、理想化された日本美人の、すらりとした細身が強調される。立花のイメージは純真無垢な令嬢から悪魔的な魅惑の毒婦に変化していった。この意味では、立花は同時代のハリウッド・スターとは違っていた。リリアン・ギッシュもすらりとした細身だったが、彼女が妖艶な悪女を演じることなど許されなかった。長二郎は、特別な照明法と撮影法により、最初から純真と妖艶の両方を表現することができた(小松弘「新派映画の形態学」四三~八三頁)。
(83) ジョセフ・マーフィ「ファン像の生成」三四八頁。
(84) Ibid.
(85) Ibid.
(86) Hansen, *Babel and Babylon*, 7.
(87) Ibid.
(88) Ibid., 294.
(89) Ibid., 282.
(90) Ibid., 282–83.
(91) Ibid., 254.
(92) Ibid., 279–80.
(93) Ibid., 277.
(94) 小林藤江、無題、九〇頁。
(95) Morin, *The Stars*, 116.
(96) 北野一郎「映画スター製造法」九三頁。犬塚『映画は陽炎の如く』一一九頁。長谷川一夫『舞台・銀幕六十年』七六頁。長谷川一夫『私の二十年』六九頁。
(97) 白井信太郎「林長二郎を売り出す迄」五三〜五四頁。
(98) 前掲、五四頁。
(99) 前掲。
(100) Hansen, *Babel and Babylon*, 248.
(101) 久保田たつを「創刊雑筆」七二頁。
(102) 『下加茂』一九二八年二月号、一〇三頁。『下加茂』一九二八年四月号、七九頁。『下加茂』一九二八年六月号、四頁。
(103) 柏木隆法『千本組始末記』三〇三〜三〇四頁。
(104) 水町青磁「林長二郎論」七頁。
(105) 山法師「今日の人・明日の人」一二八〜一二九頁。
(106) F・K・R「映画俳優社会学」四五〜四六頁。
(107) 「城戸四郎聞き書き」一〇頁。
(108) 鈴木保「林長二郎寄せる文」一一〇頁。
(109) 「日本的寵児」一一三頁。
(110) キムラ・フジオ「長二郎《ぼいんと》・素描《でっさん》」一六〜一七頁。
(111) 大河内傳二郎「長二郎さんと私」九二〜九三頁。
(112) 長谷川一夫『舞台・銀幕六十年』一八九〜一九〇頁。
(113) 筈見恒夫「女夫星」四九頁。
(114) 「剣の魅惑」頁なし。
(115) 『下加茂』一九二八年一一月、二八頁。
(116) 『下加茂』一九二九年一二月、七〇頁。
(117) 岡村章「お坊吉三」八七頁。
(118) 村上久雄「空は晴れたり」五八〜五九頁。
(119) 林長二郎「私の歌舞伎映画」三八〜三九頁。
(120) 林長二郎「吾等がスター達の初夢」六六頁。
(121) 片山公夫「ルビッチで『お夏清十郎』を撮って貰ひたい林長二郎」三一頁。
(122) Thompson, *Herr Lubitsch Goes to Hollywood*, 28.
(123) Ibid., 51.
(124) Grodal, "Film Lighting and Mood," 156.
(125) Thompson, *Herr Lubitsch Goes to Hollywood*, 39. Stull, "The Elements of Lighting," 324–25 も参照。スタルは、「もちろん、最良の結果は、フロントライトとバックライトを絶妙なバランスで組み合わせることで得ることができる」と断言する。
(126) Hesse, "Shadows," 34. Keating, *Hollywood Lighting from the Silent Era to Film Noir*, 128 にも引用あり。
(127) Keating, *Hollywood Lighting from the Silent Era to Film Noir*, 50.
(128) 蓮見千代夫「『お夏清十郎』研究の備要」二六頁。
(129) 『下加茂』一九三六年五月、三頁、八〇頁。
(130) 「お夏清十郎のスタッフに聞く」一七頁。
(131) Whissel, *Picturing American Modernity*, 127.
(132) 蒲田撮影所はトップ・ライト三〇台、グローブ灯六〇台、ユーイング灯四〇台、スポットライト四〇台を所有していた（「昭和六年三月調査　日本撮影所録」二二〇〜二三〇頁）。
(133) 蒲田撮影所はトップ・ライト一〇〇台、グローブ灯一三〇台、三キロワットのサンスポットライト二〇台、一〇キロワットのサンスポットライト五台、チューリップ・ライト一〇台、ユーイングとスポットライト数台を所有していた。電球の総数は二六五個以上あったようだが、正確な数は把握していなかった。蒲田のスタッフ数（五〇三名）は下加茂（二九三名）のほぼ二倍だった。加えて、下加茂の直流電流量は一〇〇キロワット、交流は五七〇キロワットに対し、蒲田はそれぞれ二五〇キロワットと四〇〇キロワットだった。撮影所の大きさに比して、下加茂撮影所の電球の使用量は他社より抜きん出ている（「昭和八年三月現在　日本撮影所録」三四〜四六頁）。

(134) 三浦礼「軌跡III」四〇頁。パンクロマティックの乳剤は、青だけでなく黄や赤にも反応するが、オルソクロマティックはオレンジにしか反応しない（"The Evolution of Motion Picture Lighting," 95）。

(135) 松竹が最初に使った電球照明は、映画製作用ではなく、工場用であった（三浦光雄「芸術としての映画撮影の発達（正篇・中）」七四頁）。

(136) 三浦光男「ホリーウッドから」『映画時代』一九二八年一〇月、四二頁、引用は平井「素稿日本映画撮影史　連載16」五九〜六一頁より。

(137)「座談会映画照明史　生れ出づる喜びと苦しみ」一七頁。

(138) 永山武臣編『松竹百年史　本史』五八五頁。

(139)「照明と扮装のお話」九六〜九七頁。

(140) 日本映画テレビ技術協会編『日本映画技術史』四六頁。

(141) 渡木茂一「五十万燭光のライト」二〇頁。

(142) 三浦礼「軌跡III」四二頁。川口和男「昔の撮影所跡をたずねて（6）」四九頁。

(143) Bordwell, Staiger, and Thompson, *The Classical Hollywood Cinema,* 294-97.

(144) Milner, "Progress and Lighting Equipment," 8.

(145) 林長二郎「続サイレントからトーキーへ」一六頁。

(146) ボードウェル『小津安二郎　映画の詩学』二二頁。

(147) 前掲、二一頁。

(148) 鈴木重三郎「風雲城史」八九頁。

(149) Keating, *Hollywood Lighting from the Silent Era to Film Noir,* 50.

(150) 旗一兵『花の春秋』一四〇〜一四一頁。

(151) McDonald, *Japanese Classical Theater in Films,* 43, 330.

(152) 林成年『父・長谷川一夫の大いなる遺産』二一七頁。Gerow, *A Page of Madness,* 17.

(153) 杉山公平「一言」七三頁。長谷川一夫『舞台・銀幕六十年』九〇頁。

(154)『キネマ旬報』一九三一年二月一一日号、四一頁。石月麻由子「映画館のなかの《ジェンダー》」九二二〜九二五頁。

(155) 林長二郎「今月の話題」四一頁。

(156) 冬島泰三「『薩南総動員』製作記」四四頁。

(157) 林長二郎「今月の話題　その2」五三頁。

(158) 佐藤忠男『俳優《スター》の美学』六四頁。

(159) 佐藤忠男『君は時代劇映画を見たか』一一二〜一一三頁。

(160)『雪之丞変化』の現存するプリントは、一九三五年から三六年に製作された三部作を再編集した一九五二年版のみであるが、立回りのシークエンスは二つしかない。一つは雪之丞、もう一つは盗人の闇太郎（長二郎の二役）である。後者の立回りも、編集はほぼ同じ構成である。まず、ロング・ショットで始まり、敵のクロースアップ、乱闘全体を見せるロング・ショット、長二郎の長く続くクロースアップ、敵のクロースアップ、乱闘全体を見せるロング・ショット、長二郎の長く続くクロースアップで終わる。立回りのロング・ショットでは、人物は遠くに見え、極端なロー・キーなので、彼らの動きははっきりとは見えない。一方、長二郎のクロースアップは、いつも同じ位置（画面の左を向いて）で、同じ照明（左および上から照らす）で、長二郎は目を細め（流し目）、じっと静止している。

(161) 美原みゆき「雪之丞変化を語る」六七頁。

（162）林百合子「ハピー・エンド」六七～六八頁。坂井珠子「人非人の事ども」六七～六八頁。林長二郎「続・サイレントからトーキーへ　その4」七一～七二頁。

（163）幸子「色々の事でも」七四頁。

（164）「時代劇四方山座談会」六六頁。東京朝日新聞に「Q」のペンネームで執筆していた映画批評家・津村秀夫は、そのシーンのセットと照明を次のように賞賛した。「火事場の優れた描写（殊に黒煙）等の用意周到さは衣笠作品としては大して珍らしい事ではないにしても、何分現在の時代劇映画の大半がセットの拙さや配光の粗雑さでわれらの興を殺ぐ以上推賞に値するものである」（引用は蓮見千代夫「雪之丞変化第二篇研究の備要」二六頁より）。

（165）Sobchack, *Carnal Thoughts*, 56.

（166）蓮見千代夫「相反する二つの映画」一六頁。批評家の上森愼一郎もまた同じシーンの同じ画面構成について述べている。

（167）Studlar, *This Mad Masquerade*, 101.

（168）Hansen, *Babel and Babylon*, 277, 282.

（169）Studlar, "The Perils of Pleasure?," 288–89.

（170）Staiger, "The Eyes Are Really the Focus," 20 ; Harrison, "Eyes and Lips," 348-49.

（171）長谷川一夫『舞台・銀幕六十年』九一頁。

（172）「長谷川一夫聞き書き」三頁、七頁。

（173）「お染馴グラヒック」三〇頁。

（174）大橋孝一郎「下加茂のプロフイル」四九頁。

（175）小林いさむ「長二郎と美貌」四二～四三頁。

（176）喜曽十三郎「長二郎物語」七一頁。

（177）番町浪人「林長二郎行状記」九頁。小林いさむ「長二郎と美貌」四二頁。

（178）久保田たつを「下加茂雑話」一四四頁。

（179）秋篠葉子「私の観た長谷川一夫」二〇頁。

（180）『下加茂』一九二八年九月、頁なし。

（181）中村雪之丞「林長二郎を語る」四九頁。

（182）東山道美「林長《ポイント》二郎に訊く」四三～四四頁。

（183）林長二郎『長二郎草紙』一〇〇～一〇一頁。

（184）松井潤子「前髪姿の林長二郎さん」八五頁。

（185）長谷川愁子「長様の印象」六七頁。

（186）南部綾子「女性主義《ふぇみにずむ》」七〇～七一頁。

（187）ふきやかつみ「キヤメラ」一〇六頁。

（188）前掲。

（189）林幸子「長様を巡る人々」六四頁。

（190）これは映画史家のジェニファー・M・ビーンが初期のファン文化について、ヴァルター・ベンヤミンの概念「模倣の能力」を使って明らかにしたものと似ている。すなわち「模倣とは、反射《リフレクション》というよりむしろ、反省《リフレクシヴ》である。それは主体に、他者との、触覚的で、パフォーマティヴで、肉体的で、親密な結びつきをもたらし、結果として、伝統的な主体‐客体の二項対立を超越する経験となる」（Bean, "Technologies of Early Stardom and the Extraordinary Body," 435–36）。

（191）廣石常雄「ライトマン」六八頁。

（192）LaMarre, *Shadows on the Screen*, 9.

（193）Williams, "Film Bodies," 704.

（194）松井千枝子「美男長二郎さんを憶ふ」九五頁。

（195）林長二郎「林長二郎・趣味の漫談（完）」三一頁。林長二郎『長二郎草紙』八七頁。

（196）Zhang, *An Amorous History of the Silver Screen*, 32. Kracauer, *Theory*

of Film, 71–72 ; Shaviro, *The Cinematic Body*, 256–57 も参照。
(197) Epstein, "The Senses I (b)," 243.
(198) 引用は Abel, "*Photogénie* and Company," 110 より。
(199) Shaviro, *The Cinematic Body*, 18.
(200) Delluc, "Beauty in the Cinema," 138–39.
(201) Ibid.
(202) 水生珊子「お嬢吉三」四二〜四三頁。
(203) 引用は旗『花の春秋』一二六頁より。
(204) Gerow, *A Page of Madness*, 10.
(205) 富士峯夫・美村映一路・谷間百合子「破れ編笠　合評録」五六頁。
(206) 佐藤忠男『俳優《スター》の美学』六三〜六四頁所収。
(207) Epstein, "Magnification," 239–40.

第3章

(1) ミツヨ・ワダ・マルシアーノ『ニッポン・モダン』四頁。ワダ・マルシアーノは主に松竹映画のテーマや物語に焦点を当て、日活の歌舞伎や新派の様式を持つ映画とは対照的に、蒲田スタイルが「ハリウッド映画のあらゆる方法論を意識的に体得」することによって「いかに日本の近代という想像力、あるいは経験を視覚的に表現したか」を説明した（一八二頁、二〇七頁、二〇八頁）。蒲田スタイルの映画は、特にその照明について考えると歌舞伎や新派のスタイルとは必ずしも「対照的」ではなかった。
(2) アーロン・ジェロー「弁士について」一三六頁。
(3) 衣笠貞之助「『十字路』雑感」五四頁。
(4) 千早晶子「日記」、反町コレクション 05-0109、国立映画アーカイブ所蔵。なお、衣笠は後に千早と結婚した。
(5) 前掲。
(6) 衣笠貞之助「「パンクロフィルム」現像の実際」六頁。
(7) Gerow, *A Page of Madness*, 20–21.
(8) 大竹徹他編『映像研究別冊　個人別領域別談話集録による映画史体系：衣笠貞之助』衣一一〜一二頁。
(9) 衣笠の映画産業での初期の経歴については、Gerow, *A Page of Madness*, 17–19 を参照のこと。
(10) Gerow, *A Page of Madness*.
(11) 田中純一郎「表現主義の映画」『報知新聞』一九二六年六月二三日、四頁。
(12) 石巻良夫「撮影技巧の芸術的価値」三一頁。
(13) Gerow, *A Page of Madness*, 54.
(14) 柴田勝・佐々木秀孝・川口和男「昔の撮影所跡を訪ねて（29）」七六頁。柴田・佐々木・川口、「昔の撮影所跡を訪ねて（32）」八〇頁。
(15) 帰山教正「下加茂における衣笠の足跡」五七頁。
(16) 秋篠健太郎『阪東妻三郎』一八八〜一八九頁。
(17) 幸江「愚者の寝言」六九頁。
(18) 波奈子「浮び出ずるまゝに」六八頁。
(19) 水町青磁「妻三郎と志波西果に」三六頁。
(20) 林長二郎「楽屋にて」一〇一頁。
(21) 衣笠貞之助「『十字路』の頃」一七六〜一七七頁。
(22) 『十字路』の美術監督である平凡二は、この映画のセットが「表現主義」、「キュビズム」、「コンスクルウイチユイスム」（構成主義）、「マボ」（マヴォ）、「未来派」の混合による様々な要素を含んだことに対し、皮肉混じりに「モウロウ派」と呼んでいる（ハッピー・ヒット「『十字路』のセット」四七頁）。平とは友成用三の別名で、彼は『十字路』の後、一九二八年に下加茂撮影所において二本の林長二郎のスター映画を含む三本の映画の監督を務めた。特筆すべきなのは、『忠次旅日記』も、少なくとも一人のカメラマンによって「ドイツ的な手法を感じるもの」として注目されているということである（三木茂「カメラマンが影響を受けた映画」一〇二頁）。

(23) 柴田「『十字路』を見て」二七～二八頁。

(24) 前掲。

(25) 武田忠哉「『十字路』」四二頁。ウィリアム・O・ガードナーは、『十字路』の吉原と「最も抜きん出で大衆的な東京の盛り場である」浅草の「地理学的な関連」を衣笠が「証明している」とはっきり述べている（Gardner, "New Perceptions," 71–72）。

(26) 「『十字路』合評会記録」八六頁。

(27) 山本喜久男『日本映画における外国映画の影響』一四〇頁。

(28) ハリー・ハルトゥーニアン『近代による超克』上、一四頁。

(29) 帰山教正「日本映画の海外進出に就て」一三頁。大竹二郎「『十字路』の場合」二三頁。『国際映画新聞』二九号、一九二九年七月一〇日、六頁。『国際映画新聞』三〇号、一九二九年八月一〇日、六頁。

(30) 白井信太郎「日本のフィルムを外国へ輸出したい」七六頁。

(31) 矢野目源一「衣笠貞之助氏の『十字路』がフランス映画界に与へたる印象」三五頁。

(32) 前掲。

(33) 岩崎昶「『十字路』」七四頁。

(34) 大竹二郎「『十字路』の場合」二六頁。

(35) 清友英男「『十字路』漫想」三〇～三一頁。

(36) 室町京二「古くして新しき常に撓まぬ態度　日本映画と外国映画の比較」四頁。

(37) 筒井春香「活動写真会の新傾向　喜劇の全盛時代来る」三八～四三頁。

(38) ベラ・バラージュ『映画の理論』一六五頁。

(39) 前掲。

(40) 岩崎昶「表現派映画の将来（1）」二六頁。岩崎秋良（昶）「『最後の人』（2）」二七頁。

(41) 岩崎「表現派映画の将来（2）」二九頁。岩崎昶「映画と表現主義と」一三頁。

(42) 武田忠哉「『十字路』」四三頁。

(43) 「『十字路』合評会記録」三五頁。「衣笠貞之助と彼の新作『十字路』をめぐる座談会筆記録」一四～二〇頁も参照。

(44) 奥平英雄「衣笠貞之助と日本映画史」三三頁。

(45) 久保田たつを「思い出の名編回顧13」二二～二三頁。

(46) 前掲。

(47) 衣笠「『十字路』の頃」七七頁。

(48) 清友「『十字路』漫想」三〇～三一頁も参照。

(49) 杉山公平「『十字路』撮影雑記」一一頁。

(50) 『映画時代』一九二八年五月号。平井輝章「素稿日本映画撮影史連載15」四三頁。

(51) 『十字路』の製作は、一九二八年三月七日の夜に下加茂撮影所のグラス・ステージでのこのオープニングシーンの撮影から始まった。千早「日記」、反町コレクション05-0109、国立映画アーカイブ所蔵。

(52) 『十字路』解説台本、九頁、反町コレクション04-0267、国立映画アーカイブ所蔵。

(53) Gardner, "New Perceptions," 72. 盲目のモチーフは、新国劇でも上

演されていた中里介山の時代小説『大菩薩峠』のニヒルなアンチ・ヒーローである机龍之介も思い起こさせる。この作品の中で、机龍之介は彼の敵が投げつけた火薬によって視力を失う。『十字路』の「弟」とは異なり、机は根っからの悪人として描かれている。彼は特に理由もなく刀で人を殺害するが、「弟」の方は刀を決して用いることはない。

(54) Gerow, *A Page of Madness*, 92–93.

(55) Ibid., 93.

(56) Ibid., 98.

(57) Ibid., 98–99.

(58) ジョナサン・クレーリー『観察者の系譜』三九頁。坪井秀人『感覚の近代』二一頁。

(59) 松山巌『乱歩と東京』五四頁。

(60) 柳田國男『明治大正史　世相篇（上）』参照。

(61) ハルトゥーニアン『近代による超克』上、二四頁、五七〜五八頁、六六〜六八頁。

(62) Frühstück, "Managing the Truth of Sex in Imperial Japan," 333–34.

(63) Gerow, *Visions of Japanese Modernity*, 28, 148.

(64) Fujiki, "Benshi as Stars," 68–84.

(65) 北田暁大「意味への抗い」二三八〜二七五頁。さらに、Gerow, *Visions of Japanese Modernity*, 213–14も参照のこと。

(66) Gerow, *Visions of Japanese Modernity*, 215.

(67) Ibid., 150–52.

(68) 坪井『感覚の近代』三八八〜三八九頁。

(69) 江戸川乱歩「盲獣」四〇一頁。

(70) 前掲、四〇一〜四〇二頁。

(71) Igarashi, "Edogawa Rampo and the Excess of Vision," 304.

(72) 袋一平「一寸法師」一〇四頁。

(73) 杉山公平「『十字路』撮影雑記」一一頁。

(74) デイヴィッド・ボードウェルは一九二〇年代の時代劇のトレンドを、「すばやい編集によってサスペンスと興奮を昂めてゆく」「フランボワイヤン様式」と呼んでいる（ボードウェル「フランボワイヤンから荘重性へ」一四六〜一四七頁）。

(75) 『十字路』解説台本、一九〜二〇頁、反町コレクション04-0267、国立映画アーカイブ所蔵。

(76) 「『十字路』合評会記録」四〇頁。

(77) 波多野三夫「二つの『十字路』」二三頁。

(78) 「『十字路』合評会記録」三七頁、四二頁（強調は原文）。

(79) Silberman, *German Cinema*, 28.

(80) Kaes, "Sights of Desire," 26.

(81) 安藤貞雄「「暗さ」に就て」一九〜二〇頁。

(82) Hasumi Shigehiko, "Sunny Skies," 120, 124.

(83) Ibid., 127–28.

(84) デヴィッド・ボードウェル『小津安二郎　映画の詩学』一四八頁。

(85) 前掲、一四八〜一四九頁。

(86) 小津安二郎他「小津安二郎座談会」一七三頁。同じ年、キング・ヴィダーの『麦秋』（一九三四年）について、写真家で批評家の田中敏男は、アメリカでの環境保護運動を記録する「イデオロギー的な」目的のために全体的に暗いイメージを用い、反射板や明るい照明を避けたことを高く評価している（「『麦の秋』合評」『映画の友』一九三五年四月号、引用は田中眞澄『小津安二郎全発言　1933–1945』四一〜四二頁より）。同様に、映画監督の内田吐夢が『駅馬車』（ジョン・フォード、一九三九年）における

「ロー・キー調」を評価した際、小津はそれに賛同して酒場のシーンでの「強烈な」照明に高い評価を与えた（「昭和一五年の映画はどうであったか」『新映画』一九四一年二月号、引用は田中眞澄『小津安二郎全発言 1933–1945』一六六頁より）。

(87)「Point Upper Box」六三頁。

(88) ボードウェル『小津安二郎 映画の詩学』三五四頁。

(89) 警官の白い手袋は同時期の他の小津作品の中でも強調されている。『東京の女』（一九三三年）では、主人公のちか子（岡田嘉子）が勤める会社に警官が登場するシーンで、机の上に置かれた警官の手袋のクロースアップに強い照明が当てられる。ちか子を調査している警官は、彼女の上司とちか子を観察する。ちか子は彼らの視線――彼らの視点ショット――によってとらえられるが、彼女の方は彼らに気づいていない。ちか子は昼間タイピストとして働いているが、弟の良一の学費を稼ぐために夜はカフェで働き、売春のようなこともしている。良一と交際している春江（田中絹代）の兄である警官も、白い手袋をしている。ギャング映画『非常線の女』（一九三三年）では、心根の良いギャングの襄二（岡譲二）と、彼の恋人の時子（田中絹代）が警察に自首したとき、フレームの左側から警官の手と白い手袋が突然画面に現れる。

(90) ハルトゥーニアン『近代による超克』上、五七頁。

(91) 前掲、六頁。松竹蒲田撮影所は、一九二三年から三四年までの間、東京に唯一存在した映画製作のための施設であった。関東大震災では、松竹蒲田撮影所を除く東京近郊にあったすべての撮影所が完全に破壊された。例えば、日活は震災の後、京都に撮影所を再建し、一九三四年まで東京に戻ることはなかった（ワダ・マルシアーノ『ニッポン・モダン』八頁）。

(92) Mizuta, "Luminous Environment," 342.

(93) 橋爪紳也『モダニズムのニッポン』五六～五七頁。

(94) Kaes, "The Expressionist Vision in Theater and Cinema," 89-90. 木下知花は一九二九年から三一年頃の時期を「あらゆること――党派を越えた連携や、革命的であると同時に大衆的な芸術、そしておそらくは革命それ自体――が可能に見えた儚い祝祭的瞬間」と呼ぶ（Kinoshita, "The Edge of Montage," n. p., 強調は原文）。

(95) 吉田喜重『小津安二郎の反映画』四二頁。

(96) Gardner, "New Perceptions," 71.

(97) 秋山耕作「一九三〇年十撮影所展望 四月の巻」四四頁。おうぎまちふなぞう「一九三〇年下賀茂映画展望」四九頁。

(98) Igarashi, "Edogawa Rampo and the Excess of Vision," 299.

(99) 井上和男編『小津安二郎全集』上、一九一頁。

(100) Frühstück, "Managing the Truth of Sex in Imperial Japan," 334.

(101) シナリオには橋爪の手形に関する言及はなく、単に「周二、その肩先を蹴って、小遣使が倒れる隙にヒラリと廊下へ消える」と書かれているだけである（井上『小津安二郎全集』上、一九二頁）。

(102) ボードウェル『小津安二郎 映画の詩学』三五四頁。

(103) Guerin, *A Culture of Light*, xxix.

(104) Igsrashi, "Edogawa Rampo and the Excess of Vision," 315–16.

(105) Ibid.

(106) 金英達『日本の指紋制度』六一～六四頁。永井良和『探偵の社会史』一〇九頁。Kawana, "Mad Scientists and Their Prey," 94.

(107) 港千尋『考える皮膚』青土社、一九九三年、三〇～四八頁。Igarashi, "Edogawa Rampo and the Excess of Vision," 314.

(108) 佐藤春夫「指紋」二六六頁。

(109) Braidotti, "Organs without Bodies," 154.

(110) ボードウェル『小津安二郎　映画の詩学』二八三頁。

(111) マイケル・レインは、この「ペンキぬりたて」ギャグがハロルド・ロイドの『ロイドのスピーディ』(*Speedy*, 一九二八年) を真似たものだと示唆する (Raine, "Ozu before Ozu")。

(112) Gunning, *The Films of Fritz Lang*, 2.

(113) Burch, *To the Distant Observer*, 155 (強調は原文).

(114) ボードウェル『小津安二郎　映画の詩学』三五五頁。

(115) Guerin, *A Culture of Light*, xiv-xv.

(116) Ibid., 55.

(117)『その夜の妻』の撮影は、この電話ボックスのシーンのロケーション撮影から始まった。ここで用いられた電話ボックスは、有楽町駅の近くで使われていたものだった (厚田雄春・蓮實重彦『小津安二郎物語』五四頁)。

(118) 小津最後のモノクロ作品『東京暮色』(一九五七年) は、白さ、手袋、監視に対して小津が意識的だったことを示す別の例である。一九三〇年代の小津のストリート映画を戦後に移しかえたようなこの作品では、私服刑事 (宮口精二) が深夜の都会をパトロールし、妊娠中のヒロイン・明子 (有馬稲子) に職務質問をする。彼女は東京の町を歩き回り、暗い照明のカフェ・エトワールで不誠実な恋人を待っている。刑事は制服や白い手袋は身につけていないが、顔のほとんどを覆う白いマスクをつけている。下方から当たるスポットライトは、刑事をとらえたミディアム・ショットにおいて、マスクの白さを強調する。同じように白いマスクをつけた明子の姉 (原節子) が明子を迎えにきた派出所には、踏み切りを渡ることの危険を警告するポスターが壁に貼られている。ポスターの中で、マンガのキャラクターが大きな白い手袋をつけた手で「止まれ」のジェスチャーをしている。このシーンの照明は、電気のランプや壁に映った幅の広い物体の影によって、光と影のコントラストを強調する。

(119) Guerin, *A Culture of Light*, xxx.

(120) Kawana, "Mad Scientists and Their Prey," 92-93.

(121) ボードウェル『小津安二郎　映画の詩学』八八頁。東京電灯会社は一八八三年に設立され、商業的に使用できる電灯は八七年に鹿鳴館に初めて設置された。鹿鳴館は海外の要人と日本政府とを結びつけるための建物で、一九世紀後半の日本の西洋化に対する物議のシンボルとなった (『明治文学とランプ』九〜一〇頁)。

(122)『東京の合唱』(一九三一年) や『東京の宿』(一九三五年) でも、電灯は近代医学に結びつけられている。『東京の合唱』や『東京の宿』では、病院の廊下を照らす電灯がはっきりと目に入る。『東京の合唱』では、病気の長女の診察結果を待っている主人公の岡島 (岡田時彦) と彼の息子 (菅原秀雄) が心配そうにランプを見上げる。そのランプは彼らの視点ショットとしてクロースアップによって提示される。岡島と息子が病院を去った後、岡島の妻 (八雲恵美子) は窓から二人を見送る。彼女は部屋の電灯によってシルエットになっている。コントラストの強い照明が緊張した雰囲気を強めている。同時にこのようなシーンでの電灯は、近代のテクノロジーを代表する。電気や医学は、希望をもたらすと同時に、人々の生活を経済的な側面からコントロールする。『東京の宿』では、まるで多くの電灯で明るく照らされた病院全体を強調するかのように、ローアングルのカメラが廊下に沿ってゆっくりと移動する。病院のシーンの直前、病気の娘の若い母親 (岡田嘉子) は、喜八に娘の医療費を捻出するために酌婦になったことを打ち明ける。明るいハイ・キーの電灯の下で座っているにもかかわらず、彼女は「世の中が急に真暗になったんです」と言う。

(123) Guerin, *A Culture of Light*, 42.

(124) Weisenfeld, "Japanese Modernism and Consumerism," 75.

(125) 朝日新聞社編『東京のうた』一八三頁。Tipton, "The Café," 125 も参照のこと。

(126) 俵田龍夫「映画劇場と照明概念」八頁。

(127) 引用は橋爪『モダニズムのニッポン』四九頁より。

(128)『その夜の妻』に使用されたと思われる最も初期の段階のパンクロマティック・フィルムは、コントラストが比較的強かったが、マツダランプはその光の柔らかさで知られていた。エンディング部分を除き、『その夜の妻』が硬質な撮影であることを考えるならば、夜のシーンの撮影ではアークライトが使われたことが想像される。マツダランプのために最初に作られたフィルム（コントラストが低くハイライトの処理が柔らかい超感光パンクロマティック）は、まだイーストマンによって導入されていなかった。Bordwell, Staiger, and Thompson, *The Classical Hollywood Cinema*, 296, 343 を参照。

(129)『キネマ旬報』一九三〇年七月二一日号、六五頁。

(130) 前掲。

(131) Elsaesser, *Weimar Cinema and After*, 44, 251.

(132) Riegl, "Late Roman or Oriental?," 181（強調は原文）.

(133) ヴァルター・ベンヤミン「複製技術時代の芸術作品」三〇～四〇頁。Lant, "Haptical Cinema," 72 や Bruno, *Atlas of Emotion*, 247, 250–51 も参照。

(134)『カリガリ博士』の公開前から、日本のエリート映画批評家はドイツ映画に対してすでに高い価値を見出していた。一九一四年の四月には、日本における映画批評の先駆者であった帰山教正は、水澤武彦の筆名で「人工光線の応用は色々に使用せられ其他科学上の技術は非情に進歩してゐる」と書いており、「独逸も日本も共に将た発展の途にあるのである。独逸は努力を以て世界に頭角をあらはし、日本は悲しい哉改革も進歩も思はしからずして尚未だ世界に発展を為し得ず。勿論我国と欧州とはその事情は異つてゐるが斯界の発展といふことに対し吾々は大に独逸に学ぶ所大い《ママ》と思ふのである」という主張で締めくくっている（「ドイツフィルムの現在及将来」四～五頁）。また、帰山は一九二七年の一二月にも「写真としての専門的の眼から云ふと米国フイルムは何となく落附のない悪い感じを持ちます、そして独逸とか北欧映画に見るようなグラデーションの多いフイルムの方に価値をつけるのは当然でありませう。〔中略〕即ちデイテールと云ひグラデーションと云ひコントラストと云ひ申し分ないのです」とも書いている（水澤武彦〔帰山〕「良い写真とは如何？　活動写真映画批評の要決」三三頁）。

(135) 朝島黎吉「表現派の映画」七六～八一頁。牛込三郎「ドイツ表現派の映画」八二～八五頁。

(136) ルドルフ・クルツ「表現主義と映画（2）」三三頁。オリジナルの文章は Kurtz, *Expressionismus und Film*, 60 で読むことができる。ドイツ表現主義映画全体が触覚性と映画的照明との関係に敏感であったというわけではない。トンプソンが主張するように、表現主義の映画製作者はスクリーン上のすべてのものを「最大限に見せ」たりするために、「平板な正面からの照明」を好んで用いた（Thompson, *Herr Lubitsch Goes to Hollywood*, 52）。

(137) 岩崎「『最後の人』（1）」六～七頁。

(138) 岩崎「『最後の人』（2）」二六～二七頁。

(139) 前掲。

(140) 岩崎「表現派の映画の将来（1）」二六頁。

(141) Moritz, "The Absolute Film," n. p.

(142) 岩崎は『伯林——大都会交響楽』がドイツで公開された際、彼自身がまだこの作品を見ていなかったのにもかかわらず、すぐに日本の観客に紹介した（岩崎昶「『伯林——大都会交響楽』（1）」一七～一八頁。岩崎「『伯林——大都会交響楽』（2）」八～一二頁）。

(143) 岩崎「『最後の人』（2）」二七頁。岩崎や他の批評家は「絶対映画」という用語をカンディンスキーの「絶対絵画」という概念も参照して用いた。

(144) Marks, *Touch*, 2. Marks, *The Skin of the Film*, 162.

(145) Marks, *The Skin of the Film*, xi.

(146) Marks, *Touch*, 5, 18.

(147) 岩崎昶『現代の映画』一一四～一一五頁。

(148) 初期映画やサイレント映画の手のモチーフは、犯罪捜査のテクノロジー、医学、統計学、近代の疎外感を表現するものとして、近年学術的な関心が高まっている。とりわけ、ワイマール映画は手に取りつかれていた。フリッツ・ラングは手の形態に魅せられた監督の一人である。『M』のクレジット・シークエンスでの拡大された手に加え、頻繁にクロースアップで手を見せた。トム・ガニングは「ラング的な手のクロースアップ」という用語を生み出した。クロースアップで強いスポットライトの下にさらされ、手は身体から分断される。一九四五年にエルンスト・ルードヴィヒ・キルヒナーが描いた『兵士としての自画像』は、右手を失った芸術家を描いており、戦争が芸術家の創造力を破壊する恐怖を描いている。著名な外科医であるフェルディナンド・ザウアーブルッフは、第一次世界大戦中にヴォージュの野戦病院長を務めて数多くの手足切断手術を行い、一九一六年には *The Voluntarily Movable Artificial Hand : A Manual for Surgeons and Technicians* を出版した。

(149) LaMarre, *Shadows on the Screen*, 80-84.

(150) 岩崎「表現派映画の将来（1）」二六頁。

(151) Guerin, *A Culture of Light*, xxx.

(152) Elsaesser, *Weimar Cinema and After*, 44, 251. 碧川道夫や青島順一郎、村田実といった当時のカメラマンや監督も、カール・フロイントの作品を高く評価していた。『ヴァリエテ』（エバルト・アンドレ・デュポン、一九二五年）を評して、青島は「出来れば私なども彼フロインド〔カメラマンの名前〕について四五年勉強したいと思ひます。特に光線の使ひ方を」と語り、碧川はそれに対して「彼の仕事は活動写真に対するキヤメラ・マンとしてのほんとうの行き道を教へてくれさうです」と述べ、さらに村田は「光線の使ひかたがアメリカ風にやたらになんでも型にはまつたやうに明るくしてきれいにするよりも、かうしたツヤ消しのやうな感じに撮影するのが僕は非情に好きです。〔中略〕みなさんカール・フロインドのために乾杯してください」と称えている（『ヴァリエテ（曲芸団）』の合評」一二頁）。

(153) 兼松熈太郎・渡辺浩「明治の活動大好き少年」一六～一七頁。厚田・蓮實『小津安二郎物語』八三頁、八五頁。

(154) カルル・フロイント「映画撮影の革命」一七九頁。

(155) 田中眞澄『小津安二郎周游』九五頁。

(156) 田中眞澄『小津安二郎のほうへ』九七頁。

(157) Arnheim, "Lighting (1934)," 61. 田中眞澄『小津安二郎全発言 1933-1945』一三七頁。

(158) ボードウェル『小津安二郎 映画の詩学』一四八頁。

(159) 平井「素稿日本映画撮影史 連載17」五一頁。

(160) 前掲。
(161) 岸松雄「三十四年度日本映画決算」二七二頁。
(162) 岩崎昶『日本現代史大系』六五～六六頁。
(163) 牛原虚彦「蒲田モダニズムの群像」一三八～一三九頁。
(164) 木村荘十二「傾向映画と前衛映画」二七五頁。
(165) 木村荘十二・佐藤忠男「傾向映画」から満映へ」二四六頁。
(166) Silberman, *German Cinema*, 33.
(167) Guerin, *A Culture of Light*, xiii–xiv, 43.
(168) Ibid., xiv–xxix.
(169) Hake, *German National Cinema*, 33.

第4章

(1) 升本喜年『松竹映画の栄光と崩壊』七六～七七頁。柏木隆法『千本組始末記』三二八～三二九頁。
(2) 長谷川一夫『舞台銀幕六十年』一三八頁。柏木『千本組始末記』三三二頁。S・O・S「とぴっく解剖」四八頁。
(3) 田中純一郎『日本映画発達史』II、二二四～六一頁。岩崎昶他編『映画百科事典』三一二頁。
(4) 加藤厚子『総動員体制と映画』三一～三二頁。
(5) 水町青磁「林長次郎論」六頁。
(6) 『キネマ旬報』一九三七年一〇月二一日号、二九頁。
(7) 前掲。
(8) 水町「林長次郎論」六頁。
(9) 「日本撮影所録」二一一～二二〇頁。
(10) 柏木『千本組始末記』三一八頁。
(11) 一九四〇年の東宝の興行収入ベスト五のうち三本に長谷川が出演していた（古川隆久『戦時下の日本映画』一一三頁）。
(12) 林長二郎「御挨拶」頁なし。
(13) 「『土屋主税』製作座談会」二六頁。
(14) 左京小百合「望む・藤十郎の恋」九〇頁。
(15) 古川隆久『戦時下の日本映画』七三頁。
(16) 飯島春雄「『藤十郎の恋』再検討」二八～二九頁。
(17) 古川隆久『戦時下の日本映画』七三頁。
(18) 村上四路夫「『藤十郎の恋』に寄す」一三頁。
(19) 虹児他「Point Upper Box」二七頁。
(20) 栗林圭子「ポイントに一筆啓上」二九頁。
(21) わかな摩利「たわごと」四六頁。
(22) 「『藤十郎の恋』」、『映画と技術』一九三八年五月号、三七八～三八〇頁。
(23) 山口猛編『カメラマンの映画史』九四頁。
(24) 島崎清彦「『藤十郎の恋』」三八〇頁。
(25) そのようなリアリスティックな照明は、フラッシュバックの挿入によって強化される。明るい昼間の日光の下での花祭りのシーンのフラッシュバックで、藤十郎とお梶はコントラストが強いレンブラント式の照明の中に身を置いている。おそらくディフューザーの使用により、コントラストはわずかに弱められている。そして、二人の髪や着物の縁はバックライトが当たって魅惑的に光る。藤十郎がお梶の背後から彼女をじっと見つめるクロースアップでは、二人の顔の右側に暗い影ができている。
(26) 三浦光雄「劇映画の撮影、第四章」二三八頁。
(27) Stull, "Cinematography Simplified," 477.
(28) 三浦光雄「劇映画の撮影、第四章」二四四～二四五頁。
(29) Stull, "Cinematography Simplified," 482.
(30) 三浦光雄「劇映画の撮影、第四章」二四一～二四二頁。

(31) 前掲。
(32) 島崎『藤十郎の恋』三八〇頁。一九一〇年代から二〇年代にかけて、純映画劇運動の中心人物だった帰山教正は、レンブラント式照明の価値を「人物、建物、風景等が、観客の脳裡に明確に印象づけ」るために「無声映画のアメリカ物に」「多く取入れられた」「カメラマンが画面を構成するための基礎工作の一つ」と考えた。帰山は科学的リアリズムの観点からレンブラント式照明を「黒白画に最も適する」ものとみなした。帰山が批判したのは、「映画的画面の本来」に対する「大きな邪道」である「紗や水晶のレンズ」を使った「ソフトフォーカス」であった（帰山「映画技術の実践」二三一頁）。
(33) 島崎『藤十郎の恋』三七九頁。
(34) ゴーディオ「映画の配光に於ける新しい見解とその技術」三五八～三六五頁。
(35) 前掲、三六四～三六五頁。
(36) 引用は Stull, "Camera Work Fails True Mission When It Sinks Realism for Beauty" より。
(37) Milner, "Victor Milner Makes Reply to Ernst Lubitsch as to Realism," 94-95.
(38) 島崎清彦「ルビッチとミルナーの論争」一二頁。
(39) 鹿島雄三「山田五十鈴に最近の感想を聞く」二二～二三頁。『鶴八鶴次郎』は東宝での長谷川主演第二作として企画されたが、山田の病気休養のために製作延期となった。
(40) 飯田心美他「『鶴八鶴二郎』合評」九九～一〇二頁。
(41) 山根貞雄「視線と空間の劇」四四頁。
(42) 明日艶子「ファンの見た転社てんまつ」二六～二七頁。
(43) 「瞼の母グリンプス」二四～二五頁。
(44) 長谷川一夫「鶴八鶴二郎について」二〇～二一頁。
(45) 『ぽいんとふぁん』一-八、一九三八年八月、頁記載なし。
(46) 「興行成績決算」『映画旬報』一九四二年二月一日。
(47) 「掉尾の興行戦を語る」七六頁。
(48) 加藤『総動員体制と映画』一二二頁。
(49) マキノ雅弘『映画渡世　地の巻』九九頁。
(50) 志村三代子「長谷川一夫と山田五十鈴」一七五頁。
(51) 前掲。
(52) 花柳章太郎他「合評座談会『婦系図』を語る」四六～四七頁。
(53) 木下千花「メロドラマの再帰」二一九頁。
(54) 太田三郎「黒の凱歌」一〇二～一〇三頁。
(55) 河崎喜久三「東宝映画撮影技術の回顧」六四頁。
(56) 島崎清彦「撮影」二七頁。
(57) 前掲。
(58) 島崎清彦「映画技術月評」八二頁。批評家・筈見恒夫はこの映画の「微妙なる陰影の美しさ」を賞賛し、「何が頭脳に残つてゐるかと云へば、暗いスクリーンの中でざわ〳〵と蠢いてゐる人の影と馬の影である」と述べている（「『川中島合戦』」『映画旬報』一九四二年一月一日号、五七頁）。
(59) 『川中島合戦』シナリオ、一頁、六頁、反町コレクション 04-0117、国立映画アーカイブ所蔵。
(60) 三浦光雄「『川中島合戦』撮影記録断片」四四頁。
(61) 前掲。
(62) 前掲、四五頁。
(63) 久保一雄「映画美術界の回顧」七一頁。三浦光雄は日本の生フィルムだけではなく、アグファ・スーパー・パンクロマティックのネガも用いた。これは、もともと一九三六年に導入され、イーストマンのプラスXやスーパーXXよりも旧式のものだった。三浦によると、彼は「アグファア、スウパア・パン、グレイ・ベース」「レンズ：アストロ、パンタッカア、35粍」「フィルター：ラッテン、72番ガンマ」「F：4・5」「シャッター開度：140°」「現像時間：15分」を使用した（西川悦二「映画技術の再出発」四二頁。三浦光雄「『川中島合戦』撮影記録断片」四五頁）。批評家の東武郎は、アグファフィルムの使用を『川中島合戦』の「夜の場面が多く暗いが、キャメラの美し」さを実現したことを説明するためのものだと指摘する（東「封切映画興行価値『川中島合戦』」八二頁）。

（64）Davis, *Picturing Japaneseness*, 101-2.

（65）Ibid., 102, 94.『川中島合戦』は「新歴史映画」として宣伝された。雑誌『映画』は新歴史映画を「時代記録に忠実」で「新しき精神と内容形式」を持つものと特徴づけた（『映画』一九四一年一二月、頁記載なし）。東宝のプロデューサーだった森田信義は『川中島合戦』を「国民映画」と呼び、この企画に関する彼の意図は「日本人の伝統的正確を正しく反映した」ものであったと主張した（森田「国民映画『川中島合戦』」三二頁）。

（66）「『川中島合戦』と『元禄忠臣蔵』の製作を対照する」八四頁。

（67）三浦光雄「『川中島合戦』撮影記録断片」四五頁。

（68）前掲。

（69）前掲。

（70）広木正幹「表現に参与するフィルター」五四〜五五頁。

（71）三浦光雄「『川中島合戦』撮影記録断片」四五頁。

（72）前掲。

（73）前掲、四七頁。

（74）引用は平井輝章「素稿日本映画史　連載58」七六頁より。

（75）前掲。

（76）太田三郎「黒の凱歌」一〇二〜一〇三頁。

（77）『川中島合戦』シナリオ、九頁、反町コレクション04-0117、国立映画アーカイブ所蔵。

（78）前掲、一九頁。

（79）小倉金彌「日本映画撮影協会賞『川中島合戦』選定経過報告」五九頁。

（80）三浦光雄「受賞・即ち激励に答へて」六三頁。

（81）旗一平『花の春秋』三〇五〜三〇六頁。

（82）高橋ゆうか「喧嘩とび撮影見学記!!」二〇頁。

（83）Davis, *Picturing Japaneseness*, 64.

（84）Russel, *The Cinema of Naruse Mikio*, 131-32. 一九三九年の映画法は、映画の国際的流通の可能性と、日本内地と植民地の人々へのメディアの影響を考慮して、国家が映画の管理のために何年にもわたって続けた努力の成果でもあった。一九二五年に内務省が国家による検閲を始めたことで、事実上、活動写真の規制に地域差がなくなった。一九三三年二月、「映画国策樹立に関する建議案」が衆議院で採択された。それによって、映画の社会的影響を国会が公に認め、作品の「向上」のために努める産業として国家による映画の保護と統制が始まった。一九三四年三月、映画統制委員会が設立された。一九三五年一二月、内務省に大日本映画協会が設立され、政府と映画産業の関係者の意見交換の場となった。そして、一九三七年四月、内務省は映画検閲の規則を改定し、「文化映画」という用語を導入した（Gerow, "Narrating the Nationality of a Cinema," 206. 加藤『総動員体制と映画』二八〜二九頁。古川隆久『戦時下の日本映画』三一〜三三頁）。

（85）映画法では「一、皇室ノ尊厳ヲ冒瀆シ又帝国ノ威信ヲ損スル処アルモノ。二、朝憲紊乱ノ思想ヲ鼓吹スル処アルモノ。三、政治上、軍事上、外交上、経済上其ノ他公益上支障ノ処アルモノ。四、善良ナル風俗ヲ紊リ国民道義ヲ退廃セシムル処アルモノ。五、国語ノ醇正ヲ著シク害スル処アルモノ。六、製作技術著シク拙劣ナルモノ。七、其ノ他国民文化ノ進展ヲ阻害スル処アルモノ」を禁止した（大同社編『日本映画年鑑　昭和十六年度版』大同社、一九四二年を参照）。

(86) Gerow, "Narrating the Nationality of a Cinema," 207.

(87) Sato, "The System of Total War and the Discursive Space of the Thought War," 304.

(88) Davis, *Picturing Japaneseness*, 68.

(89) 東宝は、長谷川一夫主演の『燃ゆる大空』（阿部豊、一九四〇年）や、陸軍と海軍の協力で『南海の花束』（阿部豊、一九四二年）などの映画を製作している（加藤『総動員体制と映画』一一九頁）。

(90) 中野敏夫他「映画行政」七頁。

(91) 藤井仁子「日本映画の一九三〇年代」二七～二九頁。

(92) 前掲、二九頁。

(93) Nornes, *Japanese Documentary Film*, 93.

(94) 志村「長谷川一夫と山田五十鈴」一六九頁。

(95) 前掲、一六五～一六六頁。木下千花も、検閲官や映画批評家、映画製作者、俳優、一般観客といった多様な観客による『婦系図』の複数の読解の可能性を指摘した。木下はマキノが「反戦主義者だったわけではない」が「ドミナントな価値観」と「抑圧された感情」の「相克を認知して」いたと主張する（木下「メロドラマの再帰」二一六頁）。

(96) 田村幸彦「脚本の事前検閲その他」二七頁。

(97) 津村秀夫「日本映画は進歩したか」三八～三九頁。

(98) Q〔津村秀夫〕「新映画評『支那の夜』」三頁。

(99) 「検閲の窓から（完）」『新映画』一九四一年八月号、六四頁。

(100) Nornes, *Japanese Documentary Film*, 83.

(101) 古川隆久『戦時下の日本映画』八三頁。

(102) この年、長谷川と山田が出演した『蛇姫様』（衣笠貞之助、一九四〇年）は二位の、『続蛇姫様』は五位の成績であった（古川隆久『戦時下の日本映画』一二三頁）。

(103) 一九四二年四月から一二月の興行収入ベスト一〇は、一位『ハワイ・マレー沖海戦』、二位『マレー戦記』、三位『待って居た男』、四位『鞍馬天狗』、五位『あなたは狙われている』、六位『おもかげの街』（長谷川出演）、七位『続婦系図』（長谷川、山田出演）、八位『日本の母』（松竹）、九位『翼の凱歌』、一〇位『磯川兵助功名噺』であった。一九四三年の興行収入ベスト一〇は、一位『伊那の勘太郎』（長谷川出演）、二位『無法松の一生』、三位『姿三四郎』、四位『戦ひの街』、五位『音楽大進軍』（長谷川出演）、六位『富士に立つ影』、七位『奴隷船』、八位『開戦の前夜』、九位『名人長次郎』（長谷川出演）、一〇位『兵六夢物語』である（古川隆久『戦時下の日本映画』一七三頁）。

(104) 『日本映画』七（一九四四年）、引用は加藤『総動員体制と映画』一六〇頁より。「興行成績決算」『映画旬報』一九四三年二月一日、一二〇～一二一頁。古川隆久『戦時下の日本映画』一七三頁。

(105) 鵜草之助「臨戦態勢に直面する松竹今期の決戦」二一～二二頁。

(106) 「時報」『キネマ旬報』一九四〇年八月二一日号、三頁。

(107) Fujiki, "Creating the Audience," n. p.

(108) 『極東国際軍事裁判速記録』第四巻、六五五頁。アーロン・ジェローは「文化的エリートは映画というものが「国民性」を表現する能力についてどっちつかずの態度をとり続けて」おり、「国家の建設を任せるにはあまりにも外国的要素の強いメディアだった」と論じる（Gerow, “Narrating the Nationality of a Cinema,” 208–9）。

(109)「一五年度日本映画（劇）の撮影技術断面」二一一頁。

(110) Gerow, “Narrating the Nationality of a Cinema,” 211.

(111) Davis, *Picturing Japaneseness*, 2.

(112) Ibid., 45.

(113) Gerow, “Narrating the Nationality of a Cinema,” 206–7.

(114)「松竹ブロック（四社）対東宝の抗争を如何に見らるるか?」五二頁。

(115)『映画と技術』一九三六年一月、四五頁。

(116)『映画と技術』一九三五年五月、二七一頁。

(117)「一九三五年度映画優秀映画とその技術」二二～二四頁、四二～四四頁。

(118) Davis, *Picturing Japaneseness*, 6.

(119) Ibid., 4, 46.

(120) 芳野尹孝「陰翳礼讃によせて――II」一五頁。

(121) 島崎清彦「撮影技術の傾向」四五頁。宮島義勇「ウェルズとトーランドの貸し借り勘定」二九頁。マイケル・レインは、日本の映画製作者の欲望と、日本でのハリウッド映画の模倣を考えるための枠組みとして「ミメーシス」を紹介した（Raine, “Ozu before Ozu”）。

(122) 河崎喜久三「カメラマンは語る」三八～三九頁。実際にガームスは一九二〇年代の半ばに映画照明にマツダの白熱電灯の使用を始めていた（Ogle, “Deep-Focus Cinematography,” 23）。日本撮影者協会が『川中島合戦』をこの年の劇映画の最優秀撮影賞に選出した際、この映画の撮影を担当した三浦光雄はスタンバーグの弟子とみなされた。『川中島合戦』に関する一九四二年に開かれた座談会の中で、映画批評家の南部圭之助は実に好意的に「三浦さんは昔パラマウントでスタンバーグについて勉強してゐた時があるんですよ」と明かしている（『川中島合戦検討』七九頁）。

(123) 星哲六「時代劇に於けるフォトグラフィに就いて」三一頁。

(124) 三木茂「映画は如何にして生れ　如何にして発達したか」二〇頁。

(125) 三木茂「日本映画の暗き場面の撮影」四六～四七頁。Ｈ２Ｏ「第二期を迎えた『シリーズ日本の撮影監督』」三頁。永富映次郎「映画撮影の新照明法」一〇二～一〇三頁も参照。

(126) Huse and Chambers, “Eastman Surpersensitive Panchromatic Type Two Motion Picture Film,” 108.

(127) 三木「日本映画の暗き場面の撮影」四八頁。

(128) 前掲、四八～四九頁、五四頁。

(129) Hall, “Improvements in Motion Picture Film,” 95.

(130) 山口猛編『カメラマンの映画史』九五頁。

(131) D・O・C「ホリウッド・カメラ技譚　技術と人間（二）」四九頁。

(132) アーロン・ジェロー「戦ふ観客」一三六頁。

(133) D・O・C「ホリウッド・カメラ技譚　技術と人間（二）」五二頁。

(134) Howe, “Lighting”, 59.

(135) 曾山直盛「我等の立場とアングスト」一一四頁。一九三七年、田中敏男は、ハリウッド映画が美しく見えるのは、「映画企業の厖大な資本力に拠るものかも知れぬと思ふ。太陽と光を争ふまでに人工光線を使用し得る強みのせゐかも知れぬと思う」と記した（田中「カメラマンの分類」一〇頁）。東宝京都撮影所の照明部に所属していた丸川武郎は、一九四一年一〇月に「時代劇の照明にしばしば言はれるローキー・トーンと言ふものの多くは履違へられた照明をされて居る場合が多いのではなからうか。成程、時代劇の持つ光源の輝度と言ふものは非常な暗さには違ひないが其れだからと言つてライトを少しくしてまで光源に忠実なる照明を行つてローキー・トーンだと自賛してゐるのはどうかと思はれる。物には皆其れ自体の階調が有る筈で誤れたるローキー照明を成された結果は大抵の場合は階調は無視され物の階調を殺してゐる場合が多いのではなからうか。〔中略〕これからの時代劇照明においては明るさとか暗さとかは第二義的のもので有つて、骨子は古典の階調をどこまでも生かして時代性とか物のサビを出すかに有ると思ふ」と述べた（丸川「時代劇撮影の為のライティング」三六頁）。

(136)『小島の春』座談会」二四頁。

(137) 碧川道夫「カメラマンの生活と教養」六五頁。*Cinematograpgic Annual Volumes 1 and 2* も参照。碧川は、照明の使用という点で革新的な映画カメラマンだった。一九二九年の入院からの復帰後、碧川は結核の手術に関するドキュメンタリー映画の製作を始めた。彼の目標は、血液が溢れる手術の詳細をいかに描くかということであった。オルソクロマティック・フィルムは、赤や真っ黒に変色した血液の色を繊細に表現できないため不適切であった。また、オルソクロマティック・フィルムと相性の良いカーボン・アーク灯は、地面に落ちやすい燃焼したタングステンができてしまうため、おそらく手術中には用いることができなかったと思われる。碧川はパンクロマティック・フィルムと、マツダ・ランプの協力を得て白熱電球を用いた。この『平圧開胸術』（一九二九年）の成功をきっかけに、日活と同撮影所の所長・池永浩久はパンクロマティック・フィルムと白熱電球の使用に切り替えた（山口猛編『カメラマンの映画史』八五～九〇頁）。また、碧川は、映画会社がロー・キーの使用を好んでいなかった早い段階からロー・キーを取り入れていた。日活の社長であった横田永之介が、碧川が映画カメラマンとしてかかわった『恋知る頃』（一九三三年）を批判して、彼に「こういう暗いものを作られたんでは、商売上、われわれもかなわん」と言ったと、碧川自身が述べている（前掲、九六頁）。田中敏男は、「一般的に見れば、この作品のフォトグラフィーは、現在の日本映画が有つかなり高い水準を示す」と述べて、この映画の「温黒色調の仕上げ方」を擁護したものの、「拙」いスポットライトの使用は批判した（田中「映画に於けるカメラ技術批判」五七八～五七九頁）。

(138) 碧川「カメラマンの生活と教養」七〇～七一頁。

(139) 宮島義勇『天皇と呼ばれた男』七七頁。

(140) 不破佑俊「文化映画の目標」一五頁。このことについて、マーク・ノーネスは「日本がアジア全土に領土を拡大し、世界から孤立していくにつれ、「文化」という語の価値についての論争は変化していった。文化映画の「文化」は、国家の発展のための自己犠牲の美徳を意味するようになっていた。それは、大衆文化に対するエリート主義の復権も意味し、それは、前の時代の文化の概念の痕跡を保持していた」と述べる（Nornes, *Japanese Documentary Film*, 56）。

(141) 碧川「カメラマンの生活と教養」五五頁。

(142) 前掲、五七頁。

(143) 山本直樹「不敬の（再）発見」八七頁。

(144) Gavin, "Nihon Fukeiron."

(145) 碧川「カメラマンの生活と教養」六五頁。

(146) 谷崎潤一郎「陰翳礼讃」八二頁。
(147) 碧川「カメラマンの生活と教養」六六頁。谷崎「陰翳礼讃」八七頁。
(148) 碧川「カメラマンの生活と教養」六六頁。谷崎「陰翳礼讃」八八頁。
(149) ハル・ハルトゥーニアン『近代による超克』上、一八頁。
(150) 前掲、一八～一九頁。
(151) 前掲、二八頁。
(152) 前掲、二九頁。
(153) 前掲、四～五頁。
(154) 引用は牛原虚彦「遠来の友スタンバアグ」一六六頁より。
(155) Mizuta, "Luminous Environment," 342.
(156) 谷崎「陰翳礼讃」一一一頁。
(157) Mizuta, "Luminous Environment," 343.
(158) Lippit, *Atomic Lights* (*Shadow Optics*), 21, 108.
(159) Mizuta, "Luminous Environment," 345.
(160) 有吉興「時代劇の明るさと暗さ」九七頁。
(161) 谷崎「陰翳礼讃」六九～七〇頁。
(162) 碧川は『土』（内田吐夢、一九三九年）の中で「影の美学」を実行に移した。この映画は、貧しい農夫を描いた長塚節の写実主義小説を原作としている。ロケーションで実際の農夫の生活を撮影し、一年以上をかけて製作された。その結果、「過去の映画史を通じて我邦撮影技術が獲得した燦たる精華」と呼ばれた（『映画と技術』一九三九年一二月、二七二頁）。島崎清彦との対談の中で、碧川は「カメラを裸身と率直の表情で飛び込むと云ふ態度」と「ピクトリアル・シーンの意識的カット・オフ」を強調した（島崎清彦「碧川道夫氏に『土』の撮影を聞く」二七一頁）。碧川は「原作者の長塚節氏が〔中略〕自然風物の動きにこそ生ける人の心を託して真意を語るべしとした業績を想ひ、意を同じくしてこの『土』の製作に当つてもカメラ表現の能ふ限り、この自然主義観を是非生かし度いと念願しました」とも語った（前掲、二七〇頁）。碧川が目指したのは、ハリウッド映画のピクトリアリズムと強い対比を作り出す日本の崇高さとしての土の暗さであった。彼は「バックライティング、乱反射、甘く柔らかなトーン」といったピクトリアルな効果を用いなかった（前掲、二七一頁）。彼は「写真的ディテール」さえ犠牲にし、「レンズを極度に絞りフレームの白雪とコントラストして黒一色にカメラをぶつけ」た。島崎「碧川道夫氏に『土』の撮影を聞く（続）」三三八頁）。
(163) 宇野真佐夫「欧州映画と画調」六四頁。一九二九年、批評家・長濱慶三は明るさの点からアメリカとドイツの映画を比較し、「彼米国物の技術がコケティッシュな華かな風情のものとすれば、此独逸物は或は暗きに過ぎても強きモチーフを表現してゐる技術を有すとなさなければならない」と述べた（長濱「活動写真の基礎的技術」三一六～三一七頁）。
(164) 映画『新しき土』は、一九三六年一一月二五日に締結された日本とドイツの防共協定を祝った作品である。この映画は、ナチスの文化政策と日本の植民地主義を反映している。「輝ける日本の男」という意味の名前を持つ主人公の大和輝雄（小杉勇）はヨーロッパに留学し、日本人であることを嫌悪し始める。だが、寺で僧と語り合うことなどを通し、日本の慣習や文化を問い直すことで、自分の文化的な背景や国民意識、そして彼が言うところの「自分の中の先祖の血」を思い出す。彼は日本人女性（十六歳の原節子が演じた）との結婚と大日本帝国が開拓する満州への移民を決意する。『新しき土』は「輸出映画」、とりわけ、日本の人々や文化をドイツの観客に紹介するという政治的目的を持った「日本初の国際的な文化映画」と呼ばれた（ファンク他「ファンクと監督協会」二三八頁）。

(165) リヒアルト・アングスト「日本のカメラマンへ」三六頁。

(166) リヒアルト・アングスト「野外撮影に就いて」三四～三五頁。アングストは一九三七年七月に発表された別の記事でも同じ要点を繰り返している（アングスト「カメラマンに必要な知識と技術」三五～三六頁）。

(167) リヒアルト・アングスト「カメラマンに必要な知識と技術」二二頁（『日本映画』一九三七年七月）。アングストは、五〇本以上の日本映画を鑑賞するなどの、日本での経験を自分の仕事に生かした。彼は、特に照明の経済的な立場から、スタジオの中で小さなセットを用いる日本の映画撮影を高く評価していた。アングストは「〔ヨーロッパでは〕日本の映画でなら全舞台の入つてしまひさうな広大な建物がカメラの前に置かれることが度々あるのである。つまり小さい装置は遥かに多くの愛情を以て照明され得、私自身、日本室は、陽光による場合でも、電気照明の場合でも、頗る絵画的であると感じてゐる。〔中略〕自分が衷心申したいことは、日本の写真術は質に於て恥じることなく、反対に我々が多くの学ぶべきものを持つてゐる」と指摘する（「カメラマンに必要な知識と技術」二二～二三頁、二五頁）。アングストは第三帝国の映画製作において、重要な役割を果たした。映画産業の構造改革は、ヨーゼフ・ゲッベルスが大臣を務めた国民啓蒙・宣伝省の管理下にあるナチスドイツで行われた。とりわけ、映画産業が完全に国家の管理下に置かれた一九四二年以降は、国民啓蒙・宣伝省は「合理化」政策を採用した（Petley, "Film Policy in the Third Reich," 176）。娯楽とプロパガンダの機能を同時に果たし、個別の予算の中で異なる興味や趣味を満足させるために、国民啓蒙・宣伝省は、たった数本の大作プロパガンダ映画の製作と、多数の平凡なジャンル映画の製作という二重戦略をとった（Hake, *German National Cinema*, 65–67, 85）。アングストが日本で再認識した製作やセット、そして照明の節約は、そのような平凡なジャンル映画の製作を助けたかのように見える。デイヴィッド・スチュワート・ハルは、ナチスの重要な映画監督だったハンス・スタインホフの映画『レンブラント』（一九四二年）について、次のように述べた。「この映画の美しさは、ウォルター・レーリヒの素晴らしいセットを作り出したリヒャルト・アングストの衝撃的なカメラワークによるものである。ウーファからアムステルダム、そしてハーグへと移動する製作費はなかった。〔中略〕アングストとローリグは、レンブラントの絵の題材となった人々をハリウッドのやり方で見せることよりも、時代考証に専念した。裕福な中産階級が火を点した蠟燭をピンに見立ててボーリングをする素晴らしいシークエンスは、その一例である」（Hull, *Film in the Third Reich*, 220–21）。

(168) 菅忠雄「ファンク博士の撮影拝見」三七頁。

(169) 「影の美学」はヴァルター・ベンヤミンの「美学」に近づいていったとも言える。張真は、ミリアム・ハンセンによるベンヤミンの「美学」の分析について、以下のように記している。この議論は、「影の美学」とテクノロジーとの間の複雑な関係を理解するために役立つだろう。

ハンセンは、ヴァルター・ベンヤミンがブルジョワジーと結びついた芸術の定義を批評するために用いた「美学（aesthetics）」という語の語源を分析し、「ギリシア語で美学と呼ばれた知覚の理論〔Lehre〕」に注目することで、ベンヤミンの議論の歴史的な意義を強調した。ベンヤミンは、危機の時代——ファシズムの興隆とその破壊的な目的のためのテクノロジーの悪用（戦争の機会だけではなく、例えば映画のような模倣の機械も含めて）の時期――に文筆活動を行ったが、彼はブルジョワジーとファシズム双方によるテクノロジーの悪用に反対するために、美学の概念について考え直すことを求めた。

ハンセンは、美学についての復古的な考えと、社会におけるテクノロジーの受容についてのベンヤミンの考えでもある神経刺激《イナヴェーション》との間に重大なつながりがあることに気づいた（ほんの一握りの人々だけが享受できるテクニックや趣味よりはむしろ）知覚ないし感覚としての美学をベンジャミンは強調した。産業革命以降の時代における疎外感や感覚麻痺を乗り越えるためのメディアとして、テクノロジーを考えたのだ。それは、近代性に関する哲学的な議論を、心から身体へ、上部構造から下部構造へ、神聖さから世俗的なものへ、個別的なものから集合的なものへと転じた。〔中略〕しかし、身体能力や感覚の復権は、テクノロジーや近代以前の牧歌的な時代へのノスタルジックな回帰として解釈されてはならない。テクノロジーは、歴史のベクトルを、そして世界の経験を回復不能なまでに変えてしまったからである。テクノロジーは近代の風景の中に深く浸透し、「切り」込んでいるため〔中略〕「身体的で集合的な神経刺激」を達成しようとするいかなる試みも、テクノロジーを通して行わざるをえない。なぜなら今や人間の感覚の回復はモダンライフに空気のように自然に存在しているテクノロジーを「経験する」ことによってのみ可能だからである（Zhang, An Amorous History of the Silver Screen, 10–11. Hansen, "Benjamin and Cinema," 306–43〔Zhang quotes p. 312〕も参照）。

（170）ここではスーザン・ソンタグの「ファシズムの魅力」という考えを参照している。Sontag, "Fascinating Fascism", 73–105 を参照。

（171）藤井仁子は、一九三〇年代の日本の映画をめぐる批評は、映画が音を獲得したせいで、リアリズムに関するものが中心を占めたと指摘する（「日本映画の一九三〇年代」二四～二六頁）。照明におけるリアリズムは、部分的にはそのようなトーキー映画のリアリズムに関する言説から生じたものだったのかもしれない。

（172）花村禎二郎「『罪なき町』」一二八頁。

（173）花村禎二郎「『母代』」一三〇頁。

（174）玉井正夫「文化映画技術批評」七八～七九頁。

（175）前掲。

（176）Keating, *Hollywood Lighting from the Silent Era to Film Noir*, 229.

（177）Milner, "Creating Moods with Light," 7.

（178）Arnold, "Why Is a Cameraman?," 462.

（179）田中敏男「相克の美しさ」五八～五九頁。

（180）河崎喜久三「『水滸伝』」七七頁。

（181）ウィリアム・スタル「聖林主要撮影所に於けるライト・レヴェルの調査」五二～五五頁。

（182）記録映画が同時期に増加している。一九三九年、文部省が九八五本の記録映画を承認している。翌年には四四六〇本に急増した（Nornes, *Japanese Documentary Film*, 63）。

（183）他方、『キネマ旬報』の読者は、時代劇の道具やセットへのこだわりを批判し、それを「狂信的写実主義」と呼んだ（英通夫「時代劇へのさゝやかな提言」七三頁）。「影の美学」は、違う意味での狂信的写実主義とも言えた。

（184）岸松雄「『母を恋はずや』」一〇六頁。

（185）前掲。小津はハリウッドの母子メロドラマ『あの丘越えて』（ハリー・F・ミラード、一九二〇年）を明らかに参照している『母を恋はずや』を通して、小津はコントラストが強い照明を用いた。屋内シーンのほとんどで、死んだ父親の肖像と十字架にスポットライトが当てられる一方、登場人物は側面か後方から光を当てられている。

(186) 岸松雄「三十四年度日本映画決算」二七二頁。

(187) 岸松雄『日本映画様式考』九五頁。

(188) 筈見恒夫『映画の伝統』二五〇頁。

(189) 島崎清彦「映画の画調について」七一頁。

(190) 島崎清彦「日本映画の撮影技術（続）」八〜九頁。

(191) 中野敏夫「技術者の使命」八〇頁。

(192) 不破佑俊「日本映画技術の進むべき道」二三二頁。

(193) 飯島正「映画の技術と精神」一六頁。

(194) 相坂操一「技術研究」四四〜四五頁。

(195) 島崎「日本映画の撮影技術（続）」八〜九頁。

(196) 前掲。

(197) 三木茂・島崎清彦「撮影者と作家精神の問題について」一三頁。

(198) 島崎清彦「伊佐山三郎」一二九頁。

(199) 村上忠久「邦画方々」一〇頁を参照。岩槻歩「身体の「無力さ」と「声」としての権力」一〇八頁。

(200) 古川隆久『戦時下の日本映画』七三頁。

(201) Nornes, *Japanese Documentary Films*, 95.

(202) Keating, *Hollywood Lighting fron Silent Era to Film Noir*, 238.

(203) 荒牧芳郎「『五人の斥候兵』に就いて」一一〜一二頁。

(204) 村上忠久「邦画方々」一〇頁。

(205) 伊佐山三郎・島崎清彦「『五人の斥候兵』の撮影技術を語る」九七頁。

(206) 前掲、九六〜九七頁。

(207) 前掲、九五頁。

(208) 前掲。

(209) 前掲。

(210) 伊佐山・島崎「『五人の斥候兵』の撮影技術を語る」九五頁。

(211) 前掲。

(212) 「アングスト技士と語る」三七六頁。

(213) 前掲。

(214) 沢村勉「『五人の斥候兵』」『映画評論』二〇-二、一九三八年二月、一二一頁。平井「素稿日本映画撮影史　連載47」七五〜七六頁で引用されたものを参照した。

(215) LaMarre, *Shadows on the Screen*, 10.

(216) Whissel, *Picturing American Modernity*, 128.

(217) Nye, *American Technological sublime*, 43, 60. Whissel, *Picturing American Modernity*, 129-30 も参照。

(218) Guerin, *A Culture of Light*, 18.

(219) 「技術解説『駅馬車』」二八四頁、二八五頁。

(220) 三村明「『駅馬車』の感想」二九〇頁。

(221) 前掲。

(222) ジョン・キャッスル「『駅馬車』撮影見学記」二八八〜二八九頁。

(223) 前掲。

(224) セシル・B・デミルの『大平原』（一九三九年）は同様の理由で評価された。映画批評家の西村正美は「こゝ一、二年再び舞台が真の野外に移され始めてゐるのは、誠に好ましいことである。〔中略〕ライトを図工からふりかけてあやしまず、アメリカ映画の大半は、再び機械的スター主義に堕して了つたのである」と述べた（西村「『大平原』」七六頁）。

(225)『映画と技術』一九四〇年一二月、一九二頁。島崎が批判したのは、おそらく雨の夜の兵舎のシーンで、疲れた様子の西住が「戦争はまだ始まったばかりだ。短くてあと五、六年はかかるだろう」と言う。下痢や高熱、精神的な衰弱で苦しむ兵士たちを見回した後、彼は背後のカメラに振り返り、外に出かける。バックライトの前で、彼の背中はシルエットで観客に見せられる。

(226) 前掲。

(227) とはいうものの、監督の吉村公三郎は日本人の顔に明るい照明を当てることについて、複雑な感情を抱いている。彼は一九四一年に次のように書いた。「日本人の大写しになるとこの黒い頭髪のデイテイルを出すために多量の光線をかけなければならない。従つて顔まで余計に光が当つてしまひ、背景とのコントラストは面はしくない。殊に時代劇の配光は六ヶ敷しい。旧い日本の家屋の中は黒が勝つてゐる。そこへ持つて来て黒い髪を大きく結ふから、［強い照明の中で］顔ばかり真白になつてしまふ」（「映画的散歩」七〇頁）。

(228)「キャメラ、録音、装置　座談会」三八頁。

(229) 田中敏男「映画的な美、醜、穢れ」四五頁。

(230) 田中敏男「フォトグラフィの性格と意志」一六頁。

(231) 田中敏男「相克の美しさ」五九頁。田中敏男「映画的な美、醜、穢れ」四五頁。

(232) 津村秀夫「松竹映画論」一〇～一一頁。

(233) 城戸四郎「健全なる恋愛は描いて可」三一頁。

(234) 武富善男「大船映画の明るさの釈明」六〇～六一頁。

(235) 古川隆久『戦時下の日本映画』一二三頁。城戸「婦人客を忘れるな」三〇頁。

(236) 佐々木太郎『活動写真撮影法』八九頁、九二頁、九三頁。

(237) 三村明「グレッグ・トーランド」一三頁。

(238) Keating, *Hollywood Lighting from the Silent Era to Film Noir*, 237.

(239) 工藤美代子『聖杯からヒロシマへ』八八頁。

(240)『キネマ週報』一〇七号、一九三二年四月二九日、一九頁。

(241) 三村明「超感光性パンクロの出現」六四頁。

(241)『キネマ旬報』一九三二年四月二一日、六頁。

(242) 三村明「キャメラマンとしての立場から」二六頁。

(243)『キネマ旬報』一九三二年四月二一日、六頁。

(244) 平井「素稿日本映画撮影史　連載20」五二～五三頁。ＰＣＬは公式には、一九三二年六月一日に設立された。『浪子』公開の数日後のことである。

(245) 森岩雄「思い切った現代物に脚色」二三頁。

(246)『「浪子」をめぐる座談会』二〇頁。

(247) 田中純一郎『日本映画発達史Ⅱ』二六五～二六七頁。

(248)『キネマ週報』一一五号、一九三二年六月二四日、一一頁。

(249)『キネマ週報』一一三号、一九三二年六月一〇日、八頁。

(250)「日本最大のトーキー撮影所　写真化学研究所（ＰＣＬ）」一四～一五頁。

(251) 宮島『天皇と呼ばれた男』二六頁。

(252)『映画と技術』一九三五年一月号。引用は平井「素稿日本映画撮影史　連載31」五四頁より。

(253) 三浦光雄「劇映画の撮影、第四章」二四四～二四五頁。

(254) 工藤『聖杯からヒロシマへ』一二六～一二七頁。

(255) 宮島『天皇と呼ばれた男』四六頁。

(256) 三村明・河本正男「撮影放談」一五頁。

(257) 篠原泰「『放浪記』」一九〇頁。

(258) 大塚恭一「『放浪記』」二四七頁。

(259) Fujiki, "Multiplying Personas," 316. 藤木秀朗『増殖するペルソナ』三三一頁。

(260) 対照的に、佐藤忠男（『放浪記』頁なし）によると、『放浪記』のリメイク版（成瀬巳喜男、一九六二年）では、当時の東宝のスターであった高峰秀子が安本淳に顔を美しく撮らないようにとの要望を出した。涙ながらに恋人のことを諦めるふみ子（高峰）のショットは彼女の背後からのもので、床に膝をつくその姿は、天井からぶら下がる一つの電球によって照らされて、ほぼシルエットのようになっている。観客は彼女の顔を見ることができない。この成瀬版のふみ子は毒を飲まず、彼女の人生最悪の瞬間は、旅館で売春をしていた容疑で逮捕されるときに訪れる。また、ふみ子は一本の蠟燭の明かりでものを書く。低い場所から当たる物語世界内のただ一つの照明によって、彼女の顔の上には暗い影がかかる。

(261) 金井景子「文学とジェンダー　前期第7回」頁なし。

(262) 長谷川一夫『私の二十年』一七九～一八〇頁。また彼は、三〇歳を迎えるにあたり、自らのキャリアに新しい活力を与えることを始めたかったが、松竹ではそれが不可能であり、飛躍のために東宝への移籍を決めたとも語った（前掲、一七九～一八八頁）。

(263) 『長次郎ふぁん』一巻四号、一九三八年四月、三四頁。

(264) Ogle, "Deep Focus Cinematography," 24.

(265) Salt, *Film Style and Technology*, 222–23, 265.

(266) Ogle, "Deep Focus Cinematography," 24–25.

(267) Harpole, "Ideological and Technological Determinism in Deep-Space Cinema Images," 15, 17.

(268) Ibid., 19. テクノロジーとスタイルとの関係について相反する見解があることにも注意すべきである。技術決定論的な視点を持つオーグルは以下のように主張する。イーストマンが一九三九年一〇月に、強いコントラストを持つプラスXとその次にスーパーXXパンクロマティックネガを導入し、「何年かの間、ハリウッドでの標準的なフィルム」となった。柔らかな画調のフィルムを用いて仕事することに慣れていた多くの映画カメラマンは、「新しいフィルムに合わせてセットに適切な照明を当てることが難しいと感じる」経験をした（Ogle, "Deep-Focus Cinematography," 24）。だが、「照明の改良と、より感光速度の速いフィルムとハイ・キー効果の間に必然的な関連性はない」と、マイク・コーマックはオーグルに異を唱える。コーマックは「一九三八年のイーストマンのプラスXは〔中略〕鮮明さを格段に向上させ、数年の間、ハリウッドでの標準的なフィルムとなった」と書いている（Cormack, *Ideology and Cinematography in Hollywood, 1930–39*, 83）。

(269) 土屋精之「『鶯』」『映画と技術』一九三八年一二月、一二三四頁。来島雪夫も「三村明は『人情紙風船』あたりでは美しい画調を出してゐたのに、ここ〔『綴方教室』〕では、余りにもがさつで、うるほひに乏しかつた」と書いている（来島「『綴方教室』」一四四頁）。

(270) Lang, "The Purpose and Practice of Diffusion," 193.

(271) 土屋「『鶯』」『映画と技術』一九三八年一二月、一二三四頁。

(272) 「十五年度日本映画（劇）の撮影技術断面」九〇頁。

(273) 岡田秀則「日本のナイトレートフィルム製造初期の事情（下）」一二～一五頁。

(274) 田村幸彦他「映画技術　座談会」三一～三二頁。

(275) 杉山公平『映画と技術』一九四二年一月。引用は、平井「素稿日本映画撮影史連載56」七三頁より。

(276) 西川悦二「映画技術の再出発」四二～四三頁。

(277) 前掲。
(278) 平井輝章『実録日本映画の誕生』二六九頁。
(279) 西川悦二「馬の現像」二五四頁。
(280) 前掲、二五三頁。
(281) 前掲、二五五頁。
(282) 前掲。
(283) 前掲。
(284) 田村幸彦「日本映画の技術」一八頁。
(285) 小倉金彌「『馬』の撮影について」五八頁。
(286) 立花仲夫「『馬』の撮影を三村明に聞く」一〇一頁。
(287) 三村明「撮影技師の要求するもの」一〇四頁。
(288) 三村明「最近のアメリカ映画を見て」二〇頁。
(289) 前掲。
(290) Sobchack, "The Grapes of Wrath (1940)," 602.
(291) Ibid., 609–10, 612.
(292) 山根貞雄「山根貞雄のお楽しみゼミナール」頁記載なし。
(293) Sobchack, "The Grapes of Wrath (1940)," 602.
(294) Ibid., 605.
(295) Ibid., 609.
(296) Keating, *Hollywood Lighting from the Silent Era to Film Noir*, 273.
(297) Ibid., 240.
(298) 島崎「日本映画の撮影技術（続）」八〜九頁。
(299) 前掲。島崎清彦「映画の技術と精神」三〇頁。
(300) Toland, "Realism for 'Citizen Kane,'" 54.
(301) Ibid.
(302) Ibid.
(303) Ibid.
(304) Ibid., 55.
(305) Ibid.
(306) Ogle, "Deep Focus Cinematography," 25–26.
(307) Victor Milner, "Super xx for 'Production' Camerawork," *American Cinematographer*, November 1941, 269, 引用は Ogle, "Deep Focus Cinematography," 25 より。
(308) Ogle, "Deep Focus Cinematography," 25–26.
(309) Keating, *Hollywood Lighting from the Silent Era to Film Noir*, 273.
(310) Ibid.
(311) ヴィクター・ミルナー「スーパーXXの新しい用法」六一〜六三頁。
(312) 河本正男「ルドルフ・マテの革新的手法」五〇〜五一頁。
(313) 三村・河本「撮影放談」一四〜一五頁。
(314) 前掲、一五頁。
(315) 三村明「新しきカメラワーク」二七頁。
(316) 杉山平一『映画評論集』一二三頁。
(317) 前掲、一二四頁。
(318) 前掲、一二五頁。
(319) 相川楠彦「監督者山根貞夫氏」『キネマ旬報』一九三二年一一月、四三頁。千葉伸夫編『監督山根貞雄』三三〜三四頁。
(320) 津村秀夫「『人情紙風船』」『映画と批評』（一九三九年）、引用は千葉編『監督山根貞雄』三八〇頁を参照した。
(321) 山口虎男「先駆者西川鶴三と映画照明」一二頁。
(322) 伊佐山三郎「「キャメラマン」私考記録」三三九頁。
(323)「撮影監督制度の確立を」九〇頁。
(324) 三村明「『ハワイマレー沖海戦』の撮影日誌より」六二頁。
(325) Nornes, *Japanese Documentary Film*, 108.

(326) 三村明「『ハワイマレー沖海戦』の撮影日誌より」六二頁。
(327) 前掲、六四頁。
(328) 前掲。田中敏男「『ハワイマレー沖海戦』と撮影監督と」五四頁。
(329) ハワイマレー沖海戦ＤＶＤブックレット（東宝、二〇〇七年）。
(330) 島崎清彦「撮影監督について」七五頁。
(331) 前掲。
(332) 前掲、七五〜七六頁。
(333) 島崎清彦「撮影監督制の必要条件」一〇四〜一〇五頁。

終　章

(1) Harrington, "The Techniques of Kazuo Miyagawa," 40.
(2) 渡辺浩『映像を彫る』五八頁。
(3) 渡辺浩「黒沢明、宮川一夫、そして『用心棒』」八一頁。
(4) 渡辺『映像を彫る』一七八頁。
(5) 大竹徹他編『映像研究別冊　個人別領域別談話集録による映画史体系：宮川一夫』宮-一三頁。
(6) Harrington, "The Techniques of Kazuo Miyagawa," 41.
(7) 渡辺『映像を彫る』一八二頁。
(8) 太田米男「京都時代劇映画　技術の継承」一〇三頁。
(9) 宮川一夫『私の映画人生六十年』一九五頁。
(10) 太田米男「モノクロームの時代」一八頁。
(11) 渡辺『映像を彫る』三四一頁。
(12) 前掲、三三四頁。
(13) 宮川の個人ノート、宮川一夫資料館、３マスト京都。
(14) 宮川は、そのキャリアを一九二六年五月一五日に京都の日活大将軍撮影所からスタートさせた（渡辺『映像を彫る』六三頁、三一二頁）。新人の映画カメラマンは、暗室から見習い期間を始めるというのが当時の日活撮影所の方針であった。一九二八年に京都撮影所が太秦に移転した後も、四二年に新興や大都とともに大映に合併した後も、宮川は日活で働き続けた。大竹徹他編『映像研究別冊：宮川一夫』宮-五〜六頁、宮-一六頁。
(15) 小栗茂樹「レンズの虫」六七頁。
(16) 宮川『私の映画人生六十年』三八〜三九頁。ハリントンは一九六〇年に宮川が「『アメリカン・シネマトグラファー』の熱心な読者」であったことを報告している（Harrington, "The Techniques of Kazuo Miyagawa," 52)。
(17) 『お千代傘』シナリオ、宮川一夫資料館、３マスト京都、一-一頁、一-七頁。
(18) 植草信和編『撮影監督・宮川一夫の世界』六七頁。渡辺『映像を彫る』二〇一頁。
(19) 宮川一夫「私のキャメラマン人生」三頁。
(20) 小栗「レンズの虫」六七頁。
(21) 『獅子の座』製作案、伊藤大輔文庫、ボックス29、京都文化博物館所蔵。
(22) 『スクリーン・ステージ』一七四号（一九四九年九月六日）、頁なし。
(23) 新聞の切り抜きを参照したが、引用のための記録はない。伊藤大輔文庫、ボックス20、京都文化博物館所蔵。
(24) 「早川雪洲自叙小伝（下）」二二頁。
(25) 平野共余子『天皇と接吻』一五頁。
(26) 「アメリカ往来」二〇〜二一頁。
(27) ジョン・ダワー『増補版　敗北を抱きしめて』上、六五頁。
(28) 「ハリウッド今昔」二三頁。

(29) マキノ正博他「日本の音楽映画を語る」二〇六頁。
(30) 佐々木淳・丹治史彦『唄えば天国』四〇～四一頁、四三～四四頁。
(31) 宮川一夫「色彩映画の撮影に一言」四四頁。
(32) 大竹徹他編『映像研究別冊：宮川一夫』宮-一六頁。
(33) 宮川「私のキャメラマン人生」一二頁。
(34) 太田「モノクロームの時代」二〇頁。
(35) 渡辺『映像を彫る』三三五～三三七頁。
(36) 前掲。
(37) 前掲、三八頁。
(38) 宮川『私の映画人生六十年』一九五～一九六頁。
(39) 前掲。
(40) Yoshimoto, "Ozu."
(41) 前掲。
(42) 渡辺『映像を彫る』九一頁。太田「モノクロームの時代」二一頁。
(43) 宮川『私の映画人生六十年』六〇頁。小栗『レンズの虫』七二頁。
(44) 引用は渡辺『映像を彫る』一〇三頁より。
(45) 渡辺『映像を彫る』四三頁。
(46)『羅生門』シナリオ、頁なし、宮川一夫資料館、3マスト京都所蔵。
(47) 宮川「私のキャメラマン人生」八頁。
(48) 宮川はすいぶん後になって『メキシコ万歳』を鑑賞し、エイゼンシュテインがすでにこれを行っていたことに驚かされた（宮川『私の映画人生六十年』六一頁。小栗「レンズの虫」七二頁）。
(49) 渡辺『映像を彫る』九二頁。
(50) 太田「モノクロームの時代」二一頁。
(51) 三浦光雄「『川中島合戦』撮影記録断片」四四頁。
(52) 前掲、四五頁。
(53) 太田「モノクロームの時代」二三頁。宮川『私の映画人生六十年』八二頁。
(54) 小栗「レンズの虫」七六頁。
(55) 渡辺『映像を彫る』五八～五九頁。
(56) 太田「モノクロームの時代」二三頁。
(57) 前掲、二〇頁。
(58)『「おとうと」』五七頁。
(59)『雨月物語』シナリオ、宮川一夫資料館、3マスト京都所蔵。
(60) 宮川「私のキャメラマン人生」一〇頁。
(61) 小栗「レンズの虫」七七～七八頁。
(62) Harrington, "The Techniques of Kazuo Miyagawa," 40–41.
(63) Ibid., 41.
(64)『鍵』シナリオ、a-一、宮川一夫資料館、3マスト京都所蔵。
(65) 前掲、a-二頁。
(66) 前掲、c-一頁。
(67) 前掲、b-七頁。
(68) 前掲、c-三頁。
(69) 前掲、c-二頁、c-三頁。
(70) 前掲、e-一三頁。
(71) 宮川「色彩映画の撮影に一言」四四頁。
(72) 渡辺『映像を彫る』二七三頁。
(73) 宮川は『鍵』の標準的なレンズとして七五ミリレンズを使用した（全四二二ショットのうち三六三ショット）。また、彼は「数少ない屋外（セット）では室内での強烈な芝居の連続だけに屋外では空間のスペースを多くとり、外気にふれたよう情緒的な調子トーンを狙」うために五〇ミリのレンズを使用した（「宮川レポート：刺青」宮川一夫資料館、3マスト京都所蔵）。

(74) 小栗「レンズの虫」七八頁。大竹徹他編『映像研究別冊：宮川一夫』宮-一八～一九頁。

(75)『刺青』シナリオ、宮川一夫資料館、3マスト京都所蔵。

(76)「宮川レポート：刺青」宮川一夫資料館、3マスト京都所蔵。

(77) Naremore, *More Than Night*, 186-90.

(78) 日本で最初のカラー映画は一九五一年に松竹で製作された『カルメン故郷に帰る』（木下恵介）である。

(79) 谷崎潤一郎「お艶殺し」五〇六頁。

(80)『刺青』シナリオ初期ヴァージョン、e-一四頁、宮川一夫資料館、3マスト京都所蔵。

(81) 前掲、c-一二三～一二四頁。

(82) 前掲、c-一二三～一二四頁。

(83) 前掲、c-一二五～一二六頁。

(84) 大竹徹他編『映像研究別冊：宮川一夫』宮-一七頁。

(85) 三村明「米国に於ける色彩映画」六一頁。

(86) 太田「モノクロームの時代」一二一頁。

(87) 芳野尹孝「「陰翳礼讃」によせて——II」一五頁。

(88) 前掲。

訳者あとがき

この本は宮尾大輔氏が二〇一三年にデューク大学出版から刊行した *The Aesthetics of Shadow : Lighting and Japanese Cinema* を翻訳したものである。

宮尾氏は英語圏および日本語圏で活躍する日本映画の代表的研究者の一人である。とくに古典期（一九一〇年代から五〇年代）のハリウッドや日本で活躍した日本人の俳優、監督、カメラマンなどのスタッフを分析対象とした映画文化史、文化交渉史を専門としている。

宮尾氏の最初の著書 *Sessue Hayakawa : Silent Cinema and Transnational Stardom*（デューク大学出版、二〇〇七年）は、一九一〇年代にハリウッドでデビューし世界的スターにのぼりつめた早川雪洲という日本人俳優を通して、草創期ハリウッドにおける人種や民族の問題をグローバルな視点によって解き明かした力作である。徹底的に調査された同時代資料と、映画文化に関わる理論を駆使しながらトランスナショナルな文化交渉の歴史を明らかにしていく宮尾氏の手法は見事である。

その問題意識と方法論をさらに推し進めて書かれたのが *The Aesthetics of Shadow* である。撮影や照明という映画形式に着目し、その形式を通して、近代日本の「影の美学」が時代とともに多元的に作り出されてきたことを明らかにしている。日本映画は最初、経済的、文化的な背景から影を作らないことを良しとしてきた。だが日本映画を世界に通じる映画に革新しようとする機運の高まりとともに、光と影を操作して視覚的に何かを伝えようとする試みが始まる。しかし舞台の慣習や企業方針、大衆主義と理想主義、ジャンルのせめぎ合いといった様々な条件の下で日本映画は、歌舞伎や新国劇とも、ハリウッドやドイツ表現主義とも異なる陰影の美を作り出し、生産者と消費者の対話的な関係を生み出す（第一章、第二章）。その後も、日本映画の影の美学は、資本主義企業としての映画産業の近代化、科学技術の日常生活への浸透と人々の感覚（とりわけ視覚と触覚）の変容、戦争に伴う映画産業内での物資不足と「日本の伝統美」の創造的再発見の要請との関係など、時代とともに生じた様々な葛藤と交渉のなかで複雑に書き換えられてきた（第三章、第四章）。本書はそうした影の美学の変遷を通じて、国境を越える多様な葛藤と交渉によって一国の美学が生み出され、展開され、浸透していく過程を幅広い視野から論じている。

本書は日本映画を論じているが、本質主義的にその特徴を論じたものではない。分析対象は日本映画なのだが、分析の目的はむしろ、一九七〇年代以降の英語圏の映画研究で蓄積された映画や文化にかかわる理論を現代の視点から選定し、それを使って映画文化を分析する方法を示すことにある。本書では作品研究や作家研究、ジャンル研究、スター研究、言説研究などオーソドックスなアプローチから、より高度な映画理論、観客論、イデオロギー論、メディア論、さらにはメタヒストリーなど映画研究にとどまらない歴史学的アプローチまで多彩な視点から日本映画が分析されており、今後長きにわたり映画研究の基本書として説得力を持ち続けるであろう。

アメリカと比べ、体系的に映画を学ぶ機会の少ない日本では、基礎的な知識や方法論を具体的な事例によって実践的にわかりやすく教えてくれる映画の教科書はそう多くない。本書がその基本文献の一つに加えられるのは間違いない。古典的ハリウッド映画やドイツ表現主義、フランス印象派など世界に大きな影響を与えた映画スタイル、舞台や小説など映画の隣接メディアと映画の関係、産業資本主義とテクノロジー、伝統の創出、ナショナル・アイデンティティなど多彩なテーマが盛り込まれている。そのうえ大量の同時代資料や画像、統計などのデータを駆使し論理的かつ効率的に議論を重ねていく手腕は、研究の道を目指す者、あるいは研究の道を歩む者にとって学ぶ点が多い。

また本書は、ひとつの「物語」として優れた構成になっており、終章を読んだあと、それが明らかになる。終章は、単なる本論の総括ではなく、「日本を代表する」映画カメラマンである宮川一夫と彼の映画撮影を論じた章である。ここで宮尾氏は、宮川を「日本映画」という制度の内部で「影の美学」を検討しながら彼自身の技法を創造し続けた人物として描き出していく。戦後の国際社会で評価された宮川の映画撮影における「影の美学」は、彼の出身地である京都という「場」に紐づけられた「日本の伝統美」には回収できない複雑なものであった。先に述べた通り、「影の美学」そのものが「日本映画」という制度の内部で多元的に形成されてきたものだったからだ。それを理解するためには、宮川をはじめとする日本の映画カメラマンたちが、国内外の社会情勢や映画産業の状況の変化、映画機材の技術的展開、ハリウッドなどの数々の外国映画のトレンド、そして時にはプロデューサーや監督、映画スター、批評家、映画ファンたちに半世紀にわたって向き合い続けてきたことを視野に収めておくことが必要となる。本書は、撮影や照明という観点から日本映画史をとらえなおす試みである。だが、おそらく読者は終章を読み終えたとき、ひょっとすると第一章から第四章までの記述は、終章における宮川一夫論のための長い準備でもあったのではないかということに気づき、その大がかりな仕掛けに驚くことになるだろう（もうすでに驚いたあとかもしれない）。つまり、本書は原書の執筆された時点での映画文化史研究の成果を最大限に踏まえた学術書でありながら、冒険小説やミステリにも似た読後感を味わうこともできるのだ。読者各位には、そのスリリングな「物語」の展開を堪能していただければ幸いである。

翻訳は序章と第一章、第二章を笹川慶子が、第三章と第四章、終章を溝渕久美子が担当し、互いに原稿を交換し検討したあと、著者に全文を調整していただいた。文献の書誌情報は可能な限りすべての文献を訳者が調査確認し、最後さらに著者に再確認していただいた。そのため訳書は、単に英語原書を訳出したものというより、その改訂版になっており、原書と異なる箇所があることをお断りしておきたい。

本書を出版にこぎつけられたのは名古屋大学出版会の橘宗吾氏のご尽力のおかげである。橘氏には、校正作業もさることながら、長きにわたり著者と訳者のやりとりをサポートしていただいた。ときに作業が煩雑になり、ご心配・ご迷惑をかけたこともあったが、辛抱強く対応していただき、感謝の念にたえない。

訳語は初めて映画を学ぶ学生や一般の読者、専門外の研究者が理解しやすいよう平易な日本語になるよう努めた。とはいえ古い文献からの引用は、非常用漢字や当て字も多いため、読みづらいと感じる方もおられるかもしれない。しかし、著者の論述は明晰明瞭であり、論点の理解に窮することはないだろう。この本が多くの映画を学びたい人々の刺激となり、日本の映画研究をさらに深める手助けとなることを願っている。

二〇一九年五月

笹川慶子
溝渕久美子

《訳　者》

笹《ささ》川《がわ》慶《けい》子《こ》

現　在　関西大学文学部教授，博士（文化交渉学，関西大学）

著　書　『近代アジアの映画産業』（青弓社，2018 年）ほか

溝《みぞ》渕《ぶち》久《く》美《み》子《こ》

現　在　同朋大学他非常勤講師，博士（学術，名古屋大学）

論　文　「戦時下の映画脚本の懸賞と動員——第 1 回「国民映画脚本募集」と小糸のぶをめぐって」『JunCture　超域的日本文化研究』第 5 号，2014 年ほか

影の美学

2019 年 6 月 15 日　初版第 1 刷発行

定価はカバーに
表示しています

訳　者　笹　川　慶　子
　　　　溝　渕　久　美　子

発行者　金　山　弥　平

発行所　一般財団法人　名古屋大学出版会
〒 464-0814　名古屋市千種区不老町 1 名古屋大学構内
電話(052)781-5027 / FAX(052)781-0697

印刷・製本　亜細亜印刷㈱　　ISBN978-4-8158-0951-5

索　引

ア 行

カ　行

サ　行

タ　行

ナ　行

ハ　行

マ　行

ヤ　行

ラ　行

ワ　行

図版一覧

参考資料

【コレクションおよびアーカイヴ】


伊藤大輔文庫，京都文化博物館。

反町コレクション（衣笠貞之助コレクション），国立映画アーカイブ。

ヘンリー小谷コレクション，ヘンリー小谷プロダクション。Henry Kotani Collection. Henry Kotani Production.

宮川一夫資料館，3マスト京都。

Paramount Collection. Margaret Herrick Library of the Academy of Motion Pictures.

【書籍，学術論文，雑誌記事・新聞記事等】


相川楠彦「監督者山根貞雄氏」『キネマ旬報』435号，1937年11月，43～44頁。

青山雪雄「小谷写真技師の撮影談」『活動写真雑誌』5巻2号，1919年2月，48～51頁。

秋篠健太郎『阪東妻三郎』毎日新聞社，1977年。

秋篠葉子「私の観た長谷川一夫」『ぽいんとファン』1巻11号，1938年11月，20頁。

秋山耕作「1930NEN＋撮影所展望　三月の巻」『下加茂』4巻3号，1930年3月，42～44頁。

――「1930年＋撮影所展望　四月の巻」『下加茂』4巻4号，1930年4月，44～45頁。

浅川清「長二郎雑題」『下加茂』2巻10号，1928年10月，44～45頁。

朝島黎吉「表現派の映画」『少女画報』13巻2号，1924年2月，76～81頁。

朝日新聞社編『東京のうた――その心をもとめて』朝日新聞社，1968年。

明日艶子「ファンの見た転社てんまつ」『ぽいんとファン』1巻12号，1938年12月，26～27頁。

東武郎「封切映画興行価値『川中島合戦』」『映画旬報』35号，1942年1月1日，82頁。

――「『藤十郎の恋』」『映画と技術』8巻5号，1938年5月，378～380頁。

厚田雄春・蓮実重彦『小津安二郎物語』筑摩書房，1989年。

「アメリカ往来」『毎日グラフ』15号，1949年11月15日，20～21頁。

荒牧芳郎「『五人の斥候兵』に就いて」『キネマ旬報』633号，1938年1月11日，11～12頁。

有吉興「時代劇の明るさと暗さ」『時代映画』17号，1941年6月，95～97頁。

アングスト，リヒアルト「カメラマンに必要な知識と技術――人的條件と機械」『日本映画』2巻7号，1937年7月，35～36頁。

――「日本のカメラマンへ」『日本映画』3巻12号，1937年1月，36頁。

――「野外撮影に就いて」『日本映画』2巻1号，1937年2月，34～35頁。

「アングスト技士と語る」『映画と技術』4巻6号，1936年12月，374～381頁，390頁。

安藤貞雄「「暗さ」に就て」『映画』1巻1号，1938年5月，19～21頁。

飯島正「映画の技術と精神」『映画評論』2 巻 9 号，1942 年 9 月，16～18 頁。

飯島春雄「『藤十郎の恋』再検討」『ぽいんとファン』1 巻 9 号，28～29 頁。

飯田心美・友田純一郎・滋野辰彦・清水千代田「『鶴八鶴二郎』合評」『キネマ旬報』659 号，1938 年 10 月 1 日号，99～102 頁。

池田忠信・友田純一郎「1934 年業界決算」『キネマ旬報』527 号，1935 年 1 月 1 日，277～280 頁。

伊佐山三郎「「キャメラマン」私考記録」『映画評論』6 巻 4 号，1929 年 4 月，335～341 頁。

――「撮影苦心談」『日活映画』5 巻 1 号，1929 年 1 月，92～93 頁。

――・島崎清彦「『五人の斥候兵』の撮影技術を語る」『映画と技術』4 巻 2 号，1938 年 2 月，91～98 頁。

石月麻由子「映画館のなかの《ジェンダー》」十重田裕一編『コレクション・モダン都市文化 19　映画館』ゆまに書房，2006 年，922～925 頁。

石巻良夫「撮影技巧の芸術的価値」『映画時代』1 巻 6 号，1926 年 12 月，29～31 頁。

石渡均編『キャメラマン魂――日本映画を築いた撮影監督たち』フィルムアート社，1996 年。

――編『ひまわりとキャメラ　撮影監督岡崎宏三一代記』三一書房，1999 年。

石割平『松竹チャンバラ黄金時代（戦前篇）』ワイズ出版，2001 年。

磯田啓二『熱眼熱手の人――私説・映画監督伊藤大輔の青春』日本図書刊行会，1998 年。

板倉史明「「伊藤話術」とはなにか――伊藤大輔論序説」http://www.cmn.hs.h.kyoto-u.ac.jp/CMN3/text7.html.（2012 年 7 月 12 日アクセス）

――「「旧劇」から「時代劇」へ――映画製作者と映画興行者のヘゲモニー闘争」岩本憲児編『時代劇伝説――チャンバラ映画の輝き』森話社，2005 年，89～114 頁。

伊藤大輔著，加藤泰編『時代劇映画の詩と真実』キネマ旬報社，1976 年。

犬塚稔『映画は陽炎の如く』草思社，2002 年。

井上和男編『小津安二郎全集』上，新書館，2003 年。

井上重正「地方開拓に努力」『国際映画新聞』11 号，1928 年 1 月 5 日，30～32 頁。

伊吹映堂『マキノ出身のチャンバラスター――鳥人・高木新平，月形龍之介，阪東妻三郎，嵐寛寿郎』ワイズ出版，1997 年。

岩崎昶『映画芸術概論』政治教育協会，1949 年。

――『映画史』東洋経済新報社，1961 年。

――『映画と現実』春陽堂書店，1939 年。

――「映画と表現主義と」『映画随筆』2 巻 6 号，1927 年 6 月，11～13 頁。

――『映画論』三笠書房，1936 年。

――『現代の映画』朝日新聞社，1965 年。

――「『十字路』」『キネマ旬報』298 号，1928 年 6 月 11 日，74 頁。

――『日本現代史大系』東京経済新報社，1961 年。

――『日本の映画』日本民主主義文化連盟，1948 年。

――「表現派映画の将来（1）」『キネマ旬報』174 号，1924 年 10 月 11 日，26 頁。

――「表現派映画の将来（2）」『キネマ旬報』175 号，1924 年 10 月 21 日，29 頁。

――「『伯林――大都会交響楽 1』『映画往来』1927 年 11 月，17～18 頁。

――「『伯林――大都会交響楽 2』『映画往来』1927 年 12 月，8～12 頁。

岩崎昶他編『映画百科事典』白揚社，1954 年。

岩崎秋良［昶］「『最後の人』(1)」『映画往来』2 巻 3 号，1926 年 2 月，4～7 頁。

――「『最後の人』(2)」『映画往来』2 巻 3 号，1926 年 3 月，26～27 頁。

岩槻歩「身体の「無力さ」と「声」としての権力――『五人の斥候兵』論」岩本憲児編『日本映画とナショナリズム 1931-1945』(日本映画史叢書 1)，森話社，103～132 頁。

『ヴァリエテ（曲芸団）』の合評」『芝居とキネマ』4 巻 7 号，1927 年 7 月，10～12 頁。

植草信和編『撮影監督・宮川一夫の世界――光と影の映画史』キネマ旬報社，2000 年。

上田勇「だつち・どろんと・げえ：意味のあるやうなない話」『下加茂』2 巻 11 号，1928 年 9 月，92～93 頁。

上森愼一郎「大川の詩：雪之丞変化・第二篇」9 巻 11 号，1935 年 11 月，22～23 頁。

牛込三郎「ドイツ表現派の映画」『少女画報』10 巻 12 号，1921 年 12 月，82～85 頁。

牛原虚彦『映画万華鏡』中央美術社，1927 年。

――「遠来の友スタンバアグ」『キネマ旬報』586 号，1936 年 9 月 1 日，164～166 頁。

――「蒲田の頃」『映画テレビ技術』238 号，1972 年 6 月，21 頁。

――「蒲田モダニズムの群像」岩本憲児・佐伯知紀編『聞書き キネマの青春』リブロポート，1988 年，101～140 頁。

――「技術的転換期に際して」『映画評論』14 巻 1 号，1933 年 1 月，29～33 頁。

――『虚彦映画譜 50 年』鏡浦書房，1968 年。

宇野真佐夫「欧州映画と画調」『キネマ旬報』587 号，1936 年 9 月 11 日，64 頁。

浦谷年良「チャンバラ・スター列伝」山根貞男・田中範子編『京都から世界へ――チャンバラ映画』京都映画祭，2004 年，24～27 頁。

「映画プロパガンダ論」『活動写真雑誌』5 巻 5 号，1919 年 5 月，38～39 頁。

H2O「第二期を迎えた『シリーズ日本の撮影監督』」『NFC ニューズレター』12 巻 6 号，2007 年 2/3 月，3 頁。

S・O・S「とぴっく解剖」『日本映画』2 巻 12 号，1937 年 12 月，47～51 頁。

枝正義郎「何故我国に優良映画生れざるか」『活動雑誌』5 巻 10 号，1919 年，104～107 頁。

江戸川乱歩「一寸法師」『江戸川乱歩全集 2　パノラマ島奇談』講談社，1969 年，313～401 頁。

――「芋虫」『江戸川乱歩全集 3　孤島の鬼』講談社，1969 年，85～98 頁。

――「盲獣」『江戸川乱歩全集 4　猟奇の果』講談社，1969 年，329～403 頁。

F・K・R「映画俳優社会学」『日本映画』2 巻 9 号，1937 年 9 月，42～50 頁。

――「東宝松竹二大ブロックの解剖」『日本映画』2 巻 8 号，1937 年 8 月，90～98 頁。

おうぎまちふなぞう「一九三〇年下賀茂映画展望」『下加茂』5 巻 2 号，1931 年 2 月，49～51 頁。

大河内傳二郎「長二郎さんと私」『下加茂』2 巻 11 号，1928 年 9 月，92～93 頁。

相坂操一「技術研究――決戦下の撮影技術」『映画評論』1 巻 10/11 号，1944 年 10/11 月号，44～45 頁。

大島十九郎「林長二郎・二三」『下加茂』1928 年 9 月増刊号，62 頁。

太田三郎「黒の凱歌」『日本映画』7 巻 1 号，1942 年 1 月，102～104 頁。

太田米男「京都時代劇映画　技術の継承」京都映画祭実行委員会・筒井清忠・加藤幹朗編『時代劇映画とはなにか――ニュー・フィルム・スタディーズ』人文書院，1997 年，89～106 頁。

――「モノクロームの時代」植草信和編『撮影監督・宮川一夫の世界――光と影の映画史』キネマ旬報社，2000 年，18～25 頁。

大竹二郎「『十字路』の場合――日本映画の海外進出に就いて」『映画往来』5 巻 56 号，1929 年 9/10 月号，23～26 頁。

大竹徹他編『映像研究別冊　個人別領域別談話集録による映画史体系：衣笠貞之助』日本大学芸術学部映画学科，1979 年。

――『映像研究別冊　個人別領域別談話集録による映画史体系：白井茂』日本大学芸術学部映画学科，1979 年。

――『映像研究別冊　個人別領域別談話集録による映画史体系：宮川一夫』日本大学芸術学部映画学科，1979 年。

大塚恭一「『お嬢さん』」『映画評論』10 巻 2 号，1931 年 2 月，50～52 号。

――「日本映画の技術的発展に就いて」『映画評論』14 巻 1 号，1933 年 1 月，41～45 頁。

――「『放浪記』」『映画評論』17 巻 5 号，1935 年 5 月，247 頁。

大橋孝一郎「下加茂のプロフイル」『蒲田』12 巻 6 号，1933 年 6 月，48～49 頁。

岡田秀則「日本のナイトレートフィルム製造初期の事情（下）」『NFC ニューズレター』31 号，200 年，12～15 頁。

岡部龍「アメリカ時代のヘンリー・小谷」『映画史研究』2 号，1973 年，15～29 頁。

――「日活向島撮影所について」『映画史研究』9 号，1977 年，57～61 頁。

岡村章「お坊吉三」『キネマ旬報』325 号，1929 年 3 月 21 日，87 頁。

小川佐和子「外国映画との対峙――大正初期日本映画のダイナミズム」黒沢清・四方田犬彦・吉見俊哉・鳳宇『日本映画は生きている　第 2 巻　映画史を読み直す』岩波書店，2010 年，85～115 頁。

小川昇編『日本舞台照明史』日本照明家協会，1975 年。

奥平英雄「衣笠貞之助と日本映画史」『映画評論』14 巻 4 号，1933 年 4 月，30～35 頁。

奥村康夫「映画の照明効果について」『キネマ旬報』443 号，1932 年 8 月 1 日，39～40 頁。

小倉金彌「『馬』の撮影について」『映画旬報』9 号，1941 年 4 月 1 日，58 頁。

――「日本映画撮影協会賞――『川中島合戦』選定経過報告」『映画技術』3 巻 3 号，1942 年 3 月，59～60 頁。

小栗茂樹「レンズの虫」植草信和編『撮影監督・宮川一夫の世界――光と影の映画史』キネマ旬報社，2000 年，62～80 頁。

小津安二郎・筈見恒夫・滋野辰彦・岸松雄・友田純一郎・北川冬彦・飯田心美「小津安二郎座談会」『キネマ旬報』537 号，1935 年 4 月 1 日，171～178 頁。

――・八木保太郎・柳井隆雄「『父ありき』」西口徹編『文藝別冊 小津安二郎』河出書房新社，2001 年，239～254 頁。

「『おとうと』」『FC』20 号，東京国立近代美術館，1984 年，57〜58 頁。

「お染馴グラヒツク」『下加茂』2 巻 1 号，1928 年 1 月，30 頁。

「お夏清十郎のスタッフに聞く」『下加茂』10 巻 5 号，1936 年 5 月，14〜17 頁。

小野七郎「スタンバーグを追跡する」『日本映画』1 巻 7 号，1936 年 10 月，42〜44 頁。

小畑敏一「撮影所の照明装置：附，日本各撮影所の照明設備」『国際映画新聞』5 号，1927 年 9 月 20 日，122〜126 頁。

帰山教正「映画技術の実践」『映画技術』1 巻 4 号，1941 年 4 月，231 頁。

――『活動写真劇の創作と撮影法』正光社，1921 年
――「下加茂における衣笠の足跡」『オール松竹』18 巻 7 号，1939 年 7 月，56〜57 頁。

――「十年前の話（一）」『映画時代』5 巻 4 号，1928 年 3 月，108〜111 頁。

――「人造光線及其の写真術」『キネマ・レコード』5 巻 44 号，1917 年 2 月 10 日，61〜63 号。

――「独逸フィルムの現在及将来」『キネマ・レコード』2 巻 10 号，1914 年 4 月 10 日，4〜5 頁。

――「日本映画の海外進出に就て」『映画往来』5 巻 56 号，1929 年 9/10 月，12〜14 頁。

夏溪山人「芸術としての活動写真」『活動写真界』19 号，1911 年 2 月，15〜16 頁。

――「活動写真が與ふる知識」『活動写真界』20 号，1911 年 3 月，16 頁。

――「活動写真芸術論」『活動写真界』26 号，1911 年 9 月，4 頁。

「陰の名優」『キネマ旬報』48 号，1920 年 11 月 21 日，9 頁。

風間道太郎『キネマに生きる――評伝・岩崎昶』影書房，1987 年。

鹿島雄三「山田五十鈴に最近の感想を聞く」『ぽいんとファン』1 巻 9 号，1938 年 9 月，22〜23 頁。

柏木隆法『千本組始末記――アナキストやくざ笹井末三郎の映画渡世』『千本組始末記』刊行会，2013 年。柏木隆法『千本組始末記』海燕書房，1992 年。

片山公夫「ルビツチで『お夏清十郎』を撮つて貰ひたい林長二郎」『スタア――映画とレヴュー』1937 年 5 月，30〜31 頁。

加藤厚子『総動員体制と映画』新曜社，2003 年。

金井景子「文学とジェンダー　前期第 7 回：路上から戦場へ，林芙美子の足跡」金井研究室，2004 年（http://www.f.waseda.jp/kanaike/class/gender/gender2004_01_07.html）［現在アクセス不能］

金田重雄「劇時代的映画『日輪』を見る」『日活映画』2 巻 8 号，1926 年 8 月，46〜47 頁。

兼松熙太郎・渡辺浩「明治の活動大好き少年――厚田雄春カメラマンの思い出」『映画論叢』10 号，樹花社，10〜19 頁。

鹿野千代夫「下加茂訪問――ヘンリー小谷と遊ぶ」『活動雑誌』10 巻 4 号，1924 年 4 月，56〜59 頁。

「蒲田十年の回顧」『蒲田』11 巻 8 号，1932 年 8 月，64〜71 頁。

川口和男「アメリカ映画とヘンリー小谷先生」『映画テレビ技術』238 号，1972 年 6 月，19〜20 頁。

――「昔の撮影所跡をたずねて（1）」『映画テレビ技術』191 号，1968 年 7 月，57〜60 頁。

――「昔の撮影所跡をたずねて（6）」『映画テレビ技術』216号，1970年8月，47〜52頁。

河崎喜久三「或るカメラマンの話」『映画往来』5巻5・6号，1929年7月・8月，66〜67頁。

――「カメラマンは語る」『映画評論』16巻3号，1934年3月，37〜39頁。

――『キャメラ街漫歩』『映画時代』3巻6号，1930年6月，44〜45頁。

――「撮影技術の貧困」『映画評論』2巻7号，1942年7月，38〜40頁。

――「『水滸伝』」『映画技術』4巻2号，1942年8月，77〜78頁。

――「東宝映画撮影技術の回顧」『映画技術』3巻2号，1942年2月，63〜64頁。

川田隆子・浅原恒男「舞台照明」日本俳優協会編『歌舞伎の舞台技術と技術者たち』八木書店，2000年，47〜56頁。

河竹登志夫「白日光の舞台」『日本の美学』26号，1997年，18〜19頁。

川谷庄平『魔都を駆け抜けた男――私のキャメラマン人生』三一書房，1995年。

「『川中島合戦』検討」『新映画』2巻1号，1942年1月，70〜84頁。

「『川中島合戦』と『元禄忠臣蔵』の製作を対照する」『映画』1巻12号，1941年12月，84〜86頁。

河本正男「ルドルフ・マテの革新的手法」『映画技術』2巻1号，1941年8月，50〜51頁。

岸松雄「三十四年度日本映画決算」『キネマ旬報』527号，1935年1月，272〜276頁。

――『日本映画様式考』河出書房，1937年。

――「『母を恋はずや』」『キネマ旬報』507号，1934年6月1日，106頁。

来島雪夫「『綴方教室』」『映画評論』20巻10号，1938年10月，144頁。

「技術解説『駅馬車』」『映画と技術』11巻5号，1940年7月，284〜286頁。

「技術家による日本最初のトーキー批評「假名屋小梅」」『映画科学研究』5号，1929年4月号，255〜282頁。

技術史委員会「輸入第1号のカメラはバックスター・アンド・レイ」『映画テレビ技術』218号，1970年10月，69〜72頁。

喜曽十三郎「長二郎物語」『下加茂』5巻2号，1931年2月，57〜71頁。

北田暁大『〈意味〉への抗い――メディエーションの文化政治学』せりか書房，2004年。

北野一郎「映画スター製造法」『日本映画』1巻1号，1936年4月，91〜93頁。

城戸四郎「映画製作合理化論」『国際映画新聞』36号，1930年2月10日，22〜23頁。

――「帰朝第一言」『蒲田週報』168号，1929年5月26日，1頁。

――「健全なる恋愛は描いて可」『映画旬報』35号，1942年1月1日，31頁。

――「製作者の立場より」『国際映画新聞』11号，1928年1月5日，18〜20頁。

――『日本映画伝――映画製作者の記録』文藝春秋新社，1956年。

――「婦人客を忘れるな」『映画旬報』1号，1941年1月1日，30頁。

――著，山田洋次編『わが映画論』松竹，1978年。

――監修『映画への道』松竹出版部，1947年。

「城戸四郎聞き書き」京都文化博物館，1973年。

衣笠貞之助「『十字路』雑感」『蒲田』7巻5号，1928年5月，54〜55頁。

――「『十字路』の頃」『日本映画』4巻10号，1940年10月，176〜177頁。

――「『パンクロフィルム』現像の実際」『映画時代』8 巻 3 号，1930 年 3 月，6～10 頁。

「衣笠貞之助と彼の新作『十字路』をめぐる座談会筆記録」『映画往来』4 巻 42 号，1928 年 6 月，14～20 頁。

木下千花「メロドラマの再帰――マキノ正博『婦系図』（一九四二）と観客の可能性」藤木秀朗編『日本映画叢書 14　観客へのアプローチ』森話社，2011 年，199～228 頁。

金英達『日本の指紋制度』社会評論社，1987 年。

木村荘十二「傾向映画と前衛映画」岩本憲児・佐伯知紀編『聞書き　キネマの青春』リブロポート，1988 年，259～284 頁。

――・佐藤忠男「「傾向映画」から満映へ」今村昌平・佐藤忠男・新藤兼人・鶴見俊輔・山田洋次編『講座日本映画 2　無声映画の完成』岩波書店，1986 年，242～259 頁。

キムラ・フジオ「長二郎《ぼいんと》・素描《でつさん》」『下加茂』9 巻 3 号，1935 年 3 月，16～17 頁。

――「リアリズムの道へ！　途上の衣笠貞之助」『下加茂』11 巻 3 号，1937 年 3 月，14～16 頁。

キャッスル，ジョン「『駅馬車』撮影見学記」『映画と技術』11 巻 5 号，1940 年 7 月，287～289 頁。

「キヤメラマンになるには」『活動雑誌』8 巻 1 号，1922 年 1 月，132～133 頁。

「キャメラ，録音，装置 座談会」『新映画』10 巻 7 号，1940 年 6 月，37～43 頁。

Q［津村秀夫］「新映画批評『支那の夜』」『東京朝日新聞』1940 年 6 月 9 日夕刊，3 頁。

京白ゆり「時雨雑記」『下加茂』4 巻 12 号，1930 年 12 月，113 頁。

『極東国際軍事裁判速記録』第 4 巻，雄松堂書店，1968 年。

清友英男「『十字路』漫想」『映画随筆』3 巻 5 号，1928 年 4 月，30～31 頁。

愚教師「活動写真の話（1）」『キネマ旬報』104 号，1922 年 7 月 1 日，6 頁。

鵠草之助「臨戦態勢に直面する松竹今期の決戦」『映画旬報』33 号，1941 年 12 月 1 日，21～22 頁。

工藤美代子『聖林からヒロシマへ――映画カメラマン・ハリー三村の人生』晶文社，1985 年。

久保一雄「映画美術界の回顧」『映画技術』3 巻 2 号，1942 年 2 月，69～71 頁，83 頁。

久保田たつを「思い出の名編回顧 13 『十字路』」『下加茂』10 巻 2 号，1936 年 2 月 1 日，22～23 頁。

――「下加茂雑話」『キネマ旬報』317 号，1929 年 1 月 1 日，142～143 頁。

――「創刊雑筆」『下加茂』1 巻 1 号，1927 年 11 月，72 頁。

――「ヘンリー座談　映画が出来上る迄（1）」『キネマ旬報』102 号，1922 年 6 月 11 日，5 頁。

栗島すみ子「『虞美人草』の頃」『映画テレビ技術』238 号，1972 年 6 月，21～22 頁。

栗林圭子「ポイントに一筆啓上」『ぽいんとファン』2 巻 2 号，1939 年 2 月，29 頁。

クルツ，ルドルフ，岩崎秋良［昶］訳「表現主義と映画（2）」『キネマ旬報』252 号，1927 年 2 月 11 日号，33 頁。

K・K 生「長二郎氏を迎へて」『下加茂』2 巻 4 号，1928 年 4 月，73 頁。

絢絃三郎「長二郎映画とは」『下加茂』1 巻 1 号，1927 年 11 月，45 頁。

「現代の婦人の見たる活動写真：第 2 回」『キネマ・レコード』48 号，1917 年 6 月，178～179 頁。

「剣の魅惑」『日本映画』1 巻 1 号，1929 年 6 月，頁なし。

小石栄一「私の昭和四年：メモ」『下加茂』4 巻 2 号，1930 年 2 月，42～43 頁。

「興行成績決算」『映画旬報』71 号，1943 年 2 月 1 日，120～121 頁。

高坂利光「夜間撮影に就て」『向島』1 号，1923 年 2 月，36～37 頁。

虹児・青木瑠美・藤浪ゆかり・水生珊子他「Point Upper Box」『ぽいんとファン』1 巻 7 号，1938 年 7 月，26～27 頁。

ゴーディオ，島崎清彦訳「映画の配光に於ける新しい見解とその技術」『映画と技術』6 巻 6 号，1937 年 12 月，359～378 頁。

「『小島の春』座談会」『映画と技術』12 巻 1 号，1940 年 8 月，21～24 頁，30 頁。

「五所平之助聞き書き」1975 年 9 月 11～12 日，京都文化博物館。

小谷，ヘンリー「一人前の撮影技師になる迄」『活動倶楽部』7 巻 2 号，1924 年 2 月，83～86 頁。

――「映画が出来上る迄（一）」『キネマ旬報』102 号，1922 年 6 月 11 日，5 頁。

――「ハロー！青山雪雄氏！」『活動雑誌』9 巻 2 号，1923 年 2 月，134～137 頁。

小谷倉市，ヘンリー「日本の映画製作界では監督に対する理解が足りない」『活動画報』6 巻 4 号，1922 年 4 月，40～41 頁。

後藤智夜子「思ふまゝに」『下加茂』2 巻 4 号，1928 年 4 月，74 頁。

小林いさむ『映画の倒影』伊藤書房，1933 年。

――「長二郎と美貌」『下加茂』3 巻 2 号，1929 年 2 月，42～43 頁。

小林久三『日本映画を創った男――城戸四郎伝』新人物往来社，1999 年。

小林藤江，無題，『下加茂』2 巻 2 号，1928 年 2 月号，90 頁。

小松英治「お顔拝見（其の一）」『下加茂』5 巻 7 号，1931 年 2 月，58 頁。

小松弘「新派映画の形態学――震災前の日本映画が語るもの」黒沢清・四方田犬彦・吉見俊哉・李鳳宇編『日本映画は生きている　第 2 巻　映画史を読み直す』岩波書店，2010 年，43～83 頁。

権田保之助『活動写真の原理及応用』内田老鶴圃，1914 年。

近藤經一編『映画スター全集』1，平凡社，1929 年。

――『映画スター全集』2，平凡社，1929 年。

――『映画スター全集』10，平凡社，1929 年。

斎藤寅次郎『日本の喜劇王　斎藤寅次郎自伝』清流出版，2005 年。

佐伯知紀「『忠次旅日記』解説」佐伯知紀編『伊藤大輔――反逆のパッション，時代劇のモダニズム！（映画読本）』フィルム・アート社，1996 年，85～87 頁。

酒井健三「カメラマンとして」『キネマ旬報』352 号，1930 年 1 月 1 日，124 頁。

坂井珠子「人非人の事ども」『下加茂』2 巻 9 号，1928 年 9 月，67～68 頁。

坂本正編『日活四十年史』日活株式会社，1952 年。

左京小百合「望む・藤十郎の恋」『下加茂』11 巻 6 号，1937 年 6 月，90 頁。

――「ポイントに一筆啓上」『ぽいんとファン』2 巻 2 号，1939 年 2 月，32 頁。

佐々木淳・丹治史彦『唄えば天国　ニッポン歌謡映画デラックス　天の巻』メディアファクトリー，1999年。

佐々木太郎「活動写真撮影法」中村道太郎編『最新写真科学大系』第6回，誠文堂新光社，1935年，1～134頁。

「座談会映画照明史　生れ出づる喜びと苦しみ」『映画照明』2号，1973年5月，14～21頁。

幸子「色々の事でも」『下加茂』2巻7号，1928年7月，73～74頁。

「撮影監督制度の確立を」『キネマ旬報』262号，1960年7月1日，89～93頁。

佐藤重臣『阪妻の世界』池田書店，1976年。

佐藤忠男『君は時代劇映画を見たか』じゃこめてい出版，1977年。

──『俳優《スター》の美学』未來社，1987年。

──『日本映画史』I，岩波書店，1995年。

──「『放浪記』」『放浪記』DVD，東宝，2005年。

佐藤春夫「指紋」須永朝彦編『日本幻想文学集成11　佐藤春夫』国書刊行会，1992年。

ジェロー，アーロン「戦ふ観客──大東亜共栄圏の日本映画と受容の問題」『現代思想』30巻9号，2002年7月，136～149頁。

──「弁士について」黒沢清・四方田犬彦・吉見俊哉・李鳳宇編『日本映画は生きている　第2巻　映画史を読み直す』岩波書店，2010年，117～159頁。

滋野幸慶「活動写真劇の撮影を視た時」『キネマレコード』3巻17号，1914年11月10日，3頁。

シスゴール，オスカー「九時から九時まで」『新青年』1930年3月（西口徹編『文藝別冊　小津安二郎』河出書房新社，2001年，38～48頁に再録）。

「時代劇四方山座談会」『日本映画』1巻2号，1936年5月，65～74頁。

篠原泰「『放浪記』」『映画芸術研究』3巻4号，1935年4月，190頁。

柴田「『十字路』を見て」『映画随筆』3巻5号，1928年5月，27～28頁。

柴田勝・佐々木秀孝・川口和男「昔の撮影所跡をたずねて（19）」『映画テレビ技術』286号，1976年6月，59～62頁。

──「昔の撮影所跡をたずねて（20）」『映画テレビ技術』286号，1976年6月，59～62頁。

──「昔の撮影所跡を訪ねて（29）」『映画テレビ技術』303号，1977年11月，75～78頁。

──「昔の撮影所跡を訪ねて（32）」『映画テレビ技術』310号，1978年6月，77～80頁。

島崎清彦「伊佐山三郎」和田矩衛『現代映画講座』2，東京創元社，1955年，128～129頁。

──「映画技術月評」『映画評論』2巻2号，1942年2月，80～82頁。

──「映画の画調について」『映画評論』2巻7号，1942年7月，70～73頁。

──「映画の技術と精神──試論」『映画評論』2巻9号，1942年9月，28～30頁。

──「大洞元吾の足跡とその周囲（II）」『映画テレビ芸術』219号，1970年11月，105～108頁。

──「撮影」『映画旬報』37号，1942年2月1日，26～27頁。

──「撮影監督制の必要条件──日本での一つの例」『キネマ旬報』243号，1959年10月1日，104～105頁。

──「撮影監督について」『映画評論』2巻12号，1942年12月，73～76頁。

――「撮影技術の傾向」『キネマ旬報』71 号，1949 年 12 月 1 日，45 頁。

――「撮影時評」『映画評論』3 巻 4 号，1943 年 4 月，41～42 頁。

――「『藤十郎の恋』」『映画評論』3 巻 4 号，1943 年 4 月，378～380 頁。

――「日本映画の撮影技術（続）」『キネマ旬報』658 号，1938 年 9 月 21 日，8～9 頁。

――「日本の映画技術発展に果たした円谷英二の役割」竹内博・山本真吾編『完全増補版 円谷英二の映像世界』実業之日本社，2001 年，34～55 頁。

――「碧川道夫氏に『土』の撮影を聞く」『映画と技術』9 巻 5 号，1939 年 5 月，269～274 頁。

――「碧川道夫氏に『土』の撮影を聞く（続）」『映画と技術』9 巻 6 号，1939 年 6 月，337～339 頁。

――「三村明」『現代映画講座』2，東京創元社，1955 年，135～136 頁。

――「ルビッチとミルナーの論争」『キネマ旬報』1938 年 5 月 11 日，12～13 頁。

志村三代子「長谷川一夫と山田五十鈴――戦時下におけるロマンティシズムの興隆」岩本憲児編『日本映画とナショナリズム　1931-1945』森話社，2004 年，157～184 頁。

社団法人日本俳優協会編『歌舞伎の舞台技術と技術者たち』日本俳優協会，2000 年。

「十五年度日本映画（劇）の撮影技術断面」『映画技術』1 巻 2 号，1941 年 2 月，88～90 頁。

「『十字路』合評会記録」『映画随筆』3 巻 5 号，1928 年 5 月，34～42 頁。

「松竹王国物語」『日本映画』3 巻 10 号，1938 年 10 月，108～115 頁。

「松竹俯瞰」『日本映画』1 巻 2 号，1935 年 3 月，頁なし。

「松竹ブロック（四社）対東宝の抗争を如何に見らるるか？」『キネマ旬報』615 号，1937 年 7 月 1 日，52～53 頁。

照明学会編『照明日本』照明学会，1936 年（西村将洋編『コレクション・モダン都市文化（21）モダン都市の電飾』ゆまに書房，2006 年収録）。

「照明と扮装のお話――キャメラの効果」『蒲田』10 巻 9 号，1931 年 9 月，96～97 頁。

「昭和八年三月現在　日本撮影所録」『キネマ旬報』466 号，1933 年 4 月 1 日，別紙 34～46 頁。

「昭和六年三月調　日本撮影所録」『キネマ旬報』396 号，1931 年 4 月 1 日，220～230 頁。

白井茂「カメラマン人生」岩本憲児・佐伯知紀編『聞き書きキネマの青春』リブロポート，1988 年，47～76 頁。

――『カメラと人生――白井茂回顧録』ユニ通信社，1983 年。

白井信太郎「新興歌舞伎映画十八番・その他」『下加茂』4 巻 5 号，1930 年 5 月，32～33 頁。

――「日本のフィルムを外国へ輸出したい」『活動雑誌』9 巻 4 号，1923 年 4 月，74～76 頁。

――「林長二郎を売り出す迄」『国際映画新聞』11 号，1928 年 1 月 5 日，53～54 頁。

城洋子「思ひ出」『下加茂』3 巻 11 号，1929 年 11 月，87 頁。

新国劇編『新国劇五十年』中林出版，1967 年。

『新聞集成大正編年史』大正元年度版～大正 15 年度版（下），明治大正昭和新聞研究会，1980～87 年。

菅忠雄「ファンク博士の撮影拝見」『日本映画』1 巻 7 号，1936 年 10 月，36～38 頁。

杉本正二郎「「櫻の國」の畫調に就いて」『映画芸術』3巻1号，1941年1月，110～112頁。

杉山公平「一言」『下加茂』2巻11号，1928年9月，73頁。

――「『十字路』撮影雑記」『映画随筆』3巻5号，1928年5月，10～11頁。

杉山平一『映画評論集』第一芸文社，1941年。

鈴木和年『「愛染かつら」とニッポン人』情報センター出版局，1984年。

鈴木重三郎「続京都撮影所見聞記」『キネマ旬報』304号，1928年8月11日，66頁。

――「風雲城史」『キネマ旬報』288号，1928年3月1日，89頁。

――「夢の浮橋」『キネマ旬報』226号，1926年5月1日，66頁。

鈴木保「林長二郎寄せる文」『蒲田』10巻11号，1931年11月，110頁。

スタル，ウィリアム「聖林主要撮影所に於けるライト・レヴェルの調査」『映画技術』1巻1号，1941年1月，52～55頁。

須永朝彦編『日本幻想文学集成11　佐藤春夫』国書刊行会，1992年。

「一九三五年度優秀映画とその技術」『映画と技術』3巻1号，1936年1月，24～27頁，42～44頁。

「全松竹俳優人気投票」『蒲田』5巻11号，1930年11月，頁なし。

曾山直盛「我等の立場とアングスト」『キネマ旬報』606号，1937年4月1日，113～114頁。

大同社編『日本映画年鑑　昭和十六年度版』大同社，1942年。

「太陽は一つしかない　スタンバーグから我等は何を得たか」『キネマ旬報』65号，1953年6月1日，83～89頁。

高田保「夢に生きる男」『キネマ旬報』586号，1936年9月1日，165～166頁。

高橋ゆうか「喧嘩とび撮影見学記!!」『ぽいんとファン』2巻7号，1939年7月，20頁。

高村倉太郎『撮影監督高村倉太郎』ワイズ出版，2005年。

瀧井孝二「キヤメラ・プリムプのかげから」『新映画』3巻2号，1933年2月，38～41頁。

――「BEST PHOTOGRAPHY OF 1935」『新映画』5巻12号，1935年12月，38～40頁。

――「ミッチエル・ノイズレス」『映画評論』14巻1号，1933年1月，77～81頁。

滝沢一「時代劇とは何か」今村昌平・佐藤忠男・新藤兼人・鶴見俊輔・山田洋次編『講座日本映画2　無声映画の完成』岩波書店，1986年，116～131頁。

田口櫻村「松竹キネマ創立秘話（五）」『映画時代』2巻2号，1927年2月，95～97頁。

武田晃『映画十二講：附・映画用語辞典』素人社，1926年。

――「キャメラ・マンについて」『キネマ旬報』308号，1928年9月21日，50頁。

武田忠哉「『十字路』――衣笠貞之助氏へ」『キネマ旬報』294号，1928年5月1日，42～44頁。

竹田敏彦編『新国劇沢田正二郎　舞台の面影』かがみ社，1929年。

武富善男「大船映画の明るさの釈明」『映画技術』3巻4号，1942年4月，60～61頁。

太宰行道「衣笠映画への言葉」『下加茂』1巻1号，1927年11月，66頁。

――「長さん可愛いや・他雑件二，三」『下加茂』2巻1号，1928年1月，48～49頁。

橘高廣「映画の観方と味ひ方――活動写真を観る少女方へ」『少女画報』14巻1号，1925年1月，66～72頁。

立花伸夫「『馬』の撮影を三村明に聞く」『映画技術』1巻2号，1941年2月，100〜101頁。

田中純一郎『日本映画発達史』I，中央公論社，1975年。

——『日本映画発達史』II，中央公論社，1976年。

——『日本映画発達史』III，中央公論社，1976年。

——編『松竹七十年史』松竹，1964年。

——『松竹九十年史』松竹，1985年。

田中敏男「映画的な美，醜，穢れ」『新映画』10巻7号，1940年6月，44〜45頁。

——「映画に於けるカメラ技術批判」『アサヒカメラ』16巻6号，1933年12月，578〜579頁。

——「小原譲治」和田矩衛『現代映画講座　第2巻（技術篇）』東京創元社，1955年，148〜149頁。

——「カメラマンの分類——カメラの総和と決算と・その二」『スタア』5巻2号，1937年2月，10〜11頁。

——「カメラの総和と決算：アメリカの部，序論」『スタア』5巻1号，1937年1月，12〜13頁。

——「相克の美しさ　昭和十六年度技術回顧」『映画技術』3巻2号，1942年2月，56〜59頁。

——「『父ありき』」『映画技術』3巻5号，1942年5月，74〜75頁。

——「『ハワイマレー沖海戦』と撮影監督と」『新映画』3巻5号，1943年2月，52〜55頁。

——「フォトグラフィの性格と意志」『新映画』10巻9号，1940年9月，15〜22頁。

田中眞澄「浅原六郎，または一九三〇年代という《場》」西口徹編『文藝別冊 小津安二郎』河出書房新社，2001年，106〜111頁。

——『小津安二郎周游』岩波書店，2013年。

——『小津安二郎全発言　1933〜1945』泰流社，1987年。

——『小津安二郎のほうへ——モダニズム映画史論』みすず書房，2002年。

谷崎潤一郎「お艶殺し」『谷崎潤一郎全集』第2巻，中央公論社，1966年，501〜570頁。

——「刺青」『谷崎潤一郎全集』第1巻，中央公論社，1966年，61〜72頁。

多根茂『映画撮影学読本』大日本映画協会，1940年。

玉井正夫「文化映画技術批評」『映画技術』4巻2号，1942年8月，78〜79頁。

玉木潤一郎『日本映画盛衰記』万里閣，1938年。

田村幸彦「脚本の事前検閲その他」『キネマ旬報』720号，1940年7月1日，27頁。

——「日本映画の技術」『映画旬報』13号，1941年5月11日，18〜19頁。

——他「映画技術　座談会」『映画旬報』18号，1941年7月1日，24〜34頁。

ダワー，ジョン，三浦陽一・高杉忠明訳『増補版　敗北を抱きしめて』上，岩波書店，2004年。

俵田龍夫「映画劇場と照明概念」『映画是非』1巻3/4号，1929年6/7月，7〜8頁。

近松京二路「帰去来亭日記2　林長二郎の映画に就いて」『下加茂』2巻1号，1928年1月，51〜52頁。

「『近松物語』」『FC』20号，東京国立近代美術館，1984年，42〜43頁。

千葉伸夫編『監督山根貞雄』実業之日本社，1998 年。

調査部編「日本撮影所録」『キネマ旬報』537 号，1935 年 4 月 1 日，247〜259 頁。

塚本篤夫「林長二郎を描く」『下加茂』2 巻 9 号，1928 年 9 月，40〜41 頁。

塚本龜雄「「モロツコ」私評」『キネマ旬報』395 号，1931 年 3 月 21 日，77 頁。

月村吉治『蒲田撮影所とその附近』月村吉治，1972 年。

「『土屋主税』製作座談会」『下加茂』11 巻 9 号，1937 年 9 月，26〜31 頁。

土屋精之「『鶯』」『映画と技術』8 巻 12 号，1938 年 12 月，234 頁・243 頁。

筒井清忠『時代劇映画の思想――ノスタルジーのゆくえ』ウェッジ文庫，2008 年。

筒井春香「活動写真会の新傾向　喜劇の全盛時代来る」『活動画報』1917 年 3 月号，38〜43 頁。

坪井秀人『感覚の近代――声，身体，表象』名古屋大学出版会，2006 年。

津村秀夫『映画と批評』小山書店，1939 年。

――「松竹映画論」『キネマ旬報』679 号，1939 年 5 月 1 日，10〜11 頁。

――「日本映画は進歩したか　昭和十七年度作品回顧」『映画旬報』71 号，1943 年 2 月 1 日，38〜39 頁。

D・O・C「ホリウッド・カメラ技譚　技術と人間（二）」『日本映画』4 巻 9 号，1939 年 9 月，49〜51 頁。

手島仙造「教師の目に映つた映画と女学生」『日本映画』2 巻 8 号，1937 年 8 月，110〜114 頁。

「掉尾の興行戦を語る」『映画旬報』35 号，1942 年 1 月，72〜80 頁。

東福寺齋「林長二郎浮名ざんげ」『蒲田』10 巻 12 号，1931 年 12 月，76〜79 頁。

「東宝春季超大作『蛇姫様』ワンカット撮影見学記」『ぽいんとファン』3 巻 4 号，1940 年 4 月，18〜19 頁。

十重田裕一編『コレクション・モダン都市文化 19　映画館』ゆまに書房，2006 年。

遠山静雄「劇場のあかり」照明文化研究会編『あかりのフォークロア』柴田書店，1976 年，164〜180 頁。

――『舞台照明五十年』相模書房，1966 年。

冨田美香「マキノ映画時代劇――反射しあうメディア」岩本憲児編『時代劇伝説――チャンバラ映画の輝き』森話社，2005 年，115〜141 頁。

永井良和『探偵の社会史　尾行者たちの街角』世織書房，2000 年。

永田雅一「映画界への公開状」『日本映画』4 巻 9 号，1939 年 9 月，98〜102 頁。

永富映次郎「映画撮影の新照明法」『映画評論』14 巻 1 号，1933 年 1 月，102〜104 頁。

中野敏夫「技術者の使命」『映画技術』1 巻 2 号，1941 年 2 月，80 頁。

――・城戸四郎・森岩雄・永田雅一「映画行政」『映画旬報』47 号，1942 年 5 月 11 日，4〜11 頁。

長濱慶三「活動写真の基礎的技術」『映画評論』6 巻 4 号，1929 年 4 月，315〜321 頁。

――「活動写真の基礎的技術（二）」『映画評論』6 巻 5 号，1929 年 5 月，464〜466 頁。

――「マキノキネマ・プロダクションと私」『映画テレビ技術』203 号，1969 年 7 月，57〜62 頁。

中村雪之丞「林長二郎を語る」『オール松竹』15 巻 6 号，1936 年 6 月，48〜49 頁。

永山武臣編『松竹百年史　本史』松竹，1996 年。

「情の光」『FC』90 号，1992 年，23〜24 頁。

波奈子「浮び出ずるまゝに」『下加茂』2 巻 2 号，1928 年 3 月号，68 頁。

「『浪子』をめぐる座談会」『キネマ週報』110 号，1932 年 5 月 20 日，19〜21 頁。

南部綾子「女性《ふえみ》主義《にずむ》」『下加茂』2 巻 8 号，1928 年 3 月，70〜71 頁。

西川悦二「馬の現像――ラボの記録を辿って」『映画技術』1 巻 4 号，1941 年 4 月，253〜256 頁。

――「映画技術の再出発――新体制確率第一年を迎へて」『映画技術』3 巻 1 号，1942 年 1 月，42〜43 頁。

西口徹編『文藝別冊　小津安二郎』河出書房新社，2001 年。

西村将洋編『コレクション・モダン都市文化 21　モダン都市の電飾』ゆまに書房，2006 年。

西村正美「『大平原』」『映画と技術』12 巻 2 号，1940 年 10 月，76〜77 頁。

『日活四十年史』日活株式会社，1952 年。

日本映画テレビ技術協会編『日本映画技術史』日本映画テレビ技術協会，1997 年。

「日本最大のトーキー撮影所　写真科学研究所（PCL）　その組織と陣容」『キネマ週報』138 号，1932 年 12 月 16 日，14〜15 頁。

「日本撮影所録」『キネマ旬報』606 号，1937 年 4 月 21 日，211〜220 頁。

「日本的寵児」近藤経一編『映画スター全集』平凡社，1929 年，113 頁。

日本舞台照明史編纂委員会編『日本舞台照明史：資料編』日本照明家協会，1974 年。

沼田穣「活動写真の芸術美」『活動画報』1 巻 6 号，1922 年 4 月，141〜145 頁。

――「ポスターの街衢に立ちて」『活動画報』1 巻 4 号，1917 年 4 月，112〜115 頁。

野田高梧「創立当時の蒲田映画」『蒲田』1927 年 1 月，61 頁。

野村昊「師としてのヘンリー・小谷」『映画テレビ技術』238 号，1972 年 6 月，22 頁。

野村芳亭「日本の映画を作りたい」『蒲田』5 巻 3 号，1926 年 3 月，24 頁。

波木井皓三『新派の芸』東京書籍，1984 年。

橋爪紳也『モダニズムのニッポン』KADOKAWA/角川学芸出版，2006 年。

橋本治『完本チャンバラ時代劇講座』徳間書店，1986 年。

蓮實重彦『映画狂人，神出鬼没』河出書房新社，2000 年。

蓮見千代夫「相反する二つの映画」『下加茂』9 巻 11 号，1935 年 11 月，14〜17 頁。

――「『お夏清十郎』研究の備要」『下加茂』10 巻 6 号，1936 年 6 月，26〜28 頁。

――「雪之丞変化第二篇研究の備要」『下加茂』9 巻 12 号，1935 年 12 月，26〜28 頁。

筈見恒夫『映画の伝統』青山書院，1942 年。

――「女夫星」『下加茂』1 巻 1 号，1927 年 11 月，48〜50 頁。

――「『川中島合戦』」『映画旬報』35 号，1942 年 1 月 1 日，57 頁。

長谷川一夫「鶴八鶴二郎について」『ぽいんとファン』1 巻 9 号，1938 年 9 月，20〜21 頁。

――『舞台・銀幕六十年』日本経済新聞社，1973 年。

――『私の二十年』中央社，1948 年。

「長谷川一夫聞き書き」京都文化博物館，1972 年。

長谷川愁子「長様の印象」『下加茂』5巻1号，1931年1月，67〜68頁。

旗一兵『花の春秋　長谷川一夫の歩んだ道』文陽社，1957年。

波多野三夫「二つの『十字路』」『映画随筆』3巻5号，1928年5月，22〜23頁。

ハッピー・ヒット「『十字路』のセット」『下加茂』2巻6号，1928年6月，47頁。

花房種太「技巧的光線」『キネマ・レコード』4巻21号，1915年3月10日，3頁。

花房虹二「『日輪』讃称と時彦病気の事」『日活映画』2巻8号，1926年8月，40〜41頁。

英通夫「時代劇へのさゝやかな提言」『キネマ旬報』502号，1934年4月11日，73頁。

花村禎二郎「『罪なき町』」『映画技術』1巻2号，1941年2月，128頁。

――「『母代』」『映画技術』1巻2号，1941年2月，130〜131頁。

花柳章太郎・岡田八千代・伊志井寛・大江良太郎・柳英二郎・大矢市次郎・伊藤基彦「合評座談会『婦系図』を語る」『映画』1942年7月，46〜47頁。

花柳多美男「松竹キネマ株式会社々長　大谷竹次郎君への公開状（第三回）」『活動雑誌』8巻6号，1922年6月，82〜84頁。

「早川雪洲自叙小伝（下）」『サンデー毎日』27号，1949年11月，22頁。

林陽炎「長二郎から」『下加茂』3巻11号，1929年11月，87頁。

林幸子「長様を巡る人々」『下加茂』4巻1号，1930年1月，64頁。

林成年『父・長谷川一夫の大いなる遺産』講談社，1985年。

林美智子「愚文一つ」『下加茂』2巻4号，1928年4月，78頁。

林百合子「ハピー・エンド：沙彌磨を見て」『下加茂』2巻8号，1928年8月，67〜68頁。

林長二郎「忙しすぎる」『蒲田』10巻2号，1931年2月，118〜119頁。

――「親のない子」『下加茂』2巻11号，1928年9月，43〜53頁。

――「陽炎の下で」『下加茂』2巻5号，1928年5月，51頁。

――「楽屋にて」『蒲田』8巻6号，1929年6月，100〜101頁。

――「御挨拶」『キネマ旬報』629号，1937年11月21日，頁なし。

――「今月の話題」『下加茂』5巻1号，1931年1月，40〜41頁。

――「今月の話題　その二」『下加茂』5巻2号，1931年2月，52〜53頁。

――「続サイレントからトーキーへ」『下加茂』11巻4号，1937年4月，14〜17頁。

――「続サイレントからトーキーへ　その2」『下加茂』11巻5号，1937年5月，78〜80頁。

――「続・サイレントからトーキーへ　その4」『下加茂』11巻7号，1937年7月，70〜72頁。

――「續・長二郎雜話」『下加茂』3巻6号，1929年6月，42〜43頁。

――『長二郎草紙』下加茂雑誌社，1930年。

――「「はい今晩，わあー」病床三十日」『下加茂』1巻1号，1927年11月，40〜41頁。

――「林長二郎・趣味の漫談」『下加茂』2巻7号，1928年7月，32〜35頁。

――「林長二郎・趣味の漫談（完）」『下加茂』2巻8号，1928年8月，31〜33頁。

――「私の歌舞伎映画」『下加茂』3巻2号，1929年2月，38〜39頁。

――「吾等がスター達の初夢」『下加茂』4巻2号，1930年2月，66〜69頁。

「ハリウッド今昔：早川雪洲土産話」『週刊朝日』1554号，1949年10月23日，22〜23頁。

ハワイマレー沖海戦 DVD ブックレット（東宝，2007年）。

番町浪人「林長二郎行状記」『映画時代』6 巻 1 号，1929 年 1 月，97 頁。

東山道美「林長二郎《ポイント》に訊く」『下加茂』9 巻 9 号，1935 年 9 月，43～44 頁。

「秘密の花園」『キネマ旬報』70 号，1921 年 7 月 1 日，8～9 頁。

平井輝章『実録日本映画の誕生』フィルムアート社，1993 年。

――「素稿日本映画撮影史　連載 3」『映画撮影』33 号，1969 年 5 月，48～51 頁。

――「素稿日本映画撮影史　連載 5」『映画撮影』35 号，1969 年 11 月，47～51 頁。

――「素稿日本映画撮影史　連載 7」『映画撮影』37 号，1970 年 3 月，47～51 頁
――「素稿日本映画撮影史　連載 8」『映画撮影』38 号，1970 年 5 月，54～58 頁。

――「素稿日本映画撮影史　連載 9」『映画撮影』39 号，1970 年 7 月，49～53 頁。

――「素稿日本映画撮影史　連載 10」『映画撮影』40 号，1970 年 11 月，46～49 頁。

――「素稿日本映画撮影史　連載 11」『映画撮影』41 号，1971 年 1 月，37～44 頁。

――「素稿日本映画撮影史　連載 12」『映画撮影』42 号，1971 年 3 月，69～73 頁。

――「素稿日本映画撮影史　連載 15」『映画撮影』45 号，1972 年 1 月，39～43 頁。

――「素稿日本映画撮影史　連載 16」『映画撮影』46 号，1972 年 3 月，57～62 頁。

――「素稿日本映画撮影史　連載 17」『映画撮影』47 号，1972 年 7 月，51～55 頁。

――「素稿日本映画撮影史　連載 18」『映画撮影』48 号，1972 年 9 月，40～44 頁。

――「素稿日本映画撮影史　連載 20」『映画撮影』51 号，1973 年 3 月，51～56 頁。

――「素稿日本映画撮影史　連載 31」『映画撮影』63 号，1977 年 3 月，52～57 頁。

――「素稿日本映画撮影史　連載 70」『映画撮影』70 号，1980 年 1 月，67～72 頁。

――「素稿日本映画撮影史　連載 47」『映画撮影』80 号，1983 年 3 月，75～81 頁。

――「素稿日本映画撮影史　連載 56」『映画撮影』89 号，1985 年 3 月，67～76 頁。

――「素稿日本映画撮影史　連載 58」『映画撮影』91 号，1986 年 1 月，69～76 頁。

――「素稿日本映画撮影史　連載 77」『映画撮影』110 号，1990 年 10 月，62～68 頁。

廣石常雄「ライトマン」『下加茂』3 巻 4 号，1929 年 4 月，68 頁。

広木正幹「表現に参与するフィルター」『映画技術』4 巻 2 号，1942 年 8 月，53～57 頁。

「『白蘭の歌』誌上合評放談記」『ぽいんとファン』3 巻 2 号，1940 年 2 月，26～29 頁。

ファンク・小津安二郎・鈴木重吉・アングスト・牛原虚彦・矢倉繁雄・林文三郎・田坂具隆・近藤春雄・川喜多長政・伊丹万作「ファンクと監督協会」『キネマ旬報』597 号，1937 年 1 月 1 日，235～239 頁。

「封切映画興行研究」『映画旬報』48 号，1942 年 5 月 21 日，56 頁。

深田岩男「林長二郎　寄せる文」『蒲田』10 巻 11 号，1931 年 11 月号，110～11 頁。

ふきやかつみ「キヤメラ」『下加茂』4 巻 12 号，1930 年 12 月，106 頁。

――「雪之丞とポイント」『下加茂』9 巻 8 号，1935 年 8 月，48～49 頁。

袋一平「一寸法師」『映画時代』2 巻 5 号，1927 年 5 月，104 頁。

富士峯夫・美村映一路・谷間百合子「破れ編笠　合評録」『下加茂』1 巻 2 号，1927 年 12 月，56～57 頁。

藤井仁子「日本映画の 1930 年代――トーキー移行期の諸問題」『映像学』62 号，1999 年，21～37 頁。

藤井康生『東西チャンバラ盛衰記』平凡社，1999 年。

藤木秀朗『増殖するペルソナ――映画スターダムの成立と日本近代』名古屋大学出版会，2007 年。

藤原忠「12345」『下加茂』1928 年 9 月増刊号，63 頁。

冬島泰三「『薩南総動員』製作記」『下加茂』5 巻 2 号，1931 年 2 月，44～45 頁。

古川隆久『戦時下の日本映画』吉川弘文館，2003 年。

古川緑波「ヘンリーとの半日」『キネマ旬報』95 号，1922 年 4 月 1 日，15 頁。

フロイント，カルル，佐々木富実夫訳「映画撮影の革命」『映画評論』3 巻 3 号，1927 年 9 月，178～181 頁。

不破佑俊「日本映画技術の進むべき道」『映画技術』1 巻 4 号，1941 年 4 月，232 頁。

――「文化映画の目標」『文化映画』2 巻 6 号，1939 年 6 月号，14～17 頁。

「ヘンリー小谷倉一」『キネマ旬報』90 号，1922 年 2 月 11 日，7 頁。

「Point Upper Box」『下加茂』11 巻 5 号，1937 年 5 月，61～65 頁。

ボードウェル，デヴィッド，杉山昭夫訳『小津安二郎　映画の詩学』青土社，2003 年。Bordwell, David. *Ozu and* the Poetics of Cinema. Princeton : Princeton UP, 1988.

――「フランボワイヤンから荘重性へ――一九二〇年～三〇年代の時代劇に関する考察」京都映画祭実行委員会・筒井清忠・加藤幹朗編『時代劇映画とはなにか――ニュー・フィルム・スタディーズ』人文書院，1997 年，146～147 頁。

墨堤隠士「日本製映画の欽點と其實際的研究」『活動画報』1 巻 3 号，1917 年，70～74 頁。

北斗星「伊藤大輔の苦闘史」『キネマ週報』43 号，1931 年 1 月 1 日，49～51 頁。

星哲六「時代劇に於けるフォトグラフィに就いて」『映画技術』2 巻 3 号，1941 年 10 月，30～31 頁。

「本邦各撮影施設陣容比較表」『国際映画新聞』15 号，1928 年 5 月 10 日，13 頁。

「本邦七大撮影所実力調査」『国際映画新聞』5 号，1927 年 9 月 20 日，1 頁。

マーフィ，ジョセフ，山﨑順子訳「ファン像の生成――1920 年代の文学と映画文化の遭遇から」藤木秀朗編『観客へのアプローチ』森話社，2011 年，199～228 頁。

牧野省三「撮影技師としての苦心」『活動写真雑誌』3 巻 1 号，1917 年 1 月，47～48 頁。

マキノ雅弘『映画渡世　地の巻』平凡社，1977 年。

マキノ正博・野口久光・小倉浩一郎・佐藤邦夫「座談会　日本の映画音楽を語る」『新映画』1940 年 3 月号，206 頁。

牧野守『日本映画検閲史』パンドラ，2003 年。

――監修『日本映画初期資料集成』7，三一書房，1991 年。

升本喜年「『キネマの天地』の背景」山田洋次ほか『キネマの天地』新潮社，1986 年，235～270 頁。

――『松竹映画の栄光と崩壊――大船の時代』平凡社，1988 年。

――『人物・松竹映画史――蒲田の時代』平凡社，1987 年。

松井潤子「前髪姿の林長二郎さん」『下加茂』2 巻 11 号，1928 年 9 月，85 頁。

松井千枝子「美男長二郎さんを憶ふ」『下加茂』2 巻 11 号，1928 年 9 月，95 頁。

松下雅夫「キヤメラの中の長二郎さん」『下加茂』1928 年 9 月増刊号，81～83 頁。

松山巖『乱歩と東京』筑摩書房，1994 年。

「摩天楼座談会」『日活画報』10 号，1929 年 10 月，45～52 頁。

真鍋秀夫『新国劇』元就出版社，2005 年。

「瞼の母グリンプス」『ぽいんとファン』1 巻 9 号，1938 年 9 月，24～25 頁。

丸川武郎「時代劇撮影の為のライティング」『映画技術』2 巻 3 号，1941 年 10 月号，36～37 頁。

丸山育之「『蛇姫様』」『東宝映画』1940 年 6 月 1 日，28 頁。

三浦光男「キャメラマンのキャメラマン批評：「モロッコ」の撮影技術」『映画往来』7 巻 74 号，1931 年 4 月，80～83 頁。

――「ホリーウツドから」『映画時代』5 巻 4 号，1928 年 10 月，36～43 頁。

三浦光雄「『川中島合戦』撮影記録断片」『映画技術』2 巻 5 号，1941 年 12 月，44～47 頁。

――「芸術としての映画撮影の発達（正篇・中)」『映画撮影』166 号，2005 年 8 月，74～76 頁。

――「劇映画の撮影，第四章　配光」『映画撮影学読本』上巻，大日本映画協会，1940 年，237～252 頁。

――「受賞・即ち激励に答へて」『映画技術』3 巻 3 号，1942 年 3 月，62～63 頁。

三浦礼「軌跡：ライトマンたちのあゆみ」『映画照明』17 号，1981 年 2 月，42～44 頁。

――「軌跡 II：ライトマンたちのあゆみ」『映画照明』18 号，1981 年 9 月，53～58 頁。

――「軌跡 III：ライトマンたちのあゆみ」『映画照明』19 号，1982 年 3 月，39～43 頁。

三木茂「映画は如何にして生れ　如何にして発達したか」『映画撮影学読本』上，大日本映画協会，1940 年，2～33 頁。

――「カメラマンが影響を受けた映画」『日本映画』4 巻 11 号，1939 年 11 月，101～103 頁。

――「日本映画の暗き場面の撮影　ロウキートーンに就きて――一考察」『映画評論』15 巻 3 号，1934 年 3 月，46～55 頁。

――・島崎清彦，「撮影者と作家精神の問題について」『映画技術』4 巻 1 号，1942 年 7 月，8～16 頁。

水生珊子「お嬢吉三」『下加茂』9 巻 6 号，1935 年 6 月，42～43 頁。

水澤武彦「廃頽せる日活京都派――粗製濫造無視せられたる活動写真術」『キネマ・レコード』4 巻 24 号，1915 年 6 月 10 日，2～3 頁。

――「良い写真とは如何？　活動写真映画批評の要決」『キネマレコード』5 巻 50 号，1917 年 12 月，31～33 頁
水町青磁「長二郎には定評あり」『キネマ旬報』501 号，1934 年 4 月 1 日，81 頁。

――「妻三郎と志波西果に」『蒲田』5 巻 4 号，1926 年 4 月，36～37 頁。

――「日本映画批評」『キネマ旬報』633 号，1938 年 1 月 11 日，82 頁。

――「林長次郎論」『キネマ旬報』628 号，1937 年 11 月 11 日，6～7 頁。

碧川道夫「カメラマンの生活と教養」『映画撮影学読本』上，大日本映画協会，1940 年，46～83 頁。

――「追悼・若き日の足音」『映画テレビ技術』238 号，1972 年 6 月，25 頁。

美原みゆき「雪之丞変化を語る：東京の巻」『下加茂』9 巻 9 号，1935 年 9 月，49 頁，66～67 頁。

三村明「新しきカメラワーク」『映画旬報』22 号，1941 年 8 月 11 日，27 頁。

――「『駅馬車』の感想」『映画と技術』11 巻 5 号，1940 年 7 月，290 頁。

――「キャメラマンとしての立場から」『キネマ週報』110 号，1932 年 5 月 20 日，26 頁。

――「グレッグ・トーランド　ベスト・イヤースの撮影に就て」『映画芸術』3 巻 7 号，1948 年 8 月，13〜14 頁。

――「最近のアメリカ映画を見て」『映画技術』1 巻 2 号，1941 年 8 月，19〜22 頁。

――「撮影技師の要求するもの」『映画評論』1 巻 2 号，1941 年 2 月，103〜106 頁。

――「超感光性パンクロの出現」『キネマ旬報』402 号，1931 年 6 月 1 日，64 頁。

――「『ハワイマレー沖海戦』の撮影日誌より」『映画技術』5 巻 1 号，1943 年 1 月，62〜65 頁。

――「米国に於ける色彩映画」『キネマ旬報』587 号，1936 年 9 月 11 日，61 頁。

――・河本正男「撮影放談」『映画技術』2 巻 3 号，1941 年 10 月，12〜16 頁。

宮川一夫「色彩映画の撮影に一言」『キネマ旬報』171 号，1957 年 3 月 15 日，44 頁。

――『私の映画人生六十年　キャメラマン一代』PHP 研究所，1985 年。

――「私のキャメラマン人生　昨日，今日，明日」『FC』82 号，東京国立近代美術館，1984 年，2〜24 頁。

「宮川一夫聞き書き」京都文化博物館，1972 年。

宮島義勇「ウェルズとトーランドの貸し借り勘定」『キネマ旬報』416 号，1966 年 6 月 1 日，29 頁。

――著，山口猛編『「天皇」と呼ばれた男――撮影監督宮島義勇の昭和回想録』愛育社，2002 年。

――・碧川道夫「宮島義勇回想録」『キネマ旬報』897 号，1984 年 11 月 1 日，113〜115 頁。

六車修『映画の小窓』文行社，1928 年。

村上四路夫「『藤十郎の恋』に寄す」『ぽいんとファン』1 巻 7 号，1938 年 7 月，22〜23 頁。

村上忠久「邦画方々」『キネマ旬報』635 号，1938 年 2 月 1 日，10 頁。

村上久雄「空は晴れたり」『下加茂』2 巻 11 号，1928 年 9 月，58〜59 頁。

村田実「日本映画の新傾向」『キネマ旬報』181 号，1925 年 1 月 1 日，53 頁。

室町京二「古くして新しき常に撓まぬ態度　日本映画と外国映画の比較――映画界の不平と希望に就いて」『活動画報』3 巻 4 号，1919 年 4 月，2〜5 頁。

『明治文学とランプ――榎コレクションを中心に，渋谷区立松濤美術館，1983 年。

「名所長城戸氏の半生」『キネマ週報』43 号，1931 年 1 月 1 日，55〜56 頁。

森岩雄「思い切った現代物に脚色」『キネマ週報』110 号，1932 年 5 月 20 日，23 頁。

――「城戸四郎論」『キネマ旬報』407 号，1931 年 7 月 21 日，34〜35 頁
――「栗島すみ子論」『キネマ旬報』414 号，1931 年 10 月 1 日，44〜45 頁。

――「阪東妻三郎論」『キネマ旬報』408 号，1931 年 8 月 1 日，44〜45 頁。

森田生「本邦製映画の欠点か？」『活動世界』1 号，1919 年 9 月，62〜63 頁。

森田信義「国民映画『川中島合戦』」『映画』1 巻 12 号，1941 年 12 月，31〜33 頁。

森田富士郎「日本映画の時代劇作法　第三回」『映画撮影』172 号，2007 年 2 月，66〜79 頁。

――「日本映画の時代劇作法　第七回」『映画撮影』176 号，2008 年 2 月，70～80 頁。

柳永二郎『新派の六十年』河出書房，1948 年。

柳田國男『明治大正史　世相篇（上）』講談社，1976 年。

矢野目源一「衣笠貞之助氏の『十字路』がフランス映画界に与へたる印象」『キネマ旬報』328 号，1929 年 4 月 21 日，34～35 頁。

山口猛編『カメラマンの映画史――碧川道夫の歩んだ道』社会思想社，1987 年。

山口虎男「先駆者西川鶴三と映画照明」『映画照明』2 号，1973 年 5 月，11～13 頁。

山路義人・圓谷英一・星哲六・久保田たつを「長二郎を繞る座談会」『下加茂』2 巻 11 号，1928 年 9 月，56～58 頁。

山田邦子「新秋断章」『下加茂』1 巻 2 号，1927 年 11 月，64 頁。

山根貞雄「視線と空間の劇」蓮實重彦・山根貞夫編『成瀬巳喜男の世界へ』筑摩書房，2005 年，22～61 頁。

――「山根貞雄のお楽しみゼミナール」『馬』VHS ブックレット，東宝，1983 年。

山法師「今日の人・明日の人」『日本映画』3 巻 1 号，1938 年 1 月，128～129 頁。

山本喜久男『日本映画における外国映画の影響――比較映画史研究』早稲田大学出版部，1983 年。

山本直樹「不敬の（再）発見――伊丹万作と『新しき土』」岩本憲児編『日本映画とナショナリズム　1931-1945』（日本映画史叢書 1），森話社，63～102 頁。

山本緑葉「下加茂スタヂオの足跡 2」『下加茂』8 巻 6 号，1934 年 6 月，18～19 頁。

――「塚原小太郎」『キネマ旬報』226 号，1926 年 5 月 1 日，67 頁。

幸江「愚者の寝言」『下加茂』1927 年 12 月，68～69 頁。

由良君美『セルロイド・ロマンティシズム』文遊社，1995 年。

「よき時代とはいえないけれど　嬉しき時代のカツドウ屋」『シナリオ』1971 年 4 月，60～71 頁。

佳子「私共の林長二郎氏」『下加茂』1 巻 1 号，1927 年 11 月，no. 4 頁。

吉田喜重『小津安二郎の反映画』岩波書店，1998 年。

吉田謙吉「映画美術時評」『日本映画』7 巻 5 号，1942 年 5 月，28～32 頁。

芳野尹孝「「陰翳礼讃」によせて――II　“明暗”の美学」『映画照明』14 号，1979 年 8 月，14～15 頁。

吉村公三郎「映画的散歩」『映画評論』1 巻 4 号，1941 年 4 月，70 頁。

――・大庭秀雄・山田洋次「大船長とは何か」今村昌平他編『講座日本映画 2　無声映画の完成』岩波書店，1986 年，82～93 頁。

「吉屋信子と林長二郎」『映画時代』1928 年 3 月，74～80 頁。

依田義賢・八尋不二・民門敏雄「カメラの美学」『時代映画』7 号，1955 年 11 月・12 月，25～31 頁。

わかな摩利「たわごと」『ぽいんとファン』1 巻 8 号，1938 年 8 月，46～47 頁。

脇屋光伸『大谷竹次郎演劇六十年』大日本雄弁会講談社，1951 年。

渡辺浩『映像を彫る――撮影監督宮川一夫の世界　改訂版』パンドラ，1997 年。

――「黒沢明，宮川一夫，そして『用心棒』」『映画評論』1961 年 6 月，80～81 頁。

和田山滋『小津安二郎との一問一答』『キネマ旬報』458 号，1933 年 1 月 11 日，46〜47 頁。
渡木茂一「五十万燭光のライト」『シナリオ』1930 年 4 月，18〜20 頁。

Abel, Richard. "*Photogénie* and Company." In *French Film Theory and Criticism : A History/ Anthology, 1907–1939*, ed. Richard Abel. Princeton : Princeton UP, 1988, 95–124.

Anderson, Joseph L. "Spoken Silents in the Japanese Cinema ; or Talking to Pictures : Essaying the Katsuben, Contextualizing the Texts." In *Reframing Japanese Cinema : Authorship, Genre, History*, ed. Arthur Noletti Jr. and David Desser, Bloomington : Indiana UP, 1992, 259–311.

Arnheim, Rudolph. "Lighting (1934)." In Rudolph Arnheim, *Film Essays and Criticism*, trans. Brenda Benthien. Madison : U of Wisconsin P, 1997, 56–62.

Arnold, John. "Why Is a Cameraman?" *American Cinematographer* 17. 11 (November 1936) : 462, 468.

Balázs, Béla. *Theory of the Film : Character and Growth of a New Art*. Trans. Edith Bone. New York : Dover, 1970. バラージュ，ベラ，佐々木基一訳『映画の理論』学芸書林，1970 年。

Baskett, Michael. *The Attractive Empire : Transnational Film Culture in Imperial Japan*. Honolulu : U of Hawai'i P, 2008.

Baxter, John. *Von Sternberg*. Lexington : UP of Kentucky, 2010.

Baxter, Peter. "On the History and Ideology of Film Lighting." *Screen* 16. 3 (Autumn 1975) : 83–106.

Bean, Jennifer M. "Technologies of Early Stardom and the Extraordinary Body." In *A Feminist Reader in Early Cinema*, ed. Jennifer M. Bean and Diane Negra. Durham, NC : Duke UP, 2002, 404–43.

Benedict, Ruth. *The Chrysanthemum and the Sword : Patterns of Japanese Culture*. 1946 ; Boston : Houghton and Mifflin, 1989. ベネディクト，ルース，長谷川松治訳『菊と刀——日本文化の型』社会思想社，1972 年。

Benjamin, Walter. *Illuminations*. Ed. Hannah Arendt, trans. Harry Zohn. New York : Schocken, 1969. ベンヤミン，ヴァルター，高木久雄・高原宏平訳「複製技術時代の芸術作品」30〜40 頁。

Bernardi, Joanne. "The Pure Film Movement and the Contemporary Drama Genre in Japan." In *Film and the First World War*, ed. Karel Dibbets and Bert Hogenkamp. Amsterdam : Amsterdam UP, 1995, 50–61.

——. *Writing in Light : The Silent Scenario and the Japanese Pure Film Movement*. Detroit : Wayne State UP, 2001.

Birchard, Robert S. *Cecil B. DeMille's Hollywood*. Lexington : U of Kentucky P, 2004.

Bogdanovich, Peter. *Who the Devil Made It*. New York : Alfred A. Knopf, 1997.

Bordwell, David. *Poetics of Cinema*. New York : Routledge, 2008.

——. "Visual Style in Japanese Cinema, 1925–1945." *Film History* 7. 1 (1995) : 5–31.

——, Janet Staiger and Kristin Thompson, *The Classical Hollywood Cinema : Film Style and Mode of*

Production to 1960. New York : Columbia UP, 1985.

Braidotti, Rosi. “Organs Without Bodies.” *Difference* 1 (Winter 1989) : 147–161.

Bruno, Giuliana. *Atlas of Emotion : Journeys in Art, Architecture, and Film*. New York : Verso, 2002.

Burch, Noël. *To the Distant Observer : Form and Meaning in the Japanese Cinema*. Berkeley : U of California P, 1979.

Cazdyn, Eric. *The Flash of Capital : Film and Geopolitics in Japan*. Durham, NC : Duke UP, 2002.

Clark, John. “Indices of Modernity : Changes in Popular Reprographic Representation.” In *Being Modern in Japan : Culture and Society from the 1910s to the 1930s*, ed. Elise K. Tipton and John Clark. Honolulu : U of Hawai'i P, 2000, 25–49.

Cormack, Mike. *Ideology and Cinematography in Hollywood, 1930–39*. New York : St. Martin's, 1994.

Crary, Jonathan. *Techniques of the Observer : On Vision and Modernity in the Nineteenth Century*. Cambridge : MIT Press, 1990. クレーリー，ジョナサン，遠藤知巳訳『観察者の系譜』以文社，2005 年。

Davis, Darrell William. *Picturing Japaneseness : Monumental Style, National Identity, Japanese Film*. New York : Columbia UP, 1996.

Delluc, Louis. “Beauty in the Cinema.” In *French Film Theory and Criticism : A History/Anthology 1907–1939 Volume I : 1907–1929*, ed. Richard Abel. Princeton : Princeton UP, 1988, 137–39.

Doane, Mary Ann. “The Close-Up : Scale and Detail in the Cinema.” *Differences : A Journal of Feminist Cultural Studies* 14. 3 (2003) : 89–111.

——. *The Desire to Desire : The Women's Film of the 1940s*. Bloomington : Indiana UP, 1987.

Dower, John. *Embracing Defeat : Japan in the Wake of World War II*. New York : W. W. Norton, 1999.

Eisner, Lotte. *The Haunted Screen*. Trans. R. Greaves. Berkeley : U of California P, 1973.

Elsaesser, Thomas. *Weimar Cinema and After : Germany's Historical Imaginary*. London : Routledge, 2000.

Epstein, Jean. “Magnification.” In *French Film Theory and Criticism : A History/Anthology 1907–1939 Volume I : 1907–1929*, ed. Richard Abel. Princeton : Princeton UP, 1988, 235–41.

——. “The Senses I (b).” In *French Film Theory and Criticism : A History/Anthology 1907–1939 Volume I : 1907–1929*, ed. Richard Abel. Princeton : Princeton UP, 1988, 241–46.

“The Evolution of Motion Picture Lighting.” *American Cinematographer* 50 (January 1969) : 94–97.

Franklin, James C. “Metamorphosis of a Metaphor : The Shadow in Early German Cinema.” *The German Quarterly* 53. 2 (March 1980) : 176–88.

Frühstück, Sabine. “Managing the Truth of Sex in Imperial Japan.” *The Journal of Asian Studies* 59. 2 (May 2000) : 332–58.

Fujiki, Hideaki. “*Benshi* as Stars : The Irony of the Popularity and Respectability of Voice Performers in Japanese Cinema.” *Cinema Journal* 45. 2 (Winter 2006) : 68–84.

——. “Creating the Audience : Cinema as Popular Recreation and Social Education in Modern

Japan." In *Oxford Handbook of Japanese Film*, ed. Daisuke Miyao. New York : Oxford UP, forthcoming.

——. "Multiplying Personas : The Formation of Film Stars in Modern Japan." diss. U of Wisconsin, Madison, 2005.

Gardner, William O. "New Perceptions : Kinugasa Teinosuke's Films and Japanese Modernism." *Cinema Journal* 43. 3 (Spring 2004) : 59–78.

Gaudio, Gaetano. "A New Viewpoint on the Lighting of Motion Pictures." *Journal of the Society of Motion Picture Engineers* (August 1937) : 157–68.

Gavin, Masako. "Nihon Fukeiron (Japanese Landscape) : Nationalistic or Imperialistic?" *Japan Forum* 12. 1 (September 2000) : 219–31.

Gerow, Aaron. *A Page of Madness : Cinema and Modernity in 1920s Japan*. Ann Arbor : Center for Japanese Studies, the U of Michigan, 2008.

——. "Narrating the Nationality of a Cinema : The Case of Japanese Prewar Film." In *The Culture of Japanese Fascism*, ed. Alan Tansman. Durham, NC : Duke UP, 2009, 185–211.

——. *Visions of Japanese Modernity : Articulations of Cinema, Nation, and Spectatorship, 1895–1925*. Berkeley : U of California P, 2010.

——. "Writing a Pure Cinema : Articulations of Early Japanese Film." diss. U of Iowa, 1996.

Gluck, Carol. *Japan's Modern Myths : Ideology in the Late Meiji Period*. Princeton, NJ : Princeton UP, 1985.

Gordon, Andrew. *Labor and Imperial Democracy in Prewar Japan*. Berkeley : U of California P, 1991.

Grodal, Torben. "Film Lighting and Mood." In *Moving Image Theory : Ecological Considerations*, ed. Joseph D. Anderson and Barbara Fisher Anderson. Carbondale : Southern Illinois UP, 2005, 152–63.

Guerin, Frances. *A Culture of Light : Cinema and Technology in 1920s Germany*. Minneapolis : U of Minnesota P, 2005.

——. "Dazzled by the Light : Technological Entertainment and Its Social Impact in *Varieté*." *Cinema Journal* 42. 4 (Summer 2003) : 98–115.

Gunning, Tom. "The Cinema of Attractions : Early Film, Its Spectator, and the Avant-Garde." In *Early Cinema : Space, Frame, Narrative*, ed. Thomas Elsaesser. London : British Film Institute, 1990, 56–62.

——. *The Films of Fritz Lang : Allegories of Vision and Modernity*. London : BFI, 2000.

Hake, Sabine. *German National Cinema*. London : Routledge, 2002.

Hall, Hal. "Improvements in Motion Picture Film." *Cinematographic Annual Volume Two*, ed. Hal Hall. Hollywood, CA : The American Society of Cinematographers, Inc., 1931, 93–102.

Hall, Stuart. "Encoding/Decoding." In *Culture, Media, Language*, ed. Stuart Hall, D. Hobson, A. Lowe, and P. Willis. London : Hutchinson, 1980, 128–38.

Hammond, Robert M. and Charles Ford. "French End Games : For Some American Silent Stars A Trip Abroad was a Tonic for Ailing Careers." *Films in Review* 34. 6 (June–July 1983) : 329–33.

Hankins, M. A. "History of Motion-Picture Set Lighting Equipment." *Journal of SMPTE* 76 (July 1967) : 671–79.

Hansen, Miriam. *Babel and Babylon : Spectatorship in American Silent Film*. Cambridge : Harvard UP, 1991.

——. "Benjamin and Cinema : Not a One-Way Street." *Critical Inquiry* 25. 2 (Winter 1999) : 307–43.

——. "The Mass Production of the Senses : Classical Cinema as Vernacular Modernism." *Modernism/Modernity* 6. 2 (1999) : 59–77.

——. "Vernacular Modernism : Tracking Cinema on a Global Scale." In *World Cinemas, Transnational Perspectives*, ed. Natasa Durovicova and Kathleen Newman. New York : Routledge, 2010, 287–314.

Harootunian, H. D. "Introduction : A Sense of an Ending and the Problem of Taisho." In *Japan in Crisis : Essays on Taisho Democracy*, ed. Bernard S. Silberman and H. D. Harootunian. Princeton : Princeton UP, 1974, 3–28.

——. *Overcome by Modernity : History, Culture, and Community in Interwar Japan*. Princeton : Princeton UP, 2000. ハルトゥーニアン，ハリー，梅森直之訳『近代による超克——戦間期日本の歴史・文化・共同体』上，岩波書店，2007 年。

Harpole, Charles H. "Ideological and Technological Determinism in Deep-Space Cinema Images : Issues in Ideology, Technological History, and Aesthetics." *Film Quarterly* 33. 3 (Spring 1980) : 11–22.

Harrington, Clifford V. "The Techniques of Kazuo Miyagawa : Observations of Japan's Eminent Cinematographer at Work." *American Cinematographer* 41. 1 (January 1960) : 40–41, 50–52.

Harrison, Louis Reeves. "Eyes and Lips." *Moving Picture World* 8. 67 (18 February 1911) : 348–49.

Harvey, David. *The Condition of Postmodernity : An Enquiry into the Origins of Cultural Change*. Cambridge, MA : Blackwell, 1989.

Hasumi Shigehiko. "Sunny Skies." Trans. Kathy Shigeta. In *Ozu's* Tokyo Story, ed. David Desser. Cambridge : Cambridge UP, 1997, 118–29.

Hesse, George W. "Shadows." *American Cinematographer* 13. 2 (June 1932) : 37, 50.

Higham, Charles. *Hollywood Cameramen : Sources of Light*. Bloomington : Indiana UP, 1970.

Hirano, Kyoko. *Mr. Smith Goes to Tokyo : Japanese Cinema under the American Occupation, 1945–1952*. Washington, D. C. : Smithsonian, 1992. 平野共余子『天皇と接吻』草思社，1998 年。

Hobsbawm, Eric and Terence Ranger, ed. *The Invention of Tradition*. Cambridge : Cambridge UP, 1983.

Howe, James Wong. "Lighting." In *Cinematographic Annual Volume Two 1931*, ed. Hal Hall. Hollywood : The American Society of Cinematographers, INC., 1931, 47–59.

Hull, David Stewart. *Film in the Third Reich : A Study of the German Cinema 1933–1945*. Berkeley : U of California P, 1969.

Huse, Emery, and Gordon A. Chambers. "Eastman Supersensitive Panchromatic Type Two Motion Picture Film." In *Cinematographic Annual Volume Two 1931*, ed. Hal Hall. Hollywood : The

American Society of Cinematographers, INC., 1931, 103–8.

Igarashi, Yoshikuni. "Edogawa Rampo and the Excess of Vision: An Ocular Critique of Modernity in 1920s Japan." *positions: east asia cultures critique* 13. 2 (Fall 2005): 299–327.

Jacobs, Lea. "Belasco, DeMille, and the Development of Lasky Lighting." *Film History* 5. 4 (1993): 405–18.

Kaes, Anton. "Cinema and Modernity: On Fritz Lang's Metropolis." In *High and Low Cultures: German Attempts at Mediation*, ed. Jost Hermand and Reinhod Grimm. Madison: U of Wisconsin P, 1994, 19–35.

——. "The Expressionist Vision in Theater and Cinema." In *Expressionism Reconsidered: Relationships and Affinities*, ed. Gertrud Bauer Pickar and Karl Eugene Webb. München: Wilhelm Fink Verlag, 1979, 89–98.

——. "Sites of Desire: The Weimar Street Films." In *Film Architecture: Set Design from* Metropolis *to* Blade Runner, ed. Dietrich Neumann. New York: Presfel, 1996, 26–32.

Kano, Ayako. "Visuality and Gender in Modern Japanese Theater: Looking at Salome." *Japan Forum* 11. 1 (1999): 43–55.

Kawana, Sari. "Mad Scientists and Their Prey: Bioethics, Murder, and Fiction in Interwar Japan." *Journal of Japanese Studies* 31. 1 (2005): 89–120.

Keating, Patrick. "The Birth of Backlighting in the Classical Cinema." *Aura* 6 (2000): 45–56.

——. "From the Portrait to the Close-Up: Gender and Technology in Still Photography and Hollywood Cinematography." *Cinema Journal* 45. 3 (Spring 2006): 90–108.

——. *Hollywood Lighting from the Silent Era to Film Noir*. New York: Columbia UP, 2010.

Kinoshita, Chika. "The Edge of Montage: A Case of Modernism/*Modanizumu* in Japanese Cinema." In *The Oxford Handbook of Japanese Cinema*, ed. Daisuke Miyao. New York: Oxford UP, forthcoming.

Komatsu, Hiroshi. "The Foundation of Modernism: Japanese Cinema in the Year 1927." *Film History* 17 (2005): 363–75.

Kracauer, Siegfried. *From Caligari to Hitler: A Psychological History of the German Film 1918–1933*. Revised and Expanded Edition. 1947; Princeton: Princeton UP, 2004. クラカウアー，ジークフリート，丸尾定訳『カリガリからヒトラーへ——ドイツ映画 1918-1933 における集団心理の構造分析』みすず書房，1970 年。

——. *Theory of Film: The Redemption of Physical Reality*. 1960; Princeton: Princeton UP, 1997.

Kurtz, Rudolf. *Expressionismus und Film*. 1926; Zürich: Verlag Hans Rohr, 1965.

LaMarre, Thomas. *Shadows on the Screen: Tanizaki Jun'Ichiro on Cinema and "Oriental" Aesthetics*. Ann Arbor: Center for Japanese Studies, the University of Michigan, 2005.

Lang, Charles B. Jr. "The Purpose and Practice of Diffusion." *American Cinematographer* (September 1933): 171, 193–94.

Lant, Antonia. "Haptical Cinema." *October* 74 (Fall 1995): 45–73.

Leitch, Michael, ed. *Making Pictures: A Century of European Cinematography*. New York: Harry N. Abrams, 2003.

Lippit, Akira. *Atomic Lights (Shadow Optics)*. Minneapolis : U of Minnesota P, 2005.

Marks, Laura U. *The Skin of the Film : Intellectual Cinema, Embodiment, and the Senses*. Durham, NC : Duke UP, 2000

——. *Touch : Sensuous Theory and Multisensory Media*. Minneapolis : U of Minnesota P, 2002.

Mayne, Judith. *Cinema and Spectatorship*. London : Routledge, 1993.

McDonald, Keiko I. *Japanese Classical Theater in Films*. London : Associated UP, 1994.

Milner, Victor. "Creating Moods with Light." *American Cinematographer* 16. 1 (January 1935) : 7, 14-16.

——. "Progress and Lighting Equipment : A Practical Cameraman Speaks His Mind about Lighting Equipment." *American Cinematographer* 10. 12 (March 1930) : 8-9, 20.

——. "Super XX for 'Production' Camerawork." *American Cinematographer* 22. 11 (June 1941), 269, 290. ミルナー，ヴィクター「スーパー XX の新しい用法」『映画技術』2 巻 5 号，1941 年 12 月，61〜63 頁。

——. "Victor Milner Makes Reply to Ernst Lubitsch as to Realism." *American Cinematographer* 19. 3 (March 1938) : 94-95.

Miyao, Daisuke. *Sessue Hayakawa : Silent Cinema and Transnational Stardom*. Durham, NC : Duke UP, 2007.

Mizuno, Sachiko. "*The Saga of Anatahan* and Japan." *Spectator* 29. 2 (Fall 2009) : 9-24.

Mizuta, Miya Elise. "Luminous Environment : Light, Architecture and Decoration in Modern Japan." *Japan Forum* 18. 3 (2006) : 339-60.

Morin, Edgar. *The Stars*. Trans. Richard Howard. Forword by Lorraine Mortimer. Minneapolis : U of Minnesota P, 2005.

Moritz, William. "The Absolute Film." *WRO99* (1999). http://www.iotacenter.org/visualmusic/articles/moritz/absolute. Accessed on 3 December 2008.

Naremore, James. *More Than Night : Film Noir in Its Contexts*. Updated and expanded edition. 1998 ; Berkeley : U of California P, 2008.

Nornes, Abé Mark. *Japanese Documentary Film : The Meiji Era through Hiroshima*. Minneapolis : U of Minnesota P, 2003.

Nye, David. *American Technological Sublime*. Cambridge : MIT Press, 1994.

Ogle, Patrick. "Deep-Focus Cinematography : A technological / Aesthetic History." *Filmmakers Newsletter* 4 (May 1971) : 19-33.

Okajima, Hisashi. "Japan's Case : Hopeful or Hopeless?" *Bulletin FIAF* 45 (1992) : 2-4.

Petley, Julian. "Film Policy in the Third Reich." In *The German Cinema Book*, ed. Tim Bergfelder, Erica Carter, and Deniz Göktürk. London, BFI, 2002, 173-81.

Petric, Vlada. "*A Page of Madness* : A Neglected Masterpiece of the Silent Cinema." *Film Criticism* 8. 1 (1983) : 86-106.

Quaresima, Leonardo. "Expressionist Film as an 'Angewandte Kunst' (Applied Art)." In *German Expressionism : Art and Society*, ed. Stephanie Barron and Wolf-Dieter Dube. New York : Rizzoli, 1997, 91-98.

Raine, Michael. "Ozu before 'Ozu' - Ozu's Explorations of Hollywood Silent Cinema as 'Transcultural Mimesis.'" Relocating Ozu : The Questions of an Asian Cinematic Aesthetic, U of California, Berkeley, 20 February 2010.

Riegl, Alois. "Late Roman or Oriental?" Trans. Peter Wortsman. In *German Essays on Art History*, ed. Gert Schiff. New York : Continuum, 1988, 173–90.

Rosenbaum, Jonathan. *Placing Movies : The Practice of Film Criticism*. Berkeley : U of California P, 1995.

Russell, Catherine. *The Cinema of Naruse Mikio : Women and Japanese Modernity*. Durham, NC : Duke UP, 2008.

——. *Classical Japanese Cinema Revisited*. New York : Continuum, 2011.

Sakai, Naoki. "'You Asians' : On the Historical Role of the West and Asia Binary." In *Japan After Japan : Social and Cultural Life from Recessionary 1990s to the Present*, ed. Tomoko Yoda and Harry Harootunian. Durham, NC : Duke UP, 2006, 167–94.

Salt, Barry. *Film Style and Technology*. London : Starwood, 1983.

——. "Film Style and Technology in the Thirties." *Film Quarterly* 30. 1 (Autumn 1976) : 19–32.

Sato, Takumi, "The System of Total War and the Discursive Space of the Thought War." In *Total War and "Modernization,"* ed. Yasushi Yamanouchi, J. Victor Koschmann, and Ryuichi Narita. Ithaca : East Asia Program, Cornell U, 1998, 289–313.

Shaviro, Steven. *The Cinematic Body*. Minneapolis : U of Minnesota P, 1993.

Shillony, Ben-Ami. "Friend or Foe : The Ambivalent Images of the U. S. and China in Wartime Japan." In *The Ambivalence of Nationalism : Modern Japan between East and West*, ed. James W. White, Michio Umegaki, and Thomas R. H. Havens. Lanham, MD : UP of America, 1990, 187–211

Shimizu, Akira. "War and Cinema in Japan." In *The Japan/America Film Wars : World War II Propaganda and Its Cultural Contexts*, ed. Abé Mark Nornes and Fukushima Yukio. New York : Harwood, 1994, 7–57.

Silberman, Marc. *German Cinema : Texts in Context*. Detroit : Wayne State UP, 1995.

Singer, Ben. *Melodrama and Modernity : Early Sensational Cinema and Its Contexts*. New York : Columbia UP, 2001.

Sobchack, Vivian. *Carnal Thoughts : Embodiment and Moving Image Culture*. Berkeley : U of California P, 2004.

——. "*The Grapes of Wrath* (1940) : Thematic Emphasis through Visual Style." *American Quarterly* 31. 5 (1979) : 596–615.

Sontag, Susan. "Fascinating Fascism." In *Under the Sign of Saturn*. New York : Farrar, 1980. (1979) : 73–105.

Springer, Peter. *Hand and Head : Ernst Ludwig Kirchner's* Self-Portrait as Soldier. Trans. Susan Ray. Berkeley : University of California Press, 2002.

Staiger, Janet. "The Eyes Are Really the Focus : Photoplay Acting and Film Form and Style." *Wide Angle* 6. 4 (1985) : 14–23.

Stamp, Shelly. *Movie-Struck Girls : Women and Motion Picture Culture After the Nickelodeon*. Princeton : Princeton UP, 2000.

Standish, Isolde. *A New History of Japanese Cinema : A Century of Narrative Film*. New York : Continuum, 2006.

Sternberg, Josef von. *Fun in a Chinese Laundry : An Autobiography*. New York : Collier, 1965.

Studlar, Gaylyn. "The Perils of Pleasure? : Fan Magazine Discourse as Women's Commodified Culture in the 1920s." In *Silent Film*, ed. Richard Abel. New Brunswick, NJ : Rutgers UP, 1996, 263–97.

——. *This Mad Masquerade : Stardom and Masculinity in the Jazz Age*. New York : Columbia UP, 1996.

Stull, William. "Camera Work Fails True Mission When It Sinks Realism for Beauty." *American Cinematographer* 19. 2 (February 1938) : 56, 59–60.

——. "Cinematography Simplified." In *Cinematographic Annual 1930 Volume One*, ed. Hal Hall, A. S. C. Hollywood : The American Society of Cinematographers, Inc., 1930, 455–511.

——. "The Elements of Lighting." In *Cinematographic Annual Volume Two*, ed. Hal Hall. Hollywood : The American Society of Cinematographers, Inc., 1931, 324–25.

Talbot, Frederick A. *Practical Cinematography and Its Applications*. London : Heinemann, 1913.

Tanizaki, Jun'ichiro. *In Praise of Shadows*. Trans. Thomas J. Harper and Edward G. Seidensticker. 1977 ; London : Vintage, 2001［翻訳参照は谷崎潤一郎「陰翳礼讃」，谷崎潤一郎『陰翳礼讃』創元社，1939 年，57〜121 頁］.

Theisen, Earl. "Part of the Story of Lighting." *International Photographer* 6. 3 (April 1934) : 10–12, 26.

Thompson, Kristin. *Herr Lubitsch Goes to Hollywood : German and American Film after World War I*. Amsterdam : Amsterdam UP, 2005.

Tipton, Elise K. "The Café : Contested Space of Modernity in Interwar Japan." In *Being Modern in Japan : Culture and Society from the 1910s to the 1930s*, ed. Elise K. Tipton and John Clark, 119–36. Honolulu : University of Hawaii Press, 2000.

Toland, Gregg. "Realism for 'Citizen Kane.'" *American Cinematographer* 22. 2 (February 1941) : 54–55, 80.

——. "Using Arcs for Lighting Monochrome." *American Cinematographer* 22. 12 (December 1941) : 558–59, 588.

Vlastos, Stephen, ed. *Mirror of Modernity : Invented Traditions of Modern Japan*. Berkeley : U of California P, 1998.

Wada-Marciano, Mitsuyo. *Nippon Modern : Japanese Cinema of the 1920s and 1930s*. Honolulu : U of Hawai'i P, 2008. ワダ・マルシアーノ，ミツヨ『ニッポン・モダン——日本映画 1920〜30 年代』名古屋大学出版会，2009 年。

Weinberg, Herman G. *Josef von Sternberg : A Critical Study of the Great Film Director*. New York : E. P. Dutton, 1967.

Weisenfeld, Gennifer. "Japanese Modernism and Consumerism : Forging the New Artistic Field of

'Shogyo Bijutsu' (Commercial Art)." In *Being Modern in Japan*, ed. Tipton and Clark, 75–98.

Whissel, Kristen. *Picturing American Modernity : Traffic, Technology, and the Silent Cinema.* Durham, Duke UP, 2008.

Williams, Linda. "Film Bodies : Gender, Genre, and Excess." In *Film Theory and Criticism : Introductory Readings*, 5th, ed. Leo Braudy and Marshall Cohen, Oxford : Oxford UP, 1999, 701–15.

Williams, Raymond. *Marxism and Literature*. Oxford : Oxford UP, 1977.

Yoshimoto, Mitsuhiro. *Kurosawa : Film Studies and Japanese Cinema*. Durham, NC : Duke UP, 2000.

——. "Ozu : A Filmmaker of Modernity." New York Film Festival Ozu Symposium, 11 October 2003.

Zhang, Zhen. *An Amorous History of the Silver Screen : Shanghai Cinema, 1896–1937*. Chicago : U of Chicago P, 2005.